Endlich Radiomoderator

„Das Schiff ist sicherer, wenn es im Hafen liegt.
Aber dafür werden Schiffe nicht gebaut."

(Paulo Coelho)

Raphael Gensert

Endlich Radiomoderator

2., vollständig überarbeitete Auflage

Gensert Power-Verlag

Raphael Gensert
Endlich Radiomoderator

2., vollständig überarbeitete Auflage, November 2015

ISBN: 978-3-00-051158-5

Herstellung: Books on Demand, Norderstedt
Umschlaggestaltung: SN CreativDesign Nicole Sciové, Saarbrücken
Verlag: Gensert Power-Verlag, Saarbrücken
 Aus Respekt vor der deutschen Sprache und Kultur ist dieses Werk vollständig nach den Regeln der bewährten alten Rechtschreibung verfaßt.
Bibliografische Information der Deutschen Nationalbibliothek: Die Deutsche Nationalbibliothek verzeichnet diese Publikation in der Deutschen Nationalbibliografie; detaillierte bibliografische Daten sind im Internet über http://dnb.dnb.de abrufbar.

Alles made in Germany.

In beiden Codes enthaltener Text: http://www.raphael-gensert.de

Bildquellennachweis:
S. 284 (DigAs) Mit freundlicher Genehmigung der DAVID Systems GmbH, München
S. 285 (Radiomax) Mit freundlicher Genehmigung der media online GmbH, Hof
S. 286 (Zenon) Mit freundlicher Genehmigung der Zenon Media GmbH, Willstätt
S. 296 (Telefonanlage) Mit freundlicher Genehmigung der AVT GmbH, Nürnberg
Titelfoto: Mit freundlicher Genehmigung des Jens Kelting medienservice, Elmshorn

Inhalt

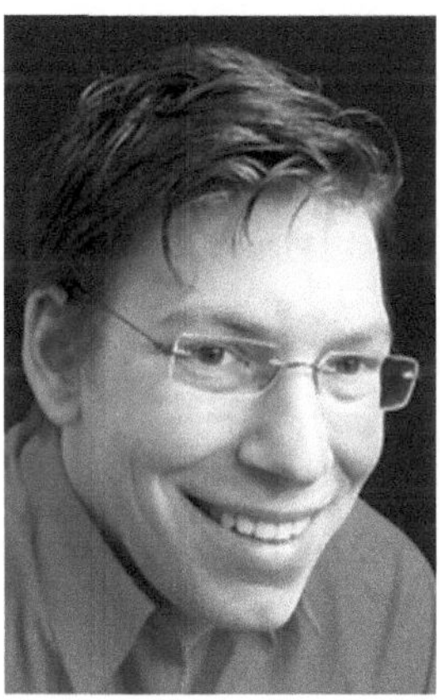

Raphael Gensert (Jahrgang 1979) hat seit 1998 beim SWR, hr und SR gearbeitet und war Nachrichtenredakteur bei Radio Salü. Er ist Dozent an der Landesmedienanstalt des Saarlands und hat in Marburg und Köln studiert. Er betreibt eine Produktionsfirma und ist als Moderator, Sprecher, Produzent und Schauspieler tätig. Schon als Kind wollte Raphael Gensert zum Radio; ein Wunsch, der sich erfüllte. Seit einigen Jahren engagiert er sich durch Bücher, Seminare und Einzelcoachings in der Nachwuchsförderung, damit die neue Moderatorengeneration mehr anzusagen hat als „die stärksten Hits".

Vorwort

Bißchen doof jetzt. Vorwort. Was sagt man da? Keine Ahnung. Ich habe die Vorworte in Büchern fast nie gelesen. Warum auch? Steht sowieso nur Unnützes drin: wem der Autor dankt oder was er mit seinem Buch aussagen will oder auf was für aufregenden Erkenntnissen sein Buch beruht. Will ich das? Will ich jemandem danken? Später. Will ich mit diesem Buch etwas aussagen? Nicht wirklich. Will ich die Erkenntnisse darin er- oder begründen? Auch nicht. Ergibt sich dann aus dem Inhalt. Damit wäre eigentlich das wichtigste gesagt. Ist das jetzt ein Vorwort? Wahrscheinlich sagt jetzt irgendein Literaturkritiker oder Möchtegernfachmann: „Ah, der Gensert, was schreibt der da wieder für einen Unsinn?"

Tja, was schreibt der Gensert da für einen Unsinn? Eigentlich nur, wie man zum Radio kommt und was einen dort erwarten kann. Kann! Es ist nicht gesagt, daß das passiert. Diesem Buch liegt ja eine erste Auflage zugrunde, die ich Anfang der 0er (sagt man das so?) geschrieben habe. Mittlerweile haben wir 2015, also Mitte der 10er, und es hat sich einiges getan. Manches sehe ich inzwischen mit anderen Augen, vieles ist aber geblieben. Vor allem die Frage: Wie komme ich zum Radio? Dieser Frage möchte ich in dieser zweiten Auflage noch detaillierter nachgehen, weitere Möglichkeiten aufzählen und noch mehr wahre Geschichten erzählen. Ich bin jetzt Mitte 30 und maße mir nicht an, mit erhobenem Zeigefinger dazustehen und zu sagen: „So, liebe Kinderchen, der Radioonkel erzählt Euch jetzt mal, wie die Welt aussieht." Das steht mir nicht zu, das überlasse ich den Radio-Rentnern, die keinen Bezug mehr zu denen haben, die ein Buch wie dieses hier lesen würden. Deshalb halte ich es wie in der ersten Auflage auch: Ich beschreibe Dir, wie es bei mir war, wie ich zum Radio gekommen bin und was ich dort alles erlebt habe und zum Teil auch immer noch erlebe. Ich möchte mich nun aber mehr auf das „wie“ konzentrieren: Wie geht das? Wie komme ich da hin? Was muß ich machen, um Radiomoderator zu werden? Um die (manchmal etwas) dunkle Seite des Radios geht es hier nicht so sehr; das habe ich mir für ein anderes Buch aufgehoben. Für einen Roman, an dem ich parallel zu diesem Ratgeber hier sitze.

Die Geschichten, die ich hier erzähle, haben sich tatsächlich ereignet. Nur die Personennamen darin sind erfunden, aber die Figuren dahinter gibt bzw. gab es wirklich.

So, Vorwort ganz kurz: Zweite Auflage, alles neu, viel dicker, viel schöner. Freue mich über Feedback. Danke.

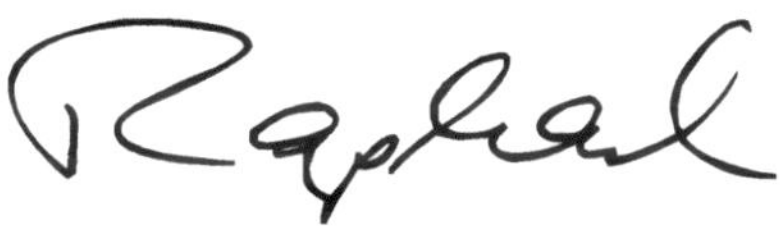

Raphael Gensert
Saarbrücken, im (übrigens sehr herbstlichen) Mai 2015

1 Vorkenntnisse und wie man sie bekommt

Vor ein paar Jahren im Winter hatte ich morgens bei You FM in Frankfurt die Frühsendung am Wochenende. Normalerweise ist da nicht viel los: Nachrichtensprecher ist da, Redakteur, Moderator. Meistens ist es auch ziemlich langweilig, weil nichts passiert. So besonders viel Inhalt hatte ich nicht in der Sendung, und zwischen zwei „Das war..., jetzt kommt...“-Moderationen glitt mein Blick durch das Studio. Wir hatten damals im Studio eine Glasscheibe zum Gang hin. Eigentlich Unsinn, weil es da draußen nichts zu sehen gab außer ein paar Leuten, die ab und zu vorbeiliefen.
Irgendwann stand dann plötzlich ein Junge auf dem Gang, den ich noch nie gesehen hatte. Er hatte eine dicke schwarze Jacke an und schaute die ganze Zeit über durch das Fenster zu mir rein. Ich hatte mir erst nichts dabei gedacht, weil ich ihn für einen Teilnehmer einer Besuchergruppe hielt. Die kamen ab und zu an unserem Studio vorbei. Aber er stand lange da und guckte nur, und das fing irgendwann an, mich zu nerven. Man kommt sich vor wie im Zoo, wenn draußen jemand steht und einen ununterbrochen beobachtet. Also habe ich ihn reingewunken, und wir kamen ins Gespräch. Er sagte, er sei 13 und wolle zum Radio. Es dauerte nicht lange, bis er wissen wollte:
„Wie wird man eigentlich Moderator?“
„Das kann ich Dir nicht sagen“, antwortete ich. „Da gibt es ganz verschiedene Möglichkeiten.“
„Wie geht es am schnellsten und am besten?“, wollte er wissen.
„Schwer zu sagen. Am besten, Du machst irgendwann mal ein Praktikum bei einem Radiosender.“
„Und wie geht das? Wie kriegt man das?“
Wir unterhielten uns etwa eine Stunde darüber, wie man zum Radio kommt. Ein Praktikum ist in den meisten Fällen der direkte Weg. Mein Besuch im Studio war dafür noch zu jung. Du solltest schon 16 sein, wenn Du Dich für ein Praktikum bewirbst, eher noch etwas älter. Idealerweise hast Du dann schon Erfahrungen. Erfahrungen sind das wichtigste, die sind noch wichtiger als Schulnoten. Je mehr Du schon

gemacht hast, desto besser sind Deine Chancen. Es geht also nicht bei einem Praktikum los, sondern schon viel früher.

Eines Tages wird sich niemand mehr für Deine Abi-Note interessieren. Das ist wirklich so. Ich bin jetzt Mitte 30, und mich hat bis zum heutigen Tage niemand jemals nach meiner Abi-Note gefragt. Kein Witz. Und ich habe kein besonders gutes Abi. Ich habe es, und das allein ist wichtig. Zu dem ganzen Schul-/Ausbildungs-/Studiumskomplex gehe ich in Kapitel 3 weiter ein. Irgendwann zählen ausschließlich Erfahrung und Referenzen: wo man war, was man gemacht hat, welche Art von Radio man kennt. Mit welchen Leuten man sich gutstellt oder mit welchen man es sich verscherzt hat. Den langen Weg zum Radio beginnst Du mit ganz kleinen Versuchen, denn Dein erstes Praktikum bei einem Radiosender wirst Du aber vorzugsweise auch nur dann bekommen, wenn Du bereits praktische Erfahrung hast. Mit großer Wahrscheinlichkeit hast Du sie aber nicht; jedenfalls nicht bei einem Radiosender. Wie auch? Wenn man den ganzen Tag mit der Schule verbringt, und das über Jahre hinweg, dann bleibt natürlich wenig Zeit, sich um seinen Berufswunsch zu kümmern. Das ist leider der Widerspruch, dem man immer wieder ausgesetzt ist: „Wir nehmen nur Leute mit Erfahrung." Aber wo sollen die herkommen? Irgendwo muß man ja den ersten Schritt machen, ohne Erfahrung zu haben. Ein paar Möglichkeiten gibt es aber, solche erste Erfahrungen zu sammeln, die ausreichen sollten, um in einem Radiosender ein Praktikum zu beginnen. Hast Du das erst einmal geschafft, bist Du „drin" und hast die erste große Hürde hinter Dir. Einige der Möglichkeiten, Vorerfahrung zu sammeln, sind:

1. Aufnahmen zu Hause
2. Schülerradio
3. Zeitungen
4. notfalls Schülerzeitung
5. Offener Kanal
6. Veranstaltungsfunk
7. Internetradio
8. Bundeswehr

Es reicht nicht aus, in Diskotheken oder auf Parties als DJ aufzulegen. Ein Radiomoderator oder Redakteur ist kein DJ, die Schwerpunkte sind völlig anders verteilt. Trotzdem muß man dazu sagen, daß ein Radiomoderator auch DJ-Qualitäten haben sollte, und zwar nicht die schlechtesten. Taktgefühl und Sinn für Musik und Rhythmus sind selbstverständlich, aber eben nicht alles. Oft habe ich beobachtet, daß 18-, 19jährige Jungs, die ab und zu auf Dorffesten auflegen, nach drei Wochen Redaktionspraktikum enttäuscht den Sender verlassen haben, weil sie sich etwas ganz anderes unter diesem Job vorgestellt hatten. Radio hat viel mit Journalismus zu tun, mit Nachrichten, mit Recherche, mit Sprache, mit Technik. Musik ist nur ein kleiner Teil, der aber selbstverständlich auch dazugehört. Einen Zahn muß ich Dir von Anfang an ziehen: Als Moderator kann man sich die Musik, die man spielt, nicht selbst aussuchen. Das macht die Musikredaktion, und zwar auch nicht nach ihrem persönlichen Geschmack, sondern nach strikten Vorgaben.

1. Aufnahmen zu Hause

Die wohl verbreitetste Methode, erste Erfahrungen zu sammeln, ist die mit dem Kassettenrecorder, wobei das Wort „Kassettenrecorder" etwas altertümlich klingt. Es geht natürlich auch mit einem Computer: Soundkarte, billiges Mikrofon, Freeware-Schnittprogramm – fertig. Die Funktionsweise ist dieselbe. Der Werdegang jedes Einzelnen ist zwar durchweg unterschiedlich, aber diesen Ursprung teilen sie fast alle (wenn auch eben mit altmodischen Methoden). Die meisten haben schon als kleine Kinder vor dem Kassettenrecorder gesessen und damit herumgespielt. Ich weiß nicht mehr genau, wieviele Kassettenrecorder ich als Kind geschrottet habe, aber es muß im zweistelligen Bereich gewesen sein. Die Dinger haben bei mir einfach nicht lange gehalten, weil ich sie überbeansprucht habe. Heute ärgere ich mich, daß ich so gut wie gar keine Aufnahmen mehr von mir als Kind habe. Jahre später brauchte ich mal Kassetten und habe welche von damals genommen und überspielt. Oder ich habe die alten von damals gleich weggeworfen, weil ich mich für das alberne Gequatsche, das ich als Kind aufgenommen habe, geschämt habe. habe. Wenn Du von Dir alte Aufnahmen hast: Bewahre sie auf! Wirf nichts weg, lösche nichts. In später Kindheit entdecken viele das „Radio“ wieder und spielen „Radio“ zu Hause nach. Mit der Realität haben solche Spiele meist wenig zu tun: Moderationen von zehn Minuten Länge, noch dazu ohne einen roten Faden, ohne wirklichen Inhalt, selbstgesungene Jingles und am besten gar keine Musik. Solange es Spaß macht, ist alles erlaubt. Ich mache das heute noch. Manchmal. Heimlich. Wenn keiner zuhört.

Es wird irgendwann der Tag kommen, an dem der Kassettenrecorder mit dem eingebauten Mikro nicht mehr ausreicht. Ich muß etwa 15 oder 16 gewesen sein. Mit einem Computer, einem CD-Player, einem grottenschlechten Gesangsmikrofon aus der HiFi-Abteilung und meiner Stereoanlage baute ich mir ein „Studio“. Die Klangqualität war miserabel, aber ich hatte selbstproduzierte Jingles (mit Soundeffekten, die ich aus Computerspielen aufgenommen hatte) und ein geplantes Musikprogramm mit festgelegter Reihenfolge. Mein fiktiver Sender hatte einen Namen und eine Zielgruppe. Diesen „Sender“ gibt es heute noch in meinem privaten Radiostudio. Andere stecken ihre Kohle in Autos oder in Klamotten, ich war so krank, mir mit 18 ein Radiostudio zu bauen. Und bin immernoch dran. Aber das nur nebenbei.
Wenn Du keine andere Möglichkeit zur Aufzeichnung eines Demos hast, dann kann auch ein Billig-Mikro im Kassettenrecorder ausreichen. Ich finde es sogar schon wieder charmant, denn wenn sich jemand mit so einem Demo bewirbt, zeigt das erst recht seinen Ehrgeiz und Selbstbewußtsein. Solange es gut ist und man hört, daß der Bewerber es wirklich will und ernst meint, finde ich das OK. Wenn es allerdings nur Gelaber ist, kommen eine professionell erstellte CD oder ein schicker USB-Stick auch nicht besser an. Wichtig ist, daß das, worauf es ankommt, stimmt. Die äußeren Umstände spielen dabei keine so große Rolle. Mikro, bißchen Musik, zwei, drei Moderationen, aufzeichnen, einschicken – fertig. Wenn Du gut bist und „es“ wirklich willst, kann das schon reichen. Hin und wieder bekomme ich Mails von jungen radiobegeisterten Jungs und Mädels, die fragen, was auf eine Demo-CD gehört oder wie man sie gestaltet. Ohne an dieser Stelle näher auf Bewerbungen eingehen zu wollen, nur kurz dazu:

- Länge: max. 5 min.
- CD, USB-Stick oder altmodische Kassette ist egal; Hauptsache, ordentlich

- möglichst keine MD, DAT oder andere exotischen Formate
- korrekt beschriftet
- Inhalt: z. B. Wetter, Verkehr, Begrüßung, Gag, Beitragsanmoderation, Musikmoderation
- nie mit einer fremden Stimme beginnen (keine Jingles, Trailer, Musik)
- keine einleitenden Worte, es muß gleich losgehen

In Kapitel 2 geht es etwas detaillierter um Bewerbungen und Demo-CDs.

2. Schülerradio

Kurze Zeit nach dieser Radiosimulation zu Hause begann etwas, was mir vermutlich den Weg ins richtige Radio geebnet hatte: die Bundesjugendspiele, der alljährliche Sportwettkampf an unserer Schule, der noch dazu mit einem Sponsoring verbunden war. Für jeden gelaufenen Kilometer bekam die Schule einen Geldbetrag. Ich habe kein Fach so sehr gehaßt wie Sport. Noch mehr als Mathe. Mathe habe ich nie geschwänzt, Sport schon. Der Sportunterricht war mir immer ein rotes Tuch, die Bundesjugendspiele aber der reinste Horror. Ich hatte in Sport meistens eine 5. Und ich hasse Sport noch heute.

„Wir machen jetzt den Staffellauf. Jeder von euch läuft eine Runde, die ist Pflicht. Alles, was Ihr dann länger lauft, kommt der Schule zugute. Alles klar? Dann fangen wir an. Freiwillige vor!"
Ich melde mich.
„Ich will anfangen."
Bestimmt nicht, weil mir das Laufen so großen Spaß macht, sondern weil ich es dann hinter mir und mehr Zeit für andere, wichtigere Dinge habe.
„Raphael?" Sie sieht mich etwas erstaunt an. Im letzten Zeugnis hatte ich in Sport mit viel Mühe noch eine 4 bekommen, war also sogar relativ gut.
„Na gut, dann fang du an. Da vorne ist die Startlinie, eine Runde, und dann ist der nächste dran."

Es wird voll.
Der Sportplatz ist vollständig von Schülern übersät. Zwischen ihnen stehen vereinzelt ein paar orientierungslos wirkende Lehrerinnen, deren Blicke suchend den Sportplatz abtasten und scheinbar selber nicht genau wissen, was sie hier eigentlich sollen. Aber natürlich sind sie alle ganz furchtbar wichtig.
Die Sonne scheint, aber warm ist es nicht. Ich hätte mir eine lange Sporthose anziehen sollen.
An der Startlinie versammeln sich die ersten Läufer der anderen Klassen. Hinter mir hat sich meine Klasse gruppiert. Sie unterhalten sich teils stehend, teils auf dem Rasen sitzend. Niemand scheint wahrzunehmen, daß ich vorne stehe, mir der kalte Wind um die Beine weht und ich gleich die erste Runde für uns laufe. Ich will es nur hinter mich bringen, und zwar so schnell wie möglich.
Unsere Lehrerin kommt einen Schritt auf uns zu und hebt eine Trillerpfeife. Neben uns steht eine andere und streckt die Arme von sich.
„Achtung – fertig..."
Na gut, dann laßt uns mal anfangen.
„Los!"
Die andere Lehrerin schlägt über ihrem Kopf die Hände zusammen, im selben Moment pustet meine Lehrerin in die Pfeife. Wir sind noch keine hundert Meter gelaufen, und ich bin schon der letzte. Ist mir egal. Ich laufe hier eine Runde und warte dann, bis alles vorbei ist. Sind ja genug andere Leute da, mit denen man sich unterhalten kann.
Als ich fast die Hälfte hinter mir habe, sind die ersten schon am Ziel. Von fern vernehme ich leise Musik. Je weiter ich laufe, desto lauter wird sie. Rechts von mir hinter der Absperrung stehen große Boxen und eine Musikanlage. Krämer, ein Informatiklehrer, sitzt auf einer Holzbank dahinter und wühlt angestrengt in einem großen Haufen Papier. Neben dem Papierhaufen steht ein kleiner Laptop mit aufgeklapptem Bildschirm. Gerade als ich in seiner Höhe bin, wendet er sich der Musikanlage zu und dreht daran herum. Mein unendlich großer sportlicher Ehrgeiz treibt mich aber weiter nach vorne, und so vernehme ich seine Stimme aus der anderen Lautsprecherbox:
„Runde 3... nächste Klasse... äähhh... Gerd, wie heißt das hier?... Eins?... 8G1..."
Meine atemberaubende Laufgeschwindigkeit trägt mich aus dem akustischen Empfangsgebiet heraus, und ich schwebe förmlich dem Ziel

entgegen. Wuuuuuuuuuusch! Alle anderen Klassen sind längst erneut gestartet, ich bin der Letzte.
Vorne wartet schon der nächste. Große Schwierigkeit, ihm das Staffelholz in die Hand zu drücken, habe ich nicht. Schließlich ist er der einzige, der noch an der Startlinie steht. Alle anderen sind ja längst weg.
Jetzt brauche ich erst einmal eine Pause. Auf dem Weg zu meinem Rucksack komme ich an meiner Lehrerin vorbei. „Ich bin ja jetzt fertig, oder?“, frage ich sie vorsichtig. Auf noch eine Runde kann ich gerne verzichten.
Sie wendet sich der Laufbahn ab und schaut auf eine Liste, die sie die ganze Zeit schon auf einem Klemmbrett in der Hand hält.
„G... Gensert... Ja, bist fertig.“
Sie senkt das Klemmbrett wieder und verfolgt mit ihrem Blick den nächsten auf der Rennbahn.
Auf der Suche nach einer sinnvolleren Beschäftigung schlendere ich über den Rasen und steuere auf Krämer zu. Nimmt der Tag also doch ein gutes Ende. Nicht für Krämer, aber um ihn geht es mir ja auch nicht. Alles nur eine Frage der Verpackung.

Der bärtige Mann sitzt immer noch hinter der Anlage und scheint mit der Bedienung derselben stark überfordert zu sein. Etwas besseres kann mir gar nicht passieren.

„Hallo, Herr Krämer“, rufe ich ihm zu, während ich unter der Absperrung hindurchkrieche.
Er schaut kurz auf. Er kennt mich und weiß, daß ich kein Schüler bin, der immer brav tut, was man ihm sagt.
„Hallo.“
„Na, wie läuft's?“ Ich grinse ihn an.
„Du, nicht jetzt. Ich habe hier wirklich zu tun.“
Na gut. Einen kleinen Moment lasse ich ihm.
„Finde ich gut, daß es Lehrer gibt, die sich um die wirklich wichtigen Dinge kümmern. Sie machen da auch diese Durchsagen, gell?“, frage ich ihn provokant. Er ahnt offenbar noch nicht, worauf ich hinaus will und merkt auch nicht, daß ich gerade dabei bin, ihn zu manipulieren.
„Ja, die auch“, antwortet er mir genervt, tippt etwas in den Laptop und wühlt wieder in dem Papierhaufen.
„Das kann ich ja machen.“

„Nix da. Du bleibst hier sitzen und läßt die Finger davon."
Okay, beim ersten Anlauf hat's nicht geklappt. Er steht aber so unter Strom, daß ihm gar keine Wahl bleibt. Das muß ich ihm nur klarmachen. Ich will an diese Musikanlage!
„Machen Sie das mit den Listen da, das mit der Anlage kann ich machen." Frech setze ich mich neben ihn und greife nach dem Mikrofon. Mein Blick huscht über die Knöpfe und verschafft mir einen ersten Eindruck von dem Gerät, das vor mir steht: eine Art Kombination aus Verstärker, CD-Player und Kassettendeck. Sieht etwas anders aus als eine normale Stereoanlage, etwas größer. Ich habe noch nie vor so einem Ding gesessen, aber das werde ich schon hinkriegen.
Krämer schaut mich über den Rand seiner Brille hinaus mißtrauisch an. Eigentlich ist es ihm nicht so recht, weil er wahrscheinlich die Verantwortung dafür hat. Andererseits scheint die Excel-Tabelle auf seinem Laptop tatsächlich wichtiger zu sein.
„Kümmern Sie sich um die Listen, Herr Krämer. Ich mache das hier schon. Machen Sie die Listen, da haben Sie dann mehr Zeit für. Nicht, daß da am Ende noch was schiefgeht und Ihnen Ihr Programm abstürzt." Man muß die Leute einfach an der Stelle abholen, an der sie gerade stehen, dann fühlen sie sich auch verstanden. Er holt Luft und wendet sich wieder den Papierbögen zu.
In der Anlage läuft eine Kassette. Wahrscheinlich eine aus seinem Auto. Die Musik jedenfalls ist, genau wie die Anlage, nicht gerade vom Neuesten. Außerdem ist sie viel zu leise. Erstmal ein bißchen aufdrehen. Die Boxen geben schließlich mehr her. Krämer merkt das gar nicht. Eine andere Lehrerin, eine ziemlich strenge, schaut mit finsterem Blick von der Zuschauertribüne auf mich herab. Anscheinend paßt es auch ihr nicht, daß ein Schüler aus der 8. Klasse an der Anlage ist. Und sie dann auch noch aufdreht. Unerhört!
Aber die Party muß weitergehen, und ich versuche, die armen Jungs und Mädels auf der Laufbahn ein wenig anzuheizen.
„Ja! Jetzt drehen wir mal richtig auf! Kommt, einfach immer einen Fuß vor den anderen setzen... Ja, sehr schön... Bißchen schneller, das gibt Kohle! So, wunderbar... Eins, zwei, eins, zwei...!" Im Gewühl neben der Anlage finde ich eine CD von Queen. „We will rock you" geht besser als Kuschel-Rock, und nach und nach gewinnt die Sache an Fahrt. Irgendwann wird sogar Krämer locker und macht auf mich den Eindruck, als hätte er Spaß. Was für ein Tag!

Ich weiß heute nicht mehr, was ich da alles von mir gegeben habe. Das meiste war totaler Unsinn, zwischendurch kamen aber auch „nützliche“ Moderationen, für die diese Anlage eigentlich gedacht war. Daß man damit auch Musik abspielen und bei den Leuten die Stimmung heben kann, daß man aus den schnöden Bundesjugendspielen ein Event, eine Party machen kann, war so eigentlich gar nicht vorgesehen. Es war der Anfang einer Sache, die für mich und die Schule von unglaublicher Bedeutung wurde: dem Pausenradio.

Meine Freunde wußten von meiner Radiogeilheit. Oft gab es für mich kein anderes Gesprächsthema, was die meisten dieser Freundschaften auf eine ziemlich harte Probe stellte. Wir trafen uns in den Pausen, um uns über Radiosender, Moderatoren und Programmstrategien zu unterhalten. Nicht jedem gefiel das. Nun waren wir alle auf derselben Schule, noch dazu einer sehr großen Schule mit etwas über 1.300 Schülern. Was Arbeitsgemeinschaften betraf, war sie recht gut ausgestattet. Von der Biogarten-AG bis zur Koch-AG war alles da. Nur kein Radio.
Wir trafen uns mit Krämer und ein paar anderen, um unseren Wunsch zu äußern. Krämer machte mit, klinkte sich nach ein paar Wochen aber wieder aus, weil ihn die Arbeit als Informatiklehrer und Leiter mehrerer Kurse zu sehr in Anspruch nahm. Übrig blieben zwei Religionslehrerinnen. Sie trommelten in ihren Unterrichtsstunden andere Interessenten zusammen und überlegten sich mit uns allen, wie wir das anpacken würden. Unterstützung kam vom „Stadtjugendpflegers“ des ortsansässigen Jugendzentrums und von dessen Bekannten. Dieser Bekannte war der Leiter eines winzig kleinen Regionalsenders einer 50 km entfernten Stadt. Wir trafen uns regelmäßig und besprachen, wie unser „Sender“ heißen sollte, welche Sendungen wir bringen, wann und wie oft wir senden würden und wie die technischen Fragen geklärt werden können.

Es zogen einige Monate ins Land. Monate, die wir mit gemeinsamen Wochenendausflügen füllten. Wir sollten lernen, zu moderieren, in kurzer Zeit auf den Punkt zu kommen, uns aus verzwickten Situationen herauszureden und mit nervigen Interviewpartnern richtig umzugehen. Daß wir als blutige Anfänger mit solcherlei Dingen völlig überfordert waren, war niemandem bewußt. Nach meinem heutigen Verständnis würde ich sagen, daß solche Kurse nach etwa zwei Jahren Berufserfah-

rung angebracht wären. Aber nicht, wenn man von Radio überhaupt keine Ahnung hat. Das ganze war pädagogisch nicht sehr geschickt.
Nun waren aber dieser Stadtjugendhelfer und sein Bekannter natürlich die Götter – zumindest für die beiden Religionslehrerinnen. Der Stadtjugendhelfer wußte selbstverständlich ganz genau, wie man mit Jugendlichen umgeht, und der Radiomensch war ebenso selbstverständlich der wirklich allwissende Radioguru.
Was dabei herauskam, war ein Haufen gefrusteter Jugendlicher, die hinterher so schlau waren und genausowenig konnten wie vorher, aber das Bewußtsein gewonnen hatten, jetzt endlich Radio machen zu können. Die Gruppe spaltete sich in zwei Lager: meine Freunde und ich und der Rest. Unsere Art, an Dinge heranzugehen, war zwar realistischer und echter, aber wir waren den Betreuern der Radio-AG ein Dorn im Auge, weil wir die Dinge anders sahen und zusammenhielten, so daß wir bei jeder Abstimmung immer die Mehrheit hatten. Insbesondere die Religionslehrerinnen ließen sich von den beiden oberen Herren beeindrucken und gaben deren Ideologien eins zu eins an uns weiter. Das sah ungefähr so aus:

- Ein Moderator sitzt nicht am Mischpult
- Ein Moderator spricht nur
- Ein Moderator muß nach jedem Lied etwas sagen
- Ein Lied wird niemals ganz ausgespielt
- Musik ist vollkommen unwichtig

Wir hatten eine Lautsprecheranlage, die wir für die Sendungen auf dem Schulhof jeweils auf- und abbauten. Gesendet wurde nur in den Großen Pausen. Die gingen nur jeweils eine Viertelstunde, da blieb nicht viel Zeit für Musik. Und damit jeder mal drankommen würde (und das innerhalb kurzer Zeit), moderierten gleich zwei Leute auf einmal. Doppelmoderation. Sie zu beherrschen, halte ich für eine ausgesprochen große Kunst. Doppelmoderation bringt unglaublich viele Schwierigkeiten mit sich, die viele gestandene Radiomoderatoren aus großen Sendern noch nicht einmal beherrschen. Von uns Laien wurde sie aber verlangt – was in Anbetracht der kurzen Sendezeit vollkommen unmöglich ist.

Es war das reinste Chaos. Unzufriedenheit machte sich breit. Unzufriedenheit, Neid, Intrigen. Das einzige, was an einen richtigen Sender erinnerte. Leider waren dies nur negative Parallelen.

Aber trotzdem hat's irgendwie auch Spaß gemacht. Schließlich war ich nicht alleine, sondern hatte meine Freunde auf meiner Seite. Wir hielten zusammen, sprachen uns in unseren Entscheidungen diplomatisch ab und traten als Team auf. Waren in der Radio-AG Entscheidungen zu treffen, waren wir immer einer Meinung. So hatten wir ziemlich schnell den Rest gegen uns, aber durch unseren konzentrierten Enthusiasmus waren wir das engagierteste und realistischste Team und machten, bei aller Bescheidenheit, die besten Sendungen.

Die Zeit des Pausenradios dauerte etwa drei Jahre. Ich kann es heute nicht mehr mit Sicherheit sagen. Gegen Ende wuchs meine Verantwortung gegenüber meinen schulischen (übrigens ziemlich schlechten) Leistungen, so daß ich immer weniger Zeit für die AG hatte. Zudem gewann ich mehr und mehr den Eindruck, daß sich die AG in einem Schlummerzustand befand. Die Oberstufe kam auf mich zu und zog mich vollständig aus der Radio-AG heraus. Ich habe seitdem nichts mehr von ihrer Existenz gehört, und wie ich Jahre später erfahren habe, hat sich die Radio-AG kurz nach meinem Weggang aufgelöst.

In meiner Bewerbung für meinen ersten Job beim Radio erzählte ich natürlich von dem Pausenradio. Heute würde ich das nicht mehr tun, aber damals war es die erste große Sache, die in Richtung Radio ging, die ich gemacht hatte. Ob das nun der ausschlaggebende Punkt war, mich zu einem Praktikum einzuladen, weiß ich nicht. Auf das Pausen-Radio war ich unglaublich stolz. Immerhin war ich einer der Mitbegründer. Einer derer, der diese AG damals überhaupt ins Leben gerufen hat und ohne den sie eingegangen ist.
Es hängt natürlich zu einem Großteil von Deiner Schule und Deinen Lehrern ab. Ist die Schule klein, stehen die Chancen, so etwas durchzusetzen, ziemlich schlecht. Es hat oft niemand die Zeit oder die Nerven, sich um solcherlei Dinge zu kümmern. Außerdem verbreiten sich solche Neuigkeiten an kleinen Schulen sehr schnell, was nicht immer angenehm sein kann. Eine große Schule ist da schon besser. Argumente, die an meiner Schule damals dafür sprachen, waren die große Zielgrup-

pe (also die hohe Anzahl an Schülern), die Schöpfung von etwas Neuem, die Erkundung eines Gebiets, das durch den Unterricht an der Schule in keiner Weise abgedeckt wurde, sowie die bereits bestehende Interessengemeinschaft (das waren wir).

Solltest Du noch zur Schule gehen, erkundige Dich, ob es eine solche AG bei Dir gibt. Falls nicht und Du Dir vorstellen kannst, daß Dir das Spaß macht, bemühe Dich, Mitstreiter zu finden, die Du von Deiner Begeisterung überzeugen kannst und die bereit wären, mitzumachen. Sicherlich gibt es außer Dir noch andere Schüler, die dasselbe Interesse haben. Wichtig ist natürlich auch, einen oder zwei Lehrer im Rücken zu haben, mit dem Du Dich gut verstehst und dem Du die Leitung dieser AG zutraust. Einige Schulen führen bereits solche AGs. Es ist also auch möglich, sich an anderen Schulen zu informieren, wie es dort geregelt ist. In jedem Fall bietet eine solche AG einen guten Einstieg ins Radio und macht Spaß. Nicht immer, aber meistens. Und wenn nicht, geht man halt wieder.

3./4. Zeitung

Wenn die Radio-AG für Dich aus irgendwelchen Gründen nicht in Frage kommt, bleibt Dir die Zeitung. Das kann zur Not auch die Schülerzeitung sein. Sicher ist es einfach, dort hineinzukommen, denn nach meiner Beobachtungen sind solche freiwillige Einrichtungen chronisch unterbesetzt. Die Chancen, aufgrund dessen aber später bei einem Radiosender zu landen, sind sehr gering. Deshalb sollte die Schülerzeitung wirklich nur eine Notlösung sein. Habe ich selbst nie gemacht, ließe sich aber über den „Journalismus" fürs Radio legitimieren. Hier steht also weniger die Unterhaltung im Vordergrund sondern mehr der Journalismus, die Berichterstattung.

Jede größere Stadt verteilt (meist wochenweise) kostenlose Zeitungen, die in erster Linie Pressemittelungen der Stadt abdrucken oder über Veranstaltungen berichten. Ich muß dazu sagen: Ich habe noch nie bei einer Zeitung gearbeitet, deshalb kann ich nur wenig über die Arbeit bei einer Zeitung sagen, aber ein Türöffner ist eine Zeitung allemal. Eine

kostenlose Wochenzeitung ist zwar nicht die New York Times oder die Frankfurter Allgemeine, aber das Prinzip ist das selbe. Nun ist es erwiesenermaßen schwierig, bei etablierten Zeitungen zu arbeiten, wenn man vorher noch nie journalistisch gearbeitet hat. Deshalb sind eben solche kostenlosen Wochenzeitungen oder kleinere Lokalblätter als Sprungbrett eher geeignet. In anderen Städten gibt es auch kostenlose Jugendmagazine, die sich auch immer über redaktionelle Verstärkung freuen. Der Grundsatz ist: Je „kleiner" der Laden ist, bei dem Du anfängst, desto größer sind die Chancen, daß Du dort etwas machen kannst. Und dann hängt es noch nur an Dir selbst, was Du daraus machst.
Zeitung muß nicht nur beschreiben. Zeitung kann auch kommentieren. Es geht also nicht nur darum, Nachrichten zu schreiben, wobei diese Fähigkeit bei einer Zeitung natürlich besonders gefragt ist. Somit wäre die Zeitung eine Möglichkeit, über den Journalismus zum Radio zu kommen. Ich hatte mal einen Kollegen in der Nachrichtenredaktion, der eigentlich von der Zeitung kam. Eine Zeit lang war ein Pressesprecher mein Chef, der ebenfalls von der Zeitung kam.

Gibt es in Deiner Stadt keine kostenlose Wochenzeitung oder etwas Vergleichbares, dann tut es natürlich auch die nächstgrößere Regionalzeitung. Wahrscheinlich wirst Du kein oder nur sehr wenig Geld bekommen. Versuche, so viel wie möglich zu schreiben und zu veröffentlichen. Bewahre Deine Artikel auf. Schneide sie vorzugsweise direkt aus der Zeitung aus und sammele sie. Du wirst sie später bei einer Bewerbung beim Radio brauchen, denn das sind Deine Arbeitsproben (und ohne die geht gar nichts).

Zeitungsartikel unterscheiden sich allerdings in ihrem Aufbau, ihrer Zielsetzung und Wortwahl erheblich von einem Beitrag im Radio. Selbst Nachrichten im Radio sind nicht mit Zeitungsartikeln zu vergleichen. Ein Zeitungsartikel ist „geschriebene Sprache". Gehen wir von einem Brand im Postgebäude aus. Ein Zeitungsartikel dazu könnte so aussehen:

In der Nacht vom 15. auf den 16. März ist in der Postfiliale in der Bahnhofstraße ein Feuer ausgebrochen. Anwohner hatten Rauchgeruch bemerkt und verständigten daraufhin sofort die Feuerwehr. Die Einsatzkräfte rückten mit zwei Löschzügen an.

Es gelang ihnen schließlich, das Feuer unter Kontrolle zu bringen. Einsatzleiter Eduard Hartmann: „Wir gehen davon aus, daß Brandbeschleuniger eingesetzt worden sind. Was im Einzelnen passiert ist, können wir im Augenblick noch nicht sagen." Trotz der schnellen Reaktion der Feuerwehr ist das Postgebäude vollständig abgebrannt. Die angrenzenden Wohnhäuser sind jedoch nicht betroffen. Der Schaden geht in die Millionen-Höhe. Die Polizei ermittelt.

Das ist geschriebene Sprache. Kein Mensch würde so sprechen. Angenommen, zwei Nachbarn würden sich über die selbe Sache unterhalten. Das könnte etwa so klingen:

Hast Du das mitgekriegt? Letzte Nacht hat die Post gebrannt. Da hinten in der Bahnhofstraße. Muß ganz schön gefackelt haben. Irgendwelche Leute sind dann wach geworden, weil sie gemerkt haben, daß es nach Rauch riecht. Die haben dann die Feuerwehr angerufen, und die kam dann auch. Die hatten zwei dicke Feuerwehrautos dabei und haben dann erstmal voll draufgehalten. Hat aber nichts genützt, der Laden ist komplett abgebrannt. Einer von den Feuerwehrleuten hat gemeint, daß das wahrscheinlich Brandstiftung war. Aber das wissen die noch nichts genau. Na ja, die Polizei ist jetzt dran. Sind schon ein paar Millionen, die dabei draufgegangen sind.

Die Information ist genau dieselbe. Nur ist sie gesprochene Sprache. Eine Moderation im Radio würde sprachlich schon eher in diese Richtung gehen. Nachrichten im Radio hätten wiederum eine gewisse Ähnlichkeit mit dem Zeitungsartikel, würde sich aber auch anders anhören. Ein Zeitungsartikel kommt wiederum geschriebener Sprache näher, und es ist schwierig, sich umzugewöhnen. Es liegt an Dir, Deine eigenen Fähigkeiten und Talente aufzuspüren und umzusetzen. Mach so viel Du kannst. Je verschiedener die Dinge sind, desto besser. Das zeigt, daß Du anpassungsfähig bist und ein breitgefächertes Wissen hast. Je mehr Du kannst, je mehr Fähigkeiten Du hast, desto größer ist die Wahrscheinlichkeit, bei irgendeinem Sender einen Job zu bekommen – sei es als Moderator, als Redakteur, als Nachrichtensprecher, Musikredakteur, Sounddesigner oder Reporter.

Nach Deiner Schulzeit wirst Du kaum noch Zeit haben, oder es ist bereits zu spät. Bemühe Dich, früh anzufangen und Dich intensiv um den Einstieg ins Radiogeschäft zu kümmern. Je stärker und vielfältiger

Du Deine Schulzeit nutzt und je jünger Du bist, desto besser. Eine Zeitungsredaktion ist ein solider Einstieg, denn er gibt Dir die Möglichkeit, hinterher etwas in der Hand zu halten: Deine eigenen Artikel. Vielleicht stellst Du dann auch fest, daß Dir der journalistische Bereich viel mehr liegt und Dir das Reportieren oder Erzählen von wichtigen Ereignissen mehr Spaß macht als beispielsweise das Moderieren. Und dafür ist eine Zeitung als erste Referenz schonmal ganz hilfreich. Mich haben in den letzten Jahren immer wieder junge Leute gefragt, wie sie zum Radio kommen, und interessanterweise wollten nur wenige von ihnen moderieren. Die meisten wollten Nachrichten oder Beiträge machen oder im Hintergrund arbeiten. Für alle, die also eher in die journalistische Ecke wollen, ist die Mitarbeit bei einer Zeitungsredaktion sicherlich nicht das Schlechteste.

5. Offener Kanal/Bürgerfunk

Die Verteilung von Sendelizenzen von Radiosendern ist Landessache. Daher gibt es in jedem Bundesland andere Bestimmungen und eine völlig unterschiedliche Radiolandschaft. Auf die einzelnen Modelle will ich hier nicht eingehen, das ist hier auch nicht so wichtig. Wichtig ist nur, zu wissen, daß es inzwischen in fast allen größeren Städten so etwas wie einen „Offenen Kanal“, ein „Freies Radio“ oder einen „Bürgerfunk“ gibt. Diese Sender werden meistens durch Rundfunkgebühren subventioniert, sind also gewissermaßen öffentlich-rechtlich, werden aber außerdem auch von der Stadt, der Gemeinde oder dem Landkreis getragen. Manche sind sog. NKLs, also „nicht-kommerzielle Lokalsender“, das heißt, sie dürfen keine Werbung senden, im Umkehrschluß also auch keinen Gewinn erwirtschaften. Wenn Du bei Dir in der Nähe einen solchen Sender hast, solltest Du Dich bemühen, dort eine Sendung machen zu dürfen. Es ist normalerweise nicht sehr schwer, dort hineinzukommen, weil gerade die Offenen Kanäle (OKs) die Verpflichtung haben, den „kleinen Mann“ ans Mikro zu lassen. Es ist dort also nicht Ungewöhnliches, wenn einmal im Monat der örtliche Taubenzüchterverein dort seine Taubenzüchtervereinssendung abhält – die natürlich niemanden interessiert, aber Sendung ist Sendung. Bei vielen dieser Sender moderieren sehr junge Leute, manchmal gibt es auch eine

Sendung speziell für Kinder oder Jugendliche. Schließe Dich der jeweiligen Redaktion an und betone, daß Du gerne moderieren möchtest. Eine bessere Übungsmöglichkeit gibt es kaum. Zeichne Deine Sendungen auf und höre sie Dir an. Merke Dir, was gut war und was Dir peinlich war. Die nächste Sendung wird besser. Zeichne sie wieder auf. Und wieder. Und wieder. Arbeite Dich da rein, mach so viel wie möglich (vergiß dabei die Schule nicht, die ist das Fundament für alles – leider). Bei einem Offenen Kanal hast Du die Gelegenheit, Dich in Studiotechnik einzuarbeiten, ein Gefühl für Musik und für Moderation zu bekommen, Du bekommst ein Gefühl für Zeit und bekommst vielleicht sogar Rückmeldung aus Deinem Bekanntenkreis. Wenn Dir das unangenehm ist, ist das der falsche Job für Dich.

Man sollte auch dazu sagen, daß diese Art von Radiosendern meistens (ich will sie nicht alle über einen Kamm scheren) ziemlich unprofessionell ist. Ich habe während meines Studiums auch mal ab und zu etwas bei einem Freien Radio gemacht, und das war die reinste Anarcho-Siff-Bude. Da hat sich auch niemand groß um irgendetwas gekümmert. Hauptsache, es lief. Und wenn mal zwei Stunden gar nichts lief, weil keiner da war, dann hat das auch niemanden interessiert. Wer da wann was gesagt oder gemacht hat oder es bleiben ließ, das war den meisten dort ziemlich egal. Unter'm Strich zählt aber nur, was Du für Dich mitnimmst. Der aufgezeichneten Sendung hört man nicht an, in was für einer katastrophalen Umgebung sie entstanden ist oder wie dick der Siff auf dem Mischpult steht. Wie gesagt: ich will nichts verallgemeinern, ich spreche da nur aus eigener Erfahrung, aber wichtig ist halt, daß Du etwas gemacht hast und das in irgendeiner Form auch publiziert wurde. Dafür reicht ein Offener Kanal allemal.

Wenn Du keinen entsprechenden Sender vor der Tür hast, kann es sich auch lohnen, einmal die Woche eine längere Bus- oder Zugfahrt dafür in Kauf zu nehmen. Mach Gebrauch von dieser Möglichkeit, denn das ist halbwegs „richtiges“ Radio und kann Dir für eine Bewerbung als Praktikant der entscheidende Vorteil sein. Du bekommst dort kein Geld, aber darum geht's ja erstmal auch nicht. Unter www.freie-radios.de/radios/adressliste.html habe ich (Stand: September 2015) eine Liste von Freien Radios aus Deutschland, Österreich und der Schweiz gefunden. Vielleicht findest Du dort etwas Passendes.

6. Veranstaltungsfunk

In vielen Städten und Gemeinden gibt es regelmäßig stattfindende Feste. Damit meine ich keine Straßenfeste, sondern größere Veranstaltungen, wie z. B. den „Hessentag“, der traditionell auch immer von einem Veranstaltungsfunk begleitet wird. In meiner Heimatstadt Bad Homburg gibt es jedes Jahr Anfang September das „Laternenfest“, eine ziemlich große Kirmes mit Karussells, Freß- und Saufbuden und vielen vielen Jugendlichen, die bei solchen Gelegenheiten gerne mal ausprobieren, wieviel Alkohol sie vertragen. Ende der 90er taten sich einige Radiofreaks aus der näheren Umgebung zusammen und gründeten „Radio Megahertz“. Dieser Sender bekam eine befristete Sendelizenz als Veranstaltungsfunk und wurde während des Laternenfestes ausgestrahlt. Studio und Redaktionsräume waren im Speisesaal eines Hotels in der Innenstadt untergebracht. Das Programm ähnelte dem eines Offenen Kanals, weil die Moderatoren ihre Musik selbst ausgesucht haben und auch sonst keine großartigen Vorschriften hatten, was wann wie zu kommen hatte. Außerdem hörte man im Hintergrund immer mal Besteck oder Geschirr klappern. Inhaltlich bewegte sich Radio Megahertz in erster Linie um das Laternenfest und die Stadt. Es gab Reportagen, Interviews und Beiträge über das Fest und alles, was man darüber (nicht) wissen wollte oder sollte. Als im September 1997 Radio Megahertz das erste Mal in Bad Homburg On Air ging, dauerte es natürlich nicht lange, bis ich Wind davon bekam, mich aufs Fahrrad setzte und hinfuhr. Damals war ich 18 und ging noch zur Schule. Ich kam mit den Verantwortlichen ins Gespräch, wurde Vereinsmitglied und gehörte von da an „dazu“. Alleine moderieren durfte ich in dem Jahr noch nicht, aber im Jahr darauf war es dann soweit: meine allererste Radiosendung, gesendet im September 1998. Natürlich habe ich diese Sendung aufgezeichnet, und sie steht heute noch bei mir im Mitschnitt-Regal. Und ich spiele sie niemandem vor.

Besonders anspruchsvoll war der Veranstaltungsfunk natürlich nicht, aber er war für mich eine äußerst günstige Gelegenheit, Praxiserfahrung zu sammeln und Aufnahmen von meinen Sendungen zu machen. Zwar hatte ich zu diesem Zeitpunkt schon einen Job bei DASDING in der Tasche, aber moderierte Sendungen waren dort noch weite Zukunftsmusik, und so konnte ich bei Radio Megahertz das machen, was ich immer schon machen wollte: moderieren. Und ich habe mich an Planungen und Entscheidungen für die kommenden Jahre beteiligt. Irgendwann war für mich die Luft raus, und auch für Radio Megahertz wurde es immer schwieriger (Gesetze, Finanzen, das übliche halt), und so ist das Projekt dann ein paar Jahre später leider wieder eingeschlafen. Das Laternenfest gibt es noch, Radio Megahertz nicht mehr.

Solche und ähnliche Kurzzeitsender treten aber immer mal wieder in Erscheinung, und erfahrungsgemäß ist es auch hier nicht schwer, ans Mikro zu kommen. Sprich mit den Verantwortlichen, sei nett, aber hartnäckig und versuche, dort ans Mikro zu kommen – sei es als Co-Moderator oder nur für eine kurze Sendung. Egal. Hauptsache, es passiert was. Zeichne alles auf, was von Dir On Air geht!

Wenn Du nicht weißt, ob es bei Dir in der Nähe einen Bürgerfunk, einen Offenen Kanal oder einen Veranstaltungsfunk gibt, ist die Landesmedienanstalt ein erster Ansprechpartner. Die heißt in jedem Bundesland anders. Stand jetzt (September 2015) haben die Anstalten in Deutschland folgende Bezeichnungen:

- Bayern: BLM - Bayerische Landeszentrale für neue Medien
- Baden-Württemberg: LfK - Landesanstalt für Kommunikation Baden-Württemberg
- Berlin und Brandenburg: MABB - Medienanstalt Berlin-Brandenburg
- Bremen: BREMA - Bremische Landesmedienanstalt
- Hessen: LPR - Hessische Landesanstalt für privaten Rundfunk und neue Medien
- Mecklenburg-Vorpommern: LRZ - Landesrundfunkzentrale Mecklenburg-Vorpommern
- Niedersachsen: NLM - Niedersächsische Landesmedienanstalt
- Nordrhein-Westfalen: LfM - Landesanstalt für Medien Nordrhein-Westfalen
- Rheinland-Pfalz: LMK - Landeszentrale für Medien und Kommunikation Rheinland-Pfalz
- Saarland: LMS - Landesmedienanstalt Saarland

- Sachsen: SLM - Sächsische Landesanstalt für privaten Rundfunk und neue Medien
- Sachsen-Anhalt: MAS - Medienanstalt Sachsen-Anhalt
- Schleswig-Holstein und Hamburg: MA HSH – Medienanstalt Hamburg/Schleswig-Holstein
- Thüringen: TLM - Thüringer Landesmedienanstalt

7. Internetradio

Seit der Generation „Web 2.0" funktioniert das Internet nicht mehr nur in eine Richtung (Sender → Empfänger), sondern auch in die andere: Der Empfänger wird zum Sender. Blogs werden geschrieben, eigene Videos online gestellt, Präsentationsplattformen und Netzwerke unterschiedlicher Zielsetzungen entstehen (WKW, Xing, Myspace, Facebook, Twitter) und verschwinden wieder. Das Internetradio ist sicherlich keine neue Erfindung, allerdings beobachte ich seit ein paar Jahren wieder einen Boom. Nach dem Zusammenbruch des „Neuen Marktes" und den zahllosen Internet-Flops der späten 90er sieht es beinahe so aus, als entstünde eine neuartige Ära des Internets. Mittlerweile betreiben einige Hobbyisten eigene Internetradios. Manche sind sehr klein und unbeholfen, andere dagegen erheben durchaus professionelle Ansprüche. Bei einem Internetsender verdient man meistens kein Geld, aber mit einem halbwegs modernen Computer und einigen Kenntnissen über die einschlägigen Programme (z. B. SAM, Winamp) läßt sich praktisch von jedem beliebigen Internet-Computer aus Internetradio betreiben. Sollte diese Möglichkeit für Dich in Betracht kommen, wäre das ein Schritt ins richtige Radio. Leider muß man dazu sagen, daß Internetradios generell einen sehr schlechten Ruf genießen. Das verwundert auch nicht weiter, sieht man sich die Online-Angebote entsprechender Sender an. Die Zahl der ernsthaften und professionell gestalteten Webradios ist verschwindend gering. Man muß es leider in aller Deutlichkeit sagen: Das meiste ist Schrott. Beispiele brauche ich keine zu nennen, die finden sich massenhaft. Wenn die Seite schon stümperhaft zusammengeschustert ist, der Stream schlecht oder gar nicht läuft und das Programm ein einziger Kopfschmerzimpuls ist, ist es sicherlich sinnvoll, weiterzusuchen. Je anspruchsvoller das Webradio, desto besser sind hinterher Deine Referenzen, also das, was Du einem anderen Sender vorzeigen kannst. Der einzige Internetradiosender mit einigermaßen Anspruch, der mir auf Anhieb einfällt, ist rautemusik.fm, wobei dieser Sender inzwischen auch eine Art Auffangbecken für ehemalige UKW-Moderatoren ist. Als Anfänger dürften die Chancen sehr gering sein.

Falls Du aber mit Internetradio anfangen möchtest, solltest Du Dir einen Sender aussuchen, der auf Dich einen seriösen Eindruck macht und über möglichst „erwachsenes" Personal verfügt. Bei Nicknames, die mit „DJ" anfangen, ist generell Vorsicht geboten, denn ein Radiomoderator ist kein DJ, und es geht beim Radio auch nicht darum, „coole", „fette" oder sonstwie „krasse" Musik aufzulegen und ab und zu ins Mikro zu plärren.
Der Vorteil beim Webradio ist die Standortunabhängigkeit: Normalerweise mußt Du nirgendwo hinfahren, sondern kannst von zu Hause aus senden. Solange das Image der Internetradios allerdings noch so ist, wie es ist, rate ich persönlich von Internetradios ab, aber wenn sonst nichts anderes geht, kann auch das ein Einstieg sein. Es kommt halt drauf an, was man draus macht. Wenn Du Internetradio machst und Dich mit solchen Arbeitsproben bei einem richtigen Sender bewirbst, müssen Arbeitsprobe und Internetsender schon sehr gut sein. Ein Versuch ist es sicherlich wert, aber wenn Du ernsthaft Radio machen willst, kommt der Anfang bei Zeitung oder Offenem Kanal sicherlich besser an.

8. Bundeswehr

Eine der besten Möglichkeiten, zwei Fliegen mit einer Klappe zu schlagen, ist die Radio-Einheit der Bundeswehr. Sie betrifft zwar in erster Linie Männer, aber auch Frauen dürften ja mittlerweile zu anderen Einheiten als zu den Sanitätern. Die Deutsche Bundeswehr hat einen eigenen Radiosender. Man kann ihn innerhalb Deutschlands nicht empfangen, aber er ist in Deutschland stationiert. Ich war 1999 und 2000 dort. Damals gab es die Wehrpflicht noch. So sehr ich kurz vor meinem Antritt bei der Bundeswehr auch darauf geschimpft hatte – im Nachhinein muß ich sagen, daß ich dort viel gelernt und gemacht habe. Es war

außerdem auch eine äußerst bequeme Art, zur Bundeswehr zu gehen. Das hätte ich im Zivildienst nicht haben können. Ich muß dazu sagen, daß ich das große Glück hatte und bereits während der Schule beim damaligen Südwestfunk gearbeitet hatte. Dadurch hatte ich schon vor der Bundeswehrzeit praktische Erfahrung beim Radio, was mir den Einstieg ins Bundeswehrradio etwas erleichterte. Ich stellte eine CD von Beiträgen zusammen, die ich damals für DASDING gemacht hatte und bewarb mich damit direkt bei dem Sender. Der wiederum forderte mich beim zuständigen Kreiswehrersatzamt an. Bei der Musterung habe ich als Verwendungswunsch dann „Radio Andernach“ (bzw. „2./OpInfo 950“ als korrekte Truppenbezeichnung) angegeben, und dadurch, daß mich die Kompanie selbst auch angefordert hatte, kam ich da hin, wo ich hin wollte.
Um die Grundausbildung kam ich natürlich nicht herum. Damals waren es zwei Monate. Und obwohl sie mir manches Mal endlos vorkamen und ich oft wirklich geflucht und geschimpft habe, gingen sie vorüber, und danach war es einfach nur noch geil.
Der Sender heißt „Radio Andernach“, weil der Sender damals in Andernach bei Koblenz beheimatet war. Inzwischen ist die Kompanie nach Mayen umgezogen, unweit von Andernach entfernt. Der Name ist jedoch bis heute geblieben. Bundeswehrradio war also nicht meine erste Station, aber es kann eine erste Station sein. Was andere Länder angeht, muß ich leider passen. Es mag sein, daß das österreichische oder schweizerische Militär über eine vergleichbare Abteilung verfügt. Inzwischen bin ich aus dem Thema Wehrdienst so raus, daß ich auch nicht mehr auf dem Laufenden bin. Es hat sich in den letzten Jahren allein in Deutschland unglaublich viel verändert, was Bundeswehr angeht. Im Zweifel einfach googeln oder dort anrufen. Auch, wenn die Bundeswehr inzwischen keine Pflicht mehr ist, muß man sagen, ist sie sicherlich nicht das Schlechteste. Jedenfalls nicht, wenn man Radio machen will. Das gilt übrigens auch für Frauen.

Das Radio bei der Bundeswehr habe ich als hochinteressante Erfahrung in Erinnerung, ist allerdings mit einem zivilen Sender überhaupt nicht zu vergleichen. Ich kann natürlich von vom dem ausgehen, was ich damals dort erlebt und wie ich es empfunden habe. Es kann sein, daß das heute anders ist.

Die Zielgruppe sind Soldaten im Auslandseinsatz. Ein Teil des Programms wird aus Deutschland gesendet und per ISDN in die Einsatzgebiete übertragen, der andere Teil des Programms kommt direkt aus dem Einsatzland. Demnach beschränkt sich die Redaktion in Deutschland nur auf ein paar Stunden Sendung pro Tag. Die Wortinhalte bestehen in erster Linie aus vorproduzierten Interviews, Comedy-Reihen, Nachrichten, dem Verlesen von Sport-Ergebnissen und dem Wetterbericht. Er bezieht sich natürlich auf das Sendegebiet. Ich war, wie gesagt, 1999/2000 bei Radio Andernach, unser Sendegebiet war Rajlovac in Bosnien. Der Wetterbericht wurde immer mit denselben Worten eingeleitet: „Und nun das Wetter für den Raum Rajlovac, Sarajevo und Umgebung."

Musikalisch waren den Moderatoren alle Freiräume gelassen. Sie waren selbst für die Auswahl der Musik verantwortlich. Das führte natürlich dazu, daß jeder seine Lieblingsmusik spielte und wenig Rücksicht auf das eigentliche Format nahm. Vom Schlager bis zum Techno-Set war alles drin. Eine Reihenfolge, welcher Titel wann kommen sollte, gab es ebenfalls nicht. Was es aber gab, war eine Glasscheibe. Eine Glasscheibe, die den Moderator und den Techniker voneinander trennte. Diese Arbeitsweise war zwar auch damals schon völlig überholt, ließ sich aber wegen bundeswehrtechnischer Bürokratie nicht anders einrichten. Qualitativ klang Radio Andernach meistens ziemlich schräg und unprofessionell. Es kamen dort Leute ans Mikrofon, die von Radio keine Ahnung hatten und zufällig beim Radio gelandet waren. Sie hätten genausogut bei einer Panzereinheit oder der Artillerie stationiert sein können. Die meisten der Wehrpflichtigen wollten allerdings zu Radio Andernach. Sie hatten Ahnung und Erfahrung, waren, genau wie ich, vorher schon beim Radio und wußten einigermaßen, wie sie ihren Job zu machen hatten. Ich habe die Bundeswehr als sehr bürokratisch und durchorganisiert in Erinnerung. Man braucht nur jemandem auf die Schulter zu schauen und sieht, wieviel derjenige zu sagen hat. Wir kleine Wehrpflichtige standen in der Hierarchie natürlich ganz unten, verstanden aber etwas vom Fach. Die meisten unserer Vorgesetzten hätten uns zwar locker hundert Liegestützen machen lassen können, weil sie uns dienstgradmäßig haushoch überlegen waren, hatten allerdings vom Radio keinen blassen Schimmer. Im Zuge ihrer Fortbildung oder Beförderung wurden sie eben in die Radioeinheit versetzt und mutierten plötzlich zu unseren Vorgesetzten. Es ging ihnen gegen den Strich, daß so kleine Gefreite und Obergefreite plötzlich schlauer waren als ein Hauptfeldwebel oder ein Oberleutnant. Dieses Verhältnis führte oft zu Auseinandersetzungen, die nicht immer gut ausgingen. Letztlich konnten sie uns aber nichts anhaben, denn wir waren im Radio-Machen einfach besser als sie.

Die technische Ausstattung war auch für damalige Verhältnisse komplett veraltet. Die Beschreibung davon spare ich mir, aber das Programm hörte sich halt auch entsprechend an. Alle Geräte durften nur von speziell ausgebildeten Technikern bedient werden. Wer kein Techniker war, hatte im Studio nichts zu suchen. Das galt also auch für uns Moderatoren. Keine Frage, daß wir uns nach Dienstschluß entgegen der Bestimmungen dennoch darin aufhielten und ein wenig herumspielten. Nicht, daß wir etwas kaputtgemacht hätten, aber mit irgend etwas mußte man sich die Langeweile ja vertreiben.

Inzwischen ist Radio Andernach um Klassen besser ausgestattet. Im Sommer 2009 war ich in den neuen Räumen in der Kaserne in Mayen. Von dem alten Schrott ist nichts mehr übrig, dafür gibt es Digitalpulte von Studer, eine digitale Sendeablaufsteuerung und insgesamt eine viel modernere Ausstattung. Wenn ich das richtig in Erinnerung habe, ist man bei Radio Andernach inzwischen auch zum Selbstfahrerbetrieb übergegangen, d. h. der Moderator sitzt selbst am Mischpult, wie sich das für einen vernünftigen und modernen Sender auch gehört. Wie das Programm inhaltlich aussieht und wie es gestaltet wird, weiß ich nicht, das hat sich seit meinem Ausscheiden aus der Bundeswehr sehr verändert. Ich weiß nur, daß dort keine Comedy mehr gesendet wird. Offenbar hat man bei Radio Andernach nichts mehr zu lachen. Schade. Das war früher besser.

Damals kümmerten wir uns um die Frühsendung. Sie ging morgens um sechs los und wurde aus einem unisolierten Container gesendet. Nun ist Andernach nicht gerade die wärmste Stadt, und im Winter waren es locker -10°, gerade so früh morgens. Die Kälte kroch natürlich auch in das Innere des Containers, was nicht sehr angenehm war. Die Nachmittagssendung hatte es da besser. Sie bestand aus Grüßen und Musikwünschen, daher auch der etwas eigenwillige Name „Grunsch“. Diese Grü-

ße kamen von unserem Anrufbeantworter, auf den Angehörige und Freunde ihre Grüße sprechen konnten. Die Soldaten im Einsatzland waren teilweise ein halbes Jahr lang nicht in Deutschland. Ein halbes Jahr lang sahen sie weder Freundin noch Freunde oder Verwandte. Es muß für sie ein schönes Gefühl gewesen sein, im Radio plötzlich Stimmen ihrer Familie zu hören.
Das Aufgabengebiet von Radio Andernach richtet sich immer nach den politischen Ereignissen. Was genau die Moderatoren oder Redakteure zu einem bestimmten Zeitpunkt machen, weiß ich nicht. Deshalb kann ich nur von dem erzählen, was ich selbst erlebt habe. Dort zu sein, bedeutete eine unglaubliche Freiheit gegenüber den meisten anderen Einheiten. Der Umgangston war locker, die Kaserne klein und übersichtlich, das Essen ganz okay, der Zusammenhalt riesig. Wenn andere bei Schneefall antreten mußten, um Geländeübungen zu machen oder am wöchentlichen Jogging teilzunehmen, verkrochen wir uns ins warme Studio und produzierten Beiträge, die nie gesendet wurden.

Radio Andernach habe ich als tolle Möglichkeit empfunden, ins Radiogeschäft einzusteigen. Man kann dort viel machen und viel lernen, viel sehen und viel erleben. Hat man vorher beim Radio noch nichts gemacht, will aber unbedingt hin, kann ich diese Einheit nur empfehlen. Es wäre die erste Referenz. Beim Zivildienst gibt es die nicht. Dann will ich auch nicht unerwähnt lassen, daß ich meinen besten Freund beim Bund kennengelernt habe. Wir reden uns heute noch mit dem Nachnamen an, weil das bei der Bundeswehr so üblich ist, und ich würde auch gar nicht wollen, daß er plötzlich Raphael zu mir sagt (Wehe Dir, Neumann!). Ein bißchen wahnsinnig wird man da zwar schon, weil es irgendwie eine Welt für sich ist, aber bei Radio Andernach war es lange nicht so bundeswehrtypisch wie in anderen Einheiten. Die meisten, die da waren, wollten hin und brachten eine entsprechende Bildung mit. Deshalb war das Niveau bei uns auch höher. Für Sauforgien hat sich bei uns niemand interessiert.

Zu Radio Andernach zu kommen, ist allerdings nicht ganz einfach. Man muß schon etwas dafür tun. Am besten ist, sich direkt dort zu bewerben. Wie bereits erwähnt, sitzen sie inzwischen in Mayen in der Eifel. Es gibt in Mayen nur eine Kaserne (General Delius-Kaserne), und dort ist Radio Andernach untergebracht. Mit etwas Glück und

Geschick wirst Du zum Vorstellungsgespräch eingeladen, füllst einen Fragebogen mit etlichen Fragen aus der Weltgeschichte aus und wirst dann zum Casting geschickt. Das ist alles nicht mit normalem Radio zu vergleichen. Die Chefs bei Radio Andernach sind in erster Linie Soldaten und erst in zweiter Linie Radioleute. Die Meßlatte sitzt also um einiges tiefer als „draußen". Je nach Ausgang dieses Vorstellungsgesprächs wird das Ergebnis ans Kreiswehrersatzamt weitergeleitet. Die Einheit fordert Dich an und bittet Dein Kreiswehrersatzamt, dieser Anforderung nachzukommen und Dich dorthin zu schicken. In den meisten Fällen klappt das. Das letzte Wort hat allerdings das Kreiswehrersatzamt selber. Wenn die Dich trotz der Anforderung zur ABC-Abwehr schicken, sieht es schlecht aus. Dafür müßte es aber wirklich triftige Gründe geben.

Und noch etwas: Bundeswehr-Radio ist natürlich etwas Besonderes. Deshalb passiert es mir heute noch, daß ich amüsiert darauf angesprochen werde. Zum einen von Leuten, die selber da waren („Kennen Sie den-und-den?"), zum anderen von Leuten, die von Radio Andernach gar nichts wissen und es witzig finden, daß jemand Bundeswehr-Radio gemacht hat. Wenn man da war, fällt es auf und bleibt hängen. Auf andere Sender in meinem Lebenslauf werde ich selten angesprochen, auf Radio Andernach schon.

Zusammenfassend läßt sich also sagen:
Wenn Du zum Radio möchtest, ist der zweite Schritt (und damit die Eintrittskarte ins „echte" Radio) ein Praktikum. Um das zu bekommen, solltest Du nach Möglichkeit etwas mitbringen. Der erste Schritt ist eine der oben genannten Möglichkeiten, und da kommt man meistens durch Hartnäckigkeit und wirklichem Willen rein. Versuche, so früh wie möglich anzufangen. Wer mit 12 anfängt und mit 16 ein Praktikum in der Tasche hat, hat gute Chancen. Wer mit 16 oder 18 erst anfängt, vielleicht auch noch. Danach wird's eng.

Wo immer Du bist, was immer Du gemacht hast: Zeichne alles auf, nimm alles mit! Völlig egal, ob das eine Sendung im Offenen Kanal ist oder bei der Bundeswehr, im Veranstaltungsfunk oder in der Schule oder Internetradio; notfalls gehen auch selbstgemachte Aufnahmen auf

Kassette. Lege immer ein Demo zu einer Bewerbung. Fünf Minuten Material reichen, und meistens ist es schwierig genug, selbst fünf Minuten zu füllen.

2 Praktika

Mit etwas Geduld und Hartnäckigkeit wirst Du eines Tages Dein erstes Praktikum antreten. Es ist inzwischen nicht mehr besonders schwer, an ein Praktikum zu kommen. Ende der 90er war das noch ganz anders, da waren Radiosender interessierten Schülern oder Schulabsolventen gegenüber ungefähr so aufgeschlossen wie die ISS. Mittlerweile suchen vor allem Privatsender händeringend nach Praktikanten – leider oft nur, weil sie in ihnen billige Arbeitskräfte sehen, die oft und gerne verheizt werden, bis die nächsten kommen. Mein Tip: Oben anfangen. Bei den Öffentlich-Rechtlichen, am besten bei den Jugendprogrammen, beispielsweise bei N-Joy (NDR), Fritz (rbb), You FM (hr) oder DASDING (SWR). In Österreich ist der ORF der Öffentlich-Rechtliche mit FM4 als Jugendprogramm. In der Schweiz ist Virus das Jugendprogramm des öffentlich-rechtlichen SRF, früher DRS. Es wird sicherlich schwieriger, bei diesen Sendern ein Praktikum zu kriegen – besonders, wenn Du noch nicht im Studium bist. Aber ein Versuch ist es wert. Vielleicht klappt es auch bei einem Sender, der nicht gerade bei Dir vor der Haustür ist. Man kann seinen Anfang auch in einer ganz anderen Gegend machen. Dann legt man so was eben auf die Ferien (die muß man schon zu opfern bereit sein) und sucht sich eine günstige Unterkunft. Klar, das kostet erstmal, aber meine Erfahrung hat gezeigt, daß das eigene Taschengeld dafür ganz sinnvoll ausgegeben ist, und oft gibt's auch Unterstützung aus der Familie. Solange sie spürt, daß es Dir ernst ist. Für den Anfang ist es erstmal egal, ob Du ein Praktikum bei einem großen oder kleinen, bei einem öffentlich-rechtlichen oder privaten Sender bekommst. Je größer und öffentlich-rechtlicher, desto besser. Letztlich geht es aber darum, einen Fuß in die Tür zu bekommen und etwas machen zu dürfen. Der Ablauf eines solchen Praktikums kann ganz unterschiedlich sein. Daher kann ich Dir auch nicht sagen, wie der erste Tag bei Dir aussehen wird. Was ich tun kann, ist, Dir meinen Erinnerungen an meinen ersten Tag als Praktikant zu schildern.

Montag, 30. März 1998. Der Schnee ist schon lange geschmolzen, aber es ist immer noch kalt. Am Wochenende war ich schon einmal hier

oben und habe mir das Gebäude von außen angeschaut. Drin war ich noch nie. Es ist das Gebäude, aus dem mein Lieblingssender SWF3 sendet. Das Gebäude, in dem all diejenigen versammelt sind, die ich nur vom Hören her kenne. Diejenigen, die mich zum Lachen bringen, die einen Sinn für gute Musik und schräge Idee haben, und bei denen ich für die nächsten drei Wochen bleibe. „Südwestfunk Baden-Baden". Gehört habe ich das schon oft, konnte mir aber nie etwas darunter vorstellen. Und jetzt stehe ich direkt davor. Es ist nur ein kleiner Teil des ganzen Senders, der hier vor mir aus dem Boden ragt. Die anderen Gebäude sind über das ganze Gelände verteilt. In diesem hier befindet sich nur der „Hörfunk", wie die Hinweistafel am Eingang verrät. Obwohl ich zwar das Programm kenne, ist mir das alles hier sehr fremd. Ich war noch nie hier, noch nie in dieser Stadt, ich habe den Südwestfunk noch nie gesehen, keine Vorstellung davon und habe nun ziemlichen Respekt vor dem hier. Das hat mit Pausenradio nichts mehr zu tun, das hier ist echt.
Das Gebäude geht über drei Stockwerke und erstreckt sich ziemlich weit nach hinten. Von der Architektur her könnte es aus den 70ern oder 80ern sein. Schwer vorstellbar, daß aus diesem Bau tatsächlich Radioprogramme kommen, daß hier die Studios sein sollen, daß hier die ganzen Moderatoren sind, deren Stimmen und Namen ich kenne. Die Eingangstür sieht neuer aus als das Gebäude und ist verglast.
Zehn vor neun.
Um neun soll ich da sein.
Dann wollen wir mal.
Vorsichtig gehe ich auf die Tür zu und drücke sie auf. Vorne sitzt ein Pförtner, ein älterer Mann mit einer Lesebrille und graumelierten Haaren. Er schaut mich fragend an. Offenbar passiert es nicht sehr oft, daß 18jährige Jungs hier hereinlaufen. Ich sage ihm, wer ich bin und zu wem ich will. Er greift zum Telefon und meldet mich an. „Es kommt gleich jemand und holt Sie ab. Nehmen Sie doch so lange hier drüben Platz."
Er deutet auf eine Sitzgruppe rechts von mir. Schwarze Stoffsessel, daneben eine Stereoanlage, aus der leise SWF3 trällert. Die Empfangshalle sieht aus, als wäre sie vor kurzem erst modernisiert worden. Der Teppichboden ist hellgrau mit schwarzen säuberlich wirkenden Quadraten darauf. Schräg gegenüber der Sitzgruppe geht es in einen Gang. An dessen Ende kann ich ein Fenster erkennen. Sonnenstrahlen fallen

hindurch. Es riecht angenehm sauber. Ruhig ist es hier. Ganz ruhig. Es ist so irreal. Das hier soll ein Sender sein? Ich kann mir das alles nicht vorstellen. Diese Atmosphäre paßt so gar nicht zu meinem Bild eines Radiosenders. Ab und zu geht mal jemand über den Gang. Alles Erwachsene. Meine Aufregung wächst. Ich habe etwas Angst. Für einen Moment lang überlege ich, ob es richtig war, hierher zu kommen. Ob ich dem gewachsen bin, diesem „Südwestfunk". Diese Eingangshalle macht mir schnell klar, daß das hier keine Klitsche ist, sondern richtiges Radio. Und daß sich längst nicht jeder auf diese Sessel setzen darf.
Eine kleine schwarzhaarige Frau kommt um die Ecke und betritt den Eingangsbereich. Sie lächelt und macht einen freundlichen Eindruck.
„Herr Gensert?", fragt sie mich.
„Ja, richtig."
„Lunke. Ingrid Lunke. Dann kommen Sie gleich mit. Ich zeige Ihnen erst einmal die Redaktion."
Wir steigen eine Treppe hinauf. Hier sieht es nicht mehr so neu aus. Die Treppenstufen sind aus schwarzem Stein, die Wände aus grauen zusammengeklebten Steinchen. An der Wand hängt ein riesengroßes SWF3-Werbeplakat. Hinter der Treppe geht es links in einen Gang hinein. Er ist dunkel und mit braunem Teppichboden ausgelegt. Späte 70er, frühe 80er. Also so wie der Rest des Gebäudes. Links und rechts gehen braune Holztüren ab. Einige von ihnen sind geöffnet. Viel zu sehen gibt es aber nicht. Es sind Büros, aus der Ferne ist Getippe zu hören, irgendwo klingelt ein Telefon. An den hellgrauen Steinwänden hängen Poster von DASDING. Die schwarzhaarige Frau führt mich in einen großen Raum. Darin sitzt ein Mann an einem Computer. Er scheint sehr angestrengt zu arbeiten und unsere Ankunft nicht zu bemerken.
„Das ist der Erich." Die Schwarzhaarige lächelt mich immer noch an.
Der Mann wendet sich von seinem Computer ab und dreht sich zu mir herum. Erwartungsvoll blickt er mich an. Er hat ebenfalls gelockte Haare. Seine sind allerdings braun und ziemlich lang. Ich schätze ihn auf Mitte 30. Er erinnert mich ein bißchen an Howard Carpendale oder Wolfgang Petry. Aber nur ein bißchen.
„Erich, das ist der Raphael. Der macht hier ab heute ein Praktikum." Erich und ich stellen uns kurz vor. Er scheint von meiner Ankunft nichts gewußt zu haben und sieht mich etwas überrascht an.

„Die anderen kommen auch gleich. Die sind noch auf der Konferenz." Die Schwarzhaarige dreht sich um und verläßt den Raum. Erich schaut mich immer noch fragend an. Ich komme mir etwas verloren vor. Wie angewurzelt stehe ich in der Mitte des Raumes. Rechts von mir reihen sich große Aktenschränke aneinander. An deren Türen kleben Faxe von Hörern. Links von mir stehen zwei große Tische. Sie sind vollgestopft mit Geräten, aus denen leise Musik dudelt. Der restliche Platz ist mit Schreibtischen zugestellt. Auf jedem steht ein Bildschirm. An der Wand gegenüber von mir hängt eine riesige weiße Tafel. Darauf kleben bunte Magnetstreifen, die unterschiedlich beschriftet sind. Mir ist nicht ganz wohl hier, ich fühle mich so fremd, als würde ich gar nicht hier hingehören. Insgeheim wünschte ich mir, nun doch wieder in der Schule zu sitzen, in vertrauter Umgebung. Dort habe ich wenigstens meinen Platz und weiß, wer oder was ich für die anderen bin. Aber hier bin ich unbekannt. Hier ist alles auf Anfang. Hier bin ich nichts.

Das ist also DASDING. Ein Sender, den ich gar nicht kenne. Eigentlich wollte ich ja zu SWF3, aber da habe ich kein Praktikum bekommen. Anscheinend bin ich dafür mit 18 Jahren und meiner nichtvorhandenen Vorerfahrung nicht qualifiziert genug. DASDING ist aber der neugegründete Jugendsender vom Südwestfunk und dem Süddeutschen Rundfunk (später „Südwestrundfunk") und von daher vielleicht gar nicht so schlecht. Ich habe dieses Programm zwar noch nie gehört und weiß auch gar nicht, wie ich das überhaupt könnte, aber es hat irgendwie mit Radio zu tun und ist wohl auch so was. Ich habe keine Ahnung, was genau das hier ist und was ich hier machen soll, aber mal gucken, was passiert. Es ist zumindest eine Chance.

„Un wer bisch jetz noch mal?" Erich spricht einen ziemlich breiten badischen Dialekt, der mir ebenso fremd ist wie der ganze Rest hier.
„Raphael heiße ich. Raphael Gensert."
„Un was machsch hier?"
„Ich mache hier ein Praktikum für drei Wochen. Ich will Radiomoderator werden."
„Aha." Mit prüfendem Blick schaut er mich genau an. „Moderator willsch werrn. Na, da bisch ja hier genau richtig. Ich mach' hier übrigens Technik. Alles, was mit Technik ze tun hat. Also mit der Redaktion heb' ich eigentlich nix ze schaffe. Es dauert noch e Augeblickle, bis

die alle komme. Die sin alle no uff derer SWF3-Konferenz, die fängt ersch um neune an."

Mir fällt die singende Satzmelodie in diesem Dialekt auf. Bei uns zu Hause in Bad Homburg spricht niemand so. Mir wird bewußt, daß ich weit weg von zu Hause bin und mir das hier selbst eingebrockt habe. Gott, was fühle ich mich verloren. Als uns der Gesprächsstoff ausgeht, wendet sich Erich wieder seiner Arbeit zu. Ich stehe immer noch an derselben Stelle, an der mich die Schwarzhaarige vorhin alleingelassen hat. Erich scheint ja ganz nett zu sein, aber ich traue mich nicht, mich vom Fleck zu bewegen und bleibe einfach hier stehen, bis irgendwas passiert. Was für ein beschissenes Gefühl.

Endlich ist es soweit. Aus der Ferne vernehme ich Stimmen, die langsam lauter werden. Mit einem Male strömen links und rechts von mir Leute in den Raum. Es ist jüngere Leute, vielleicht so Anfang, Mitte 20. Älter als ich, aber jünger als Erich. Sie reden aufgeregt über Dinge, die ich nicht verstehe und benutzen dabei Wörter, die ich noch nie in meinem Leben gehört habe.

Ein Mann kommt auf mich zu. Er ist etwa einen halben Kopf größer als ich, hat dunkelbraune glatte Haare und macht einen ordentlichen Eindruck.

„Hallo, Sie sind sicherlich der Praktikant."

Er grinst mich an.

„Wir machen jetzt erstmal Konferenz." Die anderen verteilen sich im Raum, lehnen sich gegen die Schreibtische, bleiben aber stehen.

„Das ist der Raphael, der macht hier ab heute ein Praktikum für vier Wochen, stimmt's?"

„Drei Wochen."

„Ach ja, richtig, drei Wochen. Stell dich doch bitte mal kurz vor." Keine Ahnung, wer dieser Mann ist. Er scheint aber der Wortführer zu sein.

Ich stehe immer noch in der Mitte des Raumes. Alle schauen mich an. Einer hat ziemlich lange rotblonde Haare und einen Drei-Tage-Bart, eine andere ist sehr klein und hat dunkle Hautfarbe und kurze schwarze Haare. Ich habe plötzlich das Gefühl, mit meiner Starter-Jacke völlig falsch gekleidet zu sein und würde am liebsten rausrennen und alles wieder rückgängig machen. Ich hasse solche Momente.

„Ich heiße Raphael Gensert, bin 18 Jahre alt und komme aus Bad Homburg. Das ist so ein Stückchen oberhalb von Frankfurt. Im Moment gehe ich noch zur Schule in die 12. Klasse, nächstes Jahr mache ich dann Abitur. Ich mache jetzt hier ein Praktikum, und ich will Radiomoderator werden."
Sie starren mich an.
Stille.
War das jetzt falsch?
„Gut, dann willkommen bei DASDING. Fangen wir an." Der Mann mit den glatten Haaren scheint hier also der Chef zu sein. Worum es hier in der Konferenz eigentlich geht, verstehe ich nicht. Endlich schaffe ich es, zur Seite zu treten und warte ab, bis diese Konferenz vorbei ist. Es geht unter anderem um die Schulmilch, die teurer werden soll. Davon weiß ich nichts, und eigentlich interessiert mich die Schulmilch nicht die Bohne, ich will hier moderieren und mich nicht mit solchem Kleinkram beschäftigen. Aber es geht weiter, und die ganze Konferenz dauert etwa eine halbe Stunde. Gleich danach bittet mich der Mann mit den glatten Haaren in sein Büro. Es liegt gegenüber der Redaktion auf der anderen Seite des Ganges. Es ist klein und nicht gerade ordentlich. Die Anzahl von drei Computerbildschirmen läßt darauf schließen, daß es, genau wie im Redaktionsraum, überfüllt ist. Im Augenblick sind wir hier drin aber allein. Er schließt die Tür und bietet mir einen Stuhl an. Er setzt sich mir gegenüber und stellt sich mir vor.
„Manfred Strobel, wir hatten telefoniert." Ich erinnere mich.
„Raphael Gensert ist mein Name. Schön, daß ich hier sein kann."
„Herr Gensert, Sie bleiben hier für... vier Wochen, richtig?"
Er blättert in seinem Tischkalender.
„Drei Wochen", korrigiere ich ihn erneut.
„Ah, richtig. Drei Wochen. Sie sind jetzt wie alt?"
„Ich bin 18." Hatte ich aber auch schon gesagt.
„Dann sage ich noch du, wenn Sie nichts dagegen haben. Beim Radio sagen wir eigentlich immer du. Ich heiße Manfred."
Natürlich habe ich nichts dagegen.
„Wir machen das so, daß wir immer morgens um neun anfangen. Unten im SWF3-Input, da ist jeden Morgen Konferenz. Da gehen wir auch alle hin. Danach machen wir dann hier oben unsere eigene Konferenz." SWF3-Input. Nie gehört. Eine Erklärung dieses Begriffs bleibt er mir schuldig.

Viel Zeit hat er nicht. Er sagt, er habe noch einen Termin und müsse sich beeilen. Tina werde sich um mich kümmern. Sie sitzt im Raum nebenan und ist nicht gerade das, was man schlank nennt. Überhaupt macht sie auf mich einen etwas lustlosen Eindruck. Das kann ich gar nicht verstehen, schließlich ist das hier doch RADIO! Damit sie mich erst einmal los ist, setzt sie mich vor einen Computer mit einem Sammelsystem für Meldungen von Nachrichtenagenturen. Venus nennen die das hier. „Such mal was", sagt sie und erklärt mir in zwei Sätzen, wie ich das Programm bedienen muß und welche Art von Meldungen ich suchen soll. Spannend ist das nicht gerade, aber man kann hier die Nachrichten lesen, lange bevor sie gesendet oder irgendwo abgedruckt werden. Es gibt Meldungen zu so ziemlich allem, was man sich vorstellen kann: „Etikett soll Auskunft über Herkunft und Haltung von Rindern geben", „Auto geriet auf Gegenfahrbahn: Serienunfall mit sechs Verletzten", „Rubrik: Kulturausblick Hessen - Teil zwei und Schluß: Tanzabend mit Roberto Galvan in Gießen", „Proteste gegen Baumfällen – Polizei faßt Sprayerin und zeigt sie an", „Ergebnisse und Tabellen der Schach-Oberliga Ost, 9. Runde". Einiges klingt ganz interessant, aber es ist unmöglich, alles zu lesen.
Nach einer ganzen Weile habe ich eine Meldung gefunden, die ich für interessant halte. Es geht dabei um eine Untersuchung, die ergeben hat, daß Medikamente auf Frauen anders wirken können als auf Männer. Ich drucke die Meldung aus und zeige sie stolz Tina. Sie liest die Überschrift und schaut mich entgeistert an.
„Wir sind ein Jugendsender. Was wir wollen, sind Meldungen, die Jugendliche interessieren."
„Das ist doch aber schon interessant", erkläre ich ihr. Ich finde das tatsächlich interessant.
„Medikamente! Das ist was für Omas und Opas, aber nicht für Jugendliche. Komm, wir machen das mal zusammen."
Lust hat sie keine, ich merke das. Ich bin ihr lästig, und sie ist mir unsympathisch. Wir gehen rüber an den Platz, an dem ich eben noch gesessen habe. Sie wühlt sich durch die Meldungen und druckt zwei aus. Bei der ersten geht es um eine alte Frau, die von zwei Jugendlichen an der Wohnungstür überfallen wurde. Die andere Meldung berichtet von einer Studie aus den USA. Danach werden die Amerikaner immer dikker, weil sie zu viel fernsehen. Als ich vorhin geschaut habe, ist mir die

zweite Meldung gar nicht aufgefallen. Die erste habe ich zwar gesehen, aber nicht gelesen.
„Jetzt nimmst du diese beiden Agenturen hier und formulierst die um. Das muß hinterher so klingen, als würdest du mir das erzählen. Also nicht im Zeitungsstil wie hier", sie deutet auf die Ausdrucke, „sondern ganz normal erzählt. Wenn du fertig bist, kommst du noch mal zu mir." Sie nickt mir zu und verschwindet wieder im Büro gegenüber.
Es fällt mir zwar schwer, aber ich gebe mein bestes. Auf Anhieb klappt das nicht. Es kostet mich zahllose Anläufe und Neuanfänge, um die ersten zwei Sätze einzutippen. Es ödet mich an. Ich will Moderator werden und kein Redakteur.
Um mich herum stehen und sitzen etwa zehn andere. Sie bedienen die Studiogeräte, die an der Wand rechts von mir stehen, schreiben Texte, blättern in Zeitschriften und gehen rein und raus. Anscheinend haben sie alle etwas zu tun.
„Kommt jemand mit in die Kantine?", fragt eine Stimme aus dem Raum. Ich schaue auf meine Uhr. Schon halb eins. Ich zögere, weil ich ja mit meiner Arbeit noch nicht fertig bin, staune aber auch, daß ich hier schon seit fast drei Stunden sitze.
„Du auch?" Ich kenne ihren Namen nicht, aber sie spricht mich direkt an.
„Kann ich denn schon?", frage ich vorsichtig.
„Was mußt du denn machen?"
„Ich soll hier so Meldungen umformulieren."
Sie blickt kurz auf die Ausdrucke und meint dann: „Das hast du doch schnell gemacht. Das kannst du ja auch nachher noch machen. Komm erstmal mit was essen. Ich bin übrigens die Michaela Burkmüller."

Die Kantine befindet sich im Fernsehgebäude. Es ist ein ziemlich weiter Weg zu Fuß bis man dort ist, weil man ein ganzes Stück über das Sendergelände laufen muß und es keine direkte Verbindung zwischen Hörfunk- und Fernsehgebäude gibt. Allein würde ich mich hier wahrscheinlich verlaufen. Meine Kollegen unterhalten sich über das Programm. Mitreden kann ich natürlich nicht. Überhaupt ist mir das alles noch sehr fremd, und wieder überlege ich, ob es die richtige Entscheidung war, meine Osterferien in einer Umgebung zu verbringen, die ich mir irgendwie ganz anders vorgestellt habe. Ich kenne hier niemanden außer die von SWF3, und auch die nur aus dem Radio, und zu tun habe

ich mit ihnen auch nichts. Ich bin der jüngste hier und habe von all dem, was hier passiert, überhaupt keine Ahnung. Das ist wirklich eine ganz andere Liga als die Schul-Workshops mit der Stadtjugendpflege letztes Jahr.
Die anderen erklären mir zum Glück die Abläufe hier drin. In der Kantine entscheide ich mich für Fisch mit Kartoffeln.
Kaum, daß wir aus der Kantine zurück sind, will ich mich sofort wieder an meine Arbeit machen. Jemand sitzt an dem Platz, an dem ich vorhin noch gearbeitet habe. Das irritiert mich. „Tschuldigung“, sage ich kurz. Er dreht sich zu mir um und nimmt den Kopfhörer ab. „Hier habe ich gesessen.“
„Ich muß hier mal eben was schneiden.“ Er setzt den Kopfhörer wieder auf und dreht sich dem Bildschirm zu. Alle anderen Computer sind besetzt und es sieht nicht so aus, als würde in nächster Zeit einer frei. Wieder spüre ich, daß ich das letzte Glied in der Kette bin. Ich greife nach meinen beiden Agenturmeldungen, einem leeren Blatt Papier und einem stumpfen Buntstift, den ich auf einem der Tische finden konnte, und setze mich auf den Fußboden. Es gibt zu wenige Computer für zu viele Leute in einem zu kleinen Raum. Ein scheinbar normaler Zustand. Meine mühsame Arbeit wird jäh unterbrochen.
„Konferenz!“, schallt es vom Gang herein. Der Chef ist zurück. Es ist 14 Uhr, die zweite Tageskonferenz steht an, und es wiederholt sich in etwa der Ablauf von heute morgen.
Direkt nach der Konferenz kommt Tina auf mich zu. „Wie sieht’s aus?“ Ein paar Minuten brauche ich noch, dann bin ich fertig. Die erste Meldung gebe ich ihr schon einmal. Mit angestrengtem Blick liest sie meinen Text und nimmt ihn mit. Nach etwa einer halben Stunde bin ich auch mit dem zweiten Text fertig und lege ihn ihr zur Korrektur vor. Ein paar Kleinigkeiten ändert sie ab, ansonsten ist sie zufrieden.
„Dann gehen wir das jetzt aufzeichnen.“
Aufzeichnen?
„Komm mit.“
Jetzt scheint dann doch etwas Bewegung in die Sache zu kommen. Tina hält die beiden Blätter noch in der Hand und huscht zügig durch die Gänge. Ich hänge an ihren Sohlen, damit ich sie nicht verliere. Nach etlichen Gängen, Treppen und Ecken erreichen wir ein Studio. Es hat die Größe eines Wohnzimmers. Die Wände sind mit Holzleisten ausgekleidet. Das alte schwarz-rote SWF3-Logo ist daraufgemalt. In der Mit-

te des Raumes steht ein riesiger halbrunder Tisch. Dahinter klemmen Flachbildschirme. Tina rückt sich einen Stuhl zurecht, setzt sich an den Tisch und drückt auf verschiedenen Knöpfen herum. Ich nehme an der Seite Platz und schaue mich noch einmal um. Den Tisch, an dem Tina sitzt, kann ich nicht ganz erkennen. Verschiedene Geräte versperren mir den Blick. An der hinteren Wand stehen zwei große Bandmaschinen, dazwischen ein Turm mit eingebauten Geräten. Einige von ihnen haben kleine leuchtende Lämpchen an der Vorderseite. Direkt vor mir hängt ein Mikrofon. Es sieht genauso aus, wie ich es aus dem Fernsehen und von Abbildungen kenne. Links von mir ist noch mal ein Sitzplatz mit einem eigenen Mikrofon. Zwischen den Bildschirmen, die auf Tina gerichtet sind, hängt ebenfalls ein Mikrofon. Direkt darunter erstreckt sich über die gesamte Länge des Tisches ein Bedienfeld mit einer Unzahl von Knöpfchen und Lämpchen. Es ist ganz still, der Geruch erinnert entfernt an alte Kassetten. Dieser Raum beeindruckt mich.

„So, dann setz mal den Kopfhörer auf", bittet mich Tina und dreht weiter an der Bedieneinheit vor ihr.
„Sag mal was."
Ich beuge mich zum Mikrofon.
„Hallo"
Es klingt seltsam. Ganz ungewohnt und sehr laut.
„Dein Lautstärkeregler ist daneben, wo der Kopfhörer drinsteckt. Da ist so ein kleiner grauer Drehknopf."
Tatsache. Ich bin richtig begeistert. Ein Studio, ein richtiges Radiostudio, und ich sitze drin. Geil.

Tina reicht mir die Texte und erklärt mir kurz den Ablauf. „Ich fahre jetzt dieses Jingle ab, dann wartest du einen Moment, bis nur noch die Musik kommt, und dann liest du einfach den Text vor. Sprich einfach so, wie du sonst auch sprichst, OK? Dann spiele ich dir hier mal das Jingle vor..."
Ein beachtlicher Klang drückt sich durch den Kopfhörer direkt in meine Ohren. Das klingt richtig „echt". Tina gibt mir ein Handzeichen und signalisiert mir die Stelle, an der ich einsetzen muß.
„Versuchen wir es mal."
Sie fährt das Jingle noch einmal ab und ich fange an:

„Jugendliche haben Oma ermordet. Die beiden stehen seit Dienstag in Erfurt vor Gericht. Letztes Jahr im Juni haben sie eine 82jährige Frau in ihrer Wohnung mit einer Blumenvase erschlagen. Außerdem haben sie 180 Mark geklaut. Der damals 18jährige und seine 16jährige Freundin haben inzwischen zugegeben, daß sie es waren. Sie kamen zu der Frau, um sich einen Schuldschein ausstellen zu lassen. Die alte Frau vertraute den Jugendlichen auch. Als sich die Frau umdrehte, um nach ihrer Brille zu greifen, nahm der 18jährige sie in den Schwitzkasten. Das Mädchen schlug ihr daraufhin mit der Vase den Schädel ein. Die Frau wurde zwar sofort ins Krankenhaus gebracht, sie starb aber später an den Folgen der Hirnverletzungen. Die Jugendlichen sind jetzt wegen Mordes angeklagt.“

Ich versuche, den Text so vorzulesen, daß er „cool“ klingt. Tina meint aber, ich würde „pressen“ und sprechen wie ein Anheizer auf der Kirmes. Diese Meinung kann ich nicht mit ihr teilen, spreche den Text aber gerne noch einmal. So richtig gut ist es immer noch nicht, und so feilt Tina so lange an meiner Aussprache herum, bis es einigermaßen paßt. Während sie auf das Schnittprogramm wartet, bis es die Aufnahme gespeichert hat, macht sie mir ein Kompliment.
„Du kannst aber gut sprechen.“
Huch? Das klang eben noch ganz anders.
„Auf Anhieb geht das nie, aber du kannst das wenigstens. Den meisten anderen, die hier sitzen, kann man hundert Mal was sagen, und sie kapieren es trotzdem nicht.“
Ich bin erstaunt. Sie sieht mich gar nicht an, sondern starrt auf den Bildschirm.
„Woher kannst du das? Hast du das mal gelernt?“
„Nein, eigentlich nicht.“
„Klingt gut.“

Wir nehmen den zweiten Text auch noch auf und kehren danach in die Redaktion zurück. Viel zu tun gibt es jetzt nicht mehr. Den Rest des Nachmittages verbringe ich mit Herumstehen und Zugucken, bis ich dann am frühen Abend den Funk verlasse. Was für ein Tag. Ich freue mich auf morgen.

Das ist lange her, das Studio gibt es schon lange nicht mehr. Schade, denn es war über viele Jahre hinweg mein Lieblingsstudio, und ich habe noch oft darin gesessen und Beiträge produziert oder einfach nur gespielt. Die Redaktion von DASDING ist ein Jahr später in einen anderen Gebäudetrakt umgezogen. Da gab es erstmals freie Tische und Computer für alle. Meinen ersten Praktikumstag habe ich als anstrengend und interessant empfunden. Er war voll neuer Eindrücke und Bekanntschaften. Wenn ich heute auf diesen Tag zurückblicke, stelle ich fest, daß ich Fehler gemacht habe. „Hier habe ich gesessen" würde ich heute auf keinen Fall mehr sagen. Ich würde mich wohl auch wesentlich diskreter den Leuten vorstellen und nicht gleich mit der Tür ins Haus fallen und meine Ansprüche an mich selber herunterschrauben. Und über zielgruppenrelevante Themen wie die Erhöhung der Preise für die Milch in der Schule würde ich heute auch anders denken. Wahrscheinlich hielten mich die anderen für einen unfreundlichen arroganten Spinner. Etwas mehr Zurückhaltung und Höflichkeit hätten mir gut gestanden.

Wie verschieden auch immer der erste Tag beim Praktikum aussieht, blöd ist er immer, der erste Tag. Aber er wird Dir ein Leben lang in Erinnerung bleiben.

Einige Jahre später. Mittlerweile bin ich geworden, was ich immer wollte, bin Freier Mitarbeiter bei einem Sender und quäle mich nun durch die öffentlich-rechtliche Bürokratie. Reisekostenabrechnungen sind wirklich etwas Schlimmes. Bei einem Privatsender ist das einfacher geregelt. Aber die öffentlich-rechtlichen bevorzugen die umständlichere Variante: Dienstbeginn, Dienstende, Fahrtziel, Fahrtdauer, Grenzübertritt, Belege, Bewirtung Pauschal/Privat, Einladung, Abzüge wegen Bewirtung, und so weiter. Letzte Woche war ich auf einem Außentermin und muß mich jetzt mit Formularen herumärgern.

Ich blicke da nicht durch. Sie wollen alles wissen, brauchen aber nur einen Bruchteil der Angaben, lehnen den Antrag aber ab, sobald man ihn nicht vollständig ausfüllt. Wegen solcher Dinge gehe ich gerne zu unserer Sekretärin. Die kennt sich damit aus. Nur ist sie gerade nicht da, also muß der Chef her. Es ist immer noch derselbe wie damals. Sein Büro ist aber auch leer. Ich könnte jetzt wieder runtergehen und später noch einmal kommen. Ich ziehe es aber vor, hier auf ihn zu warten, weil ich es gerne hinter mir hätte und ich unten in der Redaktion sowieso gerade nichts zu tun habe.

Groß ist das Büro nicht gerade. Gemütlich auch nicht, was mich aber weder wundert noch stört. Mein Blick tastet das Wandregal und den Schreibtisch ab. Er sieht aus wie immer: eine Ecke ist vollgepackt mit Mappen und Ordnern, an der Oberkante stehen Telefon, Locher, ein randvoller Aschenbecher, und daneben liegt eine Schachtel Zigaretten. In der Mitte liegt die Tastatur, rechts daneben wieder Papierstapel und Büroutensilien. Eine Gesetzmäßigkeit in der Anordnung dieser Gegenstände kann ich nicht erkennen. Es ist das totale Durcheinander. Um mir den Anblick zu ersparen, schlendere ich ein wenig durch den kleinen Raum. Die Neugierde treibt meinen Blick aber zurück auf den Schreibtisch. Auf einem der Stapel liegt ein Schnellhefter. Und schon siegt der innere Schweinehund, und durch die transparente Abdeckung hindurch überfliege ich hastig die Zeilen:

Sehr geehrter Herr so-und-so,

hiermit bewerbe ich mich bei ihnen für ein praktikum. Ich habe schon viel gemacht mit Radio und will unbedingt zu ihnen. Mein Bruder ist Dj in einer Disko. Daher habe ich schon viele Kentnisse auf dem Gebiet Radio. Auf der beigefügten Kasette habe ich ein paar Sprachaufnahmen gemacht. Ich hoffe, sie gefallen ihnen. Ich würde mich freuen wenn sie mich zu einem Vorstellungsgespräch einladen würden.

MfG

irgendein Name

Die Rechtschreibung spricht für sich. Von der optischen Gestaltung einmal ganz zu schweigen.

„Raphael!“
Ich schrecke zurück.
„Was gibt’s?“
Der Chef steht in der Tür und schaut mir mit strengem Blick in die Augen. Er hat gesehen, daß ich diese Bewerbung gelesen habe.
Ich fühle mich ertappt und stammele etwas verlegen: „Wegen der Reisekostenabrechnung von letzter Woche... Ich habe da noch mal eine

Frage, und zwar...“ – „Klär’ das bitte mit Susanne, wenn sie wieder da ist“, unterbricht er mich.
Er geht auf seinen Schreibtischstuhl zu und setzt sich. Er macht einen etwas zerstreuten Eindruck.
„Sag mal“, beginne ich vorsichtig.
Er blickt zu mir auf.
„Was?“, fragt er knapp und steckt sich eine Zigarette an. Ja, er ist ein Fall für sich. Nach dreieinhalb Jahren kennt man seine gegenseitigen Macken aber.
„Ist das normal?“ Ich deute auf die Bewerbung.
„Nimm dir kein Beispiel daran“, sagt er. „Die sehen fast alle so aus.“
Ich schüttele den Kopf. „Und was macht ihr damit?“, frage ich. Natürlich weiß ich, was sie damit machen.
„Zurückschicken. Die gehen zurück, die meisten davon lesen wir noch nicht einmal. Wenn eine Bewerbung schon so aussieht wie diese hier...“, er pustet den Rauch in die Luft und bohrt mit dem Finger in dem Schnellhefter herum, „...dann geht die gleich wieder zurück.“
Entsetzt wendet er sich seinem Computer zu und vertieft sich in Tabellen und Zahlen. Mit der Reisekostenabrechnung in der Hand verlasse ich sein Büro.

Wenn Du zum Radio willst, versuche es über ein Praktikum. Um eines zu bekommen, gibt es den Weg der schriftlichen Bewerbung. Der erste Eindruck zählt, und der vermittelt sich natürlich durch die Optik:

Bewerbungsschreiben sollte zumindest weitgehend den DIN-Richtlinien eines Geschäftsbriefs entsprechen
interessante lesbare Schriftart wählen (keine langweilige Times/Arial/Tahoma, aber auch keine Fraktur- oder Zierschrift)
korrekte Rechtschreibung (ich persönlich bevorzuge immer noch die alte, die würde ich als Chef also durchaus durchgehen lassen, aber sie sollte nie mit der neuen gemischt werden und in jedem Fall, egal, ob alt oder neu, zu 100% korrekt sein und keinen einzigen Fehler beinhalten)
neugierigmachenden Einstiegssatz überlegen
nicht länger als eine DIN A4-Seite
Demo beilegen
Lebenslauf beilegen
falls vorhanden, auch Zeugnisse und andere Arbeitsproben beilegen

Tips darüber, wie eine Bewerbung aussehen sollte (oder vielmehr: wie sie nicht aussehen sollte), können Dir auch Lehrer geben. Sieht Deine Bewerbung ansprechend aus, ist das nächste wichtige Kriterium der Einstiegssatz. Mit „Hiermit bewerbe ich mich für ein Praktikum“ wirst Du sicher keinen Erfolg haben. Schließlich hast Du in die Betreffzeile schon „Bewerbung um ein Praktikum“ oder etwas Ähnliches geschrieben. Der erste Satz ist eine Art Eyecatcher, ein Augenfänger. In meiner ersten Bewerbung stand der Satz „‚Radio ist doof‘, sagt meine Oma. Deshalb möchte ich hin.“ Und es hat geklappt. Ob es nun an diesem Satz lag oder nicht, weiß ich nicht. Aber er provoziert und weckt Interesse. Wer einen solchen Satz liest, wird weiterlesen wollen. (Bitte jetzt nicht anfangen mit „Radio ist doof, sagt meine Oma“, sonst weiß bald jeder Chef, woher dieser Satz kommt, und so wirklich originell ist er ja nun auch wieder nicht.) Es geht um einen Radiosender! Da ist man grundsätzlich etwas lockerer als in anderen Branchen. Man soll Deiner Bewerbung anmerken, daß Du es ernst meinst und daß Dir bewußt ist, wo Du Dich bewirbst. Überlege Dir einen originellen Einstiegssatz. Ich weiß, das ist schwer, manchmal fällt er einem auch erst ein, wenn man alles andere schon geschrieben hat. Alles ist besser als „Hiermit bewerbe ich mich auf bla bla bla“.

Adressiere Deine Bewerbung direkt an den Programmdirektor (Ausnahme: eine Stelle ist ausgeschrieben und es wird jemand genannt, an den die Bewerbung gerichtet werden soll). Wer das ist, läßt sich in den meisten Fällen über das Internet herauskriegen. Das zeigt, daß Du von Anfang an weißt, was Du willst und mit wem Du über Deine Belange sprechen willst. Der Geschäftsführer ist zwar der Boß des Senders, hat mit Personal für die Programmebene meistens aber nichts zu tun.
Ein Demo solltest Du immer dazupacken, sei es noch so schlecht. Wenn Du Vorerfahrung hast, stelle ein paar Ausschnitte von Sendungen oder Sprachbeispielen zusammen. Natürlich nur solche, die auch tatsächlich gesendet wurden. Wenn Du noch keine Vorerfahrung hast, dann zeichne Sprachproben auf: Sprich Radiobeiträge nach, lies Zeitungsartikel vor, moderiere einen Musiktitel an oder ab und sage etwas dazu, nenne Name der Sendung, die Zeit und kündige den Wetterbericht an. Ein Demo sollte nicht länger als fünf Minuten dauern. Das Format spielt keine Rolle. Ich habe jahrelang selbstgebrannte CDs verschickt, natürlich mit ausgedrucktem Cover und Inhaltsverzeichnis.

Inzwischen bin ich auf flache USB-Sticks umgestiegen, weil man darauf auch andere Formate (z. B. Filme) problemlos speichern und Zeugnisse und Lebenslauf als Scan oder PDF gleich mit draufpacken kann. Mach es demjenigen, der Deine Bewerbung bekommt, so einfach wie möglich. Aus der Formulierung Deines Bewerbungsschreibens muß natürlich Deine Begeisterung für Radio hervorgehen. Mache Deinen potentiellen Chefs deutlich, daß Du derjenige bist, auf den sie gewartet haben. Sie müssen merken, daß Du wirklich zum Radio willst, daß Du aus Überzeugung dahin willst und bereit und willig bist, Neues zu erfahren und zu lernen. Wenn Du all diese Dinge beachtest, stehen Deine Chancen schon ganz gut. Steigern lassen sie sich noch, indem Du mögliche Termine für ein Praktikum angibst. Die meisten Praktika dauern etwa vier Wochen. Die Sommerferien gehen also schon drauf, aber was tut man nicht alles.
Je größer der Sender ist, bei dem Du Dich bewirbst, desto geringer die Chance, daß sie Dich nehmen, aber desto besser sind Deine Referenzen, wenn sie Dich nehmen.

Die schriftliche Bewerbung ist der Klassiker und führt in den meisten Fällen zumindest zu einem Teilerfolg. Mit ein bißchen Glück rufen sie Dich an oder schicken Dir eine Einladung zu einem Vorstellungsgespräch. Online-Bewerbungen werden nach meiner Beobachtung immer beliebter. Ich persönlich bewerbe mich nur selten online, weil ich der Ansicht bin, daß Bewerbungen per Mail untergehen und sich mit einem Klick löschen lassen. Das hat was von Fließbandabfertigung. Ich will aber, daß meine Bewerbung auffällt und daß sich derjenige, der sie bekommt, sie auch in die Hand nimmt, ansieht und durchblättert. Ich finde, so viel Respekt habe ich als Bewerber schon verdient. Von daher ist mein ganz persönlicher Rat: Mach es schriftlich. Falls Du es trotzdem online machen willst: Deine PDFs sollten bitte keine Hinweise auf Share- oder Freeware beinhalten, die MP3-Anhänge sollten in der Länge fünf Minuten nicht übersteigen, und die gesamte Bewerbung sollte nicht größer sein als 10 MB.

Eine andere Möglichkeit ist die telefonische Bewerbung. Sie ist allerdings vom Ablauf her etwas komplizierter als die schriftliche. Zunächst einmal solltest Du die direkte Durchwahl des Programmdirektors herauskriegen. Das wird nicht einfach sein. Deshalb bleibt Dir vermutlich nichts anderes übrig, als über die Zentrale zu gehen und Dich durchstellen zu lassen. Wahrscheinlich wirst Du bei seiner Sekretärin landen. Mit etwas Geduld und Hartnäckigkeit schaffst Du es aber vielleicht doch, den Programmchef selbst ans Telefon zu bekommen. Das hat den Vorteil, daß er Deinen Namen (und Deine Stimme) schon mal kennt und Du davon ausgehen kannst, daß Deine Bewerbungsunterlagen, die Du dann natürlich trotzdem noch schicken mußt, nicht gleich im Mülleimer landen sondern der Chef diesen Unterlagen auch einen Namen und eine Stimme zuordnen kann. Wobei es genau so gut sein kann, daß Du gleich am Telefon schon einen Korb bekommst. OK, es gibt noch Hunderte anderer Sender. Verzichtest Du hingegen auf die telefonische Bewerbung, ist Deine schriftliche eine von vielen. Es bedarf einiger Zeit, um herauszufinden, was Dir mehr liegt und was Du besser kannst.

Die dritte Möglichkeit empfehle ich Dir nur, wenn Du ein absolut selbstsicheres Auftreten und bereits praktische Berufserfahrung hast: den persönlichen Besuch. Ich habe das nur einmal gemacht, aber es funktionierte. Das war 2002 bei hr XXL. Und das lief so: Ein Freund von mir stellte sich als Komplize zur Verfügung. Er rief in der Zentrale an, ließ sich zum Sekretariat durchstellen und gab sich als Promo-Mitarbeiter eines Snack-Herstellers aus. Er fragte, wann der Chef im Haus sei, er würde gern kurz mit ihm über eine geplante Kooperation sprechen. Zehn Minuten später rief mich mein Kumpel an und sagte: „Am Donnerstag um 10. Dann hat er eine Stunde.“ Und so war ich am Donnerstag um kurz nach 10 da, bat die Sekretärin um ein „Info-Gespräch“ mit dem Chef und fragte, ob er denn auch gerade da wäre. Und – was für ein Zufall! – er war da und hatte auch gerade eine Stunde Zeit. Eine Woche später hatte ich den Job – ohne jemals etwas Schriftliches vorgelegt zu haben: kein Bewerbungsschreiben, kein Lebenslauf, keine Zeugnisse. Und der Kerl von der Snack-Fabrik hat sich nie mehr gemeldet. Natürlich ist bei einem (wie auch immer definierten) Bewerbungsgespräch die äußere Erscheinung wichtig. Eine Stoffhose mit Hemd, alternativ auch eine ordentliche Jeans mit Hemd, Polo-Shirt oder Mischung aus T-Shirt und Pulli reichen vollkommen aus. Was bei Mädels am besten geeignet ist, weiß ich offen gestanden nicht so recht, dafür kenne ich mich zu wenig mit Frauenklamotten aus. Im Zweifel lieber dezent „normal“. Dein Äußeres sollte gepflegt und ordentlich

sein. Kleide Dich zum Vorstellungsgespräch so, wie Du erscheinen würdest, wenn Du in dem Laden arbeiten würdest. Bonuspunkte kann es geben, wenn Du in den Senderfarben erscheinst. Auch das ist mir einmal passiert, allerdings ohne Absicht. Die Farben des Senders, bei dem ich anheuern wollte, waren weiß-orange. An dem Tag hatte ich einen weiß-orange-gestreiften Pulli an. Mir selber war das gar nicht aufgefallen, aber dem Chef. Gelb-schwarz wäre dagegen sehr unvorteilhaft gewesen, denn das waren die Farben des Konkurrenzsenders. Zu aufgetakelt sollte man auch nicht sein. Ich bin auch schon mal mit Schlips und Sakko zu einem Vorstellungsgespräch gekommen, und der erste Kommentar des (übrigens sehr unhöflichen und ungepflegten) Programmdirektors war abfällig: „Laufense immer so rum?"
Wie Du es im Einzelnen machst, ist hinterher egal. Bei allen drei Möglichkeiten solltest Du vor allem diese Tips beachten:

- trete mit gepflegter äußerer Erscheinung auf
- sei wortgewandt (Übungssache)
- sei begeistert vom Radio und zeige es auch (sehr einfach)
- lächele (nicht ständig, aber grundsätzlich)
- zeige Arbeits- und Lernwille
- lege Demos oder Arbeitsproben bei oder bringe sie mit
- befasse Dich vor Deinem Termin mit dem Sender – man sollte schon wissen, wo man sich bewirbt
- gestalte all Deine Unterlagen mit äußerster Sorgfalt und korrekter Rechtschreibung (Nichts ist schlimmer als Akzente, die eigentlich Apostrophe sind und an Stellen sitzen, wo sie gar nicht´s zu suchen haben – genau das (nicht´s) meine ich.)

Bei schriftlichen Bewerbungen beschränke Dich niemals nur auf die Sender vor Deiner Haustür. Es kann Dir passieren, daß Du mehrere hundert Kilometer zurücklegen mußt, um Deinen Praktikumsplatz zu erreichen (für mich war der SWF damals auch weit weg, aber bei meinen Heimatsendern hatte es halt nicht geklappt). Wenn Du aber wirklich zum Radio willst, dann wirst Du diesen Weg auch auf Dich nehmen. Auch, wenn es unbequem ist, aber wenn Du in München lebst und die Möglichkeit hast, zu einem Sender in Hamburg zu gehen, hey, dann nimm diese Chance auch wahr! Billig wohnen läßt sich während eines Praktikums eigentlich überall: in Jugendherbergen, privaten Pensionen oder zur Not auch auf dem Campingplatz. Habe ich auch schon hinter mir, und das war gar nicht mal das Schlechteste. Notfalls die Touristik-Zentrale der entsprechenden Stadt fragen, die haben meistens Listen mit Adressen von günstigen Zimmern. Mehr als 20 Euro pro Nacht habe ich eigentlich nie bezahlt.

Es kann auch sinnvoll sein, eine Bewerbung „ins Blaue hinein" anzukündigen bzw. zu fragen, ob man sich bewerben darf. Manche Chefs mögen es nicht, wenn sie unaufgefordert Bewerbungen bekommen, die sie dann auf Firmenkosten zurückschicken müssen. Da ist ein kurzes sinngemäßes „Hallo, ich würde gerne zu euch. Darf ich euch mal meine Unterlagen schicken?" ganz gut, weil dann im Falle einer Ablehnung für den Sender keine oder geringere Kosten entstehen und Du Dir auch nicht umsonst die Mühe machst. Wenn dann allerdings ein „Ja, klar" zurückkommt – um so besser, denn wenn Deine Unterlagen dann da sind, dann ist der Chef ja schon drauf vorbereitet und weiß ungefähr, wer Du bist.

Was das eigentliche Bewerbungsgespräch anbelangt, fällt es mir schwer, Dir konkrete Ratschläge zu geben. Obwohl ich erst Mitte 30 bin, habe ich schon in unzähligen Chefbüros gesessen und dort die abstrusesten Dinge erlebt. Es gab Gespräche, die super verlaufen sind und überhaupt nicht den Charakter eines Bewerbungsgesprächs hatten, und es gab Gespräche, bei denen ich mir vorkam wie vor einem Standgericht. Grundsätzlich gilt:

Locker bleiben! Ein bißchen Aufregung gehört dazu, aber erstmal ist ein solches Gespräch nichts anderes als eine Unterhaltung. Ihr unterhaltet euch über Radio und über Deine Bewerbung. Wenn es Dein erstes Bewerbungsgespräch ist, kannst Du das ruhig auch sagen. Jeder Chef hat Verständnis für Deine Nervosität.

Es kann sein, daß außer dem Programmchef noch jemand dabei ist. Ein Stellvertreter zum Beispiel, ein Bereichsleiter oder auch eine Sekretärin. Also bitte nicht überrascht sein, wenn ihr nicht zu zweit seid. Wenn Du sprichst, halte zu möglichst allen Blickkontakt. Vorrang hat natürlich der momentane Wortführer.

Begrüße alle und stelle Dich allen vor, angefangen in der höchsten Position der Hierarchie, also beim Chef. Nach den Knigge-Verhaltensregeln gibt in einer solchen Gesprächssituation immer derjenige die Hand, der in der Hierarchie höher steht. Es ist also der Chef,

der Dir die Hand reicht und nicht umgekehrt. Ich weiß zwar nicht, ob alle Chefs diese Regel kennen, aber geh mal davon aus, daß der Chef sie kennt, und da wäre es peinlich, gegen diese Regel zu verstoßen.
Wenn Dir etwas zu trinken angeboten wird, nimm das ruhig an. Wenn man eine halbe Stunde oder länger auf einem Stuhl sitzt und reden muß, trocknet der Mund aus. Kaffee oder Mineralwasser gibt es in jedem Büro. Sonderbestellungen wie der frisch gepreßte Orangensaft oder alkoholische Getränke sind natürlich tabu, ebenso das Rauchen. Wenn der Chef meint, er müßte in einem Vorstellungsgespräch eine Kippe anstecken, ist das seine Sache. Guter Stil ist es jedenfalls nicht, aber es ist nach meiner Erfahrung auch nicht unüblich.
Gehe vorbereitet in das Gespräch hinein. Du solltest Dich mit dem Sender, bei dem Du Dich beworben hast, ein bißchen auseinandergesetzt haben: Wo liegt das Sendegebiet, welche Zuhörer sollen angesprochen werden, wie heißt die Morgensendung, wie heißen Moderatoren, wie heißen Nachrichtensprecher, welche Aktionen laufen gerade, welche Themen gab es heute morgen in der Morgensendung? Mir hat mal jemand genau diese Fragen gestellt, und ich wußte auf keine einzige eine Antwort.
Und zum Schluß: Kein Theater spielen. Sei so, wie Du bist. Das ist zwar in einem Bewerbungsgespräch schwierig, aber gespielte Zurückhaltung oder Coolness-Emulation kommen eher nicht so gut. Letztlich ist es wirklich „nur" ein Gespräch.
Nicht jedes Gespräch, das angenehm verläuft, führt auch zum Erfolg. Wie das Gespräch war und was unter'm Strich dabei herauskommt, sind zwei Paar Schuhe. Und nicht zwangsläufig Deine Schuld, wenn es nicht klappt. Die wahren Gründe für eine Absage erfährt man ohnehin fast nie.

Eines ist mir noch ganz wichtig zu erwähnen: Trete niemals ein unbezahltes Praktikum an! Einzige (aber auch wirklich allereinzige) Ausnahme: Du absolvierst das unbezahlte Praktikum im Rahmen einer anderen Fortbildungsmaßnahme, für die Du bezahlt wirst. Wenn Du beispielsweise ein Volontariat machst und im Rahmen des Volontariats ein Praktikum machst und dafür dann nicht vergütet wirst, ist das OK. In allen (!) anderen Fällen solltest Du unbezahlte Praktika entweder von vorne herein kategorisch ablehnen oder so lange verhandeln, bis Du eine unkostendeckende Bezahlung erhältst. Das hat zwei Gründe:

Wer arbeitet, hat auch einen Anspruch auf Vergütung. Auch ein Praktikant erbringt eine Arbeitsleistung, die im Normalfall auch im Programm verwertet wird (z. B. Straßenumfragen, Nachrichtenmeldungen, Veranstaltungstips, Wahrnehmung von Außenterminen). Allein deshalb steht ihm oder ihr schon eine Bezahlung zu. Würde dieselbe Arbeit von einem festen oder freien Mitarbeiter erledigt, würde diese Arbeitsleistung ebenfalls bezahlt werden. Davon abgesehen wirst Du Dich als Praktikant ja nicht weniger anstrengen als wenn Du schon „fest" in dem Job wärst.
Kostenlose Arbeitsleistungen zerstören den Markt. Solange es Praktikanten, Hospitanten, Volontäre, Trainees und ähnliches gibt, die ihre Arbeit kostenlos anbieten und dem Sender dadurch Unsummen ersparen, solange werden Freie nicht beschäftigt, feste Verträge nicht verlängert und weiterhin Leute rausgeschmissen. Das passiert leider nicht nur bei den Privaten, sondern auch bei den Öffentlich-Rechtlichen. In der logischen Konsequenz bedeutet das, daß bald in sämtlichen Firmen nur noch unbezahlte (Langzeit-)Praktikanten sitzen, die für lau arbeiten, während diejenigen, die diesen Beruf gelernt und viel dafür getan haben (also irgendwann auch Du selbst), arbeitslos auf der Straße sitzen.

Das ist leider keine Fiktion, das ist mittlerweile schon die Wirklichkeit. Das betrifft auch längst nicht nur die Radiosender. In der Werbe- und PR-Branche, im IT-Bereich und anderen akademischen Berufsfeldern ist das inzwischen üblich. Da kommen Praktikanten, die für mehrere Monate bleiben, keinen Pfennig für ihre Arbeit bekommen, dann nicht übernommen werden, und dann kommen die nächsten. Unter'm Strich lohnt sich das für die Unternehmen, denn Personalkosten sind fast immer die höchsten überhaupt. Und warum soll ich als findiger BWLer und Geschäftsführer eines Radiosenders teure Moderatoren und Redakteure einstellen oder teure Freie beschäftigen, wenn dieselbe Arbeit eine 19jährige Praktikantin machen kann, die mich nichts kostet und sich von mir anlocken läßt? Oder eine 21jährige Volontärin, die im Monat tausend Euro brutto bekommt? Eine voll ausgebildete und fähige Hauptberufsmoderatorin würde mich das drei-, vielleicht sogar das vierfache kosten. Also setze ich doch lieber eine billige Berufseinsteigerin da hin: Die kostet nichts, und trotzdem sind die Lizenzauflagen erfüllt. Gleichzeitig kann ich mich vor der IHK noch mit dem Prädikat „Ausbildungsbetrieb" brüsten: „Seht her, wir kümmern uns um den

Nachwuchs, wir bilden Leute aus!" Daß gleichzeitig zehn ausgebildete und fähige Leute ihren Hut nehmen dürfen, steht auf einem anderen Blatt. Es ist die traurige Wahrheit.

Diese Diskussion ist leider sehr sehr ärgerlich und ganz schlimm, ich weiß. Es nützt aber nichts, davor die Augen zu verschließen. Viele brauchen ein Praktikum fürs Studium und akzeptieren deshalb oft auch schlechte Angebote, weil sie nur an das Blatt Papier in der Hand denken, auf dem steht, daß sie ein Praktikum oder Volontariat absolviert haben. Ich rate Euch allen: Tut das nicht! Ihr ärgert Euch irgendwann schwarz, ganz im Ernst. Verhandelt immer um eine Bezahlung. Die muß nicht großartig sein, aber wenigstens Eure Unkosten decken. Wer in der Zeit des Praktikums irgendwo in einer Pension oder auf dem Campingplatz pennen und von Ravioli aus der Dose leben muß, der hat Auslagen, und für die hat der Sender aufzukommen und kein anderer. Immerhin profitiert der Sender auch davon. Laßt Euch nicht verarschen, das meine ich wirklich ernst. Es wird der Tag kommen, da seid Ihr längst keine Praktikanten mehr, sondern steht selbst seit 15 Jahren in diesem Beruf. Und wenn sie Euch dann von heute auf morgen absägen, weil die Praktikantin jetzt Eure Arbeit macht, und zwar ohne daß sie dafür was bekommt, dann versteht Ihr, was ich meine. Ich weiß, wovon ich spreche, mir ging es selbst mal so. Und ich bin krank geworden davon, und zwar ernsthaft.
Macht niemals irgendwo ein unbezahltes Praktikum.
Nie.

3 Direkter und indirekter Weg

Langfristig wird ein Praktikum natürlich nicht reichen, um leben zu können. Das muß man irgendwie auch noch nebenbei, und die Schule geht irgendwann auch mal zu Ende. Zum Glück. Es gibt Wichtigeres im Leben. Es stellt sich aber schon irgendwann die Frage, wo und wie es weitergeht. Gehen wir mal davon aus, daß Du die ersten Schritte als Praktikant oder Probewöchler hinter Dir hast und immer noch zum Radio willst. Anders als in den meisten anderen Berufen gibt es hier keinen vorgeschriebenen Weg mit Ausbildung oder Lehre, sondern unglaublich viele verschiedene Möglichkeiten. Einige davon sind ziemlich direkt, andere eher zufällig. Ich versuche, beide kurz zu beschreiben. Viele Moderatoren und Redakteure sind „irgendwie" beim Radio gelandet. Wenn Du dieses Buch liest, gehe ich aber davon aus, daß Du gezielt zum Radio willst und noch dazu hauptsächlich als Moderator. Also stelle ich die „zufälligen" Wege mal hintenan und konzentriere mich erstmal auf die direkten Wege.

1. Direkte Wege

Als ich noch zur Schule ging und allen mit meiner Radiogeilheit in den Ohren lag, habe ich immer wieder den Satz gehört: „Ohne Studium kannst du's vergessen!" Seltsamerweise kam dieser Satz immer von Menschen, die mit Radio überhaupt nichts zu tun hatten. Überhaupt kannte ich niemanden, der beim Radio war und der mir von seinen eigenen Erfahrungen hätte berichten können. Die Schlußfolgerung für mich war, daß das wohl doch ein etwas seltsames Metier ist. Da arbeitet man nicht! Man wird Versicherungskaufmann, Lehrer oder IT-Experte, aber doch nicht Radiomoderator! Das ganze Medien-Geschäft hatte irgendwie etwas Mystisches und war bei den Leuten in meiner Umgebung gar nicht auf dem Schirm. Entsprechend skurril waren die Bilder, die die Leute von einem Radiosender hatten. Ich habe damals viel Unwahres gehört. Heute kann ich sagen, daß ein Studium nicht zwangsläufig Voraussetzung ist. Natürlich erleichtert einiges, aber es geht auch ohne. Es kann sogar sein, daß es auch ohne Abitur geht. Bei allen, die ich bisher kennengelernt habe, war aber nur einer dabei, der nur die Mittlere Reife hatte. Ich habe seit Jahren schon nichts mehr mit ihm zu tun, deshalb kann ich auch nicht sagen, was aus ihm geworden ist. Grundsätzlich ist es so: Je höher der Bildungsgrad, desto besser. Man muß aber auch dazu sagen, daß viele Jobs gar nicht erst ausgeschrieben sondern „unter der Hand“ vergeben werden, aber dazu später. Es geht nur erstmal darum, ein Gefühl für diese Branche und deren Anforderungen zu bekommen, eben weil beim Radio vieles anders läuft als in anderen Bereichen. Es gibt so gut wie keine Stellenausschreibungen, deshalb gibt es auch kein Anforderungsprofil und kein ausdrückliches Verlangen nach Abitur. Es wird einfach vorausgesetzt. Wie ich am Anfang schon sagte, hat mich bisher niemand nach meiner Abiturnote gefragt, und ich habe 1999 Abitur gemacht, ist also schon eine Weile her.

„Haben Sie Abitur?“ war mal eine Frage, die mir in einem Vorstellungsgespräch gestellt wurde.

„Ja“, habe ich gesagt.

„Was für'n Schnitt?“

„Ist das wichtig?“

„Nö.“

Und das war's. Was da auf dem Papier steht, ist letztlich unwichtig. Es ist nur wichtig, dieses Papier zu haben.

Dasselbe gilt leider auch für ein Studium. Ich wollte das nie. Ich habe nach der Schule gleich angefangen zu arbeiten und mich damit pudelwohl gefühlt. Als ich dann nach ein paar Jahren den Sender wechseln wollte, hatte ich mich mit vielen Programmchefs anderer Programme unterhalten und von meinen Plänen erzählt. Einer sagte mir: „Du brauchst doch ein Studium, ein Wissen, ein Fundament. Du bist doch intelligent, aber du mußt das halt auch beweisen.“ Ein anderer sagte: „Herr Gensert, studieren Sie. Machen Sie das. Bis Sie 30 sind, kriegen Sie vielleicht noch irgendwo was, ohne studiert zu haben. Aber danach wird's eng.“ Ein dritter sagte: „Jetzt bist du noch jung, mit 23. Da kannst du hier noch beim Jugendprogramm arbeiten. Aber was machst du, wenn du mal älter bist? Auch du wirst irgendwann mal 30 und mal 40 und mal 55 und willst vielleicht dann auch zu Programmen, die ein

bißchen älter in der Anmutung sind. Und dann ohne Studium? Vergiß es. Da sind dann andere, die haben auch die Praxiserfahrung, die du hast, aber die haben studiert. Und dann kriegen die den Job.“
Daran hatte ich ziemlich zu knabbern. Ich wollte das nicht. Ich wollte um nichts in der Welt studieren. Wieder Schulbank drücken! Klausuren schreiben, Referate halten, unsinniges Zeug lernen, mich mit Lehrern oder Dozenten herumärgern. Aber ich merkte, daß es eng wurde. Ich wollte zu einem anderen Sender, zu einem „größeren“ Sender und hatte auch mit alten Hasen über meine Pläne gesprochen. Jeder einzelne riet mir zum Studium. Da mußte wohl was dran sein.
Ich hatte schon einen Versuch hinter mir: Medientechnologie im thüringischen Ilmenau. Nicht mal ein Semester habe ich es dort ausgehalten, dann bin ich wieder geflohen. Ich hatte eine Höllenangst, daß mir so etwas wieder passieren würde und ich jahrelang etwas würde machen müssen, das mich nur nervt. Ich war 24 und an einem wichtigen Scheidepunkt angelangt: studieren oder nicht? Den Weg oder den Weg? Egal, welchen ich nehme: Zurück kann ich nicht. Mit 24 kann man noch anfangen zu studieren, sollte es dann aber auch durchziehen. Mit 24 nicht mehr zu studieren, kann man vielleicht auch machen, muß es dann aber auch durchziehen, denn wenn man erst mit Ende 20 anfängt zu studieren, kann man’s gleich lassen.
Um es abzukürzen: Ja, ich habe es getan. Ich habe mir einen Bachelor-Studiengang ausgesucht, der nur drei Jahre dauerte und nicht zulassungsbeschränkt war. Im mittelhessischen Marburg habe ich dann „Sprache und Kommunikation“ studiert (kann ich ausdrücklich *nicht* empfehlen!) und bin jetzt, da ich diese Zeilen schreibe, längst damit fertig. Spaß hat es nicht gemacht, und wenn ich ehrlich bin, habe ich da auch nicht besonders viel gelernt. Dieses Studium hat mich nicht zum besseren Moderator gemacht. Weder gab es eine Sprechausbildung, noch habe ich das Moderieren oder journalistisches Handwerk gelernt. Dafür mußte ich mir jede Menge Vorträge über germanische Schrumpfkopfsprachen anhören und mich mit Themen beschäftigen, die mich nicht ansatzweise interessierten (oder kannst Du Dich etwa für Silbenanalyse und Aufteilung in X-Bar-Schemata begeistern?). Dieses Studium war tatsächlich die reinste Hölle. Ich habe für mich selbst Wege gefunden, damit klarzukommen, aber ich wünschte, ich könnte etwas Angenehmes über meine Studienzeit berichten. Immerhin kann ich jetzt einen Wisch in der Hand halten, auf dem steht, daß ich studiert

habe. Idiotischerweise ist allein das wichtig. Ich hätte irgendwas studieren könnte. Jura, Geschichte, Makrobiologie oder Atomphysik – völlig egal. Wichtig ist nur, daß man studiert hat. Mir hat das von Anfang an keinen Spaß gemacht, und ich habe es nur gemacht, weil ich es machen mußte. Wenn Du sowieso überlegst, zu studieren: Mach es! Augen zu und durch. Kotzen kannst Du dann hinterher. Oder währenddessen. Manche studieren gerne, die finden das ganz toll. Für mich war es ein Graus, und wenn ich nicht wüßte, daß man ohne nicht weit(er) kommt, würde ich Dir abraten. Es muß halt jeder für sich selbst herausfinden, ob er das will und kann. Man hat halt nur einen Versuch. Im Anhang habe ich eine Liste von Internet-Links zusammengestellt, die auf Universitäten verweisen, die medienbezogene Studiengänge anbieten.

Emotional betrachtet: Fang' gar nicht erst an. Laß es bleiben. Es ist grauenhaft.
Rational betrachtet: Mach' das so früh wie möglich. Etwas besseres kann Dir nicht passieren.

Eine Korrelation, die schwierig zu erklären ist. Dummerweise gibt es auch keine adäquaten Ausbildungen. Trotzdem würde ich aus heutiger Sicht sagen: Es war der größte Fehler, den ich je gemacht habe. Dieses Studium hat mir die Haare vom Kopf gefressen und mich sowohl in den finanziellen Ruin als auch an den Rande des Wahnsinns getrieben. Stünde ich heute noch mal vor der Entscheidung, würde ich es anders machen: Nach der Schule arbeiten, parallel dazu eine Ausbildung in einem handwerklichen Beruf (also etwas ganz anderes, z. B. Koch oder Schreiner), und nach der Ausbildung aber weiterhin beim Radio arbeiten. Dafür gibt es zwei Gründe: Erstens hätte man dann noch ein zweites Standbein, wenn's mit dem Radio mal nicht mehr so klappt (gerade handwerkliche Berufe werden immer gebraucht), und zweitens ist ein Studium auch einfach nichts mehr wert. Früher war es mal so, daß man sagen konnte: Wer studiert hat, der wird irgendwann einmal viel Geld verdienen. Der wird mal mit dem fetten BMW nach Hause zu seiner Villa fahren. Diese Zeiten sind längst vorbei. Ein Studium in der Tasche zu haben, bedeutet schon lange nicht mehr, auch viel Geld zu verdienen. Es gibt Berufe, für die reicht ein Hauptschulabschluß, da verdient man mehr als in so manchem Radiosender. Und da spreche ich aus Erfahrung. Ich war mal bei einem Sender, da gab es 13,77 Euro in der Stunde abzüglich 30% Einkommenssteuer und 16% Krankenversicherung, die man komplett alleine zahlen mußte. Macht 7,44 Euro netto und einen Netto-Tagessatz von 59,49. Und dafür soll ich studieren? Für das Geld kann man auch putzen gehen. Ein Studium ist eine Formsache, aber es hat keinen Wert mehr. Nein, das ist kein Pessimismus, das ist die Realität. Jedenfalls die im Jahre 2015 (und wahrscheinlich auch der folgenden). Leider. Die Entscheidung, ob Du studierst oder es anders versuchst, kann ich Dir also nicht abnehmen, weil ich selbst keine wirkliche Antwort auf die Frage habe, ob man das tun sollte. Ein Fehler kann es nicht sein, aber wer so gestrickt ist wie ich, zahlt einen verdammt hohen Preis.

In den letzten Jahren haben sich immer mal wieder Institute gefunden, die radiorelevante Ausbildungen anbieten, aber das sind nach meinem Kenntnisstand rein private Organisationen, die vielleicht eine Art Teilnahmebestätigung ausstellen, aber keine „echte" Ausbildung anbieten. Das liegt einfach daran, daß Radiomoderator kein richtiger Beruf ist. Deshalb gibt es auch so wenig Informationsmaterial dazu. In den 90ern war ich mal bei der Berufsberatung (BIZ – „Berufsinformationszentrum", keine Ahnung, ob es das noch gibt) und wollte mir mal ansehen, was es so gibt und was man so machen kann. Nichts. Gar nichts. Informationen über Medienberufe gab es kaum, und wenn, dann nur über „echte" Berufe, also Mediengestalter oder Journalist oder so etwas in der Richtung. Weil es keine offiziellen Informationen gibt, gibt es auch keinen offiziellen Weg. Natürlich geht der einfachste Weg über eine Uni. Auch wenn es nervt und Geld verschlingt ohne Ende: Mach' es. Mach' die Schule fertig (Abitur!), mach' Wehr- oder Ersatzdienst (Mädels, das gilt auch für Euch: ein FSJ oder ähnliches Engagement kommt sehr gut an, denn das zeigt, daß ihr bereit seid, Opfer zu bringen; außerdem gibt's ja die Radioeinheit der Bundeswehr) und beginne ein Studium Deiner Wahl. Wichtig ist nur: Arbeite zwischendurch beim Radio. Der größte Fehler, den Du machen kannst, ist, zu Ende zu studieren und dann mit Ende 20 oder Anfang 30 zum ersten Mal einen Radiosender zu betreten. Dann stehen wirklich andere da, die vielleicht nicht studiert haben, den Job aber schon seit sieben oder acht Jahren machen. Deshalb: Möglichst noch während der Schulzeit (Sommerferien?) ein Praktikum machen, parallel zur Schule beim Radio arbeiten (es muß ja nicht lange sein, aber dafür oft), vielleicht nach der Schule ein, zwei Jahre beim Radio arbeiten, Bundeswehr/Zivildienst runterreißen, Studium anfangen und nebenbei immer weitermachen. Eben so, wie es Deine Zeit erlaubt. Erstens bist Du dann „drin“, hast also schon einen Fuß in der Tür und lernst Leute kennen, und zweitens hast Du einen super Ausgleich zum Studium.

Die meisten Studiengänge, die sich auf Journalismus oder sich daran anlehnende Fächer konzentrieren, sind meistens zulassungsbeschränkt und haben einen sehr hohen NC. Ohne Eins vor dem Abi-Komma kann man es da so ziemlich vergessen. Es liegt an Dir, ob das für Dich ein Ansporn ist, ein Einser-Abi zu schaffen oder Dir einen anderen Studiengang aussuchst oder Du bereit bist, Wartesemester zu akzeptieren und zu stopfen. Wie schon weiter oben gesagt, spielt es in den meisten Fällen aber keine Rolle, was man studiert hat, sondern nur, ob man studiert hat. Es muß also nicht Journalismus sein. Viele meiner Kollegen haben Germanistik, BWL oder Literatur studiert. Die Dinge, die man für seinen Beruf oder fürs Leben braucht, lernt man sowieso nicht in der Schule oder in der Uni.
Das Sahnehäubchen ist ein Volontariat bei einem öffentlich-rechtlichen Sender. Der NDR und Radio Bremen sind die beiden einzigen mir bekannten Sender, die Volontariate auch an Nicht-Studierte vergeben (jedenfalls war das bisher immer so, möglich, daß sie es geändert haben). Alle anderen öffentlich-rechtlichen Sender in Deutschland verlangen zwingend ein Studium, um sich für ein Volontariat bewerben zu dürfen. Ich habe zwar ein Volontariat gemacht, allerdings nicht bei einem öffentlich-rechtlichen Sender. Deshalb kann ich auch nicht aus dem Nähkästchen plaudern, sondern nur weitergeben, was andere mir erzählt haben. Ich muß dazu sagen, daß ich – wie ein Studium eben auch der Vollständigkeit halber – eins gemacht habe, um die formalen Voraussetzungen für höhere Positionen zu erfüllen. Mit dem Volontariat, kurz „Volo“ ist es im Grunde so wie ein zweites Studium: Fehlt es, ist irgendwann Schluß. Es sei denn, man begnügt sich damit, für ein geringes Honorar bei einem mehr oder weniger unbedeutenden Privatsender zu ackern. Mein persönliches Ziel sah und sieht anders aus, ich wollte immer öffentlich-rechtlich arbeiten. Mehr Chancen, bessere Jobs, höheres Niveau, bessere Bezahlung, bessere Referenzen.

Ein Volontariat ist eine Art Ausbildung. Sie dauert bei einem öffentlich-rechtlichen Sender in der Regel zwischen 1½ und zwei Jahren und umfaßt so ziemlich alle Abteilungen, die ein Sender zu bieten hat. Also auch Fernsehen, Kultur, Personalabteilung oder Finanzabteilung. Dauer und Bezahlung hängen vom Sender ab, das ist ganz unterschiedlich. Ein Anspruch auf Weiterbeschäftigung über das Volontariatsverhältnis hinaus besteht nicht. Oft ist es aber so, daß die Sender ihre Volos weiterbeschäftigen und freie Stellen – auch als Freie Mitarbeiter – vorzugsweise an hauseigene Volontäre vergeben. Auch nicht immer fair. Bei der Wahl nach einem Sender zum Volontieren rate ich, bei den Großen anzufangen: Deutschlandfunk, WDR, SWR, NDR. Was nicht bedeuten soll, daß ein kleiner Sender, etwa der SR, Radio Bremen oder der MDR, schlechter sind. Wichtig: Es gibt zwar für angehende Volontäre keine offizielle Altersgrenze mehr, faktisch wird aber bei 30 die Grenze gezogen. Wer zum Antritt des Volontariats älter als 30 Jahre oder wäre, ist – zumindest intern – zu alt. Wegen des Antidiskriminierungsgesetzes gibt es diese Grenze offiziell nicht mehr, aber ich weiß von verschiedenen Leuten, die es wissen müssen, daß sich daran nichts geändert hat. Bedeutet: Das Studium als Zulassungsvoraussetzung des Volos muß also beendet sein, solange Du noch in den 20ern bist. Und wenn wir davon ausgehen, daß ein Studium mindestens drei Jahre dauert, vielleicht auch vier oder fünf, dann ist klar, wann man spätestens mit dem Studium anfangen muß. Soweit ich weiß, teilt sich ein Auswahlverfahren für ein Volontariat in mehrere Runden auf. Nach jeder Runde wird gesiebt, und am Ende bleiben nur eine handvoll Leute übrig. Auch noch wichtig: Ich habe schon einige Absagen von Öffentlich-Rechtlichen bekommen mit der Begründung, man würde mich gerne nehmen, könne aber nicht, weil die Politik des Hauses nicht mitmache. Das ist mir beispielsweise beim Saarländischen Rundfunk und beim Bayerischen Rundfunk passiert. Dort werden nur noch Freie Mitarbeiter eingekauft, wenn jemand ausscheidet oder in den Ruhestand geht. Und auch in diesen seltenen Fällen würden zunächst nur ehemalige Volontäre des eigenen Hauses beschäftigt. Wer von außerhalb kommt, muß sich vom Hörfunkdirektor höchstpersönlich genehmigen lassen. Auf den ersten Blick hört sich das sehr löblich an, denn es verspricht den Volontären aus den eigenen Reihen die Übernahme und garantiert ihnen damit einen einigermaßen festen Arbeitsplatz. Andererseits sorgt diese Vorgehensweise auch dafür, daß sich so mancher

Ex-Volontär auf seinen Lorbeeren ausruht und sich schlechte Arbeitsleistung leisten kann. Andere, die von Extern kommen und vielleicht wirklich engagiert sind, haben dann das Nachsehen. Man kann daraus für sich selbst die Lehre ziehen, daß es sich durchaus lohnen kann, erst Abitur zu machen, dann zu studieren, dann bei einem Öffentlich-Rechtlichen seiner Wahl (oder seiner Möglichkeiten) ein Volontariat zu machen und dann auf eine Weiterbeschäftigung zu spekulieren. Das dürfte sozusagen die Luftlinie unter den Wegen zum Moderator sein. Ob es auch der schönste oder lehrreichste ist, ist freilich eine andere Frage.

Wenn Du kein Studium hast oder Dich die Öffentlich-Rechtlichen durch ihre Bewerbungsprozedur durchfallen lassen, bleiben Dir nur die Privatsender. Je größer und renommierter der Privatsender, desto besser für Deinen Lebenslauf. Das Problem, das sich bei vielen Privatfunk-Volontariaten ergibt, ist das des Praktikums. Niemand kauft die Katze im Sack. Deshalb wird so ziemlich jeder Sender ein Praktikum vorweg verlangen, bevor er einen Volontär einstellt. Ein solches Praktikum dauert in der Regel drei Monate. Während dieser Zeit erledigt man meistens die unbeliebtesten Aufgaben, die es beim Radio gibt: Veranstaltungstips schreiben, auf Pressekonferenzen gehen, Beiträge machen (die möglicherweise perfekt sein sollen, aber nie gesendet werden, selber schon erlebt), Straßenumfragen machen. Ich habe ein solches Praktikum bei einem großen Privatsender hinter mir und in schlechter Erinnerung. Es führte zum Schluß auch zu keinem positiven Ergebnis. Die Schwierigkeit in den meisten Fällen wird nur sein, zu einem Volontariat zugelassen zu werden und drei Monate lang Zeit und Geld zu haben, das Vorpraktikum auch anzunehmen, denn dieses wird – wenn überhaupt – nur sehr schlecht bezahlt. Andererseits: Ein größeres Entgegenkommen als „nur" praktische Berufserfahrung vorauszusetzen, gibt es kaum.

Ein Volo bei einem Öffentlich-Rechtlichen ist meistens ziemlich theoretisch, und weil man in jeder Abteilung nur ein paar Wochen bleibt, ist wenig Zeit, sich wirklich einzuarbeiten und die Arbeitsabläufe der jeweiligen Redaktion zu verstehen. Oft ist es so, daß sich ein Volontär einen programmlichen Schwerpunkt aussuchen darf, den er dann länger bearbeitet. Die Volontäre, die ich habe kommen und gehen sehen, sind meistens in die journalistische Richtung gegangen, haben also weniger moderiert, sondern sich mehr mit (politischen oder wirtschaftlichen) Themen beschäftigt. Wenn Du Auslandskorrespondent werden willst, ist ein Volontariat sicherlich gut. Wenn Du Radiomoderator werden willst, auch. Über Volontariate gibt es auch massenweise Informationsmaterial direkt bei den Sendern. Die „Aus- und Fortbildungsstelle" ist dafür der richtige Ansprechpartner. Einfach mal anrufen und Material anfordern. Interessant ist das sicherlich, immerhin bekommt man so auch mal Einblick ins Fernsehen und es kann kein Fehler sein, auch mal mit Avid oder Final-Cut einen Filmbeitrag geschnitten zu haben und bei einem Außendreh gewesen zu sein. Als Versicherungskaufmann, Lehrer oder IT-Experte kann man so was jedenfalls nicht.

Ein Volontariat bei einem öffentlich-rechtlichen Sender hat einen anderen Stellenwert als das bei einem Privatsender. Gerade die kleinen Privaten schreiben immer wieder Volontariate aus und werben groß mit tollen Arbeitsbereichen und einer Einstiegsmöglichkeit in die Branche. Leider ist es in den letzten Jahren immer mehr in Mode gekommen, hauptsächlich Praktikanten und Volontäre zu beschäftigen, um die Personalkosten gering zu halten, denn einen Praktikanten oder Volontär kann man deutlich schlechter bezahlen als einen „echten" Moderator oder Redakteur, und man wird ihn schneller wieder los. Zudem brüsten sich solche Sender gern mit dem Label „Ausbildungsbetrieb". Ein solches Volontariat bekommt man zwar vielleicht recht schnell, aber es ist nicht mit dem eines öffentlich-rechtlichen Senders vergleichbar. Es sei denn, Du hast vorher schon jahrelange Praxiserfahrung in ganz unterschiedlichen Bereichen und machst das Volo nur noch der Form halber. In der Medienbranche sind Referenzen sehr wichtig: Wo war jemand vorher, wie lange, was hat er oder sie dort gemacht, was bringt er oder sie mit, wie groß ist sein oder ihr Name? Es macht einen Unterschied, ob man sich irgendwo bewirbt und sagt: „Ich komme vom NDR" oder „Ich komme von Radio Klein-Herbolzheim". Außer, wenn Radio Klein-Herbolzheim der Marktführer in seinem Sendegebiet ist und alle anderen Sender in die Tasche steckt, dann macht's schon wieder Sinn. Du siehst: Es hängt auch einfach viel davon ab, wie man sich selbst und seine Leistungen verkauft. Ich habe mein Volontariat in der Pressestelle der Stadt Saarbrücken gemacht. Zu diesem Zeitpunkt ging es bei dem Sender, bei dem ich bis dahin gearbeitet hatte (Radio

Salü) nicht weiter, und weil ich schon deutlich über 30 war, war ich auch für die ARD zu alt. Der Zufall wollte es, daß im Sommer 2012 die Ausschreibung der Stadtverwaltung kam. Ich habe mich beworben und bin es geworden, denn daß ich älter war als 30, hat dort niemanden interessiert. Spaß hat mir das auch nicht gemacht, ich hatte es mir völlig anders vorgestellt, aber ich kann wenigstens behaupten, die andere Seite des Schreibtisches gesehen und etwas anderes gemacht zu haben als Radio. Mit anderen Worten: Ich kann behaupten, daß ich mich auch mit anderen Dingen beschäftigen kann und dadurch erst gemerkt habe, wie dringend ich tatsächlich zum Radio will. Letztlich ist es nur eine Frage, wie man es verkauft. Dasselbe gilt auch für mein Studium. Daß mir das keinen Spaß gemacht hat, damit habe ich nie hinter'm Berg gehalten, das habe ich immer zugegeben. Und direkt danach gesagt: „Aber ich habe es gemacht. Und zwar bis zum Schluß."

Für mein Volontariat gilt dasselbe.

Bis hierher zusammengefaßt: Für die meisten wirklich interessanten Jobs, die beim Radio ausgeschrieben werden (wenn sie denn überhaupt ausgeschrieben werden), ist ein Studium zwingende Voraussetzung. Was meistens nicht dabeisteht: Alternativ werden auch Berufsausbildungen und nachweisbare praktische Erfahrung anerkannt. Wenn es hart auf hart kommt, zählt aber das, was auf dem Papier steht. Die beste Mischung ist ein Studium und nebenbei kontinuierlich beim Radio zu arbeiten. Wer sich nur auf die Semesterferien beschränkt, hat verloren. Im Zweifel dauert das Studium eben zwei Jahre länger. Für ein Volontariat kann es dann schon zu spät sein. Behalte die Altersgrenze von 30 im Hinterkopf. Volos von kleinen Privatsendern haben einen weitaus geringeren Marktwert als Volos von großen Privaten oder Öffentlich-Rechtlichen. Beide nennen es zwar „Volontariat", aber es dürfte einleuchten, daß ein Volontariat vom Deutschlandfunk oder vom Bayerischen Rundfunk einen anderen Stellenwert hat als ein Volontariat bei Radio Kuhkaff, denn mit einem Volontariat hat Letzteres nichts zu tun. Bei großen Privaten kann man Volos generell auch ohne Studium bekommen, bei Öffentlich-Rechtlichen meist nicht. Ein Volo kommt gut, muß aber nicht. Ein Studium kommt gut, sollte auch. Abitur ist das Mindeste, muß in jedem Fall – auch, wenn nicht explizit danach gefragt wird. Noch mal: Wenn es drauf ankommt, zählen Deine Unterlagen. Es kann sein, daß man einen Job nicht bekommt, weil man kein Volo oder Studium hat, Praxiserfahrung hin oder her.

Solange Du irgend etwas nicht hast, wird Dir immer einer absagen können mit der Begründung: „Ja, Sie haben ja dieses und jenes nicht.“ Ist mir selbst auch schon passiert. Obwohl ich mir sicher bin, daß damals der wahre Grund eigentlich ein ganz anderer war. Bestimmten Leuten hatte aus bestimmten Gründen meine Nase nicht gepaßt, und daß ich kein Volo hatte, kam ihnen wie gerufen. So wurden sie mich ganz einfach los, ohne sich dabei die Finger schmutzig zu machen. Mich hatte das so geärgert, daß ich mir geschworen hatte, daß mir so etwas nie wieder passiert.

2. Indirekte Wege

Es geht auch ohne Studium und Ausbildung. Ich kann nicht behaupten, daß dies der einfachere, geschweige denn, der bessere Weg ist. Vor allem kann ich ihn nicht objektiv beschreiben, weil ich ihn nicht gegangen bin. Wie bereits erwähnt: Man kann „Radiomoderator“ nicht lernen. Das kann ein Nachteil sein, weil man auf den ersten Blick gezwungen ist, eine andere Ausbildung einzuschlagen. Das kann aber auch ein Vorteil sein. Vorteil vor allem deshalb, weil man die Zeit, die andere für ein Studium oder eine Ausbildung benötigen, gleich beim Radio nutzen kann und auch dann Chancen auf den Job hat, wenn man nicht einen direkten Weg gegangen ist. Wichtig ist nur, möglichst früh (am besten über ein Praktikum) ins Rundfunkgeschäft zu gelangen. Häufige und regelmäßige Anwesenheit werden auf kurz oder lang dazu führen, daß Du oft eingeplant und beschäftigt wirst. Wenn Du in Deinem Job richtig gut bist, wird Dich irgendwann niemand mehr nach einem Studium fragen. Es kommt in diesem Beruf auf so viele Kleinigkeiten, auf so viele Feinheiten an; die lassen sich nicht durch das beste Studium der Welt lernen. Leider ist es heute immer noch so, daß man ohne Studium oft nicht ernstgenommen wird. Natürlich geht es ohne Studium, aber man muß für sich selbst entscheiden, was man will und wo man hin will. Wem es nichts ausmacht, die nächsten Jahre bei einem kleinen Lokalsender zu sein und die stärksten Superhits und bekloppte Gewinnspiele anzumoderieren, braucht sicher weder Studium noch Ausbildung. Schwebt einem allerdings Größeres vor, wird der indirekte Weg unrealistisch. Mit anderen Worten: Wenn Du Chef werden willst, brauchst Du ASVP: Abitur, Studium, Volontariat, Praxiserfahrung.

Im Sommer 1996, vielleicht war es auch 1997, kam hr3 zu uns an die Schule. Sie stellten sich mit einem riesigen roten Lastwagen auf unsern Schulhof, öffneten die Seite, so daß eine Bühne entstand und sendeten von dort aus. Zu der Zeit hatte unser Pausenradio an der Schule seine Blütezeit. Mit etwas Hartnäckigkeit haben wir es irgendwann geschafft, den hr3-Moderator Jörg Wiegand zu einem Interview zu überreden. So nah war ich bis dahin noch nie an einen „echten" Moderator herangetreten, entsprechend groß war natürlich meine Aufregung. Zumal ich Jörg Wiegand bis dahin nur vom Namen und von der Stimme her kannte und es toll fand, ihn plötzlich „in Echt" zu sehen. Tragischerweise ist er einige Zeit nach unserem Interview bei einem Flugzeugabsturz ums Leben gekommen. Ich verstand damals nicht alles, was er sagte und würde mich heute gern noch einmal mit ihm unterhalten und ihn fragen, ob er sich noch an mich erinnern kann.
Die Kernaussage des 20-Minuten-Gesprächs war „Learning by doing". Auch mit diesem Satz konnte ich damals nichts anfangen, weil ich glaubte, schon alles zu können. Deshalb war ich auch, als ich 1998 bei DASDING angefangen hatte, so eingeschüchtert, weil ich dabei eben spürte, daß ich in Wirklichkeit überhaupt gar nichts konnte. Heute kenne ich diesen Satz aus eigener Erfahrung und kann von mir behaupten, ohne dieses Prinzip nicht da zu sein, wo ich heute bin. Learning by doing, einfach machen. Ausbildung, Studium, alles Theorie. Wichtig, aber nicht alles. Das Handwerkszeug lernt man nur, indem man immer wieder übt, übt, übt.
Je mehr Du machst, desto besser wirst Du. Je öfter Du es machst, desto besser wirst Du. Du mußt nicht studieren. Du mußt auch nicht unbedingt eine Ausbildung haben. Im Grunde kannst Du „nackt" von der Schule kommen und zum Radio gehen. Du mußt „nur" gut sein und Deinem Chef gefallen, das ist alles.

Eine andere Möglichkeit, sich selbst und seine Referenzen aufzuwerten, besteht in Fortbildungskursen an diversen Akademien. Die wohl bekannteste dürfte die Hörfunkakademie in Dortmund sein, die bedauerlicherweise 2008 geschlossen wurde. Sie bot Kurse zu allem, was auch nur ansatzweise mit Radio zu tun hat, an. Diese Kurse wurden von

Fachleuten gehalten, die selber aus der Praxis kommen und bereits viele Jahre Rundfunkerfahrung hinter sich haben. Es gibt auch andere Institutionen, wie etwa die Privatfunkagentur in Frankfurt am Main oder die Akademie der Bayerischen Presse in München. Einige Landesmedienanstalten bieten auch Seminare zum Thema Radio und Fernsehen an. Wer in seinem Lebenslauf durch zahlreiche Fort- und Weiterbildungen auffällt, dessen Chancen erhöhen sich auf dem Arbeitsmarkt ungemein. Zudem zeugen sie von dem persönlichen Willen, sich weiterzubilden. In den Anfängen Deiner Moderationstätigkeit werden solche Bildungsveranstaltungen keine Rolle für Dich spielen. Je weiter Du allerdings in Deinem Job kommen willst, desto stärker empfehlen sich solche Angebote. Die großen öffentlich-rechtlichen Sender bieten für ihre Mitarbeiter ebenfalls Fortbildungsangebote an. Sie werden in den meisten Fällen von den Sendern finanziert.
Wem das Geld für private Akademien fehlt, hat auch die Möglichkeit, sich langfristig in einem Bildungsinstitut einzuschreiben, beispielsweise der Henri Nannen-Schule. Hier gelten allerdings Zugangsvoraussetzungen. Solche Bildungsinstitute sind eine Vollzeitbeschäftigung, die meistens zwischen einem und eineinhalb Jahren in Anspruch nimmt. Allerdings gibt es hierfür weit mehr Bewerber als freie Plätze. Die Institute (und auch viele öffentlich-rechtliche Sender) machen Auswahltests mit Fragen, die nicht ganz einfach sind:

- Wann und wo finden die nächsten Olympischen Spiele statt?
- Nennen Sie mindestens zwei wesentliche Punkte des Vertrags über den Atomausstieg.
- Welcher Film gewann in diesem Jahr bei der Berlinale den Goldenen Bären?
- Wie kann die Notenbank die Konjunktur ankurbeln?
- Wieviele ARD-Sender gibt es und wie heißen sie und ihre Intendanten?
- Wann wurde in der katholischen Kirche letztmals das „Heilige Jahr“ gefeiert?
- Wie heißen die Regierungschefs von Frankreich, Italien und Österreich?
- Nennen Sie die Vorstandschefs von Siemens, Telekom, Volkswagen und Daimler.
- Welches Amt hatte Johann Sebastian Bach in Leipzig inne?

Niemand erwartet die korrekte Beantwortung aller Fragen. Diese Auswahl soll nur einen kleinen Eindruck von dem hinterlassen, was bei solchen Tests abgefragt werden kann. Eine Liste von Akademien und Schulen habe ich im Anhang zusammengefaßt.

Wie auch immer Dein Bildungsweg aussieht: Viele Wege führen zum Ziel. Ob Du ein Studium absolvierst oder ein Volontariat, ob Du eine Ausbildung machst oder nur Abitur hast, ob Du Dich an Akademien weiterbildest oder Dich durch Praktika beweist – das Wichtigste ist die Praxis. Je mehr Du gemacht hast, je unterschiedlicher Deine Tätigkeiten waren und sind, je namhafter die Sender, bei denen Du warst oder bist, desto besser. Es gibt keine Musterlösung, keine goldene Mitte. Es gibt viele Möglichkeiten, aber kein non plus ultra. Entscheide für Dich selber, was Dir am meisten Spaß macht und am ertragreichsten ist. Der Anhang soll Dir helfen, in diesem Job Fuß zu fassen.
Übrigens: Die Fragen, die ich oben als Beispiel aufgeführt habe, wurden 2001 als Einstellungstest für Volontäre beim SWR bzw. 2008 als Einstellungstest bei der Henri Nannen-Schule gestellt.

4 Redaktionelle Arbeit

Um zwei Dinge gleich vorweg zu sagen: Radio ganz viel mit redaktioneller und journalistischer Arbeit zu tun, und als Praktikant wirst Du nicht moderieren. Wenn das aber Dein erklärtes Ziel ist, ist es wichtig, daß Du Dich erst auf andere Dinge wie redaktionelle Arbeit einlassen mußt. Klingt schlimmer als es ist – im Gegenteil. Ein gewisses journalistisches Handwerk gehört auch zum Moderieren. Davon abgesehen erhöht es Deine Chancen bei anderen Sendern, wenn Du mal die 30 überschritten hast. Zähneknirschen ist erlaubt, meckern nicht. Fürs Radio gilt dasselbe wie für alle anderen Branchen auch: Wenn Du erfolgreich sein willst, mußt Du arbeiten, arbeiten, arbeiten. Da sind immer mal wieder Sachen dabei, die man nicht gerne macht. Solange man aber weiß, wofür man das macht (in diesem Fall für einen Job als Radiomoderator), hat man ein Ziel, auf das man hinarbeiten kann. Wenn man noch nie bzw. noch nie „wirklich" moderiert hat, steht man meistens also erstmal für die Redaktion im Dienstplan. Bewährt man sich, darf man eine Stufe höher gehen. Und noch eine. Und noch eine. Bis zur Moderation. Wenn man das will. Ich meine, wenn man es wirklich will. Vorher gibt's aber auch eine Menge zu tun, und zwar außerhalb des Sendestudios. Um Mißverständnisse zu vermeiden: Ich spreche hier von öffentlich-rechtlichen und großen Privatsendern.

1. Umfragen

Als Praktikant wirst Du sehr wahrscheinlich die meiste Zeit damit verbringen, Veranstaltungstips zu schreiben, Beiträge zu basteln, Themen zu suchen oder einer anderen Beschäftigung nachgehen, nämlich dem Klassiker unter den Praktikantenjobs. Der besteht nicht etwa darin, am Kopier zu stehen oder Kaffee zu kochen, wie man das vielleicht aus normalen Firmen kennt, steht aber in der Beliebtheitsskala etwa auf gleicher Ebene: die Straßenumfrage. Im Programm klingt eine Umfrage als Teaser für ein Beitragsthema nett und rundet das Thema ab (Fachbegriffe wie „Teaser“ erkläre ich im weiteren Verlauf). Es ist eine relativ anspruchslose Arbeit, die gern auf Mitarbeiter abgeschoben wird, auf die in der Redaktion verzichtet werden kann. Das klingt hart, entspricht aber der Wahrheit. Ich habe so etwas in meinen beiden Praktika (SWR DASDING und Antenne Bayern) auch gemacht und später bei anderen Sendern immer wieder erlebt, daß die Praktikanten es dort auch gemacht haben. Es ist einfach so: Wichtige Aufgaben kann man Praktikanten meistens nicht zuteilen, weil sie mit der Erledigung dieser Aufgaben überfordert wären oder es zu lange dauern würde oder sie einfach noch nicht weit genug im Redaktionsalltag eingearbeitet sind. Eine Umfrage dagegen kann jeder machen, und es gehören nur ein paar Kleinigkeiten zu einer erfolgreichen Umfrage. Diese Kleinigkeiten bringen einem aber in den wenigsten Fällen jemand bei. Das liegt vor allem daran, daß jeder in der Redaktion anderen Dingen nachgeht und oft niemand die Zeit und die Lust hat, bei den Erklärungen alle paar Wochen wieder von vorne anzufangen. Ein netter Nebeneffekt einer Umfrage für die Redaktion ist die Tatsache, daß der Praktikant erst einmal für eine Weile etwas zu tun hat und man sich nicht mit ihm beschäftigen muß. Oft ist die Qualität einer Umfrage maßgeblich für die weitere Verwendung eines Praktikanten. Es ist ein erster Test, und dahinter steht die Frage: Taugt er/sie etwas? Solltest Du das Glück haben, ein Praktikum zu bekommen, solltest Du Umfragen sehr ernst nehmen, auch wenn sie nerven. Ich habe als Praktikant selber zahllose Umfragen gemacht, und ich habe sie gehaßt. Ernsthaft. Ich habe Straßenumfragen abgrundtief gehaßt, und ich habe oft in die Trickkiste gegriffen, um an halbwegs vernünftige O-Töne zu kommen. Als ich Anfang 2001 ein Praktikum bei Antenne Bayern gemacht hatte, mußte ich fast jeden Tag Straßenumfragen machen. Und das macht in München wirklich keinen Spaß. Ich sollte freitags mal die Leute fragen, was sie am Wochenende machen. Original-Zitat: „Jo mei, wos geht’s di denn an, wos i om Wochenend moch! Geh, schlääch di!“ Es hat keinen Spaß gemacht. Vor einem Supermarkt in Ismaning stand ein Döner-Imbißstand. Nachdem ich jeden Tag dort war, um diese nervigen Umfragen zu machen, hatte ich mich ein wenig mit dem Betreiber dieses Imbißstands angefreundet und mit ihm einen Deal vereinbart: Ich würde jeden Tag einen Döner-Teller essen, und im Gegenzug würde er mir jeden Tag die Antworten liefern, die ich brauche. Oder mit jemanden vermitteln, der mir das einspricht, was ich brauche. Es ging mir gewaltig gegen den Strich, aber

Straßenumfragen in München sind wahrscheinlich noch schwieriger als in anderen Städten. Ich habe jeden Tag über diese beschissenen Straßenumfragen geflucht, aber ich habe sie gemacht. Niemand aus meinem Kollegen- oder Bekanntenkreis macht wirklich gerne Umfragen. Ich kann mich noch sehr gut an meine erste Umfrage erinnern, die ich als Praktikant gemacht habe.

März 1998, meine erste Woche als Praktikant, und meine erste Woche beim Radio überhaupt. DASDING in Baden-Baden.
Es geht um das Thema Gewalt. Es ist das Wochenschwerpunktthema. Das heißt, ein Team aus zwei, drei Leuten produziert eine Woche lang etwa zehn ganz verschiedene Beiträge zum selben Thema, die dann etwas später in die gesamte Woche gestreut werden. Dabei werden verschiedene Umsetzungsformen berücksichtigt: Kurz-Hörspiel, Beitrag, Interview und eben auch Umfrage.
Sie schicken mich in die Stadt, um Jugendliche zu fragen, wann sie schon einmal mit Gewalt zu tun hatten. Ich bin ganz neu hier, kenne mich in der Stadt noch nicht aus und kann die Mentalität der Leute hier noch nicht einschätzen. Meine Kollegen haben mir gesagt, daß die meisten Jugendlichen vor dem McDonald's in der Fußgängerzone anzutreffen sind.
Der Kassettenrecorder, den ich mit einem Trageriemen wie eine Handtasche über der Schulter trage, wird langsam schwer. Mit der linken Hand klammere ich mich daran fest, in der anderen Hand halte ich ein Mikrofon. Das SWF-Logo ist auf den Schaumstoff aufgedruckt. Es ist Ende März, aber immer noch ziemlich kalt.
Den McDonald's kann man nicht übersehen. Die Ansammlung der „Kids", wie sie liebevoll in der Redaktion genannt werden, auch nicht. Besonders wohl ist mir nicht dabei. Ich kenne sie ja nicht einmal, und vom Alter her könnte ich einer von ihnen sein. Ich fühle mich ziemlich allein. Sie merken, daß ich auf sie zukomme. Sie schauen skeptisch in meine Richtung. Auch die letzten, die sich bis eben gerade noch in kleinen Grüppchen unterhalten haben, blicken mich inzwischen an. Ich komme mir etwas albern vor, aber ich drücke auf Rec+Play und klammere mich an dem Mikrofon fest. Die Aufnahme läuft.
„Hallo", sage ich und versuche, cool zu wirken. Sie schweigen und sehen mich an als wäre ich ein Tier, das sie noch nie gesehen haben.
„Ich bin von SWF3 und habe da mal eine Frage an euch."

Die ersten verstecken sich hinter ihren Freunden und lugen hinter deren Köpfen hervor. Ein Mädchen lacht verlegen, preßt ihre Arme an den Körper und dreht sich weg. Ein anderer beginnt ebenfalls verlegen zu grinsen und merkt aber, daß er mir nicht mehr entwischen kann. Den hole ich mir!
„Wann hattest du schon mal mit Gewalt zu tun?“
Er grinst immer noch und wirft einen hilfesuchenden Blick in die Runde. Seine Zahnspange glitzert mir entgegen. Ich halte ihm das Mikrofon hin, aber er bringt keinen Ton raus, dreht sich um und flüchtet in den McDonald's. OK, nehme ich den nächsten.
„Wann hattest du schon mal mit Gewalt zu tun?“, frage ich einen anderen.
Mittlerweile sind auch andere Leute stehengeblieben und betrachten die Szene aus der Distanz heraus. Von der Seite stoßen vier Jungs dazu. Sie sehen nicht so aus, als wären sie hier geboren. Der größte von ihnen stürmt auf mich zu.
„Ey! Bisch von Fernsehen?“
„Nein, Radio. Ich bin von SWF3 und mache eine Umfrage zum Thema Gewalt.“
„Isch sag dir alles, isch schwör'. Was willsch wisse?“
Die Mischung aus südlichem Akzent und badischem Dialekt ist mir zwar etwas fremd, aber ich bin froh, daß ich offenbar jemanden gefunden habe, der wirklich etwas zu sagen hat.
„Wann hattest du schon mal mit Gewalt zu tun?“
Die Menschentraube wächst. Immer mehr bleiben stehen und sehen zu, aber sie lassen einen großen Sicherheitsabstand.
„Ey Gewalt... Voll crass... Mein Schwester, die war früher voll crass unterwegs, weisch, so St. Pauli und so. Aber jetzt isch nix ehr, weil so Therapie und so.“ Sein Blick fällt auf das Mikrofon. „Ey, kann isch des haben?“
Er zieht an dem Schaumstoffüberzug. „Isch hab so Mikrofon su Hause, isch brauch so Plastik-Ding. Verkaufsch des?“
Ich greife nach dem Mikrofon und reiße es an mich. „Das kann ich nicht verkaufen.“
„Isch zahl' gut!“
Hinter mir stehen seine Kumpels. Links und rechts von mir stehen auch welche. Die von eben haben sich zurückgezogen und beobachten mich angespannt. Ich fühle mich eingekesselt, mir ist unwohl.

„Finger weg!“ Ehrlich gesagt habe ich schon etwas Angst. Diese Gestalt ist mir nicht geheuer. Gesagt hat sie mir auch nichts, womit ich etwas anfangen könnte. Ich halte das Mikrofon samt Schaumstoff fest, drücke mich aus dem Kreise der „Kids“ und entschließe mich, die „Kids“ nichts mehr zu fragen.
Während ich ziellos nach einer anderen Straße suche, in der ich möglicherweise mehr Glück habe, merke ich, daß ich mir diese Umfrage einfacher vorgestellt habe als sie ist. Hinzu kommt, daß ich mich in der Stadt nicht auskenne und überhaupt nicht weiß, wo es sich hinzugehen lohnen würde. Außerdem muß ich aufpassen, daß ich mich nicht verlaufe. Durch einen Zufall kommen mir fünf Mädchen entgegen. Vom Alter her schätze ich sie auf etwa 12, 13.
„Entschuldigung“, fange ich an. Sie kichern.
„Ich bin von SWF3 und mache eine Umfrage.“
Sie kichern immer noch, bleiben aber stehen und stellen sich im Halbkreis vor mir auf.
„Wann hattet Ihr schon mal mit Gewalt zu tun?“
Nach kleinen Anlaufschwierigkeiten geben sie mir alle fünf wirklich brauchbare Antworten. Eine erzählt von einer Freundin, die schon einmal im Park belästigt wurde, die nächste von einer Schlägerei an der Schule und eine andere von einer Mitschülerin, die als Kind von ihren Eltern geschlagen wurde.
Ich bedanke mich bei den Mädels, freue mich über die schönen Antworten und drehe noch ein paar Runden. Mit der Zeit füllt sich meine Kassette und ich meine, den Dreh herausgefunden zu haben. Nicht die Jugendlichen geben Antworten, sondern die Jüngeren. Die sind viel eher bereit, etwas zu sagen. Dumm nur, daß das Thema eher die Älteren anspricht. Das ist mir im Augenblick aber egal. Ich habe, was ich wollte, und damit hat sich’s.

Zurück in der Redaktion fragt mich Thomas nach dem Ergebnis. Er ist der stellvertretende Chef. Ein großer schlanker Mann mit Vollglatze, dessen Alter schwer zu schätzen ist. Ich kenne ihn als Moderator von SWF3 und habe ziemlichen Respekt vor ihm. Er wirkt auf mich ein wenig wie ein Herbergsvater, und durch seine beruhigende Ausstrahlung schafft er es, die Meute hier besser zusammenzuhalten als Manfred. Thomas setzt sich mit mir in eine ruhige Ecke des Großraumbüros,

und gemeinsam hören wir uns meine Aufnahme an. Bereits nach dem zweiten Statement hält er die Kassette an und legt eine ernste Mine auf.
„Wir sind nicht SWF3. Wir sind DASDING“, sagt er mit tiefer Stimme und sieht mich etwas mitleidig an.
Ja, stimmt schon. Aber DASDING kennt hier in Baden-Baden kein Mensch, weil wir hier keine Frequenz haben (damals jedenfalls nicht), und außerdem stand auch SWF auf dem Mikro. Und irgendwie fand ich es viel cooler, zu sagen, daß ich von SWF3 bin. Schließlich wollte ich da ja eigentlich auch hin.
„Aber auf dem Mikro steht doch auch SWF“, versuche ich mich herauszureden.
„Richtig, da steht SWF. Aber nicht SWF3.“ Super. Ich bin keine zehn Minuten wieder hier und trete schon ins erste Fettnäpfchen.
„Du mußt schon sagen, von wo du kommst. Aber es muß eben auch stimmen. Du arbeitest hier für DASDING und nicht für SWF3. Außerdem ist das auch unfair den Leuten gegenüber, die du da gefragt hast. Vielleicht wollen die sich ja selber im Radio hören und suchen dann schon mal im falschen Programm. Und wenn diese Umfrage jetzt besonders gut oder besonders schlecht wird, dann kriegt das falsche Programm eins auf den Sack von den Hörern. Oder umgekehrt. Und du willst doch, daß der Sender gut da steht, für den du arbeitest, oder?“
Da hat er recht. Also gut, werde ich beim nächsten Mal sagen, daß ich von DASDING bin. Auch auf die Gefahr hin, daß niemand etwas damit anfangen kann oder ich vielleicht auch an jemanden gerate, der DASDING total doof findet.
Wir hören uns das Band weiter an, und es dauert nicht lange, bis er wieder anhält.
„Wie alt sind die denn?“, fragt er mich und runzelt die Stirn. Ich ahne es schon. Wir sind gerade bei den Mädchen, die mir von der Schlägerei an der Schule erzählt haben.
„Keine Ahnung. 15? Vielleicht auch 16.“
Er nickt. „Vielleicht auch zwölf.“
Erwischt.
„Wir machen hier Programm für Jugendliche und nicht für Kinder.“ Er runzelt die Stirn noch stärker, und für einen Moment bin ich überrascht, wie tief seine Falten sind. Und was er alles da raushört. Ich muß es für mich selbst zugeben: Dieser Typ hört alles raus. Ich bin ihm nicht gewachsen, und ich kann ihm kein X für ein U vormachen. Die Tricks aus

der Schule, mit denen man Lehrer rumkriegen kann, funktionieren hier nicht.
„Die anderen haben aber nichts gesagt. Die haben immer nur rumgestottert oder gekichert oder sich verdrückt, aber nichts gesagt. Und die haben wenigstens was gesagt."
„Ja, aber wie klingt das denn? Die klingen wie Kinder, aber nicht wie Jugendliche. Und das Problem, daß die nichts sagen, hast du auch immer wieder. Es gibt die einen, die gar nichts sagen und sich verziehen. Die haben Angst. Die haben Mikrofonangst. Das haben viele, und das ist auch nicht schlimm. Und wenn jemand nichts sagen will, egal. Dann nimmst du halt den nächsten. Und wenn da nicht sofort was kommt, dann laß sie einfach kurz. Die brauchen vielleicht einen Moment, bis ihnen was einfällt. Laß die Tüte da. Da kommt noch was rein. Nicht gleich wieder wegziehen. Da entsteht kein Loch, das kann man hinterher alles rausschneiden. Manche sind so." Ich spüre, daß ich ihn gerade mit sehr großen Augen ansehe. Es ist das erste Mal seit Langem, daß ich wirklich wieder etwas Sinnvolles und Nachvollziehbares lerne. „Und du hast die anderen, die total mikrofongeil sind und dir alles erzählen. Die kommen sofort auf dich losgestürzt und sagen dir alles." Ich muß an den Kerl denken, der mir den Windschutz abkaufen wollte.
„Außerdem sind das jetzt sechs Mädchen gewesen. Ich habe bis jetzt nur einen Jungen gehört, und der war so im Stimmbruch, daß man den nicht nehmen kann."
Nicht doch! Er will mir doch nicht diesen Jungen wegnehmen.
„Aber der war doch super", versuche ich, mich zu retten.
„Der war nicht super. Der war scheiße." Das stimmt, aber ich will es nicht zugeben.
„Aber der hat doch wenigstens was gesagt."
„Raphi, der ist so im Stimmbruch, daß den niemand versteht."
Ich überlege kurz, ob ich sagen soll, daß ich insgesamt nur zwei Jungs habe. Der eine ist zwar im Stimmbruch, hat dafür aber viel erzählt, der andere ist nicht im Stimmbruch, hat sich aber mit brauchbaren Aussagen sehr zurückgehalten. Der Rest meiner Ausbeute besteht aus Mädchenstimmen, die, zugegebenermaßen, alle äußerst jung klingen.
Ich entschließe mich, erstmal noch nichts zu sagen und die Besprechung des Materials an dieser Stelle abzubrechen.
„OK, ich sehe zu, daß ich damit was machen kann."

Thomas wendet sich mit besorgtem Blick von mir ab und verläßt den Raum.

Diese Umfrage war eine Katastrophe. Ich weiß heute nicht mehr, was weiter passiert war. Aus heutiger Sicht würde ich sagen: noch mal machen. Kann aber auch sein, daß wir sie so gelassen haben, das weiß ich nicht mehr. Sinn und Zweck einer Umfrage ist, daß die Hörer am Radio sich selbst in einer dieser Stimmen wiedererkennen und sagen können: „Ja, genauso geht's mir auch" oder „Nein, das sehe ich ganz anders". Das geht natürlich nur, wenn die Stimmen, die in der Umfrage auftauchen, möglichst nah an den Hörern sind. Deshalb sollte ich keine alten Omas oder Kinder fragen, sondern Jugendliche, die vom Alter her in unsere Zielgruppe passen und unseren Sender auch hören würden. Für Umfragen auf der Straße gibt es ein paar wenige aber wichtige Regeln:

möglichst ausgewogene Anzahl männlicher und weiblicher Stimmen
möglichst inhaltlich unterschiedliche Antworten (damit nicht alle dasselbe sagen)
Alter der Befragten sollte dem Alter der Zielgruppe entsprechen
den Befragten beim Antworten Zeit lassen
auf Hintergrundgeräusche achten
einheitliche Frage(n) stellen, damit die Antworten zusammenpassen
Pegel beachten, Aufnahme nicht übersteuern
niemals das Mikrofon aus der Hand geben

Die inhaltlich unterschiedlichen Antworten hören sich beim Zusammenschnitt hinterher schöner an. Wenn alle dasselbe sagen, kann man auf die Umfrage auch verzichten.
Damit der Einstieg erfolgreich wird, solltest Du nicht gleich mit der Tür ins Haus fallen. Meine Frage von damals, „Wann hattest du schon mal mit Gewalt zu tun?", war ein Fehler, selbst wenn das Thema weniger sensibel gewesen wäre. Das kam wie der Holzhammer, das war einfach zu hart. Bevor Du Deine eigentliche Frage stellst (und die mußt Du auf jeden Fall parat haben, sonst entgleisen Dir die Antworten), leitest Du die Befragung sanft ein. In meinem Fall hätte ich das etwa so anstellen müssen:
„Hallo, ich bin von DASDING, das ist das Jugendprogramm vom Südwestfunk. Wir beschäftigen uns nächste Woche schwerpunktmäßig

mit dem Thema Gewalt. Ich weiß nicht, wie es Euch geht, bei uns an der Schule gibt's so eine Gang, die ständig randaliert und Streß macht. Die haben zwar schon ziemlichen Ärger deswegen gekriegt, aber da passiert nichts. Und ein Kumpel von mir hat mal eine Schlägerei vor einer Disko mitgekriegt. Wie ist das denn bei Euch, wann seid Ihr schon mal mit Gewalt in Berührung gekommen?"

Die Beispiele, die ich aufgeführt habe, müssen nicht der Wahrheit entsprechen. Tun sie auch nicht. Sie helfen Deinen Gesprächspartnern aber, sich schneller ein Bild von dem zu machen, was Du von ihnen willst. Die Situation ist für alle Beteiligten nicht einfach. Für Dich vermutlich nicht, weil es nicht gerade angenehm ist, auf eine Horde von Leuten zuzugehen und anzusprechen, die Du gar nicht kennst. Für die Leute ist die Situation auch nicht einfach, weil sie nicht wissen, wer Du bist und was Du von ihnen willst. Schließlich könnte jeden Augenblick eine Kamera aus dem Gebüsch hervorspringen und sich alles als eine geplante Reinlegaktion vom Fernsehen entpuppen oder der Interviewer plötzlich eine Versicherungspolice aus der Tasche ziehen. Je diskreter Du in das Interview einsteigst, desto besser ist die Atmosphäre. Versuche, Deiner Frage eine Erzählung vorausgehen zu lassen. Steige mit Deiner Frage aus dieser Erzählung aus, aber stelle sie nie einfach unvermittelt. Die Leute fühlen sich sonst überrumpelt und blocken ab. Formuliere Deine Frage nie um. Stelle sie immer exakt so, wie sie Dir von der Redaktion vorgegeben wurde bzw. wie ihr euch darauf geeinigt habt. Selbst eine kleine Abweichung in der Wortwahl kann zu völlig anderen Antworten führen, die später dann nicht mehr zum Rest passen – schade um die Antwort. Wenn Du den Eindruck hast, daß jemand noch etwas Zeit zum Nachdenken braucht, laß das Mikrofon in seiner Richtung. Ziehe es nicht weg, um ihn dann mit einer neuen Frage zu konfrontieren. Generell solltest Du das Mikrofon nicht wegziehen, um Deine eigene Frage einzusprechen. Die brauchst Du hinterher nicht. Im Fernsehen sieht man oft, daß der Interviewer sich selbst das Mikro hinhält, hineinspricht und dann wieder an den Interviewpartner „abgibt". Beim Radio brauchen wir das nicht, weil es eben nur um die Antwort geht und die Fragen hinterher alle rausgeschnitten werden. Wenn Du das Mikro wegziehst und dann aber doch noch etwas kommt, kann es sein, daß davon dann der Anfang fehlt.

Bemühe Dich auch, nicht zu zittern. Das ist schwer, ich weiß das. Ein Interviewer, der zittert, ist aufgeregt, und wer aufgeregt ist, ist unroutiniert, und wer unroutiniert ist, hat sowieso keine Ahnung. Du bist der Interviewer, Du sagst, wo es lang geht. Laß Dir das Ruder nicht aus der Hand nehmen.
Achte genau auf das, was Dir Dein Gesprächspartner sagt. Viele Leute antworten nur im Halbsatz, etwa so:

Frage: Wann hattest du schon mal mit Gewalt zu tun?
Antwort: In der Schule.
Frage: Und wo da genau?
Antwort: Bei uns auf dem Klo.
Frage: Was ist da passiert?
Antwort: Da hat's mal eine Schlägerei gegeben.
Frage: Und dann?
Antwort: Dann sind irgendwann Lehrer gekommen.

Oder noch gefährlicher:

Frage: Wovor hast du denn Angst?
Antwort: Daß mir selbst mal etwas passieren könnte.

Du selbst verstehst die Antworten Deines Gesprächspartners durchaus. In der fertigen Umfrage stehen aber nur die Antworten nebeneinander, nie die Fragen vom Interviewer. Das Beispiel oben würde sich dann also so anhören:

In der Schule. Bei uns auf dem Klo. Da hat's mal eine Schlägerei gegeben. Dann sind irgendwann Lehrer gekommen.

Klingt irgendwie blöd. Warum? Weil in jedem Satz die Hälfte fehlt. Außerdem würde man die Schnitte hören. Der Satz „Daß mir selbst mal etwas passieren könnte" ist absolut wertlos, denn ihm fehlt eine wesentliche Information: die Frage nach etwas, vor dem jemand Angst hat. Wenn wir nur die Antwort haben, könnte die Frage also auch lauten: Was ist dein größter Wunsch? Antwort: Daß mir selbst mal etwas passieren könnte. Grammatikalisch korrekt, inhaltlich Murks. Wenn Du solche Antworten bekommst (und das wird sehr oft der Fall sein), dann bitte Deinen Gesprächspartner, im ganzen Satz zu antworten:

Ich hatte bei uns in der Schule mal mit Gewalt zu tun. Da habe ich mitgekriegt, wie es im Schulklo eine Schlägerei gegeben hat..." oder „Ich habe Angst davor, daß mir selbst mal etwas passieren könnte."

Das kann man auch, das funktioniert ganz gut. Man kann durchaus sagen: „Sag das bitte noch mal in einem Satz: ‚Ich hatte bei uns...'". Es ist etwas tricky, während der Umfrage darauf zu achten, daß die Antwort an sich stimmig und schlüssig ist, aber da kommt man ziemlich schnell rein. Man wird sensibel dafür, spätestens dann, wenn man sich wegen so was mal ein paar Umfragen zerschossen hat und das ganze noch mal von vorne losgeht. Sorge dafür, daß Du möglichst wenig Hintergrundgeräusche auf der Aufnahme hast. An einer Bushaltestelle stehen zwar viele, die Du ansprechen könntest, aber es kommt auch alle paar Minuten ein Bus vorbei, der ordentlich Krach macht und Dir die Aufnahme zerstört. Große Räume oder Hallen, Einkaufsgalerien oder Unterführungen haben meistens eine schlechte Akustik. Die engen Wände und niedrigen Decken reflektieren den Ton und ergeben einen störenden Hall. Stelle Dich möglichst nicht in die Nähe von Baustellen, Lastwagen, Bussen, Zügen, Schulhöfen, Springbrunnen oder anderen Dingen, die unvermittelt laut werden können. Gut klappt es meistens auf belebten Plätzen in Fußgängerzonen oder Nebenstraßen davon oder an Supermärkten, Schulen und an Imbißbuden. Leider gibt es keine wirklichen Tips für die Auswahl der Leute, die man befragen will. Manche sehen auf den ersten Blick sehr nett aus, lassen sich aber nicht „anquatschen". Andere wiederum machen nicht gerade den Eindruck, besonders gesprächig zu sein und liefern dann doch die besten Geschichten. Auch, was das Alter angeht, lassen sich keine allgemeingültigen Regeln aufstellen. Mancher Greis ist bereitwilliger als ein Jugendlicher. Auf Anhieb klappt es eigentlich nur mit Kindern, weil bei ihnen die Anti-Haltung (noch) nicht ausreichend antrainiert ist. Geduld und ein dickes Fell werden Dich aber letztlich zum Ziel und damit wieder zurück in die schützenden Räume der Redaktion bringen.
Sammele so lange O-Töne, bis Du der Meinung bist, das Spektrum der möglichen Antworten ausreichend abgedeckt zu haben. Bemühe Dich um eine ausgeglichene Anzahl von männlichen und weiblichen Stim-

men. O-Ton ist die Abkürzung für „Original-Ton". Es ist die Bezeichnung für die Aussage eines Zeugen, Betroffenen, Politikers, Sportlers, Korrespondenten, Passanten usw.

In den meisten Fällen sollten zehn bis 15 Minuten O-Ton-Material ausreichen, um eine vernünftige Straßenumfrage daraus zu machen. Wenn Du Dich ans Schneiden setzt, solltest Du diese Grundregeln beachten:

die Einzelaussagen sollten nicht länger als zehn Sekunden dauern
schneide Dich selber raus, laß nur die O-Töne sprechen
abwechselnd männliche/weibliche Stimme
abwechselnd Pro/Kontra (bei Meinungsumfragen; im Versatz zu männlichen/weiblichen Stimmen)
zwei kurze Antworten umschließen eine lange
keine harten Schnitte (Hintergrundgeräusche)

Dauert eine einzelne Antwort länger als zehn (oder in Ausnahmefällen maximal 15) Sekunden, so verliert die gesamte Umfrage an Wirkung. Kurze knackige, aufeinanderfolgende O-Töne verleiten die Hörer dazu, dranzubleiben und sich die Umfrage bis zum Schluß anzuhören.
Laß Deine eigenen Zwischenfragen und -bemerkungen grundsätzlich immer raus. Sie verwirren die Hörer, weil sie nicht sehen können, daß Du jetzt wieder sprichst. Außerdem würden sie der Umfrage ebenfalls die Wirkung nehmen. Die Fragestellung ergibt sich später aus der Anmoderation.
Folgen längere Zeit nur männliche oder nur weibliche Stimmen aufeinander, fällt es schwer, die einzelnen Aussagen auseinanderzuhalten. Wechseln sich Männer und Frauen bzw. Jungs und Mädchen ab, entsteht zudem der Eindruck von Vielfältigkeit. Dies gilt auch für die Inhalte der einzelnen Aussagen. Auch sie sollten sich abwechseln. Die chronologische Reihenfolge Deiner Straßenbefragung spielt keine Rolle. Als Tip sei gesagt: nimm den zweitbesten Ton an den Anfang. Hebe Dir den besten für den Schluß auf. Ein guter „Rausgeher" kann schwache O-Töne in der Mitte ausbügeln und bleibt positiv im Gedächtnis der Hörer hängen. Stelle die Reihenfolge der O-Töne so zusammen, daß sie sich „rund" anhören. Das bedeutet auch, daß durchaus zwei kurze Antworten aufeinanderfolgen dürfen, aber nie zwei lange, sonst

wird es schnell anstrengend. Sorge für Abwechslung, indem Du zwei lange Antworten durch eine kurze unterbrichst. Wenn sich die Stimmen stark voneinander unterscheiden, ist es legitim, auch zwei männliche oder weibliche Stimmen aufeinander folgen zu lassen. Achte beim Zusammenstellen auf die Hintergrundgeräusche. Es kann immer passieren, daß Dir erst beim Schneiden Geräusche auffallen, die versehentlich mit auf die Aufnahme gekommen sind. Damit es keine harten Schnitte gibt, kannst Du ein bißchen tricksen. Nehmen wir an, unter Stimme 1 hört man einen Bus. Stimme 1 ist zu Ende, der Bus aber noch nicht abgefahren. Würdest Du direkt hinter Stimme 1 einen Schnitt machen und Stimme 2 direkt hintendranschneiden, würde man hören, daß Du den Bus abgeschnitten hast. Das ist nicht wirklich schlimm, klingt aber nicht schön und sollte man vermeiden. Es klingt schöner, wenn Du schon in der Aufnahme auf den Bus achtest und ihn aufnimmst, bis er weg ist. Dann steht nur noch der Bus für sich allein und läßt sich wunderbar unter den nächsten Ton legen. In diesem Fall solltest Du mit einem Schnittprogramm mit mehreren Spuren arbeiten. Dabei kann Dir ein Techniker oder ein erfahrener Redakteur helfen. Du setzt nun Stimme 2 hinter Stimme 1, läßt den Bus aber ausrollen. Im Schnittprogramm wird das etwa so aussehen:

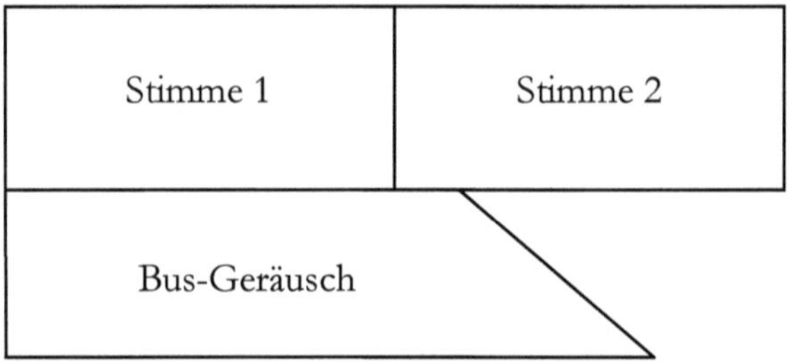

Das geht natürlich nur dann, wenn Du die Aufnahme von Stimme 1 hast weiterlaufen lassen. Also nie gleich nach einer Antwort die Aufnahme anhalten, sondern ruhig eine Weile weiterlaufen lassen. Kassetten, MDs sind lang, Speicherplatz auf SD-Mikrofonen ist groß, da ist genug Platz, und die Batterien sollten auch voll genug sein. Neue Aufnahmegeräte zeichnen oft direkt als MP3 auf einer SD-Karte oder etwas ähnlichem auf. Diese Geräte bieten meistens Platz für mehrere Stunden, hier gibt's also auch so schnell kein Zeitproblem. So nervig diese Umfragen meistens sind: Sie bleiben fast niemandem erspart und können sogar Spaß machen, wenn man sie als Chance und nicht als Strafe betrachtet. Ich konnte das nie, für mich waren sie immer wie eine Prügelstrafe, aber ich habe auch Praktikanten kennengelernt, die damit weniger Probleme hatten. Ich will damit nur sagen: Wenn Du Straßenumfragen nicht magst, hätte ich volles Verständnis dafür.

Abschließend sei noch erwähnt, daß der Begriff „Umfrage“ irreführend ist. Als „Umfrage“ werden etwa „repräsentative Umfragen“ bezeichnet, die entsprechenden Anspruch haben. „Straßenbefragung“ trifft in unserem Falle eher zu, muß jedoch auch als solche anmoderiert werden, z. B. „Wir wollten von Euch mal wissen, wann Ihr schon mal mit Gewalt zu tun hattet.“ Es darf nicht der Eindruck entstehen, daß hier die Durchschnittsmeinung einer großen Masse an Menschen wiedergegeben wird. Redaktionsintern ist „Umfrage“ allerdings ein gängiger Begriff für „Straßenbefragung“.

2. Beiträge

Beiträge können Herausforderung und Spaß bedeuten. Natürlich ist nicht jedes Beitragsthema gleichinteressant. Trotzdem, oder vielleicht gerade deshalb, lernt man bei jedem Beitrag, den man macht, etwas dazu. Und damit meine ich jetzt gar nicht so sehr das Handwerkszeug, sondern vielmehr etwas über das Thema, um das es geht. Ich moderiere zwar lieber als Beiträge zu schreiben, aber hätte ich mich nur auf Moderation konzentriert und Beiträge per se abgelehnt, hätte ich vermutlich nie gelernt, daß es eine „Madagaskar-Fauchschabe“ gibt, die bunt schimmert und pustende Geräusche von sich gibt, wenn sie sich ärgert. Ein bißchen was bleibt immer hängen.
Im Anhang habe ich eine Liste von Spezialliteratur zusammengestellt, die sich intensiv mit der Thematik auseinandersetzt.

Auf richtige Formulierung kommt es besonders in diesen Beitragsformen an:

- gebauter Beitrag

- Reportagen
- Aufsager
- Nachrichten
- Feature

Die Auswahl von Worten, Redewendungen, sowie der Aufbau eines Skripts hängen immer vom Sender ab. Dadurch verschafft sich jeder einzelne Sender seine individuelle „Handschrift“ auf dem Gebiet der Wortbeiträge. Sender A formuliert auf eine Art und Weise, die Sender B niemals einsetzen würde, obwohl beide dieselbe Zielgruppe ansprechen.

Auf den Aufbau und die Formulierung von Nachrichten will ich an dieser Stelle aus zweierlei Gründen nicht eingehen: Zum einen wirst Du als Einsteiger ins Radiogeschäft höchstwahrscheinlich nichts mit Nachrichten zu tun haben, und zum zweiten gibt es hierüber ganze Bücher und tagelange Seminare, die ich hier unmöglich zusammenfassen kann. Während meines Praktikums beim SWF meinte mein damaliger Chef zwar unbedingt, mich für Nachrichten einsetzen zu müssen, aber wohlgefühlt habe ich mich damit nie. Es gibt Leute, die mehr Talent dafür haben als ich und die in diesem Bereich weitaus kompetenter sind. Grundsätzlich kann man sagen, daß die Neuigkeit immer in den ersten Satz kommt, meist gefolgt von der Angabe der Quelle. Passiv-Sätze sollten vermieden werden (also nicht das-und-das wurde von dem-und-dem gemacht, sondern der-und-der hat das-und-das gemacht), die Meldungen sollten nach Möglichkeit Bezug zu den Hörern haben. Wie gesagt: Die Einzelheiten will ich hier nicht ausbreiten. Ich habe zwar selbst einige Jahre ausschließlich als Nachrichtenredakteur gearbeitet, aber hier soll es um Moderation gehen und um den Weg dorthin, und da spielen Nachrichten kaum eine Rolle.
Dasselbe gilt für Features. Diese Beitragsform kommt nur äußerst selten in Unterhaltungsprogrammen zum Einsatz. Wort- und Kulturprogramme dagegen heben sich durch umfangreiche und aufwendige Features von reinen Unterhaltungsprogrammen ab. Ebenso wie über Nachrichten ist auch über Features eine Vielzahl an Büchern erschienen, die sich intensiv mit ihrem Aufbau und ihrer Funktionsweise auseinandersetzen. Auch diese kann ich hier nicht zusammenfassen, was für Dich aber auch irrelevant ist, es sei denn, Du bekommst Dein erstes

Praktikum bei einer öffentlich-rechtlichen Kulturwelle. Sollte dies der Fall sein, schreib' mir eine Mail, und ich werde mich gerne um Unterstützung bemühen. Lassen wir Features und Nachrichten an dieser Stelle außen vor.

Was ich allerdings, wenn auch nur kurz, zusammenfassen kann, sind Aufbau von „gebauten Beiträgen", Aufsagern und Reportagen.
Ein gebauter Beitrag als journalistische Form der Berichterstattung bietet sich gerade dann an, wenn Du noch nicht lange beim Radio bist und Dir die nötige Erfahrung für eine andere Form fehlt. „Gebauter Beitrag" ist der Oberbegriff für einen Bericht, bei dem sich O-Töne und der eingesprochene Text des Redakteurs abwechseln. Die Auswahl der O-Töne solltest Du, gerade am Anfang, mit einem erfahrenen Redakteur oder Moderator zusammen treffen. O-Töne dienen dazu, die Informationen, die aus Deinem Text hervorgehen, zu bestätigen. Was Du nicht besser sagen kannst, das laß den O-Ton sagen. Wirklich neue Informationen sollten immer vom O-Ton und möglichst von Dir selber kommen. Versuche, die einzelnen O-Ton-Einblendungen auf eine maximale Dauer von 30 Sekunden zu kürzen. Dabei darfst Du zwar kürzen, aber nie den Inhalt verfälschen. Die Kernaussage muß nach der Kürzung exakt dieselbe sein wie davor. Wenn der O-Ton schlecht ist, laß ihn weg und sage es selbst.

Der wirklich schwierige Teil eines gebauten Beitrags besteht aus Deinem Text. Hierfür die richtigen Worte zu finden, ist nicht immer einfach. Mir hilft es oft, zuerst die O-Töne zu schneiden und mir kurz deren Inhalte aufzuschreiben. Dein Text muß einen „roten Faden" haben, also ständig im Zusammenhang bleiben. Versuche, durch Deinen Text die O-Töne in einer sinnvollen Reihenfolge zu verbinden. Schreibe den Text dabei so, als würdest Du ihn sprechen. Schreibe das Wichtigste in den ersten Satz. Das Wichtige, das Neue kommt immer ganz an den Anfang. Das gilt grundsätzlich, auch für Moderationen, und, wie schon erwähnt, besonders für Nachrichten. Berücksichtige bei einem Beitrag, daß Du nicht alle Informationen darin verbaust, sondern hebe Dir etwas für die Anmoderation auf (die wird sich der Moderator zwar umformulieren, wenn er gut ist, aber Du bist im Thema, Du weißt besser als er, um was es geht. Deshalb: schreibe eine Anmoderation auf, in der Du auf das Thema hinlenkst). Besser: Schreibe zuerst die Anmo-

deration und leite auf Dein Thema hin. Dann fährst Du mit dem Text für Deinen Beitrag fort. Schreibe ihn auf. Lies ihn laut. Ändere ihn. Lies ihn wieder laut. Ändere ihn noch einmal. Laß ihn so stehen. Gerade am Anfang neigt man zum Nachrichten- oder Zeitungsstil. Je natürlicher Du Deinen Beitrag aber sprichst, desto besser kann man ihm nachher zuhören. Lies Deinen Text anderen Kollegen vor und frage sie nach ihrer Meinung. Gerade bei gebauten Beiträgen ist es wichtig, daß Dein Text eine „Spreche" und keine „Schreibe" ist. Dein Text steht im Wechsel mit O-Tönen, mit echter Sprache. Es fällt also auf, wenn auf den gesprochenen O-Ton ein Text folgt, der eher an eine Tageszeitung als an einen Radiobeitrag erinnert.
Eine andere Falle beim Schreiben von Beiträgen sind Floskeln, sogenannte Zöpfe. Um zu erklären, was Zöpfe sind, gebe ich Dir hier ein wirklich anschauliches Beispiel:

Der zottelige Vierbeiner sprang ins kühle Naß.

Zu diesem Satz bedarf es wohl keines weiteren Kommentars. Kein Mensch würde jemals so sprechen. Jeder würde sagen: „Der Hund ist ins Wasser gesprungen", und so sollte es auch in Deinem Beitrag auftauchen. Und bitte nicht „sprang" sondern „ist ... gesprungen". Oder sprachst Du jemals so?

Es ist manchmal nicht ganz einfach, den Spagat zwischen grammatikalischer Korrektheit und Umgangssprache hinzubekommen. Im Zweifelsfall andere Meinungen einholen und abwägen, was sich besser anhört.
Die Versuchung, Zöpfe oder Floskeln in Beiträge einzubauen, liegt nahe. Man kennt sie aus Zeitungen und aus Fernsehberichten. Einige Radiosender begrüßen sogar den dezenten Einsatz von Floskeln. Sie sorgen vor allem beim etwas älteren Publikum für ein Schmunzeln. Bei einer jungen Zielgruppe bewirken sie allerdings das Gegenteil. Bring es auf den Punkt und sag es so, wie es ist. Wenn der Hund ins Wasser gesprungen ist, dann ist der Hund ins Wasser gesprungen und nicht der zottelige Vierbeiner ins kühle Naß. Formuliere den Text so, wie Du sprechen würdest, wenn Du jemandem die Sache erzählen würdest.

Bei einigen Programmen ist es leider immer noch Mode, den Übergang zwischen Text und O-Ton durch Halbsätze herzustellen:

Text: *Der Staatsanwalt weiß genau, daß...*
O-Ton: *...der Angeklagte in Revision gehen wird.*

Eine solche Verbindung ist zwar äußerst praktisch, wenn der O-Ton nicht den Satz liefert, den der Redakteur gern gehabt hätte (in diesem Fall der Satz „Ich weiß genau, daß der Angeklagte in Revision gehen wird."), ist aber aus mehreren Gründen nicht zu empfehlen:
Der wohl entscheidendste Grund ist: dieser Übergang vom Text zum O-Ton ist verwirrend. Die Hörer verstehen in der Kürze der Zeit nicht, daß hier ein Personen- und Perspektivenwechsel stattfindet. Besonders dann, wenn Beitrags- und O-Ton-Sprecher vom selben Geschlecht sind und sich stimmlich ähnlich sind.

Ein weiterer Grund ist Faulheit. Wer eine solche Kombination zusammenschustert, war zu faul, nach einem besseren O-Ton zu suchen, ihn so zu schneiden, daß er paßt oder den Text so zu formulieren, daß er auf den Text paßt. Im Übrigen kommt bei der Verbindung zweier Halbsätze schnell der begründete Verdacht der Manipulation auf, denn niemand kann nachvollziehen, in welchem Zusammenhang der Staatsanwalt diesen Halbsatz tatsächlich hat fallenlassen. In meinem Beispiel hätte es genau so gut sein können, daß der O-Ton eigentlich sagt: „Ich glaube nicht, daß der Angeklagte in Revision gehen wird." Das wäre das Gegenteil von dem, was hinterher daraus geschnitten wurde. Deshalb die Regel: O-Töne sollten nach Möglichkeit immer ganze zusammenhängende Sätze sein. Ist das nicht der Fall, dann scheide den Ton so, daß er ein zusammenhängender Satz wird oder laß ihn weg.

Noch ein Tip, der Dir helfen soll, Verwirrung zu vermeiden: wechsele die Geschlechter. Stammen die O-Töne von einer Frau, sollten die Zwischentexte von einem Mann gesprochen sein und umgekehrt. Das ist keine feststehende Regel, aber ein Erfahrungswert. Es ist einfach eine Hilfestellung für die Hörer, die beiden Positionen zu differenzieren. Die Anzahl und Positionierung der O-Töne mußt Du von Fall zu Fall entscheiden. Viele Redakteure vertreten die These, daß ein gebauter Beitrag am besten mit einem O-Ton anfängt und aufhört. Für Dich als Redakteur ist es einfacher, den Beitrag direkt mit einem O-Ton beginnen zu lassen. Für die Hörer ist das aber schwierig, denn der Moderator muß in seiner Anmoderation sagen, wer der Sprecher des O-Tons ist, weil er sonst unvermittelt kommt und nicht schlüssig ist. Hast Du allerdings einen plakativen O-Ton, der wirklich hart kommt und Du selbst es nicht besser ausdrücken könntest, kann natürlich ein O-Ton eine Möglichkeit des Einstiegs sein. In den meisten Fällen solltest Du aber mit Deinem Text beginnen. Du kannst Deinen Beitrag dagegen mit einem O-Ton enden lassen, ohne danach noch etwas zu sagen (man nennt das „mit dem O-Ton aussteigen"). Wichtig ist dann für den Moderator der Sendung, daß er den O-Ton „abnimmt" und in seiner Abmoderation noch einmal sagt, wer das war und zu welchem Thema er oder sie sich äußerte. Viele Hörer richten ihre Aufmerksamkeit erst während des Beitrags auf den Beitrag selber, weil sie eine Stimme oder eine Äußerung aufgeschnappt haben, die sie interessiert. Da möchte man nach dem Beitrag schon wissen, wer gesprochen hat und worum es eigentlich ging.

Gerade bei Jugendsendern oder Programmen mit überwiegend junger Zielgruppe wird der klassische gebaute Beitrag oft als zu langweilig empfunden. Eine Möglichkeit, einen Beitrag akustisch aufzupeppen, ist die Einbindung von Geräuschen im Hintergrund; abgestimmt auf die jeweilige Textpassage. Aber wie so oft gibt es auch hier Vor- und Nachteile. Ein wichtiges Argument, das dafür spricht, ist das „Kino im Kopf". Die Hörer können sich schneller ein Bild von dem machen, was gerade im Text beschrieben wird, wenn dazu ein typisches Geräusch zu hören ist. Es verbessert den Gesamteindruck des Beitrags und macht ihn „bunter". Zwar ist die Produktion eines solchen Beitrags weitaus aufwendiger, weil er mitunter Hörspielcharakter gewinnen kann, im Vergleich zu einem klassischen „BMO" (Beitrag mit O-Ton) wirkt eine Produktion mit Geräuschen allerdings wesentlich lebendiger.

Dagegen spricht in erster Linie die meist recht kurze Dauer eines solchen Beitrags. Diese sorgt dafür, daß auch die Einblendungen der einzelnen Geräusche nicht lange dauern können. Dadurch entsteht die Gefahr, daß die Hintergrundgeräusche von den Hörern nicht als Bereicherung, sondern als Störgeräusche verstanden werden können. Unabhängig davon lenken Geräusche vom eigentlichen Text ab.

Eingebaute Geräusche dürfen, wenn überhaupt, nur unter Deinem Text, aber niemals unter einem O-Ton liegen. O-Töne werden von Hörern leichter aufgenommen als der Text vom Redakteur.

Wenn Du bei Deinen Kollegen und Deinem Chef einen wirklich guten Eindruck hinterlassen willst, dann versuche, den Beitrag „rund" zu machen. Dabei paßt das Ende sinngemäß auf den Anfang. Es ist anfangs von einem Aspekt die Rede, der, einzeln betrachtet, nicht weiter auffällt und sich im Beitrag verläuft. Wird am Ende des Beitrags dieser Eingangsaspekt wieder aufgegriffen, gewinnt der Beitrag an „Rundung", denn er hört nicht einfach auf sondern hört so auf, wie er angefangen hat. Man nennt so was auch Klammer. Ich kann mich an den Beitrag eines Kollegen erinnern. Es ging darin um Haare. Der Beitrag fing mit einer spitzen Bemerkung über Günther Netzer an. Diese Bemerkung allein war noch kein Brüller, erst der „Rausgeher" machte sie dazu. Der Beitrag endete mit der Beschreibung eines jungen Mannes, der anscheinend fürchterlich aussehende Haare hatte und mit dem sinngemäßen Satz: „Da könnte man auf die Idee kommen, daß er der Sohn von Günther Netzer sei."
Nacherzählt wirkt die Pointe natürlich nicht. Das Prinzip ist aber dasselbe, wie ich es eben beschrieben habe. Zugegeben, einen solchen Ein- und Ausstieg hinzubekommen, die jeweils aufeinander passen, ist nicht einfach, aber allein den Versuch wird man Dir hoch anrechnen. Diese Technik funktioniert übrigens auch bei persönlichen Briefen oder (hervorragend) bei Bewerbungsanschreiben – ich spreche aus Erfahrung!

Anstelle des gebauten Beitrags ist in den letzten Jahren insbesondere bei jüngeren Programmen der Aufsager bzw. das Kollegengespräch gerückt. Ein Redakteur kommt ins Studio und unterhält sich On Air mit dem Moderator über ein Thema. Die Informationen, die übermittelt werden, können dieselben sein wie bei einem BMO, aber ein netter Plausch zwischen einem „Dummi" und einem „Experten" hört sich manchmal netter an als ein fertigproduzierter Sprachblock. Es kann Dir im Rahmen eines Praktikums also durchaus passieren, daß Du Dich mit einem Thema beschäftigen und hinterher einen solchen Aufsager machen mußt. Gestalte einen Aufsager wie ein Interview, auch mit Anmoderation für den Moderator und Einstieg in das Thema. Du bist derjenige, der sich mit dem Thema beschäftigt hat und sich damit auskennt, also weißt Du auch, welche Informationen Du übermitteln kannst. Der Moderator nimmt in diesem Gespräch dann die Rolle der Hörer ein: Er stellt Dir die Fragen, die ein (interessierter) Hörer an Dich haben könnte. Deshalb gilt: Was weißt Du? Was ist neu? Was bedeutet das für die Hörer? Was haben die Hörer davon? Was kostet das, woher bekommt man das, was bringt einem das, was kann da passieren...? Besonders „rund“ wird ein Aufsager, wenn Du ein, zwei O-Töne einbauen kannst.

Schreibe den Aufsager komplett auf und drucke zwei Exemplare aus: Eines gibst Du dem Moderator, das andere behältst Du. Wichtig in der Live-Situation ist dann vor allem, nicht abgelesen rüberzukommen. Lasse dem Moderator und Dir selber Raum, ein richtiges Gespräch entstehen zu lassen. Niemand zwingt Dich, genau das abzulesen, was Du aufgeschrieben hast. Die Informationen müssen rüberkommen, aber je seltener Du auf das Blatt gucken mußt, desto besser. Je natürlicher das Gespräch, desto besser. Ein guter Moderator wird die Fragen, die Du ihm vorformuliert hast, umformulieren und sie frei stellen. Für den Anfang ist es einfacher, sich am aufgeschriebenen Text zu orientieren, aber wenn Du kannst, löse Dich von dem Text und formuliere ebenfalls frei. In der Regel wird es genügend Zeit geben, dieses Kollegengespräch in der Redaktion mit jemandem durchzugehen. Es ist weniger Arbeit als ein gebauter Beitrag und wird meistens besser verstanden.

Eine andere, etwas anspruchsvollere Beitragsform, ist die Reportage. Es hat sich ein Ereignis zugetragen, das aus irgendeinem Grund besonderer Aufmerksamkeit bedarf. Das kann eine Demonstration sein, eine Katastrophe, der Besuch eines Prominenten oder auch ein Fastnachtsumzug. Die Reportage dient dazu, den Hörern einen unmittelbaren Eindruck des Geschehens zu vermitteln und wird deshalb in den meisten Fällen live gemacht. Ein Reporter fährt mit einem Ü-Wagen (Abkürzung für Übertragungswagen) oder einer anderen technischen Ausstattung, notfalls nur mit dem Handy, zur Live-Übertragung direkt vor Ort und berichtet von dort aus. Die Schwierigkeit ist, dem Hörer nur durch Sprache und akustische Atmosphäre klarzumachen, was gerade passiert. Der Reporter muß mehrere Minuten sprechen und das Geschehen synchron übersetzen. Diese Art der Berichterstattung erfordert viel Routine und Übung. Als Einsteiger wirst Du wohl keine Live-Reportage machen, sondern sie aufzeichnen und zurechtschneiden.

Dennoch gibt es für die Reportage, ob live oder aufgezeichnet, wichtige Regeln. Anders als ein gebauter Beitrag ist eine Reportage „Kino im Kopf". Erkläre alles. Versuche, alle Deine Sinne in Deine Beschreibung einzubauen. Erkläre, wo Du bist, was Du siehst und hörst, wie Du Dich fühlst, was Du riechst. Dadurch gewinnen die Hörer einen ersten Eindruck von Deiner Umgebung:

„Ich stehe jetzt hier mitten auf der Zeil, der Einkaufsmeile in der Frankfurter Innenstadt, und hier wird jeden Moment die Queen an mir vorbeiziehen. Es ist eine brütende Hitze, allen läuft der Schweiß durchs Gesicht, und ich selbst bin auch richtig aufgeregt. Neben und gegenüber von mir ist alles voller Menschen, die alle nur darauf warten, die britische Königin zu sehen..."

Beschreibe, was um Dich herum geschieht, schreibe Dir aber möglichst keinen ausformulierten Text auf. Jeder halbwegs aufmerksame Hörer wird heraushören, daß Du nicht wirklich berichtest, sondern lediglich abliest. Dadurch machst Du Dich selber unglaubwürdig. Das ist nicht einfach, läßt sich aber einfach üben. Besser sind Stichpunkte, an denen Du Dich im Verlauf Deiner Reportage entlanghangelst. Ordne sie, so daß sie eine sinnvolle Reihenfolge ergeben und beachte dabei stets den roten Faden, der gerade in der Reportage besonders wichtig ist. Damit Dir der rote Faden nicht abreißt, kannst Du Dir selber eine Hilfestellung geben, indem Du Dir ein Einstiegs- und Ausstiegsstichwort aufschreibst. Während Du berichtest, werden Dir viele Substantive und Adjektive einfallen, erfahrungsgemäß aber wenige Verben. Die Standard-(Hilfs-)Verben „machen", „sein" und „haben" passen zwar fast immer, nutzen sich aber schnell ab und zeugen von Phantasielosigkeit. Schreibe Dir zu Deinen Stichworten aussagekräftige Verben, die die Szene gut beschreiben. Wenn Du vor Beginn Deiner Reportage schon mit Zeugen oder Beteiligten oder anderen Personen gesprochen hast, kannst Du deren Aussagen als indirekte Rede in Deine Reportage mit einbauen:

„Bevor die ganze Sache hier offiziell losgegangen ist, habe ich mit der Polizei gesprochen. Die rechnet nicht mit Zwischenfällen, hat sich aber trotzdem auf alles vorbereitet. Der Einsatzleiter sprach von einer Absperrung der Innenstadt, um zu verhindern, daß noch mehr Leute hier herkommen."

Oft treten während einer Reportage unerwartete Geräusche oder Stimmen auf. Diese Geräusche müssen erklärt werden. Für Dich als Reporter erfordert das ein besonderes Maß an Konzentration, denn Du mußt Dich die ganze Zeit über einerseits an Deinen Stichworten orientieren und sie in einen unterbrechungsfreien Fluß an Sprache konvertieren und Dich andererseits ständig in die Situation der Hörer hineinversetzen. Sie sehen nicht, was Du siehst, fühlen nicht, was Du fühlst und müssen alle Eindrücke, die zum Verständnis der Reportage nötig sind, durch Dich vermittelt bekommen. Plötzlich auftretender Straßenlärm, eine Menschenmenge, Polizeisirenen oder Geschrei müssen erklärt und gegebenenfalls begründet werden. Diese Regel gilt besonders, wenn Deine Reportage über ein Telefon übertragen wird. Das sollte zwar wirklich die Ausnahme sein, kann in Einzelfällen aber durchaus passieren. Die ohnehin schon schlechte Übertragungsqualität von Telefonen und Handys wird durch Hintergrundgeräusche weiter verschlechtert. Die Hörer werden sie meist nur als lautes Rauschen oder Störgeräusch wahrnehmen. Es macht meistens wenig Sinn, gegen laute Hintergrundgeräusche anzuschreien. Warte ab, bis das Geräusch vorbei ist, lasse also eine Pause und erkläre es anschließend.

Der Inhalt Deiner Reportage muß sich allerdings auch ohne Geräusche Atmosphäre vermitteln. Nur das blanke Schildern einer Situation genügt nicht. Bemühe Dich um eine anschauliche Sprache. Die Wahl der Worte, die Länge von Sätzen und Sprechpausen, die Lautstärke und der Klang Deiner Stimme sind unglaublich ausdrucksstark und lassen auf Deine derzeitige Stimmung schließen. Auch ohne Hintergrundgeräusche wird man Dir anhören, ob Du aufgeregt, betroffen, gespannt, beängstigt oder fröhlich bist.

Bevor Du Dich an eine Reportage heranwagst, informiere Dich bei anderen Redakteuren und Reportern über die Anforderungen des Senders. Gute Reporter sind selten und gefragt. Wenn Du feststellst, daß Du ein Talent fürs Reportieren hast und Dir das Spaß macht, könntest Du zum wichtigen Kapital Deines Senders zählen. Außerdem kommt man als Reporter immer wieder mal an interessante Plätze und trifft interessante Menschen. Wäre ich bei Antenne Bayern nicht ständig als Reporter eingesetzt worden, hätte ich vermutlich nicht so schnell die Bekanntschaft mit mehr oder weniger interessanten und bekannten

Persönlichkeiten aus Politik und Kultur gemacht. Zwar hätte ich mir etwas Schöneres vorstellen können, als von einer Pressekonferenz zur nächsten zu rennen, aber andererseits war es eine nette Abwechslung, und, ich muß es zugeben, man fühlt sich doch irgendwie auch ein kleines bißchen wichtig. Sehen und gesehen werden.

3. Telefonieren

Großraumbüros kommen in Mode. Viele Radio-Redaktionen bestehen aus einem einzigen großen Raum, vollgestellt mit Schreibtischen und Computerbildschirmen. In diesem Raum tummeln sich Redakteure, Planer, Moderatoren, manchmal sogar die Musik- oder Internetredaktion, Techniker und Eventmanager. Wer schon einmal in einem Großraumbüro gearbeitet hat, der weiß, daß es nicht immer leicht ist, sich in solch einer Umgebung zu konzentrieren. Viele Chefs oder Abteilungsleiter begründen Großraumredaktionen mit angeblich besserer Kommunikation untereinander. Sie soll zu Gesprächen und Ideenfindung anregen. Interessanterweise sitzen diejenigen, die diese Großraumbüros anordnen, selbst nicht in einem Großraumbüro, sondern haben ihr eigenes, in dem sie alleine sitzen, darin ihre Ruhe haben und die Tür zumachen können, wenn ihnen danach ist. Warum wohl? Ganz einfach: Weil man sich in Großraumbüros nämlich leider gar nicht konzentrieren kann. Jedenfalls ist das meine Erfahrung, und ich würde mir wünschen, daß so mancher Radiosender wieder kleine Einer-, Zweier- oder Dreierbüros für seine Mitarbeiter einrichtet und sich von der Illusion der Großraumdiskos und callcenterartigen Plärrhallen wieder verabschiedet.

Interessant ist auch die Beobachtung von Praktikanten, wenn man selber keiner mehr ist. Dann fallen einem plötzlich Dinge auf, die gar nicht so gut ankommen. Deshalb drehe ich den Spieß jetzt mal um und erzähle Dir kurz eine Situation, die ich erlebt habe, als ich schon ein paar Jahren Moderator bei DASDING war und wir dort einen Praktikanten hatten (einer von unzähligen). Ich erzähle Dir einfach diese Geschichte und möchte damit zeigen, wie man sich als Praktikant möglichst nicht verhalten sollte, denn es gibt – gerade als Praktikant – unendlich viele Fettnäpfchen, in die man treten kann, aber das muß ja nicht sein, wenn man weiß, wie die andere Seite tickt.

Großraumredaktion. Etwa 15-20 Leute zwischen 17 und 27 mit Hummeln im Arsch, drei verschiedene Musikstücke aus unterschiedlichen Richtungen, fünf klingelnde Telefone, mehrere Stimmen durcheinander. Was der Nachmittagsredakteur gerade macht, weiß ich nicht. Ich sehe ihn nur von der Seite. Er sitzt, über den Schreibtisch gebeugt, direkt vor dem Bildschirm und navigiert mit seiner rechten Hand angestrengt die Maus. Immer wieder richtet er sich auf, um etwas aufzuschreiben, um dann wieder vor dem Monitor zu kleben. Seit einer Viertelstunde nimmt er bereits diese Körperhaltung an. Ich kann mir nicht vorstellen, daß das gesund ist. Aber es hat ja auch niemand behauptet, daß die Arbeit beim Radio gesund ist.
Hinter mir wird es laut. Ein anderer Kollege erhebt die Stimme und spricht in Halbsätzen.
„Weiß ich noch nicht... Hab' ich denen auch gesagt, aber die meinten, ich soll am Dienstag noch mal kommen... Ach was!... Ehrlich?... Ja... Ja... Aha... Ja... Mach ich... Ja, Mama... Ich ruf' dich noch mal an... Kommt drauf an. Wahrscheinlich morgen, aber ich bin am Wochenende ja sowieso da. Aber ich fahre noch mal weg... Nach Düsseldorf... Ja, genau... Mmmhh... Okay... Ja, Mama. Bis morgen... Ja... Tschüß!"
Aufatmen.
Mein Kollege rechts von mir starrt immer noch angestrengt auf den Bildschirm. Der Telefonierer hinter mir verspürt einen seltsamen Drang in sich, die anderen vom Inhalt des soeben geführten Gesprächs in Kenntnis zu setzen.
„Muß das sein?", kommt es unvermittelt und schroff aus der Ecke, in der eben gerade noch eine Nasenspitze beinahe einen Fettfleck auf dem Bildschirm hinterlassen hat.
„Was?" Der Telefonierer dreht sich überrascht um.
„Sorry", kommt es zurück. „aber ich habe hier was zu tun."
Der Telefonierer fühlt sich angegriffen: „Is ja gut!"
Sie drehen sich beide wieder ihrer Beschäftigung zu und schweigen.

Eine halbe Stunde später ist der Lärmpegel in der Redaktion wieder gestiegen. Es scheint, als hätte gerade jeder hier seine tolle Minute, und mir kommt es für einen Moment so vor, als wären wir alle hier auf einer großartigen Klassenfahrt, und alle Lehrer wären gerade weg. An effizientes Arbeiten ist unter diesen Umständen nicht zu denken, und wenn ich ehrlich bin, kommt mir diese unfreiwillige Pause nicht ganz ungelegen. Aus der Mitte des Raumes dröhnt „Belfast“ von Boney M., was gerade jemand aufgedreht hat. Hinter mir zerpflücken Oliver, Christoph und Alexander gleichzeitig die BILD-Zeitung und machen sich über die Schlagzeilen lustig. Natascha sollte eigentlich ihre Sendung für heute abend vorbereiten, aber sie zieht es vor, sich ins Gewühl zu stürzen und mitzumachen. Aus einer anderen Richtung schreit ein Fernseher. David kommt aus der Techniker-Ecke dazu und wirft spitze Kommentare in die Runde. Während er sich mit zwei anderen vor Lachen kaum halten kann, amüsieren sich Natascha und ich lauthals über einen Nackedei, den wir in der Bravo gefunden haben. Als Bernd das sieht, reißt er uns die Bravo aus der Hand und ruft irgend etwas. Ich kann nicht raushören, was es ist. Jeder versucht, mit seinen verbalen Einwürfen die der anderen zu übertönen. Natascha kichert schrill und laut und muß sich den Bauch halten. Ich selbst knie inzwischen auf dem Fußboden, weil ich vom Stuhl gerutscht bin und vor lauter Lachen nicht mehr kann. David steht vor mir, reißt noch einen Witz und dreht die Musik und damit die Stimmung noch mehr auf. Es ist die beste Klassenfahrt, auf der wir je waren.

Von der Schreibtischinsel neben uns kreischt eine viel zu helle Stimme zu uns herüber:

„Eeeeeeeeeeyyyyyy!“

Schlagartig verstummen wir. Die Stimme jagt mir einen kalten Schauer über den Rücken. Bernd und Alexander lassen von der Zeitung ab und blicken in Richtung der Stimme. David schaltet die Musik aus und richtet seinen Blick ebenfalls in die Ecke, aus der uns gerade ein greller Fön entgegenweht.

„Könnt Ihr vielleicht mal ruhig sein?“, blafft sie uns an.

Barbara.

Sie ist klein. Noch kleiner und etwa zwei Jahre jünger als ich. Sie hat eine sehr grelle und unangenehme Stimme. Bei manchen Leuten frage ich mich wirklich, wie sie es eigentlich ins Radio geschafft haben. Es geht auch ohne Talent. Man sieht es an Barbara. Ich mochte sie noch nie und sehe sie wegen ihrer kratzbürstigen Art lieber von hinten.

Die ganze Redaktion schweigt. Niemand spricht mehr, keine Musik ist mehr zu hören, keine Tastatur klappert mehr. Alle haben ihre Augen auf Barbara gerichtet.
Ihr Kopf glüht.
Sie verteilt böse Blicke an jeden einzelnen von uns und wendet sich nach kurzer Pause wieder dem Telefonhörer zu.
„So, bin wieder da... Die brüllen hier rum… Was? Kann ich auch nichts dafür!... Jetzt hör mir mal zu! Du hast damals...“
Sie stockt. Vorsichtig richte ich mich auf, schüttele meinen Pullover auf und setze mich wieder. Natascha legt die Bravo zur Seite, sieht mich fragend an und zieht die Schultern hoch. Vincent, Bernd und Alexander falten leise, ganz leise, die BILD-Zeitung zusammen und blicken überrascht auf Barbara, die aussieht, als würde sie jeden Moment zerplatzen. Noch immer herrscht absolute Ruhe. Niemand wagt es, diese Ruhe zu unterbrechen. Die einzige, die spricht, ist Barbara.
„Du, es reicht mir! Ich hab' die Schnauze voll! Immer kommandierst du mich rum... Ist ja gar nicht wahr... Und ob!... Was? Ich? Du! Du hast damit angefangen... Letzte Woche hab' ich dir gesagt, du sollst das erledigen, und was ist passiert? Nichts! Mir reicht's so langsam!“
Ihre Stimme überschlägt sich zu quietschenden Lauten. Niemand bewegt sich, niemand wagt es, sie zu bremsen.
Barbara merkt, daß alle sie anstarren, dreht sich zu uns herum und schnauzt uns wieder an: „Was glotzt Ihr denn so blöd?“
Wir wenden uns von ihr ab und schauen uns gegenseitig an. Es ist nicht nötig, etwas zu sagen. Alle denken das gleiche, und man sieht es uns an. David schleicht sich zurück an den Techniker-Platz, Alexander greift nach seiner Zigarettenschachtel und verläßt den Raum. Vincent geht ihm hinterher, und Natascha und Bernd setzen sich wieder an ihre Schreibtische. Ich sitze noch immer auf dem Stuhl, rücke in Richtung der Musikanlage und drehe die Musik wieder an. Leise. Ganz leise. Dann setze ich mir den Kopfhörer auf und mache mich daran, meinen Beitrag weiterzuschneiden.
Aus der Ferne höre ich Barbaras ekelhaft hohe Stimme. Sie faucht noch immer ins Telefon und schlägt schließlich den Hörer auf.

Es ist nicht nur die Sache, daß ein solches Verhalten ausgesprochen unkollegial ist, es ist zudem unprofessionell und peinlich. Privatgespräche gehören einfach nicht in ein Großraumbüro. Es ist nichts dagegen einzuwenden, ab und zu private Telefonate zu führen. Allerdings nur, wenn sie leise und kurz abgehalten werden und möglichst dort stattfinden, wo niemand sonst sie mitbekommt. Das hat zwei Gründe: Einmal will ich selber nicht, daß alle um mich herum mitkriegen, was ich außerhalb meiner Arbeit tue, und dann will ich auch nicht durch Emotionsausbrüche anderer in der Wahrnehmung meiner Arbeit gestört werden. Es reicht schon, wenn ich durch dienstlich hervorgerufene akustische Störsignale bei der Arbeit behindert werde. Das mag spießig klingen, entspricht aber der Wahrheit. Wenn jeder sein eigenes Büro hat, an dem er die Tür schließen kann, mag das egal sein. Sitzen aber alle im selben Raum, gehört es sich einfach nicht, alle anderen durch die eigenen persönlichen Belange zu unterhalten bzw. ihnen tierisch auf die Nerven zu gehen.

Ich habe selber lange gebraucht, um das herauszufinden. Lange war ich der Meinung, es sei cool, wenn alle mitkriegen würden, was ich neben meiner Arbeit noch so treibe und was für Kontakte ich habe. Ich führte gern und oft Privatgespräche in der Redaktion und zwar immer so, daß alle zwangsläufig den Inhalt des Gesprächs mitkriegen würden. Die Palette reichte von Verabredungen mit Freunden über Vertragsverhandlungen für eine Nebentätigkeit bis hin zu familiären Auseinandersetzungen. Nicht, daß ich damit angeben wollte, aber in mir entstand doch jedes Mal ein Gefühl von Wichtigkeit wenn mir bewußt war, daß alle jetzt mitkriegen würden, daß ich mich mit meiner Schwester streite. Niemand wies mich jemals darauf hin, daß ich andere damit vielleicht stören könnte und daß es ganz und gar nicht cool ist, wenn andere meine Privatgespräche mitkriegen. Erst, als mir selbst die Privatgespräche anderer auf die Nerven gingen, entwickelte ich eine Sensibilität für die Bedürfnisse meiner Kollegen. Bei einem Bierchen abends in der Kneipe hat sicher keiner etwas dagegen, aber tagsüber muß das nicht sein. Jedenfalls nicht am Arbeitsplatz. In der Redaktion am Schreibtisch muß einfach niemand wissen, welche Aktien man gerade verkaufen will oder was es am Wochenende bei Mama zu Hause zu essen gibt. Das gehört da einfach nicht hin. Nicht, wenn man Praktikant ist, und auch dann nicht, wenn man schon seit gefühlten hundert Jahren bei dem Sender arbeitet. Die beiden Beispiele, die ich jetzt hier aufgeführt habe, hatten zwar nichts mit Praktikanten zu tun, aber sie zeigen (hoffentlich) deutlich, daß auch Nicht-Praktikanten Dinger abziehen, die nicht gehen.

Man macht das einfach nicht. Weder als Praktikant, noch als jemand anderes.

Natürlich kann man jetzt dagegenhalten und behaupten, die anderen Kollegen und ich hätten noch viel mehr Lärm gemacht und alles andere getan als gearbeitet und hätten damit andere vielleicht auch gestört – richtig. Ja, haben wir. Wobei ich dazu sagen muß, daß in dem Moment keiner mehr gearbeitet hat, weil alle gerade so ihre „fünf Minuten" hatten und einfach mal kurz austicken mußten. In einem Großraumbüro nichts ungewöhnliches, und wir waren damals alle noch etwas unreif (ja, mit 24 ist man durchaus noch unreif). Oder, um es ganz kurz auf den Punkt zu bringen: Wenn Du telefonieren mußt, nimm Dein Handy, geh damit in die Raucherecke, in die Teeküche, aufs Klo oder raus auf den Gang, telefoniere und komm zurück. Wenn Dein Handy klingelt, geh ran und nimm es mit raus.

Uns fehlt wieder mal ein Thema. Es ist das einzige Loch, das wir noch in der Sendung haben, ansonsten sind wir voll. Nachdem wir nun schon den ganzen Nachmittag den Ticker durchsucht und nach Themen Ausschau gehalten haben, stürzt Christoph auf uns zu. Christoph ist diese Woche CvD. Er hält ein Blatt Papier in der Hand und wedelt damit aufgeregt in der Luft herum.
„Ich hab' hier noch was", ruft er uns zu und reißt die Augen auf.
Gespannt drehe ich mich herum. Meine Producerin ist gerade irgendwo im Haus unterwegs. Ihr zur Seite steht ein Mitläufer, also jemand, der „mal mitlaufen" soll, wie sich unser Chef immer ausdrückt. Ich glaube, er heißt Hendrik und absolviert gerade seine zweite Praktikumswoche. Was er letzte Woche gemacht hat, weiß ich nicht. Diese Woche hat es ihn hart getroffen, denn er ist bei meiner Producerin und mir in der „Startzeit", der Frühsendung. Wie bei den meisten Sendern ist auch bei uns die Frühsendung die wichtigste und aufwendigste Sendung. Ich bin seit heute nacht um drei hier im Sender und habe inzwischen schon zwölfeinhalb Stunden Arbeit hinter mir, bin also etwas k.o.. Der Praktikant schaut mit fragendem Blick in Christophs Richtung.
„Das ist diese Tussi mit dem Strick-Rekord, von der wir heute morgen auf der Konferenz gesprochen haben. Ich habe vorhin mit ihrer Uni gesprochen, die haben mir ihre Handy-Nummer gegeben. Ich habe sie

euch aufgeschrieben. Ihr müßt die aber jetzt noch anrufen, sonst klappt das nicht."
Christoph drückt mir das Blatt Papier in die Hand und kehrt zurück an seinen völlig überfüllten Schreibtisch.
Es ist die Agenturmeldung, darunter steht handschriftlich eine Telefonnummer. Ich überfliege die Meldung und entschließe mich, die Sache an Hendrik zu übergeben. Für mich ist eigentlich schon längst Feierabend, und wo meine Producerin gerade ist, weiß ich nicht. Außerdem hat sie andere Dinge zu tun. Und wenn wir schon einen Mitläufer für diese Woche haben, dann hat er jetzt die Chance, sich zu beweisen.

„Hendrik?"
Er dreht sich zu mir herum. Groß ist er. Bestimmt zwei Köpfe größer als ich. Und sehr kräftig. Ich meine: *sehr* kräftig. Viel gesprochen hat er heute noch nicht. Seine Stille gleicht er durch seinen Konsum an Cola wieder aus. Es ist kurz nach halb vier, er ist seit gut sechs Stunden hier und hat bereits acht Halbliterflaschen geleert. Die neunte hält er in seiner Hand, sie ist noch etwa halbvoll.
„Schau mal hier, die Strick-Studentin. Die brauchen wir für morgen früh. Wärst du bitte so nett und würdest dich darum kümmern?"
„Was'n das?", fragt er mich desinteressiert.
„Haben wir heute morgen besprochen. Vorhin auf der Konferenz. Diese Stricktussi."
Eigentlich müßte er wissen, wen ich meine. Er war schließlich dabei. Sein leerer Blick sagt aber alles und nichts.
„Äähh...", beginnt er zaghaft. „Ich weiß gerade nicht, was du meinst..." Das merke ich, und ich schnappe nach Luft. Also alles noch mal erzählen.
„In Bochum ist eine Studentin. Eine Kunststudentin. Die hat für ihre Diplomarbeit oder Magisterarbeit oder so was einen Raum eingestrickt. Die hat keine-Ahnung-wieviel-Kilometer Wolle dafür verbraucht und diesen Raum komplett in Wolle gehüllt. Und mit der brauchen wir ein Interview für morgen, dann sind wir voll."
Das scheint sein Stichwort zu sein. Er nimmt einen kräftigen Schluck und schaut mich verwirrt an. Ich gebe ihm die Agenturmeldung und bitte ihn, die Nummer anzurufen und mit der Studentin einen Interviewtermin zu vereinbaren.

Er greift nach der Meldung, stellt die Flasche beiseite und zieht das Telefon zu sich. Ich verlasse mich auf ihn und tue so, als würde ich weiterarbeiten. Ich tue es aber nicht und höre dem Gespräch zu.
„Hallo? Ja, hier ist Hendrik. Der Hendrik von DASDING... Ach so, ja... ja... ein Interview... weiß ich nicht. Moment, ich frage mal..." Er tippt mir auf die Schulter. Ich drehe mich zu ihm um und ahne es schon.
„Du?", fragt er mich. „Wann denn?"
„Möglichst schnell. Wenn Du es vor vier Uhr hinkriegst, kann ich es selber führen. Danach muß es jemand anders machen." Er ahnt anscheinend, daß er selber im Zweifelsfall das Interview führen muß und das aber viel zu viel für ihn wäre. Erschrocken wendet er sich wieder von mir ab.
„Hallo? Ja, jetzt sofort... weiß ich nicht... ja... Warum nicht?... Aha... OK, tschüß."
Mit erwartungsvollem Blick schaue ich ihn an. Ich ahne, was er mir sagen will.
„Geht nicht", sagt er kurz und schielt in Richtung seiner Colaflasche.
Es tut mir zwar leid, aber ich habe den Eindruck, daß das mit Hendrik nichts wird. Auch auf die Gefahr hin, arrogant zu wirken, frage ich ihn: „Hat dir schon mal jemand gezeigt, wie man telefoniert?" Diese Frage trifft ihn unvorbereitet.
„Wie? Wie man telefoniert? Kann doch jeder."
„Offensichtlich nicht", antworte ich ihm und beuge mich zu seinem Telefon herüber.
„Ich mache jetzt erst die Stricktante klar. Wir kriegen die schon. Und zwar jetzt gleich."
Hendrik hat die Colaflasche inzwischen leergetrunken und zu den anderen gestellt. Etwas genervt, aber nicht ohne Interesse schaut er mir zu.
„Südwestrundfunk DASDING, Raphael Gensert, schönen guten Tag, Frau Seiler. Frau Seiler, mein Kollege hatte ja eben schon mit Ihnen gesprochen, der Herr Meiff. ... Ja, ich muß mich entschuldigen. Er arbeitet erst seit Anfang der Woche für uns... Tut mir leid, Frau Seiler. Aber uns geht es um Ihre Diplomarbeit... Richtig... Das glaube ich Ihnen, daß wir nicht die ersten sind... aber auch nicht die letzten... Wenn jemand auf so eine lustige Idee kommt, dann ist das für uns und unsere Hörer natürlich auf jeden Fall ein Thema, und da würden wir gern kurz mit Ihnen drüber sprechen... Ja, wäre gut. Das soll auch gar nicht lange

dauern. Wir wollen Sie da auch nicht lange aufhalten, fünf Minuten maximal... Ja, ganz schnell... Wirklich? Wunderbar, Frau Seiler. Unter derselben Nummer?... In Ordnung, dann springe ich schnell ins Studio und rufe Sie von da aus dann noch mal an... Ich danke Ihnen, Frau Seiler. Danke, bis gleich."
Hendrik staunt. Noch bevor er etwas sagen kann, bin ich mit der Agenturmeldung und einem Kugelschreiber in der Hand in Richtung Studio verschwunden.

Als ich zurückkomme, sitzt er noch an seinem Platz und hält bereits die nächste Colaflasche in der Hand.
„So, erledigt. Die war ziemlich sauer wegen dir. Ich..." Er unterbricht mich.
„Wegen mir?"
Er schaut mich mit verständnislosem Blick an.
„Ja, natürlich. So wie du gerade am Telefon warst, wäre ich auch sauer gewesen." Hendrik kann das gar nicht verstehen.
„Aber wieso denn?"
Noch zweifele ich, ob es Sinn macht, ihm zu erklären, was er falsch gemacht hat. Aber eine seltsame Macht in mir appelliert an meine Gutmütigkeit.
„Als erstes nennst Du die Person beim Namen. Sprich langsam und deutlich und erstmal dialektfrei. Bemühe Dich, das reinste Hochdeutsch zu sprechen, das du kannst. Als allererstes nennst du den Namen des Senders, und zwar den vollständigen. Also Südwestrundfunk DASDING. Dann nennst du deinen Namen. Vor- und Nachname. Dann kommt deine Begrüßungsformel, also ‚Guten Tag' oder so was in der Richtung. Auf keinen Fall ‚Tach' oder ‚Hallo', sondern etwas Förmliches. Und dann eben der Name desjenigen – natürlich mit Titeln. Also wenn du jetzt einen Professor oder Doktor anrufen würdest, dann würdest du denjenigen auch so anreden. Bis hierhin OK?"
Er nickt.
„Dann sagst du, worum es geht und was du willst. Und zwar nicht flapsig ‚Ich will ein Interview' oder so, sondern höflich und spießig. Je hochrangiger dein Gesprächspartner, desto diskreter mußt du sein. Der andere merkt sofort, wenn du nicht auf einer Ebene mit ihm sprichst und blockt ab. Der muß den Eindruck haben, daß du absolut kompetent bist und genau weißt, was du willst. Und daß du ihn zu einer be-

rühmten Persönlichkeit machen kannst. Sprich ihn also höflich an. Wie du das genau machst, oder wie du formulierst, mußt du mit der Zeit selber rauskriegen. Die Universalformulierung ist immer ‚Es geht um das-und-das', also zum Beispiel ‚Es geht um Ihre Diplomarbeit an der so-und-so-Universität. Sie haben dazu ja einen Raum eingestrickt.' Dann weiß der- oder diejenige schon sofort, um was es geht. Manchmal ist es aber so, daß du nicht gleich denjenigen am Telefon hast, den du auch interviewen willst. Dann hast du erst eine Sekretärin oder Vorzimmerdame oder so dran. Die sind in der Regel ziemlich vorsichtig, weil da jeden Tag Hunderte von Leuten anrufen, die alle den großen Meister sprechen wollen. Und diese Frau wird dafür bezahlt, dem großen Meister die nervigen Anrufer vom Leib zu halten. Also erklärst du ihr auch erstmal, worum es überhaupt geht und was du willst. Der nächste Standardsatz ist dann: ‚Wir würden da gerne mit jemandem sprechen, der uns dazu etwas sagen kann'. Das geht natürlich nur, wenn Du nicht weißt, wer dafür zuständig ist. Ansonsten sagst Du halt: ‚Wir würden da gern mit dem Herrn oder der Frau so-und-so sprechen'. Sie wird dich dann durchstellen. Wenn du Glück hast, hast du auf Anhieb schon den Richtigen. Falls nicht, wird er dich auch durchstellen, aber du wirst bei jedem Einzelnen deinen Spruch wiederholen. Du sagst, wer du bist, worum es geht, und daß du da jemanden sprechen willst, der dir dazu etwas sagen kann. Bei großen Konzernen und wenn Du nicht gleich den Namen eines Ansprechpartners vorliegen hast, ist die erste Anlaufstelle immer die Pressestelle."

Er nickt wieder.

„Wichtig ist bei den Sekretärinnen: die sind ganz verschieden. Es kann sein, daß die total steif sind und du dir wirklich Mühe geben und extrem höflich sein mußt, damit die überhaupt einen Finger krumm machen, und es gibt solche, die total locker drauf sind. Das sind dann meistens solche, die Dialekt sprechen, viel lachen, und dir schon am Telefon mit irgendwelchen Witzchen kommen. Die sind zwar selten, aber es sind die einfachsten. Bei denen wirst du mit Zurückhaltung nicht viel erreichen, sondern nur dann, wenn du mitmachst. Und – wichtig: sag immer, daß es nicht lange dauert, daß wir denjenigen gar nicht lange aufhalten werden. Radio ist ein sehr schnelles Medium, wir haben kaum Vorlaufzeit. Wenn wir ein Interview brauchen, dann meistens jetzt sofort oder noch im Laufe des Tages. Für Fernseh- oder Zeitungsinterviews gibt es oft tagelange Vorläufe, aber wir brauchen das sofort. Viele Leute meinen auch, das sei live oder kapieren nicht, daß das übers Telefon geht. Das mußt du ihnen sagen. Sage ihnen, daß wir das ganz einfach übers Telefon machen, daß wir das aufzeichnen und hinterher zurechtschneiden, es also nicht live gesendet wird. Und daß wir alle ‚Äääh s' rausschneiden. Davor haben viele Angst. Die haben Angst, sich im Radio zu blamieren, weil sie wissen, daß sie im Interview gerade Sätze sprechen müssen. Aber das setzt natürlich voraus, daß du als Radiomensch selber richtig sprechen kannst." Hendrik schaut mich immer noch mit großen Augen an.

„Die meisten stellen sich unter dem Begriff ‚Interview' eine politische Talk-Show im Fernsehen vor. Manche wollen auch einen Mitschnitt. Mit der Zeit kriegst du ein Gefühl dafür, mit welchen Leuten du es zu tun hast. Wenn du das Gefühl hast, daß es leichter ist, wenn du von dir aus noch einen Schritt auf sie zukommst, dann biete von dir aus einen Mitschnitt an. Das ist zwar nervig und kostet Zeit, aber wichtig ist erstmal, daß du einen Interviewtermin bekommst. Den wirst du auch bekommen. Du mußt denen nur sagen, daß es nicht lange dauert. Fünf Minuten kann jeder opfern, selbst der beschäftigtste Professor. Die Interviews dauern bei der Aufzeichnung meistens ein bißchen länger, aber das ist egal. Ich habe oft die Erfahrung gemacht, daß sich Interviewpartner während der Aufzeichnung dann selber so sehr mit ihrer Thematik befassen und merken, daß sie jemanden dran haben, der wirklich Interesse an ihrer Arbeit hat, daß sie sich gerne länger Zeit nehmen, als eigentlich nötig. Das kann schon passieren, daß eine Aufzeichnung dann zehn Minuten oder eine Viertel Stunde dauert."

„Und dann?", fragt Hendrik.

„Dann hast du hinterher viel zu schneiden. Versuche immer, das Interview so zu führen, als sei es live. Wenn ein Interview in der Aufzeichnung etwa drei Minuten dauert und du alle Informationen hast, die du brauchst, dann hast du das ideale Interview geführt. Das ist einmal leichter für dich, weil du hinterher weniger zu schneiden hast, und es ist fair deinem Interviewpartner gegenüber, weil du ihn nicht dazu bringst, Dinge zu sagen, die du hinterher doch nicht verwendest."

Hendrik scheint zu verstehen, worauf ich hinaus will. Er merkt, daß es mir nur um die Art und Weise geht, jemanden durchs Telefon dazu zu bringen, etwas zu tun, was er ohne den Anruf nicht tun würde: uns ein Interview zu geben. Darum geht es. Es geht mir um meine Sendung, für die ich verantwortlich bin, um nichts anderes. Es geht mir nicht um

den Interviewpartner oder um das Thema. Es geht mir wirklich nur um meine Sendung, weil ich daran gemessen werde. Die Sendung ist das Produkt, das ich abliefere, und deshalb will ich auch, daß das Produkt gut wird – egal, wie.
Ich lege die Agenturmeldung beiseite und mache mich daran, das Interview mit der Strickerin zu schneiden. Im Augenwinkel sehe ich, daß Hendrik mir zuschaut. Er wird beim nächsten Mal mehr Erfolg beim Einleiten eines Interviews haben, und ich bin mir sicher, daß er sich freuen wird, wenn es geklappt hat.

Es ist nicht immer alles so einfach, wie es auf den ersten Blick aussieht. Besonders, wenn man es am Telefon mit Menschen zu tun hat, die man noch nie gesehen oder gesprochen hat, die man nicht kennt und trotzdem auf sie angewiesen ist. Zudem repräsentiert man als Redakteur oder Interviewer immer ein Stück weit den eigenen Sender. Du weißt nie, ob derjenige, den Du gerade anrufst, Deinen Sender hört. Der Eindruck, den Du persönlich bei ihm hinterläßt, gilt für Deinen Gesprächspartner in dem Moment stellvertretend für Deinen Sender. Hat Dein Gesprächspartner den Eindruck, von Dir nicht ernstgenommen oder unangemessen behandelt zu werden, wird er sich so schnell nicht mehr für ein Interview bereiterklären. Es besteht für ihn keinerlei Zwang, Dir ein Interview zu geben. Detaillierte Informationen über die Herangehensweise, die unterschiedlichen Arten von Fragen und die Gesamtgestaltung eines Interviews sind in Fachbüchern ausführlich zusammengestellt. Eine Liste entsprechender Bücher habe ich im Anhang aufgeführt.
Auf mögliche Probleme, die sich durch Telefonate mit Hörern ergeben können, gehe ich in Kapitel 9 näher ein. Die Thematik dieses Unterkapitels schließt die Telefonate mit Hörern allerdings wesentlich mit ein, deshalb möchte ich sie hier detaillierter darstellen.

Telefonate mit Hörern sind (grundsätzlich, aber nicht immer) sehr viel einfacher als mit Interviewpartnern. Besonders dann, wenn sie während der laufenden Sendung anrufen. Das tun sie in den meisten Fällen, denn die Hörer-Hotline ist meistens die einzige Nummer, die die Hörer überhaupt von ihrem Sender haben. Einerseits ist das sehr gut, denn es verhindert, daß Hörer plötzlich in der Redaktion anrufen und die Arbeitsabläufe behindern. Andererseits kann das aber auch sehr lästig sein, denn sie rechnen zu jeder Zeit mit einer absolut zufriedenstellenden Antwort auf ihre Frage. Jeder Sender handhabt die Hörer-Hotline auf eine andere Weise. Bei einigen führt sie direkt ins Sendestudio und landet beim Moderator. Bei SWF3, hr XXL und You FM war das zu meiner Zeit so, bei SWR3 ist es meines Wissens auch so. Andere wiederum gehen nicht ins Sendestudio, sondern in eine Art kleines Call-Center, in dem gängige Fragen sofort beantwortet werden können. Das kenne ich so von FFH und von Radio Salü. Bei Gewinnspielen oder Call-in-Aktionen wird direkt im Call-Center eine Auswahl derer getroffen, die auf Sendung gehen können. Wieder andere haben eine eigene Abteilung für Höreranfragen, wo dann auch die Hörertelefone sind. Die Kollegen dort beantworten die meisten Fragen direkt und leiten kompliziertere Anfragen oder Rückmeldungen an die Programmitarbeiter weiter. So war es bei NDR Kultur.

Generell kann man aber davon ausgehen, daß bei den meisten Sendern die Hörer-Hotline direkt ins Studio zum Moderator gehen. Bei Gesprächen mit Hörern gilt der Grundsatz, daß Du als Moderator aus Sicht der Hörer immer alles weißt. Egal, ob es um die laufende Sendung, ein Gewinnspiel von vorletzter Woche oder einen Beitrag, der am Wochenende lief, geht. Es zwingt Dich niemand, ans Telefon zu gehen, wenn es klingelt. Du hörst die Klingel ja nicht, sie wird Dir durch ein kleines Blinklicht symbolisiert. Aber auch ein kleines Blinklicht kann tierisch nerven. Die Hörer hören Dich durch das Radio und wissen, daß jemand da ist. Für sie ist immer jemand da, und sie machen sich keine Gedanken darüber, ob Du gerade Zeit hast oder nicht. Daß Du während die Musik läuft, mit anderen Dingen beschäftigt bist, ist ihnen nicht bewußt. Geh nur ans Telefon, wenn Du mindestens zwei Minuten wirklich Zeit hast. Es gehört zu Deinem Job, die Belange Deiner Hörer ernstzunehmen. Wenn Du das Telefon stur ignorierst, macht sich unter Deinen Hörern schnell schlechte Stimmung breit, ohne, daß Du es merkst.

Melde Dich mit dem Namen des Senders, evtl. sogar mit dem Namen der Sendung und mit dem Namen, unter dem Du auch auf dem Sender auftrittst. Bemühe Dich um Freundlichkeit. Das fällt nicht immer leicht, ich weiß das. Besonders, wenn man unter Streß steht oder einen dämlichen Idioten dran hat.

Nach meiner Erfahrung fragen die meisten Hörer, die anscheinend grundlos anrufen, nur nach dem Lied, das gerade läuft. Meistens ist es ein Lied, das noch ziemlich neu und bei den Hörern noch weitgehend unbekannt ist. Manchmal ist es aber auch ein Klassiker, der schon ewig nicht mehr lief und den einer Deiner Hörer aber schon lange sucht.
Was leider auch sehr oft passiert, sind Erkundigungen nach Gewinnen, die beim Hörer noch nicht angekommen sind. Diese Situation habe ich schon unzählige Male erlebt und meistens genau dann, wenn sie mir zeitlich absolut ungelegen kamen. Als Faustregel gilt: So nett wie möglich bleiben und versuchen, trotz Unkenntnis einen kompetenten Eindruck zu hinterlassen. Der Eindruck, der sich einem Hörer durch das reine Hören des Programms vermittelt, muß auch am Telefon bestehen bleiben.

Was im Hintergrund tatsächlich passiert, wissen die Hörer nicht, und sie müssen es auch nicht wissen. Sie wissen nur das, was sie hören. Melde Dich anständig am Telefon. Kenne die Telefon- und Faxnummer und die vollständige Postadresse Deines Senders. Auch die Postleitzahl. Unwissenheit über solcherlei Grundlagen zeugt von Inkompetenz. Wenn Du während der Sendung keine Zeit für Gespräche hast, schreibe Dir Namen und Telefonnummer des Hörers auf und nenne ihm einen Zeitpunkt, zu dem Du Dich bei ihm melden wirst. Tue es auch.

Vor ein paar Jahren im Januar. Unser Sender hatte Geburtstag. Wir hatten dazu eine Party organisiert. Diese Party ging in einer öffentlichen Discothek, einige namhafte DJs waren auch dabei und legten auf verschiedenen Floors verschiedene Musik auf. Wir hatten diese DJs engagiert und als großes Special verkauft. Am Tag nach der Party hatte ich Frühsendung und mußte entsprechend früh wieder aufstehen. Demnach bin ich nicht lange auf der Party geblieben und gegangen, als sie noch nicht einmal richtig losgegangen war. Zwar habe ich mir hinterher erzählen lassen, was ich alles verpaßt habe, aber ich habe es eben nicht selbst erlebt.
Eine Woche später. Es ist früher Sonntagmorgen, die Stadt schläft noch halb. Ich sitze im Studio und schleppe mich über die Müdigkeit. Plötzlich klingelt das Hörertelefon. Der Anrufer hat Glück, daß ich gerade etwas Luft habe. Er sagt, er wolle sich beschweren. Es ginge um

unsere Geburtstagsfeier und nennt mir den Namen einer der DJs. Ich verstehe nicht, worauf er hinaus will. Er stammelt zusammenhangloses Zeug, das sich (ungelogen!) etwa so anhört:
„Ich wollte mich beschweren wegen dem. Der hat da oben gestanden und irgendwas gelabert von wegen ‚Scheiß Deutsche' und so, und hat alle gedisst. Ich weiß nicht, was das soll. Ich meine, ich habe dafür Eintritt bezahlt, und dann muß ich mir so was anhören..."
Ich unterbreche ihn, weil ich seiner Schilderung nicht folgen kann.
„Moment mal. Jetzt bitte noch mal von vorne."
Er hält kurz inne und wiederholt sich dann: „Wegen dem DJ da. Der hat da oben gestanden auf der Bühne da und hat rumgelabert ‚Scheiß Deutsche' und hat über Deutschland hergezogen und Ausländer und was weiß ich. Und da wollte ich mich beschweren. Ich hab' Eintritt bezahlt dafür und ihr laßt da so was zu, das geht ja wohl nicht!"
Ich habe absolut keine Ahnung, wovon er spricht. Nicht, daß ich sein Anliegen nicht ernstnehmen würde, aber anhand seiner Stimme und seiner Art zu sprechen erkenne ich, daß er entweder besoffen oder bekifft ist. Irgend etwas stimmt jedenfalls nicht. Von der Wirrheit seiner angeblichen Beschwerde ganz zu schweigen. OK, es ist früher Sonntagmorgen, und es kommt vor, daß zu dieser Tageszeit Leute anrufen, die schon seit 24 Stunden wach sind oder sich Gott-weiß-was eingeworfen haben und sich entsprechend anhören. Nur war ich eben nicht auf dieser Party, sie liegt auch schon eine Woche zurück, mir hat auch niemand von solcherlei Eskapaden berichtet, und ich kann mir nicht vorstellen, daß der DJ, um den es hier offenbar geht, sich gegen Deutsche oder Ausländer oder sonstwen aufgelehnt hat. Deshalb entschließe ich mich dazu, den Anrufer elegant abzuwürgen:
„OK, paß auf. Du bist hier in der Live-Sendung gelandet, ich habe im Augenblick wenig Zeit, ich muß auch zugeben, daß ich gerade überhaupt nicht weiß, was du meinst..."
Er will mich unterbrechen und fängt erneut von vorne an.
„Ich wollte mich beschwe..."
„Ja, hattest du ja gesagt. Ich kann dazu jetzt aber nichts sagen, weil ich es selber nicht mitbekommen habe, aber ich kümmere mich darum. Ich bin mir sicher, daß sich da was regeln läßt. Wie war dein Name noch?"
„Holger"
„Holger... Von wo rufst du an?"
„Hanau"

„Holger aus Hanau... Alles klar, Holger. Ich habe das aufgeschrieben und gebe das mal so weiter. Wie gesagt: ich denke schon, daß man da was machen kann, OK?"

Damit ist die Sache erledigt. Sowohl für ihn als auch für mich. Natürlich habe ich mir nichts aufgeschrieben. Weder seinen Namen noch sein angeblich so dringendes Anliegen. Kaum, daß ich den Hörer wieder aufgelegt habe, ist dieser Anruf aus meinem Gedächtnis verschwunden. Ja, klingt böse, ich weiß. Es gibt jeden Tag massenhaft Anrufe von Leuten, die einen an der Waffel haben. Wenn ich hinter jedem herrenne, brauche ich mit der Moderation der Sendung erst gar nicht anzufangen. Hätten sich andere Hörer über denselben DJ beschwert und hätte dieser Holger einen seriösen Eindruck gemacht, wäre das noch etwas anderes gewesen.

Solltest Du den Eindruck gewinnen, daß es sich wirklich um eine ernste Angelegenheit handelt und Dir der Hörer auch handfeste Fakten nennen kann, kannst Du die Programmleitung, Eventabteilung, Chefredaktion oder wen auch immer Du in diesem Falle für geeignet hältst, zumindest auf den Anruf hinweisen. Du selbst bist dann aus der Sache raus, weil Du Dein Versprechen, das Anliegen weiterzuleiten, eingehalten, aber selber nichts mit der Sache zu tun hast. Diese Fälle treten aber nur äußerst selten ein. Es ist ohnehin oft so, daß Hörer anrufen und irgend etwas loswerden oder erfahren wollen, was zwar mit dem Programm zu tun hat, Du selber in dem Moment aber gar nicht weißt, wovon die Rede ist. Sowohl als Moderator als auch als Redakteur kannst Du gar nicht alles wissen, was in diesem Programm stattfindet. Grundsatzregel: Nummer aufschreiben, Anliegen recherchieren, zurückrufen. Der Hörer freut sich: „Ah, mein Problem wird ernstgenommen. Ich werde ernstgenommen. Ich gehe nicht unter. Die kümmern sich um mich, ich bin denen wichtig."

Besonders brisant werden Gespräche mit Hörern dann, wenn sie auf dem Sender stattfinden und eine plötzliche Wende nehmen. Zwar weichen inzwischen viele Sender auf sog. „Off Air-Editing" aus, also auf eine Form der Aufzeichnung eines Anrufers, welche danach geschnitten und dann erst gesendet wird, aber gehen wir davon aus, daß Du bei einem seriösen Sender arbeitest (bei dem noch echtes Radio und kein Retortenradio gemacht wird) und die Hörer live in die Sendung nimmst.

Bevor Du einen Hörer live in die Sendung schaltest, unterhältst Du Dich vorher mit ihm off air. Jeder hat hierfür seine eigene Technik und seine eigenen Tricks. Was mir oft hilft, ist, im Off (also im Vorgespräch off-air) dieselben Fragen zu stellen, die ich On Air dann auch stelle. Dadurch erfahre ich etwas „Nettes" über den Hörer, kann ihm vielleicht eine interessante Geschichte entlocken und nehme ihm die Aufregung. In meiner Anfangszeit bei Unser Ding hatte ich ein Live-Gespräch mit einem Hörer. Es ging um ein Gewinnspiel, man konnte einen Ring Fleischwurst gewinnen (kein Witz!). Man muß dazu sagen, daß Unser Ding das Jugendprogramm des Saarländischen Rundfunks ist. Großer Konkurrenzsender ist Radio Salü. On Air lief zunächst alles ganz normal. Es war ein nettes Gespräch mit einem wortgewandten jungen Kerl, der einen fröhlichen Eindruck machte. Das Rätsel kam, aber die Antwort meines Hörers war falsch, er hatte verloren. On Air gestaltete sich der Dialog mit dem Hörer in etwa so:

„Dirk, war leider nix!"
„Oh, schade. Ich hätte mich so über den Ringel Lyoner gefreut."
„Da gehst du leider leer aus."
„Ja, sehr schade."
„Na ja, wir werden dieses Spiel noch sehr oft spielen, und vielleicht klappt's ja dann."
„Ja, OK. Darf ich noch jemanden grüßen?"
„Klar."
„Super! Dann grüße ich die ganze Salü-Nachtschicht."
„Das ist gut. Ich bin mir auch sicher, daß die alle jetzt auch zuhören, weil die wollen ja auch mal wissen, wie richtiges Radio gemacht wird. Dirk, dank dir fürs Mitspielen, Gruß nach Nalbach!"

Mein Producer kam brüllend vor Lachen ins Studio gerannt. Zugegeben: Es war ein Schock in dem Moment, als dieser Mitspieler plötzlich den Namen unseres Konkurrenz-Senders sagte und sich somit als deren Mitarbeiter (oder zumindest Sympathisant) entpuppte, aber was ich daraufhin sagte, war unüberlegter Reflex. Aber glücklicherweise einer, den zumindest mein Producer lustig fand.

Natürlich ist es riskanter, einen Hörer live auf den Sender zu nehmen. Deshalb verbieten es einige Sender auch. Ich habe es trotzdem immer getan mit der Begründung, wir würden schließlich Radio machen und keine Zeitung. Klar muß man dann auch damit rechnen, daß ein Hörer On Air ausflippt und versucht, die Live-Situation zu mißbrauchen, aber dann sind Deine Qualitäten als Moderator gefragt, so etwas abzufangen. Wenn alle Stricke reißen: Telefon-Regler runter, Gespräch abbrechen. Genau das tat ich nach meinem Schlußsatz dann auch, schließlich sollte dieser Dirk auf keinen Fall noch eine Chance bekommen.

Über das Telefonieren werden ganze Seminare abgehalten, die sich tagelang nur damit beschäftigen, Personal auf korrektes Telefonieren zu schulen. Die Tips, die ich Dir in diesem Kapitel bisher gegeben habe, sollen Dir nur als Einstieg und Erleichterung dienen. Wenn Du Dich beim Telefonieren unsicher fühlst, hole Dir Rat bei erfahrenen Kollegen oder informiere Dich über Weiterbildungsangebote Deines Senders. Ob sie Dir genehmigt werden, ist eine andere Frage, aber es macht in der Chefetage prinzipiell einen guten Eindruck, Lernwillen zu zeigen. Den haben die wenigsten. Eine weitere Chance für Dich, im Meer der Radiointeressierten aufzufallen.

5 Aufgabenbereiche eines Moderators

Mittwoch, mitten in der Nacht, zehn vor vier. Diese Woche habe ich die erste Stunde von „Der Morgen im Saarland“ von fünf bis sechs bei SR 1. Die ARD-Popnacht geht bis fünf, die eigentliche Frühsendung beginnt aber erst um sechs. Die Stunde dazwischen mache ich diese Woche, danach assistiere ich der zweiten Frühsendung, und für heute mittag steht noch eine Vier-Stunden-Sendung bei Unser Ding auf dem Programm. Es wird ein voller Tag. Saarbrücken ist noch ziemlich leer um diese Uhrzeit, und es macht einen Heidenspaß, über die völlig leere Autobahn zu fegen. In meinem Auto dröhnt eine CD mit 80er-Pop, es läuft etwas von den Simple Minds. Meine erste Gesangsübung an diesem Tag. Ich singe mit und versuche, die Lautstärke des Autoradios zu übertreffen. Das SR-Gelände in Saarbrücken liegt etwas abseits des Stadtgebiets auf einem kleinen Berg mitten im Wald. Gleich der allererste Parkplatz vorne an der Ecke ist frei, Pole-Position! Raus aus dem Auto, Tasche geschnappt und die letzten 50 Meter über das Gelände gegangen. Frisch ist es heute morgen. Ich freue mich auf den Tag.

Rein, Treppe hoch, noch eine, nach links, immer weiter, bis rüber in die Redaktion. Niemand da. Erstmal Kaffee kochen. Zwei Gänge weiter dröhnt ein Staubsauger. Doch jemand da. Ja, die Putzfrauen. Und noch weiter hinten höre ich Getippe aus den Räumen der Nachrichtenredaktion. Eigentlich sind es immer Dieselben, die man nachts hier trifft. Ich mache es mir an meinem Platz gemütlich, schalte die Schreibtischlampe, den Computer und die Stereoanlage an. Die BILD-Zeitung stürzt sich auf die Fußball-EM, die FAZ berichtet von der sich anbahnenden Finanzkrise, und die Süddeutsche hat Merkel auf der Titelseite.

Meine Sendung beginnt um fünf Uhr, mir bleibt also eine Stunde Vorbereitung. Jede Sendung hat in der Redaktion eine Art Postfach, in die die Unterlagen für die jeweils nächste Sendung gelegt werden. Außer der Playlist liegt nichts drin. Die Playlist ist die Liste der Lieder, die ich in der Sendung habe und an die ich mich halten muß. Es gibt festgelegte Moderationsplätze, an denen ich etwas sagen darf. Weil für diese

Sendung so gut wie nie etwas vorbereitet ist, suche ich mir selbst etwas zusammen und bediene mich dabei meistens aus dem ARD-Sammelangebot. Dort liegen Beiträge, auf die die gesamte ARD Zugriff hat und die jedes Programm verwenden darf. Großes Thema dieser Tage ist die Fußball-Europameisterschaft. Die Vorrunde ist bereits gelaufen, Deutschland steht im Halbfinale und hat ein Spiel gegen die Türkei vor sich. Der Sieger dieses Spiels würde ins Finale einziehen. Die Begegnung Deutschland - Türkei bringt eine gewisse Brisanz mit sich, über die schon viel gesprochen wurde. Es gibt einen Vorbericht zu diesem Spiel, den ich mir durchhöre und mich entschließe, diesen Beitrag auch zu senden. Damit verbunden ist ein Teasing, ein Hinweis auf das Public Viewing, das SR 1 veranstaltet.
Ein Blick in meine Playlist verrät mir, daß ich gegen 5.20 Uhr einen Moderationsplatz vor einem Lied habe, das 1978 erschienen ist: „Street Life“ von den Crusaders. Es bietet sich hier also eine Musikmoderation an. Ich tippe „1978“ bei Wikipedia ein, um nachzulesen, was in diesem Jahr war. Ich selbst war da noch nicht auf der Welt, erzähle also von Dingen, von denen ich eigentlich nichts weiß. Es ist aber Teil des Moderatorenhandwerks, sich in Themen hineinzuarbeiten, von denen man keine Ahnung hat. Glücklicherweise fällt mir sofort auf, daß auch 1978 ein Fußball-Jahr war. Damals gab es in Argentinien die Weltmeisterschaft. Klare Fragen: Wer hat sie gewonnen? Wie weit kam Deutschland? Diese Fragen müssen in meiner Moderation auf jeden Fall beantwortet werden. Gewonnen hatte sie Argentinien nach einer 3:1-Verlängerung gegen die Niederlande, Deutschland schied in der zweiten Runde aus. Der Spielmodus war damals noch ein anderer als heute. Um nun den Bogen von der Fußball-WM zu den Crusaders hinzubekommen, schaue ich im Wikipedia-Artikel in die Liste der Nummer 1-Hits in Deutschland. Boney M. mit „Rivers of Babylon“ war im Sommer auf Platz 1, der Soundtrack zum Musical „Grease“ kam im Spätsommer auf Platz 1. Beide Titel finde ich im Radiomax, das ist unser Sendesystem, an dem eine Datenbank mit unzähligen digitalisierten Musiktiteln angebunden ist. Ich schneide mir aus diesen zwei Liedern kurze Stücke raus, sog. Hooks, und lege sie mir in meine Sendeplanung. Die Moderation selbst schreibe ich mir stichpunktartig vor. Sie sieht etwa so aus:

- 1978
- keine EM, WM
- Argentinien, auch Weltmeister
- Deutschland in 2. Runde ausgeschieden
- Cordoba
- Österreich, hat beiden Mannschaften nichts gebracht
- Finale: Argentinien 3:1 n. V. gegen NL
- Musik: Boney M., Soundtrack Grease
- Crusaders

On Air werde ich das etwa so rüberbringen:

„Können Sie sich noch an das Jahr 1978 erinnern? In diesem Jahr hatten wir keine EM, dafür aber eine WM, und die fand damals in Argentinien statt. Argentinien ist damals auch Weltmeister geworden. Wir Deutschen sind damals in der 2. Runde ausgeschieden, das war die Sache mit Cordoba, Sie erinnern sich sicherlich. Das war ja letztens wieder im Gespräch, als es um das Spiel gegen Österreich ging. Das war damals auch der Fall. Gebracht hat's nix, weder für Deutschland noch für Österreich, obwohl die uns damals ja besiegt hatten. Aber beide Mannschaften sind damals nicht unter die besten vier gekommen. Argentinien hat dann im Finale, nach Verlängerung, mit 3:1 gegen die Niederlande gewonnen. Und witzige Musik gab's damals. Boney M. war ganz groß 1978 mit ‚Rivers of Babylon', das war diese Nummer hier: [Hook], ganz großes Jahr damals für Boney M., und auch der Soundtrack zum Musical ‚Grease' war damals auch ziemlich angesagt [Hook], das war das Stück hier... Insgesamt gab es ziemlich soulige Musik im Jahr 1978, so auch das hier: [Crusaders] The Crusaders mit ‚Street Life'... Aus dem Jahr 1978, als Deutschland in der zweiten Runde der damaligen Weltmeisterschaft ausgeschieden war."

Und das natürlich so, daß es auf die Ramp paßt, also auf den musikalischen Vorlauf von „Street Life". Natürlich so ausgemessen, daß der Gesang erst einsetzt, wenn ich mit meiner Moderation gerade fertig bin. Dazu muß ich natürlich wissen, wann ich das Lied starten muß, damit ich mit dem Rest meines Textes die Ramp genau treffe. Ich probiere das über die Vorhör-Funktion so lange aus, bis ich die Stelle gefunden habe. Dann schreibe ich mir die letzten beiden Sätze meiner Moderation wörtlich auf und markiere die Stelle, an der ich das Lied starten muß, mit zwei großen Schrägstrichen auf den Buchstaben. Auf meinem Moderations-Skript sieht das etwa so aus:

Insgesamt gab es ziemlich soulige Musik damals//im Jahr 1978, so auch das hier: The Crusaders...

Auf die Musik habe ich als Moderator keinen Einfluß. Das ist einerseits schade, weil ich dadurch auch vieles spielen muß, das mir persönlich gar nicht gefällt, andererseits bin ich aber auch ganz froh, mich darum nicht auch kümmern zu müssen. Eine Anmoderation auf einen Beitrag oder eine solche Musikmoderation wie die zu den Crusaders erfordert schon etwas Einfallsreichtum. Es kommt vor, daß man bis zu 20 Minuten an einer Moderation sitzt, die dann innerhalb von zwei Minuten verfeuert wird. Allerdings ist die Vorbereitung oft der Schlüssel zu einer guten Sendung. Als Kind dachte ich, einem Moderator würde das, was er sagt, spontan einfallen. Das ist Quatsch. In Wirklichkeit hat er vor Beginn seiner Sendung jede einzelne Moderation vorgeschrieben – zumindest im groben. Während der Sendung hat man genug damit zu tun, alles im Blick zu behalten, an alles zu denken und die Sendung sauber zu fahren. Da ist keine Zeit mehr, sich mal eben eine Moderation auszudenken. Nebenbei bemerkt: Man hört einem Moderator auch an, ob er vorbereitet ist oder nicht. Unvorbereitetes Chaos klingt nicht charmant, sondern wirkt unprofessionell. Ein Großteil der Arbeit eines Moderators findet also im Hintergrund statt. In der Redaktion vor dem Computer.

Nach knapp einer Stunde bin ich tatsächlich mit der Vorbereitung der Sendung fertig und schnappe mir alles, was ich für die Sendung brauche: Playlist, Moderations-Skripte, Kugelschreiber, Wasserflasche, Butterbrot. Endlich kann ich loslegen und eine Stunde Vollgas geben! Ich genieße diese Ruhe. Diese unendliche Ruhe. Ich mache mir morgens keinen Streß. Einige meiner Kollegen kommen für diese 5-Uhr-Sendung erst eine Viertelstunde vorher und tragen noch Schlaf in den Augen. Das könnte ich nicht. In „Der Morgen im Saarland"-Wochen ist die Nacht um drei zu Ende. Um vier bin ich im Funk und habe eine Stunde Zeit für die Vorbereitung. Das hat den Vorteil, daß ich mich bereits vor der Sendung mit der Sendung selbst beschäftigt habe und fit bin, wenn die Sendung losgeht, weil ich dann schon seit zwei Stunden auf den Beinen bin.

Im Studiovorraum sitzt noch niemand. Meike kommt erst gegen halb sechs. Sie betreut die Sendung nach mir redaktionell. Sie geht ans Hörertelefon, schreibt Anmoderationen für kurzfristige Beiträge und füllt noch die letzten Sendeplätze. Die Frühsendung hat oft noch Löcher, wenn sie beginnt. Einiges kommt erst, während die Sendung bereits läuft. Das erfordert einen Redakteur im Hintergrund, der sich während der laufenden Sendung um die noch fehlenden Inhalte kümmert.
Ich betrete das Sendestudio. Keiner da. Die Luft ist heiß und verbraucht. Im Hintergrund ist leise Musik zu hören. Die restlichen Fetzen der „ARD-Popnacht", dem Gemeinschaftsprogramm, das nachts immer läuft. Erstmal die Bildschirme einschalten, die Reglersperren herausnehmen, das Mischpult auf die Standard-Konfiguration zurücksetzen und den ganzen Papierkram sortieren. Rechts neben dem Pult bilden sich zwei Stapel. Einer für meine Anmoderationen, eine Anmod pro Seite. Auf dem zweiten Stapel liegt der Rest, also der Wetterbericht und die ganzen Original-Skripte. Die brauche ich so gut wie nie, aber zur Sicherheit nehme ich sie immer mit. Mein Butterbrot, die Wasserflasche und die Zeitungen haben auch ihren festen Platz. Die Playlist und der Kugelschreiber kommen in die Mitte des Tisches zwischen die beiden Mischpulthälften. Jetzt noch eben den Stuhl und das Mikrofon richtig justieren, Kopfhörer abwischen, und das war's. Dann das Allerwichtigste: Fenster auf und frische Luft hereinlassen. Das letzte Lied der Popnacht läuft, bis zu den 5-Uhr-Nachrichten sind es noch zwei Minuten 46. Es kann losgehen.

Ich bin gut drauf heute morgen und freue mich auf die Sendung. Die Nachrichten kommen noch aus dem Nachtprogramm und enden meistens mit der Uhrzeit. Direkt danach werde ich mit den Verkehrsmeldungen beginnen und den Regler des Nachtprogramms runterziehen. Ab dann läuft im Saarland SR 1. Mein Blick wandert nach draußen. Es ist noch dunkel draußen, und die kühle Luft der Nacht zieht zu mir ins Studio. Die einzigen Lichtquellen hier drin sind die drei Bildschirme, die Signalleuchten der CD-Player und die hellgrün leuchtenden Reglerbeschriftungen im Pult. Es sieht ein bißchen aus wie in einem Raumschiff. Nur, daß es im Studio bei weitem die bessere Musik gibt.

Die Nachrichtensprecherin des fremden Programms liest schon den Wetterbericht vor. Ich greife nach dem Kopfhörer. Ein Riesenteil mit ein hammermäßigen Sound. Kaum, daß die Nachrichtensprecherin „Das waren die Nachrichten“ gesagt hat, ziehen mein Daumen und mein Zeigefinger der linken Hand den Regler mit der Beschriftung „MAX1“ ruckartig nach oben. Also keine Uhrzeit in den Nachrichten. Dann muß ich das jetzt machen. Der ARI-Pieps ertönt, direkt danach startet die Hintergrundmusik für die Verkehrsmeldungen. Die werden eingeleitet durch die Stimme auf dem Jingle, die sagt: „SR 1 Europawelle. Der beste Verkehrsservice“. Los geht's!

„Es ist drei Minuten nach fünf, wir haben keine Meldungen zu Verkehrsstörungen, alles frei, aber die Polizei hat, wie immer, Blitzer angekündigt. Die stehen heute auf der...“ Es folgen ein paar Nennungen von Stellen auf Autobahnen sowie die Nennung der Stau- und Blitzer-Hotline. Danach kommt der Show-Opener, den ich aber um diese Uhrzeit ganz bewußt kurz halte und einfach nur sage: „Am Mikrofon: Raphael Gensert“.

Der erste Titel läuft, nach Titel Nummer zwei kommt meine erste Moderation. In der 5-Uhr-Stunde ist das standardmäßig ein ausführlicher Wetterbericht, der allerdings ziemlich moderativ vorgetragen wird. Wenn ich für einen Moment lang versuche, mich in jemanden hineinzuversetzen, der um kurz nach 5 Radio hört, dann komme ich schnell darauf, daß das jemand ist, der vielleicht um 6 oder halb 7 anfängt zu arbeiten und sich gerade erst aus dem Bett geschält hat. Der will eigentlich nur wissen, ob die Welt noch steht und ob es heute warm oder kalt wird, ob es regnet oder schneit und ob er sich auf etwas bestimmtes vorbereiten muß. Wenn ich aufstehe und vor dem Kleiderschrank stehe, will ich vielleicht wissen, ob ich etwas Langes oder Kurzes anziehen sollte oder ob ich nachher den Regenschirm oder Mütze, Schal und Handschuhe mitnehmen muß. Was mich um so eine Uhrzeit ganz bestimmt nicht interessiert, ist irgendwelcher Musik-Business-Müll oder Gequatsche über angebliche Stars und was die bei Facebook oder Twitter gepostet haben. Natürlich läßt sich darüber streiten, ob einen das überhaupt jemals interessiert, unabhängig von der Uhrzeit. Aber morgens um 10 nach 5 interessiert es mich nun wirklich nicht, ob Leona

Lewis auf Tour ist oder mit welchem „Superstar" sie auf einer Party war.

Meine Moderation beginnt mit einer sanften Einleitung, die dann in die eigentliche Information übergeht:

„Gleich 11 Minuten nach 5, schönen guten Morgen, Sie hören SR 1 Europawelle, Der Morgen im Saarland. Also warm ist es ja, das kann man ja gar nicht anders sagen. Auch heute nacht war es relativ mild bei uns. Die Gefahr bei so was besteht ja dann immer in den Gewittern, und genau die können heute auch noch aufziehen. Vor allem im südlichen Saarland. Also so grobe Richtung Völklingen, Saarbrükken, St. Ingbert. Da kann's heute richtig heftig regnen, teilweise sogar auch mit Platzregen. Die Temperaturen steigen auf maximal 26 Grad. Das ist zwar nicht so wahnsinnig viel [an dieser Stelle ziehe ich den nächsten Titel rein: „Tell it to my heart" von Taylor Dane], aber für einen ordentlich schwülen Nachmittag reicht's trotzdem. Morgen gibt's dann mehr Wolken, die Sonne scheint nicht mehr so schön, und es wird auch wieder kühler. Der Donnerstag sieht dagegen etwas besser aus, aber es bleibt im großen und ganzen bei April-Wetter. Sie müssen mit allem rechnen, auch mit uns. Taylor Dane - Tell it to my heart."

Exakt danach fängt Taylor Dane dann auch an zu singen: „I feel the night explode..." Ein passender Ramp-Talk also, ähnlich vorbereitet wie bei den Crusaders. Die Moderation dazu steht ja bereits, die hatte ich vor der Sendung komplett vorgeschrieben und mir die Hooks dazu auch schon geschnitten. Das ist gut, denn das verschafft mir etwas Luft. Während Taylor Dane läuft, schalte ich die Automation ein und verlasse das Studio. Die nächste Blende fährt wieder der Computer. Die hören sich zwar meistens schief an, aber auch ein Moderator muß mal raus.
Zurück im Studio nähert sich die Musikmoderation zu den Crusaders und meinem Dreh auf die aktuelle Fußball-EM. Nach den Crusaders kommt noch ein Lied, und dann ist es auch schon halb sechs. Wieder ein magischer Zeitpunkt, denn auch jetzt werden viele Wecker klingeln, und wer erst um halb sechs aufsteht anstatt um fünf, der hat natürlich die erste halbe Stunde meiner Sendung nicht gehört. Man sollte es also – vor allen Dingen morgens – tunlichst vermeiden, sich in Moderationen auf etwas beziehen, das vor ein paar Minuten war. Die Gefahr, daß

jemand das nicht gehört hat und sich dann unterbewußt ausgegrenzt fühlt, ist groß. Jede Moderation begrüßt neue Hörer.

Um halb steht ein neuer Service-Break an: Wetter, Verkehr, Show-Opener. Den Wetterbericht halte ich etwas kürzer als vor 20 Minuten. Die Kern-Info bleibt natürlich, außerdem gibt's noch ein paar Orts-Temperaturen dazu. Verkehrsmeldungen gibt's auch noch keine. Nur einen Blitzer gibt's schon, den ich nenne und mir den Kommentar: „Guck mal hier, die Polizei schiebt auch die Frühschicht" nicht verkneifen kann. Noch während ich die angekündigten Blitzer vorlese, geht im Vorraum die Tür auf. Meike ist da. Sie winkt mir kurz zu, ich winke ihr zurück und lese weiter vor. Erstes Lied nach dem Show-Opener ist der Choop Choop Song von Cher.

„Morgen!", ruft Meike durch die Gegensprechanlage zu mir ins Studio und zieht ihre Jacke aus.
„Morgen!", rufe ich zurück. Auf großartige Unterhaltungen verzichten wir beide in diesem Moment. Ich lasse sie erstmal ankommen und sich einen Überblick über die Sendung verschaffen. Für Smalltalk ist nachher immer noch Zeit.

Der Rest der Sendung läuft wie am Schnürchen. Es gibt keine großen Ausreißer, weder in die eine noch in die andere Richtung. Draußen wird es langsam hell, und es macht Spaß, die Boxen im Studio bis zum Anschlag aufzudrehen und „Rock me Amadeus" mitzusingen. Meine Ablösung ist rechtzeitig da, nun muß ich von sechs bis neun der zweiten Frühsendung assistieren, bis es um kurz nach neun zwei Stockwerke tiefer zum Jugendprogramm geht. Bis dahin dauert es aber noch ein Weilchen. Als ich gerade das Sendestudio verlasse, kommt mit Udo entgegen. Er ist einer der Nachrichtensprecher und kommt ab und zu mal für ein paar Minuten zu uns rüber.
„Morgen!", ruft er mir zu und prostet mir mit seiner HSV-Kaffeetasse zu.
„Moin", rufe ich zurück. „Na, alles klar?"
„Och jo. Muß ja. Haste das von der Geiselnahme in der Bank mitgekriegt? Das muß ja ganz schön abgegangen sein."
„Ich hab's gestern abend im Fernsehen gesehen. Ist ja aber nix passiert."

„Ja, ja. Hätte ruhig. Ich hätte nichts dagegen, wenn mal wieder was passieren würde. Außer Fußball. Was machen wir eigentlich, wenn die EM vorbei ist?“

„Keine Ahnung. Dann fallen wir alle wieder in ein tiefes Sommerloch und berichten über Sachen, die eigentlich niemanden interessieren.“

Wir unterhalten uns noch einen Moment lang auf dem Gang und leeren dabei unsere Kaffeetassen. Udo schlendert zurück ins Nachrichtenstudio, und ich setze mich wieder an meinen Schreibtisch in der SR 1-Redaktion, um schon meine Sendung bei Unser Ding nachher vorzubereiten. Der Bereich vor dem Sendestudio ist irgendwie ein Ort mit einer besonderen Wirkung. Es gilt das Gesetz: sehen und gesehen werden. Es ist immer gut, sich auch den anderen Programmen und Abteilungen in diesem Hause zu zeigen. Einer meiner früheren Moderations-Trainer sagte mal: „Grüß jeden auf dem Gang. Es könnte ein Hörer sein.“

Wieder zurück in der Redaktion nehme ich mir die Zeitungen vor und durchforste die Meldungen der Nachrichtenagenturen. Vielleicht ist ja etwas Witziges dabei, das sich für eine sog. „bunte Moderation“ eignet. Im Nachrichtenticker sind die einzelnen Meldungen nach Ressorts unterteilt: Wirtschaft, Politik, Kultur, Sport und alles andere, das nicht in diese Kategorien paßt. Sie nennen es „Vermischtes“, zu erkennen an der Abkürzung VM, die über der Meldung steht. Unter „Vermischtes“ fällt alles von Eskapaden von Supermodels über Tankstellenüberfälle bis hin zu Wasserstandsmeldungen von Flüssen. Ich suche nach einer solchen „vermischten“ Meldung in der Hoffnung, eine kleine witzige Moderation daraus drehen zu können. Die Ausbeute ist heute sogar relativ gut. Vier Gags fallen mir ein. Ich schreibe sie auf und werde sie dann bei meiner Unser Ding-Sendung heute mittag in den Show-Openern bringen. Show-Opener sind die Eröffnungs-Jingles einer Sendung nach dem Service-Block (Nachrichten/Wetter/Verkehr). Dann noch eben den ersten Wetterbericht schreiben, ausdrucken und fertig. Dann noch meine Playlist in das Fach der Musikredaktion legen. Auf der Playlist habe ich alle Titel, die ich gespielt habe, abgehakt, alle anderen, zu denen ich nicht mehr gekommen bin, durchgestrichen. Das muß so sein, denn der Computer protokolliert mit, welcher Titel wann gestartet wurde und wie lange er lief. Seine und meine Angaben müssen übereinstimmen, damit die GEMA abgerechnet werden kann. Bei sehr kleinen Sendern wird die GEMA pauschal bezahlt, aber der SR ist dafür zu groß, und die Abrechnung geht sekundenweise. Das ist auch einer der Gründe, weshalb Moderatoren die Playlist nicht mehr verändern dürfen. Fröhliche Moderatoren-Wunschkonzerte sind heute tabu. In den 70ern ging das noch, aber heute nicht mehr.

Mittlerweile ist es kurz nach 9, die zweite Frühsendung ist auch vorbei, und ich begebe mich zwei Stockwerke tiefer zu Unser Ding. Dort beginnt gleich die Programmkonferenz für den Tag. Wir halten diese Konferenz im Stehen ab. Zum einen aus Ermangelung eines geeigneten Besprechungsraums in der erforderlichen Größe, zum anderen deshalb, weil man dann nicht Gefahr läuft, sich festzuquatschen, sondern sich auf das Wesentliche zu konzentrieren. Die Konferenz dauert meistens zwischen zehn und 20 Minuten, sie ist selten länger. Wir halten die Konferenz auf dem Gang in unmittelbarer Nähe der Großraum-Redaktion ab. Kristin macht Layout diese Woche. Von anderen Sendern kenne ich für „Layouter" die Bezeichnung CvD, also Chef vom Dienst. Die Funktion ist jedoch dieselbe: Planung der einzelnen Sendungen. Was kommt wann in welche Sendung, wer kümmert sich darum, wie werden die vorhandenen Leute eingeteilt. Die gesamte Verantwortung des Programms liegt in seinen Händen. Bevor ein Beitrag fertig produziert wird, ist er derjenige, der das Skript gegenlesen und nötigenfalls korrigieren muß. Eine solche Person muß über das Programm bestens Bescheid wissen und ein Gefühl für Themen und deren Positionierung im Programm haben. Er sollte mal moderiert und mal Nachrichten gemacht und möglichst viele Stationen in einem Radiosender durchlaufen haben, um solch einen Job machen zu können. Sollte. Ob das in der Praxis auch immer so ist, ist freilich eine andere Frage.
Wir stellen uns im Halbkreis auf, und Steffi beginnt mit der Vorstellung der Themen, die sie heute morgen in den Nachrichten hatte. Alle Sendungen werden der Reihe nach abgeklappert, und weil der Tag mit dem „Neuanfang", der Frühsendung bei Unser Ding, beginnt, sind Tim und Annika die ersten, die die Inhalte ihrer Sendung vortragen. Ich höre interessiert zu, denn ich habe von dieser Sendung ja nichts mitbekommen. Tim liest von seinem Themenblatt ab:

„Wir hatten heute morgen einen kleinen Backseller von Sascha, der war gestern abend beim Tote Hosen-Konzert, war wohl ganz nett, jedenfalls hörte sich das so an, dann einmal das Bobbelsche [Name der Radio-Comedy, die zur Zeit bei uns läuft], dann ein Interview mit einem Dr. Seibel von der Uniklinik Homburg, das ist einer dieser Psychologen die meinen, man müßte die Anfangszeit der Schule von acht auf neun Uhr verlegen, weil man sich dann angeblich besser konzentrieren kann, dann hatten wir einen Gag zu PISA, das war das mit Angela Merkel und den Unis, dann einen CD-Check zum neuen Album von Eminem von Sven-Dominik und einen Beitrag zum Thema Tagebuch: Warum man Tagebuch schreibt."

Die Vorstellung der Themen wird bei Unser Ding immer so kurz gehalten. Bei Antenne Bayern dauerte es beinahe eine Stunde, bis die Frühsendung durch war und manchmal bis zur Mittagspause, bis die ganze Konferenz erledigt war. Da gefällt mir die Unser Ding-Konferenz wesentlich besser. Schließlich betrifft den Einzelnen nur einen Teil dessen, was in so einer Konferenz besprochen wird.

Nachdem nun auch die anderen Sendungen von ihren Inhalten erzählt haben, fängt der unangenehmste Teil der Konferenz an: Themenvorschläge. Jeder, der meint, auf ein interessantes Thema gestoßen zu sein, hat nun die Gelegenheit, es vorzustellen. Mit etwas Glück und Geschick wird es im Programm auch umgesetzt. Themen zu suchen, zählt nicht gerade zu meinen Stärken. Deshalb schlage ich ausgesprochen selten Themen vor. Zum einen liegt das daran, daß ich mich nachts um vier erstmal um meine eigene Sendung kümmere und keine Zeit habe, nach Themen zu suchen, und außerdem werden die Themen, die ich für interessant halte, sowieso meistens abgelehnt. Wenn sich unsere Politiker über das Zuwanderungsgesetz streiten oder die Lokomotivführer wieder mal streiken, dann halte ich das schon für ein Thema. Die Programmleitung beharrt allerdings auf dem Standpunkt, die Jugend (und damit unsere Zielgruppe) interessiere sich nicht für Politik, sondern ausschließlich für Musiker-Gossip und irgendeinen Unsinn, den jemand bei Facebook postet. Folglich werden politische Themen in Jugendprogrammen oft etwas stiefmütterlich behandelt; die Priorität liegt auf Spaß-Themen. Man muß das akzeptieren, aber man muß nicht gut finden, daß das so ist.

So langsam knurrt mir der Magen. Seit sechseinhalb Stunden bin ich nun auf den Beinen. Mittagszeit. Um halb zehn vormittags. Die Musikredaktion und die Onliner berichten kurz von Neuigkeiten aus ihren Zuständigkeitsbereichen, danach verschwinden alle hinter ihren Monitoren und machen sich an die Arbeit. Das erste, was ich jetzt tun muß, ist den „Höhenflug" vorzubereiten, meine Sendung, die um Viertel vor 12 anfängt. Die Sendungen bei Unser Ding fangen immer um 45 an. Das soll so sein, damit sichergestellt ist, daß zur vollen Stunde, wenn bei anderen Sendern Nachrichten laufen, bei uns Musik kommt. Natürlich haben wir auch Nachrichten, nämlich um 45, wenn wiederum bei den anderen Musik läuft. Aber es gibt eben Vorgaben, auf die man als Moderator keinen Einfluß hat, die man am besten auch nicht hinterfragt, sondern sie einfach so hinnimmt. Zugegeben: Mir fällt das nicht immer leicht, aber man tut sich selbst einen Gefallen damit, es zu nehmen, wie es ist.

Karsten ist mein Producer für den „Höhenflug". Wir teilen uns die Arbeit auf. Er kümmert sich um die Musikmoderationen, ich mich um die Anmoderationen für die Beiträge. Es wiederholt sich in etwa die Arbeit, die ich heute morgen zwischen 4 und 5 schon bei SR 1 gemacht habe. Lediglich die Themen sind etwas anders und die Herangehensweise. Bei Unser Ding sind die Hörer jünger und befinden sich in einer anderen Lebenssituation als die Hörer von SR 1. Die wiederum sind mehrheitlich erwachsen, berufstätig, haben vielleicht Familie, fahren Auto und hören auch gerne mal Musik, die schon 20, 30 Jahre alt ist. Wer 19 und in der Ausbildung ist oder vielleicht erst 15 ist und noch zur Schule geht, hat andere Ansprüche an ein Radioprogramm. Mein Job als Moderator ist es, beide Zielgruppen zu bedienen, und zwar so, daß sie sich gut aufgehoben fühlen. Als jemand, der Ende 20, Anfang 30 ist, hätte ich ein Glaubwürdigkeitsproblem, wenn ich bei einem Sender moderieren würde, dessen Hörer im Rentenalter sind. Man merkt, ob ein Moderator echt ist oder sich verstellt. Ich kann selbst nicht genau sagen, wie und woran man das merkt, aber es ist wirklich so. Wer mit 40 noch beim Jugendsender arbeitet und sich allen Ernstes den Schülern oder Azubis anbiedern will, fliegt auf. Wer mit Anfang 20 den alten Omas erzählen will, wie toll der Tanztee gestern war, auch.

Unser Ding ist ein Sender, ein bißchen aus dem Rahmen fällt, weil die Moderatoren hier auch sehr viel redaktionelle Arbeit machen. Bei den meisten anderen Sendern sind Moderation und Redaktion strikt voneinander getrennt, so daß ein Moderator fast nie Beiträge schreibt oder Interviews führt. Auch das kann Vor- und Nachteile haben. Der Vorteil von strikter Trennung ist sicherlich, daß man sich nicht darum kümmern muß und diese Sachen denjenigen überlassen kann, denen das Spaß macht. Der Nachteil der Trennung ist das geringe Mitspracherecht die eigene Sendung betreffend. Außerdem ist noch lange nicht gesagt, daß eine Sendung, wenn ein anderer sie vorbereitet, gut wird. Als Moderator überlege ich mir manchmal Drehs und habe Einfälle, die dann nicht zu dem passen, was mir von der Redaktion vorgegeben wird. Es passiert auch immer mal wieder, daß man schlechtes Material geliefert bekommt, weil der Beitrag einfach nicht gelungen ist und dummerweise aber abgenickt wurde. Eine Ideallösung gibt es wahrscheinlich nicht. Der eine Sender macht es so, der andere so.

Karsten ist gerade bei Kristin und bespricht unsere Themen für die Sendung nachher. Eigentlich würde ich mich jetzt gern ein bißchen ausruhen. Die anderen sind wahrscheinlich erst vor einer Stunde aufgestanden und fangen erst an zu arbeiten. Es ist sehr anstrengend, in „Der Morgen im Saarland"-Wochen bis vier Uhr nachmittags zu arbeiten. Zwölf Stunden am Stück, das kann schon mal vorkommen. Außerdem bin ich leider jemand, der schlecht Nein sagen kann. Da passiert es manchmal, daß ich genausolange da bin wie alle anderen, obwohl mein Arbeitstag vier Stunden früher anfängt. Man kann das mal machen, ja. Da habe ich auch nichts dagegen. Allerdings kann das auch schnell zur Regel werden, zur Normalität, und viele andere können das nicht nachvollziehen. Andererseits freue ich mich natürlich auch, für zwei Programme arbeiten zu können. Es hat eben alles seine Licht- und Schattenseiten, aber ich bin in Wochen wie diesen schon froh, wenn ich nach zwölf Stunden Arbeit am Stück dann auch mal nach Hause komme und meine Ruhe habe.

Karsten kommt mit einem Stapel Papier zurück. Er erzählt mir etwas von einer neuen Studie über Lärmbelästigung in Klassenräumen. Ein Team von Geräuschexperten hat angeblich herausgefunden, daß viele Schulen nicht ausreichend schallisoliert sind und zuviel Lärm von draußen hereinlassen. Anscheinend ist das einer der Hauptgründe für die schlechten Leistungen der deutschen Schüler.

Das nächste Thema kriegen wir von der Nachmittagssendung. Den Beitrag, um den es geht, haben sie gestern schon produziert, können ihn heute aber nicht senden, weil sie „voll" sind und keinen Platz mehr dafür haben. Kein Thema, das auf den Nägeln brennt, aber morgen sollte es spätestens laufen, sonst ist es zu alt.
Das „Bobbelsche" ist sowieso „Standard", also ein Element, das in jeder Sendung vorkommt und lange vorher produziert worden ist. Es fehlen also noch zwei Beitragsplätze, die gefüllt werden müssen. Erfahrungsgemäß dauert es länger, nach geeigneten Themen und deren Umsetzung zu suchen, als ein bereits festes Thema umzusetzen. Deshalb setze ich mich als erstes an die Lärmexperten und versuche, sie für ein Interview zu bekommen. Karsten wühlt in einem Haufen Agenturmeldungen und Zeitungen nach Ideen, mit denen man die anderen beiden Beitragsplätze füllen kann. Das ist oft Glückssache. Es gibt Zeiten, da kann man sich vor Themen gar nicht retten, und dann gibt es wieder Phasen, in denen es wochenlang ruhig ist und man wirklich Probleme hat, geeignete Themen zu finden und die Sendung voll zu kriegen.

Inzwischen ist die Redaktion voller Leute. Alle reden durcheinander, nebeneinander, untereinander, übereinander, und manche sogar miteinander. Aus der Ecke der Nachmittagssendung dröhnt fürchterliche R'n'B-Musik, die Sounddesigner beraten über neue Jingles, deren Klänge ebenfalls den Raum ausfüllen. Direkt neben mir steht eine Stereoanlage, die eigentlich für kurze Einspielungen in die Sound-Datenbank vorgesehen ist. Aus den Lautsprechern trällert ein Stück von Abba. Hier in diesem Teil der Redaktion sitzen diese Woche fast nur alte Säkke über 20. „Boa, wat is det denn? Is det Abba?" Begeistert dreht sich Bernd auf seinem Stuhl in Richtung der Musikanlage. „Is det wieder SWR1?" Sein Berliner Dialekt klingt hier in der Gegend schon sehr exotisch. „Ick mach det mal lauter, wenn keiner wat dajegen hat." Fragend schaut er in die Runde und dreht am Verstärker. Abba ist jetzt beinahe so laut wie der restliche Krach. Nur Vanessa meckert herum. „Könnt Ihr diesen altmodischen Kram mal ausmachen?" Eine 18jährige kann damit nichts anfangen, da machen sich drei, vier Jahre Altersunterschied schon bemerkbar. Keine Chance. Abba singen weiter, und ich hänge mich ans Telefon. In der Agenturmeldung über die Klassenräume stehen Name und Ort des Instituts, welches die Studie veröffentlicht hat. Es dauert ein Weilchen, bis ich den Projektleiter am Tele-

fon habe. Im Moment geht es gerade gar nicht, teilt er mir hastig mit. Aber wenn ich so in einer Stunde noch einmal anrufen würde...
Klar doch.

Erstmal rausgehen. Ich muß mal durchatmen. Viel machen kann ich jetzt sowieso nicht. Alexander steht draußen auf dem Gang.

„Raphi!"
Alexander ist einer, der viel weiß und vor dem ich großen Respekt habe. Ich staune oft über sein breites Wissen.
„Was gibt's?"
„Kaffee?"
Es wäre bestimmt schon der siebte ohne etwas im Bauch. Abgesehen von meinem Käsebrot, aber das liegt jetzt auch schon drei Stunden zurück. Ich sollte keinen Kaffee mehr trinken.
„Klar."
Während wir durch die Gänge ziehen, erzählt er mir von seinen Erlebnissen am Vorabend. Es muß ziemlich abgegangen sein gestern. Er hat immer noch einen Schädel und berichtet von drei Leuten, von einem Film, einer langen Nacht und vier Flaschen Wein. Die anderen Getränke hat er in seiner Beschreibung bewußt ausgelassen. Jedenfalls vermute ich das.
An der Küchenzeile, die auf dem Gang ist, ist um diese Zeit viel los. Hier stehen zwei Kaffeemaschinen, an denen sich so ziemlich jeder bedient, der hier in der Nähe seinen Arbeitsplatz hat. Diese Küchenzeile ist ein Ort der Begegnungen und des Smalltalks. Alexander stellt seine Tasse auf das Gitter und drückt die Start-Taste. Mit sonorem Brummen läßt die Maschine die braune Flüssigkeit in die Tasse plätschern.
„Was geht denn bei dir am Wochenende? Bist du hier?", frage ich. „Ich bin daheim in Mannheim. Ein Kumpel von mir hat Geburtstag, da gehe ich hin."
Schade. Mir wäre mal wieder nach einem Abend, wie er ihn anscheinend gestern abend erlebt hatte.

Auf dem Weg zurück zur Redaktion treffen wir noch Christoph und Sandra, ein paar Schritte weiter auch Vanessa, Bernd und Karsten.

„Ich habe noch was gefunden", sagt Karsten im Vorbeigehen. „Erzähl' ich dir gleich." Super! Dann fehlt uns nur noch ein Thema, und wir sind voll. Alexander und ich unterhalten uns noch einen Moment lang über Kleinigkeiten, als Steffi auf mich zukommt, die Redakteurin der Frühnachrichten. Sie hat noch Dienst bis 11, also bis kurz vor Beginn meiner Sendung.
„Raphael, kannst du mir kurz was einsprechen? Liegt im Drucker."
Mit der Kaffeetasse in der Hand ziehe ich das Papier aus dem Ablagefach. Ein Aufsager für die Nachrichten. In unseren Nachrichten kommen immer Stimmen von Korrespondenten vor. Wenn es keinen Korrespondenten gibt, spricht jemand aus der Redaktion die Meldung. Es klingt lebendiger, als wenn die Nachrichten komplett vom Sprecher vorgelesen werden. Der Text, den ich gleich einsprechen werde, habe ich zwar nicht geschrieben und damit überhaupt nichts zu tun, aber es wird sich so anhören, als hätte ich Ahnung von dem Thema.
Die Nachrichten stehen kurz bevor, es sind noch knapp zehn Minuten. Mit dem Papier in der einen und der Tasse in der anderen Hand gehe ich nach nebenan ins Produktionsstudio. Es sieht aus wie unser reguläres Sendestudio und ist genau so aufgebaut. Für den Fall, daß das normale Studio aus irgendeinem Grund ausfällt, kann man ins Produktionsstudio ausweichen. Damit man sich dann nicht umgewöhnen muß sondern genau so weitermachen kann, als sei man im „richtigen" Studio, sieht auch alles genau so aus. Wir nutzen dieses Studio aber auch für Vorproduktionen aller Art und deshalb auch zum Einsprechen.

In Steffis Text geht um den Fund einer Kinderleiche. Wer diesen Aufsager von mir hört, kann sich nur schwer vorstellen, daß ich heute in meiner Sendung nachher zu Jennifer Lopez stöhnen und anzügliche Witze machen werde. Nicht, daß ich jetzt auf die Tränendrüse drücken würde, aber zu solch einer Meldung gehört eine gewisse Distanz, die sich allein über die Stimme vermitteln muß. Sprache und Stimme halte ich für einen ganz entscheidenden Teil meiner Arbeit. Es ist nicht einfach damit getan, Sprüche zu klopfen. Die Stimmung, die Atmosphäre kommt nur durch die Art der Aussprache raus. Eine gute Stimme ist eine Gabe Gottes. Nicht jede Stimme klingt harmonisch, klingt „rund". In den 80ern war die Stimme ein entscheidendes Einstellungsmerkmal eines Moderators. Inzwischen liegen die Schwerpunkte auf anderen Qualitäten. Dies führt dazu, daß immer mehr Leute im Radio zu hören sind, die keine gute Stimme haben und einfach nicht sprechen können. Sprechen natürlich nicht im Sinne von nicht-stumm-sein, sondern im Sinne von deutlich, dialektfrei und wortgewandt sein. Durch richtigen Einsatz der eigenen Stimme kann man seine Hörer zu einem bestimmten Verhalten bringen. Ja, das geht tatsächlich. Man kann sie zumindest in eine Richtung lenken, denn Stimme hat einen unglaublich großen Einfluß auf unser Unterbewußtsein. Eine gute Stimme zu haben, ist eine Sache. Sie aber zu behalten und zu trainieren, eine andere. Einige meiner Kollegen vernachlässigen dieses Training, weil sie es als Last betrachten. Die üblichen Zungen- und Stimmtrainings empfinde ich auch lästig, deshalb mache ich sie auch nie. In Seminaren und Kursen für Sprachtraining kommt man aber fast immer mit den üblichen Lautbildungsübungen in Berührung:

Ba ba buh
Ba ba baaaah
La la leeee
Pa pa pa piii (und dabei die Lippen ganz breit ziehen)
Sssss-t-t-t-t-p-p-p-p-ph

Nicht nur, daß sich diese Übungen ausgesprochen albern und peinlich anhören. Ich bin sogar der Meinung, daß sie absolut nichts bringen. Alle Sprecherzieher werden mich dafür hassen, aber es ist einfach meine persönliche Überzeugung.

Um meine Stimme zu trainieren, führe ich viele Selbstgespräche (natürlich nur, wenn ich allein bin) und singe gern. Alle Musikrichtungen quer durch. Von vielen Stücken habe ich mir mit der Zeit die Texte eingeprägt. Am besten singt es sich im Auto. Meistens ist niemand da, der es hören kann, und im Auto kann ich wenigstens aufdrehen, ohne daß die Nachbarn durchdrehen. Ich bilde mir zumindest ein, meine Stimme damit zu trainieren. Der Wechsel zwischen hoch und tief, laut und leise, schnell und langsam, angestrengt und seicht sorgt einfach für Flexibilität in der Stimme. Einen Ton zu treffen und ihn zu halten, ist gar nicht so einfach, wie man meinen könnte. Außerdem sorgt Singen für musisches Taktgefühl, und das wiederum brauche ich für meinen Job.

Ich brauche nicht lang, der Text ist recht kurz. Einsprechen, freischneiden, abspeichern, fertig. Wieder zurück in der Redaktion lege ich Steffi das Blatt wieder hin. „Der Aufsager liegt drin."
In der Redaktion sitzt bereits Karsten und hält den Telefonhörer in der Hand.
„Ich hab's dir auf den Tisch gelegt." Inzwischen ist es hier drin wieder etwas ruhiger geworden. Jedenfalls ruhig genug, um einigermaßen konzentriert arbeiten zu können.
Bei Karstens Themenvorschlag geht es ums Schlafwandeln. Bevor ich mich aber darum kümmere, rufe ich erstmal den Lärmexperten an und mache mit ihm einen Interviewtermin aus. Ich habe Glück. In einer halben Stunde können wir ihn anrufen. Meistens dauert es ewig, die richtige Person überhaupt ans Telefon zu kriegen. Bei Unser Ding wird meistens sehr kurzfristig geplant. Die meisten Interviewpartner sind dann ziemlich geschockt, wenn wir noch am selben Tag das Interview führen wollen und erbitten sich noch ein paar Tage Zeit aus. Bei anderen Sendern funktioniert das auch, aber nicht bei uns. Letztlich ist es auch egal, ob die Interviewpartner sauer auf uns sind und sich von uns überrannt fühlen. Mir geht es um meine Sendung, und daß sie voll wird. Ob dem Interviewpartner das gefällt oder nicht, ist mir egal. Wenn derjenige ins Radio will (und das will er, schließlich will er ja etwas verkaufen, und sei es eine Studie), dann muß er sich nach uns richten – ob es ihm paßt oder nicht. Da ist ein bißchen Geschick fragt, die Leute so zu instruieren, daß sie das tun, was wir von ihnen wollen. Aber ich kann sagen: Das läuft alles ausgesprochen human und fair ab. Das Bild des hinterhältigen Sensations-Journalisten, der auf eine spektakuläre Story wittert und mit Fotoapparat und Mikrofon hinter Büschen lauert, hat mit der Wirklichkeit nichts zu tun. Mag sein, daß bestimmte Boulevard-Zeitschriften solche Leute beschäftigen, aber Radio-Journalisten arbeiten völlig anders. In Redaktionen von Unterhaltungsprogrammen werden in de Regel auch keine Themen generiert, sondern lediglich bestehende Themen umgesetzt. Trotzdem gehört manchmal ein Griff in die Trickkiste dazu, um einen potentiellen Interviewpartner dazu zu bekommen, uns jetzt sofort und auf der Stelle ein Interview zu geben. Es gibt da verschiedene Techniken, sich Verständnis zu verschaffen. Die erste und wichtigste ist, möglichst schnell die momentane Gefühlslage des anderen herauszuhören und sich auf gleicher Ebene mit ihm zu unterhalten. Was immer gut zieht, ist der Satz „Wir wollen Sie auch gar

nicht lange aufhalten. Fünf Minuten, dann ist das erledigt." Nicht lokker lassen.
In diesem Fall geht es aber recht schnell, und ich kann das Interview sogar selbst führen.

Karstens Themenvorschlag mit dem Schlafwandler gefällt mir nicht. Er findet das Thema interessant. Ich auch, aber die meisten Schlafwandler sind aber eine ganze Ecke älter oder jünger als unsere Hörer. Außerdem finde ich das Thema für eine Sendung, die grob zwischen 12 Uhr mittags und 4 Uhr nachmittags läuft, für unpassend. Morgens würde das besser passen. Wir besprechen uns kurz, und Karsten sichert mir zu, sich Gedanken darüber zu machen. Vielleicht fällt ihm ein „Dreh" ein, der das Thema rettet. Ein Sketch zum Beispiel. Es muß ja nicht immer eine nüchterne Berichterstattung sein.

Ich drehe mich wieder meinem Computer zu und schreibe Fragen auf, die mir spontan zu der Sache mit der Lärmbelästigung einfallen. Name und Telefonnummer des Experten draufschreiben, ausdrucken. Rüber ins Studio, Interview führen. Die Aufnahme läuft, und der Experte antwortet sogar recht gut auf meine Fragen. Er stottert ein bißchen und spricht nicht flüssig, aber so sind Experten meistens. Nach und nach taut er auf und redet zum Schluß wie ein Wasserfall. Einerseits ist das gut, weil er viel erzählt. Andererseits bedeutet das für mich viel Schneidearbeit. Außerdem verrennt er sich in Fachausdrücken, die ich so nicht stehenlassen kann, weil sie niemand versteht. Meiner Bitte, sich möglichst umgangssprachlich auszudrücken, kommt er nach einigen Anläufen aber nach. Nach etwa einer Viertelstunde ist das Interview im Kasten.
Drüben in der Redaktion setze ich mich sofort ans Schneiden. Meine Einstiegsfrage kommt raus, die stelle ich live. Den Rest schneide ich so zusammen, daß hinterher knapp zwei Minuten Frage-Antwortspiel herauskommen. Das Blatt mit seinem Namen und den Fragen und die Agenturmeldung hefte ich zusammen und nehme sie nachher mit ins Studio.

Inzwischen ist es kurz nach elf. Bevor in einer guten halben Stunde die nächste Sendung losgeht, lege ich eine kurze Pause ein.

„Braucht jemand was aus der Kantine?“, frage ich in die Runde.
„Oh, super“, meint Steffi, „kannst du mir einen Fleischkäsweck mitbringen?“
„Klar. Noch jemand was?“
Alexander und Vanessa wollen mitkommen. Ich habe zwar keine Zeit, mich hinzusetzen, und es wäre auch noch zu früh für Mittagessen. Jedenfalls aus Sicht der Kantine. Ich selbst hätte jetzt nichts gegen etwas Deftiges, aber dafür ist keine Zeit.

Die Kantine ist nur ein Gebäude weiter. Das Gelände des Saarländischen Rundfunks ist überschaubar. Verglichen mit dem SWR in Baden-Baden oder dem hr in Frankfurt sind die Wege kurz. Man ist nach wenigen Schritten schon da. Ein bißchen frische Luft ist aber trotz aller Bequemlichkeit ganz gut. Immerhin war ich seit heute nacht um drei nicht mehr draußen.
Um diese Zeit ist in der Kantine noch nicht viel los. Der große Ansturm kommt zwischen 12 und 1. An der Selbstbedienungstheke liegen noch belegte Brötchen und Kuchenstückchen aus. Ich greife nach einem belegten Baguette und einem Stück Bienenstich und lasse mir nebenan den Fleischkäsweck zusammenbauen. Ich würde das nicht gerade als lokale kulinarische Spezialität bezeichnen, aber in anderen Sender-Kantinen gab es das nicht. Dafür gibt’s hier ab und zu auch „Dibbelabbes“, „Gefillde“ oder „Lyoner-Pfanne“, was außerhalb des Saarlandes die wenigsten kennen dürften (was aber ganz ausgezeichnet schmeckt, kann ich empfehlen!). Vanessa und Alexander suchen sich ebenfalls etwas von der Brötchentheke aus. Dieser Job und seine unregelmäßigen Arbeitszeiten machen auch unregelmäßige Mahlzeiten erforderlich. Der Klassiker, daß es um 12 Uhr mittags Essen gibt, gilt hier nicht. Hier muß man essen, wenn es sich zeitlich einrichten läßt. Ob das gesund ist, ist eine andere Frage, aber niemand hat behauptet, daß die Arbeit beim Radio gesund ist. Wirklich schädlich aber auch nicht, zumindest kann ich nach 17 Jahren Radio keine Schäden an mir feststellen. Jedenfalls keine, die auf unregelmäßige Mahlzeiten zurückzuführen wären.

Es ist schade, daß hier noch so wenig los ist. Am liebsten komme ich hierher, wenn es brechend voll ist. Manchmal sieht man mehr oder weniger bekannte Leute. Dieter-Thomas Heck war schon mal hier und eine handvoll Landespolitiker. Beim SWR habe ich mal Frank Elstner in der Kantine getroffen, beim hr liefen mir schon die Jungs von Badesalz über den Weg. Das passiert schon mal, wenn ein „Promi" für einen Interviewtermin oder Fernsehauftritt ins Funkhaus kommt. Und das Schöne ist: Ob bekannt oder nicht, ob hohes Tier oder kleiner Fisch, hier drin sind sie alle gleich. Die Kantine ist ein neutraler Ort. Weder gibt es Sondersitzplätze für die Besseressenden, noch gibt es Oberklassen-Essen. Hier sind sie alle gleich. Ein Ministerpräsident bekommt hier dasselbe Essen wie ein Praktikant, sitzt auf denselben Holzstühlen und benutzt dasselbe Geschirr. Es ist ein neutraler Ort, an dem Unterschiede im Einkommen, der sozialen oder betrieblichen Stellung oder des Autos, das jemand fährt, nicht vorhanden sind. Auch aus diesem Grunde gehe ich ausgesprochen gern in die Kantine – wenn ich denn die Zeit dazu habe. Ums Kochen brauche ich mich dann nicht zu kümmern, das Essen hier ist wirklich in Ordnung, man kommt mal raus, sieht andere und unterhält sich mal über ganz alltägliche Dinge. Davon abgesehen ist es eine gute Möglichkeit, den Arbeitstag abzuschließen und soziale Kontakte herzustellen. Auch wichtig in diesem Beruf, denn viel Zeit für das Privatleben bleibt oft nicht.

Nach ein paar Minuten machen wir uns wieder auf den Rückweg und sind schon kurz darauf zurück in der Redaktion. Die letzten Handgriffe für die Sendung sind schnell erledigt, und ich freue mich, gleich wieder vier Stunden lang im Studio sitzen und Sendung machen zu dürfen.

Vier Stunden später ist es geschafft, und trotz allem Spaß an meiner Arbeit merke ich nun doch die zwölf Stunden, die größtenteils recht anstrengend und konzentrationserfordernd waren. Normalerweise macht man eine Sendung mit Vorbereitung und kommt damit etwa auf acht Stunden Arbeit. So unregelmäßig wie die Mahlzeiten, so können auch die Arbeitszeiten sein. Ebenso ist es möglich, daß ich nächsten Monat eine Woche lang gar nicht eingeteilt bin und in dieser Woche deshalb auch keine Einnahmen haben werde. So relativieren sich vermeintlicher Reichtum und lange Arbeitstage auch ganz schnell wieder.

Ich drücke mich durch den Feierabendverkehr und bin froh, als ich zu Hause ankomme.

Jetzt noch einkaufen, kochen und das machen, was man „Pflege sozialer Kontakte“ nennt. Auf meinem Couchtisch liegen die „Gala“, das ADAC-Magazin, die „LandIdee“ und das „Bild der Wissenschaft“. Das rotiert auch mal. So, wie ich grob geschätzt 10-20 verschiedene Radiosender höre, lese ich auch 10-20 (na ja, nicht ganz, eher 10) verschiedene Zeitschriften in unregelmäßigen Abständen.
Ich entscheide mich für die „Gala“. Bitte nichts Anspruchsvolles mehr. Und auch bitte kein Radio mehr hören. Nach einem ganzen Tag, der nur von Radio geprägt war, bin ich dann auch mal ganz froh, kein Radio mehr hören zu müssen, sondern einfach mal abschalten und mich mit etwas völlig anderem beschäftigen zu können.
Heute ist nicht mehr viel drin. Nachher fahre ich vielleicht noch mal kurz zu meinem Freund und Kollegen Jochen, spätestens um acht lasse ich die Rolläden herunter und gehe ins Bett. Um drei ist die Nacht vorbei.
Dann geht's wieder los mit Anmoderationen und Gags schreiben, laute Musik hören, mitsingen und zu Jennifer Lopez stöhnen. Ich freue mich auf morgen.

Beim Radio zu arbeiten, bedeutet nicht nur, im Studio zu sitzen und Witze zu reißen. Natürlich bildet das einen Teil der Arbeit, aber es ist eben nicht alles. Das meiste geschieht im Hintergrund. Für die Hörer ist der Moderator nur so lange „da“, wie sie ihn im Radio hören können. Was davor und danach passiert, wissen die wenigsten. Auch gehen die Vorstellungen darüber, was während der Sendung im Studio passiert, auseinander. Bei Gesprächen mit ehemaligen Schulkollegen, Verwandten und Freunden von mir habe ich festgestellt, daß die meisten sehr erstaunt sind, wenn sie erfahren, daß sich der Moderator die Musik nicht selbst aussuchen kann. Und daß die Musik nicht von Plattenspieler oder CD-Player kommt, sondern aus dem Computer, ist gerade für die Älteren geradezu gespenstisch. Und mit gängigen MP3-Abspiel-Programmen haben diese Systeme auch nichts zu tun, was auch kaum jemand weiß.
Natürlich handhabt jeder Sender die Beschäftigung seiner Moderatoren anders. Bei SR 1 und Unser Ding ist ein Moderator nicht nur zur Sendung anwesend, sondern bereits lange vor und nach der Sendung. Hier arbeitet ein Moderator auch redaktionell für „seine“ Sendung. Bei An-

tenne Bayern hingegen erschienen die Moderatoren wirklich nur zur Sendung und gingen danach wieder. Jedenfalls war das so, als ich da war. Wenn Du ein richtig guter Moderator werden willst, solltest Du auch redaktionell und journalistisch arbeiten können. Je mehr ein Moderator kann, je vielseitiger er einsetzbar ist, desto wertvoller ist er für den Sender. Das bedeutet nicht nur, daß er sich um organisatorische Dinge kümmert, Interviews organisiert und Beiträge produziert. Mir hat es immer großen Spaß gemacht, wenn es um Gags und Sketche ging. Das läßt sich aber nicht in jedem Sender umsetzen. Gerade die kleineren Sender haben oft nicht die Leute oder die Technik, um so was stemmen zu können.

Ich kann mich erinnern, als Dieter Bohlen Geburtstag hatte. Damals war ich noch bei DASDING und habe zusammen mit Anna die „Startzeit", die Frühsendung, moderiert. Uns fehlte noch ein Beitragsplatz, und wir kamen auf die Idee, für Dieter Bohlen ein Ständchen auf sein eigenes Lied zu singen. Anna gefiel diese Idee und bat mich, einen Text zu schreiben. Und das, obwohl ich im Songwriting eine 6 verdient hätte. Damals gab es noch kein DSDS und diese ganzen Casting-Sendungen, an denen Dieter Bohlen seit Jahren mitwirkt. Der Skandal um die Prügelattacke auf Verona Feldbusch war zu der Zeit noch einigermaßen aktuell. Deshalb bezog sich der Text auch ein wenig darauf, um Aktualität und Bezug zur Gegenwart herzustellen. Den ganzen Nachmittag haben Anna und ich daran gesessen und uns immer wieder „Brother Louie" in der Originalversion angehört und dazu einen etwas fiesen Text aufgeschrieben. Klar fies, er sollte ja schon ein bißchen provokant sein. Bei Dieter Bohlen kann man das bringen. Uns hing dieses Lied zum Schluß so zum Hals raus, daß ich jedes Mal, wenn ich heute irgendwo „Brother Louie" höre, an diesen Tag denken muß und mir der folgende Text durch den Kopf geht:

Du... hast es wieder mal geschafft,
und dich zum Feiern aufgerafft,
obwohl das wirklich niemand wissen will – wissen will.

Denn, dein Comeback ist voll gefloppt,
hast lieber deine Frau verkloppt,
mit anderen Mädels ge...redet.

Du bist cool, du bist hart, du bist der Dieter, Dieter, Dieter!
Wir ham voll den Respekt vor dir, Dieter, Dieter, Dieter.
Heute hast du Geburtstag, happy, happy birthday!
Aber zu deiner Party werden wir nicht kommen!

Nach endlosen Versuchen und Anläufen hatten wir es aber irgendwann geschafft, und der Text war fertig. Damit das Ganze aber auch nach Modern Talking klingen würde, mußte natürlich auch der typische Sound her. Anna und ich schnappten uns ein paar Kollegen aus der Redaktion und trafen uns im Studio zum Singen. Es war nicht ganz einfach, weil Modern Talking immer mit einem Hall auf dem Refrain singen. Damit man den Text aber noch verstehen würde, mußten die Strophen allerdings „trocken", also ohne Hall, gesungen werden. Also haben wir Strophen, Refrain und den Zwischenteil getrennt voneinander aufgenommen. Das Original-Lied hatten wir auf dem Kopfhörer, ging aber nicht mit auf die Aufnahme. Das mußte so sein, sonst hätten wir die Töne nicht exakt getroffen und vermutlich auch zu schnell oder zu langsam gesungen. Es war eine Heidenarbeit, hinterher alles mit einem Soundbearbeitungsprogramm so zusammenzufahren, daß es paßt. Heraus kam ein Stück von etwas über einer Minute Länge, das nur ein einziges Mal gesendet wurde. Nicht, daß wir enttäuscht gewesen wären oder man den Eindruck gewinnen könnte, der Aufwand habe sich nicht gelohnt. Das gehört eben dazu. Du sitzt stundenlang an einem Beitrag, einem Interview, einem Sketch oder etwas anderem und weißt genau, daß das Ergebnis Deiner Arbeit nahezu verheizt wird und schon eine Minute später aus der Erinnerung der Hörer verschwunden ist.

Für unsere Sänger-Kollegen war es ein kurzer Auftritt. Das schöne war, daß sich Kollegen aus fast allen Bereichen daran beteiligt hatten: Praktikanten, Nachrichtensprecher, Moderatoren, Producer. Es war für uns alle ungewöhnlich, weil so etwas nicht oft stattfindet, aber manchmal muß man als Moderator eben auch singen. Und das sind die Momente, in denen ich meinen Job liebe und mir denke: Wenn ich einen normalen Beruf hätte, würde ich um diese Zeit in irgendeinem Büro hocken und mich wahrscheinlich zu Tode langweilen, aber ich sitze in einem Radiostudio und produziere etwas, das morgen in meiner Sendung läuft und kann sicher sein, daß einige Tausende diese Sendung (und damit auch mich) hören. Und ganz im Ernst: Das ist schon irgendwie ein geiles Gefühl.

Ganz wichtig ist natürlich, daß Deine Hörer Dich ernstnehmen und Dir zuhören. Das tun sie aber nur, wenn sie das Gefühl haben, daß der Typ da im Radio genau Bescheid weiß über das, was er sagt. Für Deine Hörer bist Du der Allwissende. Mit Themen wie dem 11. September, der Ukraine-Krise, Syrien oder amoklaufenden Schülern mußt Du genauso souverän umgehen wie mit Dieter Bohlens Geburtstag. Das ist nicht immer einfach, aber eine Grundvoraussetzung. Das bedeutet für Dich, daß Du:

- die Nachrichten im Auge behältst
- weißt, was die Klatschpresse schreibt
- weißt, was musiktechnisch gerade abgeht
- Dir merkst, wann Du etwas wo gelesen oder gehört hast und um was es ging

Theoretisch (wirklich nur theoretisch) müßte ich, wenn ich nach Hause komme, fünf Zeitungen, Magazine und Zeitschriften lesen, zehn Fernsehsender sehen und noch mal so vielen Radiosendern zuhören. Gleichzeitig, versteht sich. Das geht natürlich nicht. Was ich sagen will, ist: Gehe immer mit offenen Augen und Ohren durch die Welt. Höre Deinen und andere Sender. Höre Sender, die in Deinem terrestrischen Empfangsgebiet liegen (die Du also über Antenne empfangen kannst) und Sender die Du über Kabel, Satellit oder Internet bekommst. Sieh Dir im Fernsehen alles an: die Tagesschau, Explosiv, Billig-Soaps, Spielfilme, Actionserien, Comedyserien, Satire-Magazine, Talk-Runden (Hart aber fair, Maischberger, Will, Illner u. dgl.). Lies alles an Zeitungen. Die großen Tageszeitungen, die BILD, Musikmagazine, Jugend-, Mode-, Männer-, Frauen-, Auto-, Wissenschafts-, Garten-, Finanz-, Karrieremagazine, Kochbücher, Fachbücher, Geschichtsbücher. Natürlich nicht ständig und nicht regelmäßig. Es genügt völlig, ab und zu mal eine Gartenzeitschrift durchzublättern und ein paar Artikel zu überfliegen. Auf meinem Couchtisch im Wohnzimmer liegen, wie schon erwähnt, meistens mehrere Zeitschriften, die wochen- oder monate(!)lang da liegen und die ich niemals komplett lese. Aber alle paar Tage lese ich ein paar Minuten darin, und das reicht. Der Artikel über den genauen Aufbau und die Funktionsweise des Gehirns, den ich vor einem halben Jahr angefangen habe zu lesen (und immer noch nicht durch habe), kann ich jetzt nicht nacherzählen, aber er ist hängengeblieben. Wenn mir eine Information über den Weg läuft, die mich an diesen Artikel erinnert, ist er plötzlich wieder da. Man muß nicht alles wie einen Schulaufsatz lesen. Du wirst Dir vermutlich mit der Zeit eine eigene Technik zulegen, die es Dir erlaubt, in kurzer Zeit viele verschiedene Bereiche anzulesen und all diese Texte versteckt im Gedächtnis abzulegen. Läuft Dir dann ein Schlüsselbegriff über den Weg – schwupps – ist der Text und dessen Inhalt wieder da. Inzwischen habe ich herausgefunden, daß ich besser höre als lese und Gehörtes eher aufnehmen kann als Gelesenes. Also höre ich mehr (Radio) als ich (Zeitungen) lese. Das ist aber bei jedem Menschen anders; Du wirst mit der Zeit herausfinden, über welche Sinne Du Informationen am besten aufnimmst.

Versuche, Dein Wissensspektrum so stark wie möglich zu erweitern. Nur dann verschaffst Du Dir selbst einen Überblick über die Weltgeschichte und kannst mitreden. Es kann Dir passieren, daß Du morgen früh auf der Konferenz ein Thema aufgedrückt bekommst, zu dem Du gerade letztens noch etwas im Fernsehen gesehen oder einen Artikel gelesen hast. Je besser Du die aktuelle Nachrichtenlage im Auge behältst, desto souveräner wirst Du solchen Situationen begegnen.

Es geht übrigens nicht nur um Themen, die fürs Programm geeignet sind. Gerade, wenn man neu in einem Sender ist, spielt auch das persönliche Auftreten eine wichtige Rolle, denn Du hast zwangsläufig mit Leuten zu tun, die schon lange da sind und einen gewissen Status innehaben. Leute, auf die man hört und deren Meinung wichtig ist. Haben solche Leute einen guten Eindruck von Dir? Super! Wenn nicht? Schlecht. Die Art und Weise, wie andere Dich empfinden oder wahrnehmen, hängt vor allem mit Deinem Auftreten zusammen, und da sind wir wieder bei den Themen:

- Kann man sich mit Dir unterhalten?
- Worüber?
- Erzählst Du etwas von Dir aus?
- Kennst Du Dich mit Kunst, Kultur, Musik, Politik, Wirtschaft, Sport, Technik, Medizin, Biologie... aus?

- Hast Du einen Überblick der momentanen weltpolitischen Situation?
- Was machst Du, wenn Du nicht beim Radio bist (Freizeit)?

Man muß nicht alles wissen und alles können, aber es macht einen Unterschied, ob jemand nur still in der Ecke steht und vor sich hin werkelt und sonst nirgendwo mitredet oder ob man – die passende Situation vorausgesetzt – auch mal ein Gespräch anfängt. Meist ergibt sich aus einem harmlosen Anfangssatz dann ein längeres lockeres Gespräch, das die zwischenmenschliche Beziehung untereinander verbessert. Aufhänger kann alles mögliche sein. Hier ein paar Beispiele von Dingen, die ich letzte Woche tatsächlich erlebt und von denen ich zwei Kollegen von mir auch erzählt habe. In allen Fällen entwickelte sich ein Gesprächsthema, zu dem jeder von uns irgend etwas beitragen konnte:

- Die Tomaten, die ich letztens eingesät habe, treiben.
- Die Single-Schallplatten, die ich auf einem Flohmarkt gekauft habe, sind z. T. stark abgenutzt.
- Ich fahre morgen zu IKEA.
- Heute nachmittag hänge ich ein selbstlackiertes Küchenregal auf.
- Die Stadtwerke unterstellen mir einen horrenden Stromverbrauch.
- Ich bin geblitzt worden.

Sich über solche Dinge zu unterhalten, setzt zwar erstmal keine tieferen Kenntnisse von irgendwelchen exotischen Fachgebieten voraus, aber im Verlauf des Gesprächs spürt man schnell, ob jemand nur an der Oberfläche kratzt oder sich mit einem Thema tatsächlich ein bißchen auskennt und vielleicht auch Dinge erzählen kann, die die anderen noch nicht wissen, ohne dabei altklug zu wirken. Wer auf andere den Eindruck, eines niveauvollen und gebildeten Kollegen macht, mit dem man sich auch über etwas anderes als nur über die Arbeit unterhalten kann, hat gute Chancen, im Ansehen der anderen zu steigen. Und wer bei seinen Kollegen ein gutes Ansehen genießt, dem kann man nicht so schnell an den Karren fahren.

Das war zwar jetzt ein kurzer Exkurs hinter die Kulissen, aber nach mittlerweile 17 Jahren Radio kann ich Dir sagen, daß das, was sich außerhalb der Sendezeit im Sendergebäude abspielt, unheimlich wichtig ist. In dieser Branche arbeiten Sensibelchen, die nehmen alles wahr. Und wie Du rüberkommst, hast Du selber in der Hand. Größtenteils jedenfalls. Quintessenz ist jedenfalls: Man muß nicht jedes Thema interessant finden, aber man sollte wissen, was in der Welt passiert und in der Lage sein, mitzureden und sich auf Themen einzulassen, die einen eigentlich gar nicht interessieren.
Auf dem Weg zum „fertigen" Moderator kann es Dir passieren, daß Du für redaktionelle Arbeiten eingeteilt wirst und einen Beitrag schreiben oder ein Interview führen sollst. Je besser Dein Beitrag wird, desto besser wird der Eindruck, den Du beim Programmdirektor hinterläßt. Wie gut ein Beitrag wird, hängt vor allem von der Recherche ab: Um was geht's? Wer hat damit zu tun? Wann, wo und wie hat sich etwas ereignet? Was haben die Hörer damit zu tun? Ich muß dazu sagen: Ich rede hier vom Öffentlich-Rechtlichen. Ich sage das ganz bewußt, weil ich beim Privatfunk auch die Erfahrung gemacht habe, daß alles, was ich als Praktikant beim Öffentlich-Rechtlichen gelernt habe, zuviel des Guten war und so ziemlich jede Moderationsposition bereits an einen Werbekunden verkauft war und die Beiträge eigentlich keine Beiträge sondern versteckte Werbung waren. Das ist als Moderator nicht nur sehr frustrierend sondern auch eine Persiflage auf das Handwerkszeug und hat mit Radio nichts mehr zu tun. Es kann Dir natürlich passieren, daß Du am Anfang Deiner Karriere bei einem solchen Sender landest. Aber die Welt hört zum Glück ja nicht hinter einem einzigen Sender auf.

Der ideale Dreh ist natürlich die Überlegung, was die Zielgruppe damit zu tun hat. Stur von einem Ereignis zu berichten, ist 60er Jahre-Stil. Es aber so hinzubiegen, daß es für die Hörer interessant wird, ist das wichtigste daran. Schließlich machst Du den Beitrag ja nicht aus Langeweile, sondern Du machst ihn für die Hörer. Und eben dieser Dreh, dieses Hinbiegen in Richtung der Zielgruppe, ist etwas, was die Wenigsten beherrschen.
Hierzu zwei kurze Beispiele:

Hochsommer. Es ging um eine Madeninvasion, die ausgebrochen war, weil ein Supermarkt Fleischreste nicht richtig entsorgt sondern einfach in einen Müllcontainer geworfen hatte. Über Nacht hatten sich Millionen von Maden entwickelt, die dann ganze Straßenzüge befallen hatten. Im Interview mit einem Kammerjäger stellte ich die Frage, was ich (stellvertretend für die Hörer) denn machen könnte, wenn ich selbst bei mir zu Hause im Küchenmülleiner plötzlich Madenbefall feststelle. Ist mir selber schon passiert, ich sprach also in dem Moment wirklich für die Hörer. Und es war so ziemlich das Ekelhafteste, was ich je gesehen (und weggemacht) habe. Es war schlimmer als fremde Kotze.
In einem Interview, das ich für einen kleinen Privatsender geführt hatte, sollte ich eine Malschule für Kinder vorstellen (fieser Pseudo-Beitrag, der eigentlich nur versteckte Werbung war, aber so war es eben). Als Kind war ich selber mal in einem Malkurs und malte aber immer etwas, was ich gar nicht malen sollte, was erst zu Ärger und dann zum Rauswurf führte (kein Witz). Das packte ich in die Anmoderation und frage in der Einstiegsfrage nicht: „Frau So-und-so, was malen denn die Kinder in Ihrer Malschule?", sondern: „Frau So-und-so, was machen Sie denn mit Kindern, die nicht das malen, was sie malen sollen?" Versuche einfach, das Thema auf die Hörer umzubrechen und Dich in die Situation des Hörers hineinzuversetzen: was bringt dieser Beitrag den Hörern? Welchen Bezug könnten die Hörer zu dem Thema haben? Welche Fragen könnte ein Hörer stellen?

Es gehört ein bißchen Neigung dazu. Manchen liegt es, Themen zu finden und Beiträge zu schreiben, andere wiederum tun sich damit unglaublich schwer. Was auf jeden Fall hilft: viele andere Sender hören (auch Kulturprogramme) und genau darauf achten, wie andere mit bestimmten Themen umgehen und wie sie auf Themen hinleiten. Ich hatte viele Jahre lang Mühen mit Anmoderationen. Aber ich habe mir auch viel abgeguckt und hole mir durchs reine Zuhören Tips von anderen. Das funktioniert auch.
Anfang der 90er Jahre war ich begeisterter FFH-Hörer. Es war der Höhepunkt meiner „Radiogeilheit", als der Traumberuf des Moderators noch weit weg von mir war. Diese Zeit habe ich sehr bewußt erlebt und genau zugehört, was FFH damals gemacht hat, und vor allem wie sie es gemacht haben. Nach meinem heutigen Verständnis würde ich sagen, war nicht alles gut, aber eben auch nicht alles schlecht. Einige der da-

mals typischen FFH-Drehs habe ich später bei DASDING eingesetzt. Niemand weiß, daß ein anderer Sender dieselbe Umsetzungsidee schon einmal hatte. Von unseren Hörern ganz zu schweigen. Dafür liegen die beiden Sender und die Zeit zu weit auseinander. FFH würde diese Ideen heute vermutlich nicht mehr umsetzen. Heute sind sie längst vergessen oder zum Teil auch aus der Mode gekommen. Deshalb glaube ich, kann man die eine oder andere Idee durchaus wieder auspacken – egal, ob sie vom Privatfunk oder von öffentlich-rechtlicher Seite kommt und ob sie aus den 80ern, 90ern, den 0ern oder den 10ern ist. Lieber gut geklaut, als schlecht selber gemacht.

Stehe nie mit leeren Händen da. Habe immer ein As im Ärmel; eine Idee, einen Dreh. Komme nie mit dem Standard-Dreh, den alle machen. Die erste Idee, die einem kommt, ist meistens die schlechteste. Weil sie die naheliegendste ist und 20 andere Moderatoren auch auf diese Idee gekommen sind und sich eben nicht die Mühe machen, weiterzuüberlegen. Du hebst Dich nur mit Köpfchen von der breiten Masse ab. Das wird Dich letzten Endes zum guten Moderator machen. Es geht nicht nur darum, sich hinter ein Mischpult zu setzen, Musik zu spielen und Witze zu machen. Ich hatte genau dieses Bild vom Beruf des Radiomoderators. Lange Zeit bestand Radio für mich nur aus Musik, tollen Jingles und superwitzigen Moderatoren, die einen Schenkelklopfer nach dem anderen bringen oder die einfach nur unglaublich „cool" waren. Es spricht auch nichts dagegen. Man darf als Radiomoderator schon „cool" sein und lustige Moderationen bringen, aber was man als Hörer eben nicht gleich hört, ist das Handwerk im Hintergrund. Ich bin der Meinung, daß man als aufmerksamer und intelligenter Hörer ziemlich schnell heraushört, wer wirklich etwas kann und zu sagen hat und wer sich einfach nur selbst geil findet. Was hinter den Kulissen geschieht, ist wesentlich mehr als „cool" sein, doch davon bekommt man als Hörer nichts mit. Du solltest für Dich selbst entscheiden, ob Du wirklich zum Radio möchtest und bereit bist, Dich auch tiefgründig mit harten Themen zu beschäftigen und Dich neben der Moderation auch anderen Bereichen zu öffnen. Die Musik spielt irgendwann nur noch eine Nebenrolle und kommt einem in der Sendung oft viel zu kurz vor, weil man fast die ganze Zeit über mit anderen Dingen beschäftigt ist und fürs Zuhören kaum Zeit hat.

6 Wichtige Moderationstechniken

Wenn man Leute fragt, was ihnen am Radio am wichtigsten ist, antworten sie meistens an erster Stelle: Musik. Das geht mir auch so. Wenn mir die Musik nicht gefällt, schalte ich um. Außer, wenn Xavier Naidoo läuft. Dann stoße ich erst einen reflexartigen Schrei heraus und schalte dann um.

Musik ist der Hauptein- und -ausschaltgrund. Wir Moderatoren sollten uns aus den Diskussionen über das Musikprogramm deshalb auch tunlichst heraushalten, denn man kann sich hier nur den Mund verbrennen. Gerade größere Sender lassen einen Teil ihrer Musik bei den Leuten testen und nehmen nur ins Programm, was gut ankommt. Der Titel „testet" gut, heißt es dann. Außerdem hat Musikplanung kaum etwas mit der eigenen Beigeisterung für Musik zu tun, sondern viel mehr mit Mathematik, mit Statistik und Wahrscheinlichkeitsrechnung. Lassen wir die Musik besser beiseite, denn die ist nicht unsere Baustelle, und wir müssen zum Glück auch nicht alles gut finden, was wir spielen. Und selbst das muß von den Hörern niemand wissen.

Viel mehr Spaß als Musik zu planen, macht einem Moderator naturgemäß die Moderation. Die genaue Vorstellung dieses Begriffs unterscheidet sich von Sender zu Sender. Am größten sind die Unterschiede bei den einzelnen Sparten. Als Einsteiger wirst Du ohnehin nicht in einem Mainstream- oder Kulturprogramm landen, weil diese Sender in der Regel keine Praktikanten ohne Berufserfahrung beschäftigen, und Du zudem auch vom Alter her nicht reinpassen würdest. Natürlich immer noch ausgehend davon, daß Du während Deiner ersten Schritte im Alter ungefähr zwischen 15 und 25 bist. In den meisten Fällen wirst Du also in einem Jugendprogramm unterkommen, also in ein Programm, in das Du als Hörer vom Alter her auch passen würdest, und das dürften in erster Linie Jugendprogramme (z. B. Delta Radio, Energy, N-Joy, Fritz, Kiss FM, Planet Radio, DASDING, Puls) oder junge Erwachsenenprogramme (z. B. Bremen 4, Eins Live, FM4) sein. Die hier beschriebenen Eigenschaften und Schwerpunkte beschränken sich ausschließlich auf diese Art von Radiosendern.

In den vorangegangenen Kapiteln bin ich bereits ansatzweise auf Moderationen eingegangen, will sie hier aber näher erläutern. Was ich hier schreibe, habe ich selbst in einem Seminar gelernt, in das mich mein damaliger Chef gesteckt hat. Danach habe ich angefangen, Moderationen zu beobachten und festgestellt: Die Thesen dieses Seminars stimmen tatsächlich. Deshalb habe ich mir erlaubt, Teile dieses Seminars und des Hand-Outs für dieses Kapitel zu verwenden.
Eine Radiosendung ohne Moderation ist wie eine Hexe ohne Besen: unvorstellbar. Es würde etwas unglaublich Wichtiges fehlen. In den letzten Jahren haben immer wieder ein paar findige Programmdirektoren oder Geschäftsführer ihre Moderatoren vom Mikro weggezerrt und einen auf Non-Stop-Dudler gemacht, weil sie der Meinung waren, ein Moderator sei ein Störenfried und gehöre eliminiert. Lange hat es nicht gedauert, bis diese Sender festgestellt haben, daß sie ohne Moderation keinerlei Einschaltanreiz mehr bieten, weil man ebensogut eine CD einlegen oder den MP3-Player einschalten könnte – so hätte man als Hörer wenigstens auch die Sicherheit für Musik, die dem eigenen Geschmack auch wirklich entspricht. Wenn ich mir dagegen diverse Mainstream-Programme anhöre (und es sind inzwischen längst nicht mehr nur die Privaten) und mir überall dieselben „Superhits der 80er, 90er und das beste von heute" angepriesen wird, oder mir ein Moderator mehrmals erzählt, was „gleich" alles Tolles kommt, dann frage ich mich schon, ob es nicht doch besser wäre, einfach die Klappe zu halten und die tollen Superhits ganz einfach zu spielen anstatt in Kirmesansagermanier ständig darauf herumzureiten oder mich mit Major-Promos und Gewinnspielen zu nerven.
Aber solange es noch ein paar Ausnahmen gibt, bei denen in den Moderationen auch etwas Substanz zu erwarten ist, besteht ja noch Hoffnung. Um Dir zu zeigen, daß Moderation tatsächlich ein Handwerk ist, das man beherrschen sollte (auch dann, wenn es bei dem Sender, bei dem man aktuell arbeitet, nicht gefragt ist), versuche ich, Dir zumindest ein paar theoretische Tips an die Hand zu geben. Um es noch deutlicher zu machen: Es geht hier um „echte" Moderatoren und nicht um Claimdrescher, die tagtäglich in zahllosen Hitradio-Dudelfunk-Sendern die Hörer drangsalieren. Für die gilt etwa 80% von dem, was in diesem Kapitel steht, nicht. Hier geht es darum, Fähigkeiten zu entdecken und zu entwickeln, die in gehaltvolleren Programmen gefragt sind.

1. Wer oder was ist ein Moderator?

Als Hörer zappe ich zwar munter zwischen den Speichertasten hin und her, aber wenn ich ehrlich bin, habe ich schon so eine Art Stammsender. Den haben sehr viele Leute. Warum? Wegen der Musik? Sicher, aber stellen wir uns vor, dieser Stammsender würde nur Musik spielen und sonst gar nichts. Würde uns dieser Sender gefallen? Wäre dieser Sender immer noch unser Stammsender? Sicher nicht, denn es würde etwas Elementares fehlen: die Seele. Die entsteht, wenn ich die Möglichkeit habe, zu meinem Stammsender eine Art von Beziehung aufbauen zu können. Damit ich das kann, möchte ich auch den Eindruck gewinnen, es mit Menschen zu tun zu haben, und zwar besonders mit dem, der gerade zu mir spricht, also meistens dem Moderator. Wer oder was aber ist ein Moderator?

- Ein Mensch.
- Ein Mensch, den ich nicht sehen kann.
- Ein Mensch, der mir etwas erzählt.
- Ein Mensch, der mir etwas Neues, Nützliches oder Unterhaltendes oder etwas über Musik erzählt.
- Ein Mensch, der mit mir spricht.

Dies alles sagt noch nichts über mein persönliches Empfinden aus. Es kommt also nicht nur darauf an, was mir ein Radiomoderator erzählt, sondern auch, wie er es erzählt.

- Er sagt es mit seiner Stimme. Gefällt mir die Stimme?
- Sagt er es so, daß ich es ihm glaube?
- Er sagt es laut oder leise, schnell oder langsam. Paßt es zu dem, was er sagt? Gefällt es mir?
- Er sagt es an-, auf- oder erregend. Paßt es zu dem, was er sagt? Gefällt es mir?
- Sagt er es alleine oder mit jemandem zusammen?

Ein Radiomoderator mag in der Vorstellung Vieler keine realexistierende Person sein, und doch ist er ein Mensch wie Du und ich. Ob ich ihm zuhören möchte oder nicht, hängt also zu einem Großteil von persönlichem Empfinden ab. Dabei spielt es keine Rolle, ob er Radiomoderator, Postbote, Kellner oder Arzt ist. Wenn er mir

Postbote, Kellner oder Arzt ist. Wenn er mir aus irgendwelchen Gründen unsympathisch ist, vermeide ich den Kontakt und somit auch das Zuhören. Hinzu kommen Stellen im Programm, an denen ein Moderator spricht:

- Zwischen zwei Musiktiteln
- Vor oder nach einem Beitrag oder Interview
- Wenn er etwas Neues, Informatives, Nützliches oder Unterhaltendes zu sagen hat.
- Zu einer bestimmten Tageszeit
- Wenn ich ihn anrufe und mit ihm spreche.

Er moderiert nicht ständig. Selbst, wenn er im Bewußtsein der Hörer nur eine kurz auftretende Figur in einem Zirkuszelt ist, hört er nicht auf zu existieren, selbst, wenn seine Sendezeit vorüber ist. Ein Moderator ist zwar nicht immer zu hören, aber meist an mir vertrauten Stellen. Das macht ihn menschlich, denn er begleitet mich an Orte, an denen er immer dann ist, wenn ich auch gerade dort bin. Deshalb bin ich nicht allein. Und doch moderiert er dort, wo ich ihn zwar akustisch wahrnehmen, ihn aber nicht sehen oder anfassen kann:

- In einem bestimmten Programm
- In einem Raum, der grundsätzlich eine eigene Atmosphäre hat.
- An einem Mischpult, an dem er selbst Musik und Beiträge startet.
- An einem Mikrofon
- Auf einem Stuhl oder im Stehen
- In meiner Wohnung
- In meinem Auto
- An meinem Bett

Dieser Moderator, diese Figur im Radio, moderiert nicht ohne Grund. Es ist kein Zufall, daß ich ihn jetzt und hier und ausgerechnet in diesem Augenblick höre und daß er mir gerade das erzählt, was er mir erzählt. Auch, wenn ich als Hörer oft den Eindruck habe, das komplette Radioprogramm bestünde aus Zufällen. Alles hat einen Grund; so auch die Existenz bzw. Präsenz des Radiomoderators:

- Er moderiert, weil es ihm Spaß macht.
- Er moderiert, weil er etwas Neues, Informatives, Nützliches oder Unterhaltendes zu sagen hat.
- Er moderiert, weil ich einen Beitrag nur dann verstehen kann, wenn mir der Moderator vorher Informationen dazu gibt.
- Er moderiert, weil er glaubt, als Moderator stärker im Mittelpunkt zu stehen als ein Producer oder Redakteur.
- Er moderiert, weil die Musik zu Ende ist.

Das sagt schon viel darüber aus, wie es dazu kommt, daß ich ausgerechnet diesen Menschen, den ich da gerade höre, höre. Weshalb ich ihn aber „eingeschaltet" habe, ist für mich nicht interessant, denn ich empfinde einen Moderator nicht als faßbaren Menschen sondern als Figur, der ich keine menschlichen Gefühle beimesse. Zwar erwarte ich, daß er sie mir entgegenbringt, aber daß er selber welche besitzt, ist für mich belanglos. Seine Art, zu mir zu sprechen, entscheidet für mich über Sympathie oder Antipathie, über Weiterhören oder Abschalten.
Diese Entscheidung hängt nur zu einem kleinen Teil von dem ab, was mir ein Moderator erzählt. Doch woher nimmt ein Moderator die Informationen, die er an mich weitergibt?
Aus seinem eigenen Leben (er hat nämlich doch eins).
Aus dem Zusammenleben mit Menschen, die nicht beim Radio arbeiten.

- Von (einem) Menschen, den/die er beobachtet.
- Von Menschen, mit denen er direkt spricht.
- Von Experten, zu denen er in der Vergangenheit einen Kontakt aufgebaut hat.
- Aus der Natur (Tageszeit, Tiere, Wetter, Pflanzen)
- Aus anderen Medien (Fernsehen, Presse, Internet, Kollegen)

Langsam wird klar, worauf ich hinaus will: Hörer akzeptieren einen Radiomoderator meistens nur als fiktive auditiv-existierende Gestalt. Ihnen ist nicht bewußt, daß er tatsächlich ein „normales" Leben neben dem Beruf hat. Auch einem Thomas Gottschalk traut man nicht wirklich zu, daß er irgendwo ein Haus hat, dort lebt, ißt, trinkt und auf die Toilette geht. Ein Radiomoderator ist ein Stück weit ein Prominenter, aber es gibt ihn wirklich, und er führt bei weitem nicht so ein prunkvolles Protz-Leben in einer abgesicherten Villa an einem geheimen Ort, wie man vielleicht meinen könnte. Die meisten Moderatoren, die ich bislang persönlich kennengelernt habe, wohnten oder wohnen in stinknormalen Mietwohnungen oder unspektakulären Häusern. Vielen wird die Profanität eines Radiomoderators erst bewußt, wenn sie das Foto eines Moderators in der Hand halten oder ihm von Angesicht zu Angesicht gegenüberstehen und feststellen, daß diese Stimme nicht einfach nur eine Stimme ist, sondern sich dahinter tatsächlich ein echter Mensch verbirgt, der auch ganz normale, alltägliche Dinge, mit seiner Stimme spricht. Bevor ich auf die theoretische Struktur und den Aufbau einer Moderation eingebe, möchte ich noch kurz aufführen, welche Folgen eine Moderation hat oder haben kann:

- Die Hörer erfahren etwas Neues, Informatives, Nützliches oder Unterhaltsames.
- Die Hörer sind dankbar, freuen sich, fühlen sich gut, werden Fans.
- Die Hörer bleiben dran und warten auf die nächste Moderation.
- Die Hörer entwickeln gute Gefühle wie Freude, Zufriedenheit, Spannung, Leidenschaft
- Die Hörer schalten das Programm wieder ein.

Oder

- Die Hörer entwickeln negative Gefühle wie Enttäuschung, Ärger, Kränkung
- Die Hörer schalten das Programm um.
- Die Hörer schalten das Programm bei Auftreten eines bestimmten Moderators um.

Daß ein Moderator weit mehr ist als ein Sprüchereißer und Knöpfchendrücker, habe ich bereits ausführlich erklärt. Zum guten und effektiven Moderieren bedarf es allerdings einer natürlichen Begabung. Selbstverständlich kann man alles lernen, aber es ist wie bei allen Kunstformen (und Radiomoderation ist letztlich auch eine Kunstform): Fehlt ein gewisses Grundtalent, wird's nichts. Wer bereits von Geburt an ein natürliches Talent fürs Moderieren besitzt, wird es einfacher haben, in diesem Beruf voranzukommen. Wer bereits von Geburt an ein natürliches Talent fürs Fußballspielen hat, hat bessere Chancen auf einen Erst-Liga-Verein. Mein Talent (und Deines vermutlich auch) lag nie im Fußballspielen, sondern im Moderieren. Aber wie in jedem anderen Bereich auch, verirren sich auch immer mal wieder Gestalten in diese Branche, die... na ja, ich brauche den Satz wohl nicht zu ende zu führen.

2. Struktur einer Moderation

Natürlich gibt es verschiedene Arten von Moderationen, aber eine bestimmte Struktur sollten sie schon alle haben. Dabei spielt vor allem die Kernaussage eine entscheidende Rolle. Was will ich sagen? Wenn ich nicht weiß, was ich sagen will, kann ich es auch nicht sagen. Bevor ein Moderator also das Mikrofon aufzieht (also den entsprechenden Regler am Mischpult hochzieht) und anfängt zu reden, muß er sich unbedingt selbst erst einmal im Klaren darüber werden, worauf er hinaus will. Man wird als Hörer schnell feststellen, ob eine Moderation durchdacht und strukturiert ist oder ob sie aus Worthülsen besteht. Deutlich zu erkennen ist dies an „geschriebener" Sprache, wie etwa „hieß es im Bundestag", „so ein Sprecher", „atemberaubende Geschwindigkeit", „ein Unglück katastrophalen Ausmaßes", „finanzielle Mittel", „im großen Stil", „kamen zusammen", „kam es zu" oder „grünes Licht geben". Kein Mensch würde jemals so sprechen.

„Hieß es im Bundestag" – Wer hat das gesagt? Umformulieren: „X hat im Bundestag gesagt..." oder „Das hat X im Bundestag gesagt."
„So ein Sprecher" – Wer hat das gesagt? Umformulieren: „Das sagte der Sprecher von X."
Eine „atemberaubende Geschwindigkeit" ist schlichtweg „schnell".
Ein „Unglück katastrophalen Ausmaßes" ist nicht mehr als ein „Unglück" oder ein „schlimmer Unfall".
„Finanzielle Mittel" sind „Geld", „im großen Stil" heißt „massenhaft" und „grünes Licht" ist ganz einfach „erlauben".
„kamen zusammen" ist „treffen": Anstatt „Merkel kam in Brüssel mit EU-Ratspräsident Juncker zusammen" kann man ohne Probleme sagen: „Merkel hat sich (in Brüssel) mit EU-Ratspräsident Juncker getroffen".

Das „kam es zu“ ist eine fürchterliche Print-Formulierung, die nichts anderes bedeutet als „hat es ... gegeben“. Aus „...kam es zu Krawallen/Unruhen/sonstwas“ kann man „...hat es Krawallen/Chaos/Randale gegeben.“ Und bitte auch keine „Unruhen“, denn das ist eine völlig schwammige und nichtssagende Formulierung, von denen es leider auch viele gibt und die die Wirklichkeit verschleiern. Deshalb ist es hier sinnvoll, ihr auf den Grund zu gehen und zu erklären, was genau denn damit eigentlich gemeint ist.

Auf Individualismus kommt es an. Nur so können sich Persönlichkeiten entwickeln, zu denen Hörer auch eine persönliche Bindung aufbauen und sich mit dem Programm als Ganzes identifizieren können. Dies setzt voraus, daß Du verstehst, was Du sagst. Du wirst den Inhalt Deiner Moderation aber nur dann verstehen, wenn Du sie selbst gestaltest und in der Sendung möglichst frei sprichst. Für den Anfang rate ich zum Ablesen. Grundsätzlich aber solltest Du aber aufs Freisprechen hinarbeiten. Günther Jauch hat das ganz treffend formuliert: „Wer nur vorliest, verzichtet auf die Verzahnung zwischen denken und sprechen. Authentizität und damit Glaubwürdigkeit funktionieren aber nur, wenn ich hinter dem Sprecher auch den Denker vermuten darf [...] Bei den (seltenen) Aufzeichnungen stelle ich zu meiner Überraschung fest, daß sich die Versprecher während der Nutzung des Teleprompters häufen. Es liegt schlicht daran, daß man sein Gehirn beim Vorlesen ausschaltet und dann auch oft ganz falsch betont.“[1]

Der zweite Schritt nach dem „Was“ ist die Überlegung, wie ein Moderator etwas ausdrücken will. Bereits an diesem Punkt setzen die Unterschiede an. Zwei Moderatoren, ein- und dasselbe Thema. Es soll ein Interview mit dem Korrespondenten Harald Weiß angekündigt werden, das etwa in einer halben Stunde laufen soll. In dem Interview geht es um einen Trend in Mexiko, wonach sich immer mehr Leute unters Messer legen, um so ihren europäischen Vorbildern nachzueifern.
Moderator 1 gestaltet die Ankündigung etwa so:

Immer mehr Leute in Mexiko lassen sich operieren, um so auszusehen wie Europäer. In Mexiko ist derzeit ein regelrechter Boom ausgebrochen. Ich spreche gleich mit

[1] Wachtel, Stefan (2000): Sprechen und Moderieren, 95.

meinem Kollegen Harald Weiß in Mexiko und frage ihn, wie sich die Leute operieren lassen.

Moderator 2 verarbeitet dieselben Informationen völlig anders:

„Ich sehe scheiße aus!" – Das sage nicht ich, aber das sagen sich immer mehr Mexikaner. Die halten sich selbst für häßlich und rennen den Schönheitschirurgen reihenweise die Operationssäle ein, weil sie so aussehen wollen wie Europäer. Wir sprechen gleich mit einem, der sich da schon mal schlau gemacht hat. In ein paar Minuten müßte er aus der Narkose aufgewacht sein.

Daß die zweite Moderation zweifelsfrei die lebendigere ist, dürfte einleuchten. Über den Einstieg kann man sich streiten, aber es geht erstmal grundsätzlich ums Gestaltungsprinzip. Die erste Moderation klingt langweilig und steif. Selbst für ein „seriöses" Informationsprogramm taugt das erste Beispiel nicht, denn es sind Fehler darin. Gehen wir zunächst beide Beispiele durch, um deren Aufbau zu analysieren:

Immer mehr Leute in Mexiko lassen sich operieren, um so auszusehen wie Europäer.

Der Satz ist viel zu lang. Für eine Zeitung mag er in Ordnung sein, fürs Hören aber nicht. Denke daran, daß Deine Sprechgeschwindigkeit bei einer Moderation niedriger sein muß als bei einer normalen Unterhaltung.
Dieser Satz enthält drei Informationen: Leute in Mexiko, operieren, aussehen wie Europäer.
Wenn Du den Satz in zwei Sätze unterteilst, wird man alle Informationen leichter verstehen und behalten:

Viele Menschen in Mexiko lassen sich operieren. Sie wollen (dadurch) (so) aussehen wie Europäer.

Oder:

In Mexiko lassen sich viele Menschen operieren. Dadurch wollen sie (so) aussehen wie Europäer.

Der andere gravierende Fehler, der sich im Originalsatz verbirgt, steckt bereits in den ersten zwei Worten. Beginne nie einen Beitrag oder eine Moderation mit den Worten „Immer mehr die-und-die machen das-und-das." Das klingt schnell nach Sensationsgeilheit: „Immer mehr Jugendliche kommen in die Pubertät." Mit tiefer gepreßter Stimme und einem reißerischen Unterton erinnert eine solche Aussage schnell an ein gewisses explosives Fernsehmagazin, dem die Sensationsgier wichtiger ist als die eigentliche Nachricht. Häufen sich solche „Reißer", ändert sich langfristig die Wirkung des Programms auf seine Hörer. Ein Satz, der mit „Immer mehr die-und-die machen das-und-das" anfängt, läßt sich fast immer harmloser umformulieren. Vermeide reißerische Aufmacher.

In Mexiko ist derzeit ein regelrechter Boom ausgebrochen.

Außer dem Wort „regelrecht" ist an diesem Satz nichts auszusetzen. Er beinhaltet eine Information und ist deshalb sofort zu verstehen. Bemühe Dich, lange Sätze soweit herunterzukürzen, bis sie nur noch eine, maximal zwei Kernaussagen beinhalten – mehr nicht.
„Regelrecht" ist eine Floskel, eine Adverbiale. Niemand braucht dieses Wort, deshalb können wir es auch weglassen oder durch ein gebräuchlicheres Wort ersetzen:

In Mexiko ist derzeit (vor einiger Zeit) ein Boom ausgebrochen.

reicht völlig. „Regelrecht" ist zwar nicht so schlimm wie der zottelige Vierbeiner, der ins kühle Naß springt, geht aber in dieselbe Richtung. Laß es weg oder ersetze es durch ein umgangssprachlicheres Wort wie z. B. „richtig" oder „riesen". Das geht natürlich nur, wenn das Programmformat auch entsprechend ausgerichtet ist (Jugendprogramm oder junges Erwachsenenprogramm). Vom Verständnis her kommt es dem Original aber gleich:

In Mexiko ist derzeit ein richtig krasser Boom ausgebrochen.

Oder:

In Mexiko ist derzeit ein riesiger (riesen, wahnsinniger, enormer, richtiger...) Boom ausgebrochen.

Das geht schon. Selbst, wenn es sich hier etwas holprig liest – flüssig ausgesprochen würde niemandem auffallen, welche Vokabeln hier benutzt werden. Es würde vor allem deshalb niemandem auffallen, weil diese Vokabeln dem normalen Sprachgebrauch der Zielgruppe entsprechen. Das ist eben der Unterschied zwischen geschriebener und gesprochener Sprache. Geschriebene Sprache gesprochen hört sich komisch an, und gesprochene Sprache gelesen liest sich ebenfalls komisch. Eine gute Schreibe ist nicht unbedingt eine gute Spreche – und umgekehrt, wie hier zu sehen ist.
„Regelrecht" würde zwar niemanden wirklich stören, aber es würde stärker auffallen, als „riesen". Ein anderes beliebtes Tabu-Wort ist „nämlich". Gerade in Beiträgen und Erklär-Stücken (Essays) schleicht sich dieses Wort recht häufig ein. In einem Beitrag wirkt es schnell gestelzt und rechthaberisch. Streiche es, und Dein Satz gewinnt an Wirkung.

Der dritte Satz dieser ohnehin schon verlorenen Moderation lautet:
Ich spreche gleich mit meinem Kollegen Harald Weiß in Mexiko und frage ihn, wie sich die Leute operieren lassen.

Ich, spreche gleich, Kollege, frage, wie, Leute, operieren lassen. Sieben Informationen in einem Satz. Natürlich läßt er sich nicht in sieben einzelne Sätze unterteilen, aber zwei werden es bestimmt:

Ich spreche gleich mit meinem Kollegen Harald Weiß in Mexiko. Er kann mir sagen, wie sich die Leute operieren lassen.

Wie der Kollege heißt, spielt zu diesem Zeitpunkt noch keine Rolle. Ob er Harald heißt oder Heinz oder Stefan oder sonstwie, ist hier völlig unwichtig. Das heben wir uns für die Anmoderation des Interviews auf. Da ist es dann sogar so wichtig, daß diese Information als eine der letzten kommen muß, unmittelbar bevor der Korrespondent zu sprechen beginnt. Noch befinden wir uns aber in der Teaser-Moderation. Bis zum eigentlichen Gespräch ist es also noch ein bißchen hin. Mehr als die Information, daß es gleich etwas über Mexikaner zu erfahren gibt,

merkt sich sowieso niemand. An dieser Stelle, vielleicht etwa eine halbe Stunde vor dem Interview, ist der Name des Korrespondenten völlig nebensächlich. Wie schon gesagt: Es wird ihn sich sowieso niemand merken können, und wenn, hätte man auch nichts davon. Was überflüssig ist, weglassen. Grundsätzlich.
Die Formulierung „Ich spreche gleich mit meinem Kollegen in Mexiko“ klingt ein bißchen wie ein Mitarbeiter im Baumarkt, von dem man irgendwas will und zur Antwort bekommt: „Kleinen Moment, Kollege kommt gleich!“. Oder der Polizist, der sagt: „Die Kollegen nehmen das Protokoll auf.“ Es ist vielleicht einfach nur eine Stilfrage, aber mein Rat ist, auf das Wort Kollege zu verzichten. Ersetzen wir „Kollege in Mexiko“ durch „Mexiko-Korrespondenten“. Was ein Korrespondent ist, kann man als bekannt voraussetzen. An dieser Stelle, der Teaser-Moderation, ist diese Formulierung auch legitim. Als Anmoderation käme sie etwas zopfig. Daher drehen wir die Sache herum und sagen in der Anmoderation „Harald Weiß, Sie sind gerade in Mexiko,...“ und dann gleich die erste Frage. Wenn ein anderer Mitarbeiter ins Programm eingebunden wird, solltest Du ihn in seiner Funktion vorstellen, nicht in seiner Eigenschaft als Kollege. In unserem Falle also der Korrespondent aus oder in Mexiko oder der Mexiko-Korrespondent.

Der andere, wesentlich fatalere Fehler, den Moderator 1 hier gemacht hat, ist die Perspektive:

Ich spreche gleich...

Natürlich spricht er mit ihm und nicht der Hausmeister. Als Hörer höre aber nicht ihm zu, sondern dem Sender. Und das Team des Senders besteht aus weitaus mehr Leuten. Also spricht nicht er mit dem Korrespondenten, sondern das Team des Senders:
Wir sprechen gleich...

Immer wir! Immer, immer, immer. Egal, ob Privatfunk oder Öffentlich-Rechtlich, ob kleiner oder großer Sender. Den Fehler, von sich selbst zu sprechen, hört man ständig, und es bringt mich jedes Mal auf die Palme, wenn ich das höre, weil es ein Fehler ist, den selbst gestandene Moderatoren immer wieder machen (warum eigentlich?). Du trittst immer als Team auf. Sprich nie von Dir selber, wenn Dich ein

Thema nicht wirklich persönlich betrifft. Wenn Du den Hörern erzählst, daß es eiskalt war heute morgen und Du erst einmal Dein Auto freikratzen mußtest, weil Du ja keine Standheizung hast, sprichst Du selbstverständlich von Dir. Sobald Du Dich aber als Teil des Senders ins Programm einbringst, gilt nicht mehr „ich" sondern „wir": Ruft *uns* an, Spielt mit *uns*, *Wir* stellen Fragen, *Wir* sprechen mit X, *Wir* spielen Musik, *Wir* wünschen gute Fahrt, *Wir* sind da, *Wir* sind der Sender XY... Um beim Beispiel zu bleiben: Klar, daß dann auch *wir* ihn (also den Korrespondenten) fragen werden.

Trotz einiger Aufbesserungen werden wir aus der ersten Moderation nichts machen können. Sie bleibt eine trockene emotionslose Abfolge an Stichpunkten, die selbst bei einem Wortprogramm niemandem vom Stuhl reißen würde. Es ist eine Standard-Variante, die notfalls immer geht. Wenn aber die Zeit für eine vernünftige Vorbereitung auf die Sendung bleibt, kann man aus dem Thema mehr herausholen.
Wenden wir uns dem wesentlich lebhafteren Moderator 2 zu. Gleich der erste Satz verleitet schon zum Weiterhören:

Ich sehe scheiße aus.
Langsam, deutlich und laut ausgesprochen gewinnen diese vier Worte an Wirkung. Das Wort „scheiße" provoziert, und gerade im Zusammenhang mit der Person des Moderators („Ich sehe scheiße aus") zieht es das Interesse des Hörers auf sich. Es bricht gleich zwei Tabus: einmal, weil das Wort an sich ein Tabu im Radio ist und dann, weil kein selbstbewußter Mensch in der Öffentlichkeit zugeben würde, „scheiße" auszusehen. Richtig gut kommt der Satz also, wenn er etwas langsamer als der Rest ausgesprochen wird, damit er sich akustisch abhebt. Das I-Tüpfelchen bildet eine kleine Pause unmittelbar danach:

Ich__sehe__scheiße__aus!________Sage nicht ich,...

Der Satz ist ein Ear-Catcher, das Äquivalent zum Eye-Catcher, den wir als „Augenfänger" oder „Blickfänger" aus der Printwerbung kennen. Etwas anderes ist es hier auch nicht. Hole sie Dir mit dem ersten Satz! Wenn das nicht klappt, nimm Dir einen O-Ton dazu. Aber versuche, den ersten Satz einer Moderation so zu gestalten, daß er ein Hinhörer wird, also eine Stelle im Programm, der man plötzlich ein erhöhtes Maß

an Aufmerksamkeit widmet. Das gelingt nicht immer, aber wenn Du Dir wirklich Mühe gibst, wirst Du zumindest bei jeder zweiten Moderation einen solchen Einstiegssatz hinbekommen.
Der Einstiegssatz kann aus einem einzigen Wort bestehen. Er kann direkt oder indirekt mit dem Thema zu tun haben, darf ein Wortspiel beinhalten oder provozieren. Der Begriff „scheiße" ist hier schon das Höchstmaß an Provokation, denn die Zeit der Schimpfwörter im Radio ist vorbei. Darauf gehe ich im Verlauf des Kapitels noch ein. Den richtigen Ton zu treffen, hängt auch in starkem Maße von der Programmleitung, der Programmphilosophie und den Hörern ab. Wenn der erste Satz einer Moderation anfangen muß mit „Hier ist Hitradio Powermix, die stärksten Hits der 70er, 80er, 90er, 100er, 1.000er und 10.000er mit der super Hitgarantie und den besten Gewinnspielen und Major-Promos aller Zeiten" und dann erst die Anmoderation für ein Thema folgen darf, ist Hopfen und Malz natürlich verloren. Das hohle Geschwätz am Anfang interessiert niemanden und verleitet eher zum Um- oder Ausschalten. In dem Fall brauchst Du Dir für Deine Anmoderation auch keinen auffallenden Einstieg mehr zu überlegen, weil Dir wahrscheinlich jetzt sowieso niemand mehr zuhört. Traurig, aber leider inzwischen normal. Bleiben wir lieber idealistisch und konzentrieren uns auf einen starken Einstiegssatz.

Der erste Satz sorgt erst einmal für Aufmerksamkeit oder Entsetzen. Dieses Entsetzen nimmt einen kurzen Moment in Anspruch, um sich bei den Hörern wieder zu legen. Genau diese Zeit mußt Du den Hörern geben, sonst überrennst Du ihn, und er kann Dir nicht mehr folgen. Deshalb läßt Du direkt, nachdem Du den Satz gesagt (und damit Empörung ausgelöst) hast, eine Pause von etwa einer Sekunde Länge. Das ist viel. Es wird Dich erfahrungsgemäß auch Überwindung kosten, diese Pause zu machen.

„Ich sehe scheiße aus!" — Das sage nicht ich, aber das sagen sich immer mehr Mexikaner. Die halten sich selbst für häßlich und rennen den Schönheitschirurgen reihenweise die Operationssäle ein, weil sie so aussehen wollen wie Europäer. Wir sprechen gleich mit einem, der sich da schon mal schlau gemacht hat. In ein paar Minuten müßte er aus der Narkose aufgewacht sein.

Der Rest dieser Moderation entspricht von der Wortwahl her dem Umgangston der Zielgruppe. Es ist natürlich gesprochene Sprache. In einer Zeitung hätte ein solcher Text keine Chance, aber wenn ich Dir diesen Text genauso erzählen würde, würdest Du mir zuhören und verstehen, was ich gesagt habe.
Wichtig ist hier noch der „Rausgeher“ der Moderation: Die beiden Sätze:

Wir sprechen gleich mit einem, der sich da schon mal schlau gemacht hat. In ein paar Minuten müßte er aus der Narkose aufgewacht sein.

Wir sprechen mit einem. Daß er mein „Kollege“ ist und „Harald Weiß“ heißt (wie aus der Moderation von Moderator 1 hervorgeht), interessiert nicht: Wir sprechen gleich mit einem. Das ist wichtig. Daß er über das Thema Bescheid weiß, ist eigentlich logisch. Es kurz anzusprechen, vermittelt Informationskompetenz:

...der sich da schon mal schlau gemacht hat. In ein paar Minuten müßte er aus der Narkose aufgewacht sein.

Das ist inhaltlich natürlich Quatsch, aber der Satz macht zweifach Sinn. Zum ersten zeigt er auf, daß das Thema nicht so ernst ist, wie es den Anschein haben mag, immerhin macht der Moderator noch ein Witzchen, einen Schmunzler.
Zum zweiten liegt er in der Begründung der kompletten Moderation. Welchen Zweck hatte die Moderation? Um den Hörern zu sagen, daß „gleich“ etwas passiert, daß wir „gleich“ mit einem Korrespondenten sprechen. Warum sagt der Moderator das? Um auf das Thema aufmerksam zu machen und indirekt die Botschaft zu vermitteln: „Wir wissen, was auf der Welt passiert. Wir sagen es Euch. Und weil wir wollen, daß Ihr möglichst lange unser Programm hört, versuchen wir, Euch hinzuhalten.“ Das ist der Sinn und Zweck eines Teasers. Aber warum sagt mir der Moderator, daß „gleich“ das-und-das passiert? Dann kann er es ja sofort passieren lassen. Ein Teaser braucht also einen Grund. Niemals grundlos etwas anteasen. Niemals sagen „gleich“ ohne zu sagen, warum nicht „jetzt“. Wenn es keinen für den Hörer erkennbaren Grund gibt, weshalb das Thema erst „gleich“ und nicht „jetzt“ kommt, mache ich mich als Moderator unglaubwürdig,

denn ich entlarve mich selber dabei, wie ich meinen Hörer gezielt etwas vormache. Das geht nicht immer, ich weiß das und erwische mich selber manchmal dabei, daß ich es bei einem „gleich" belasse, aber wenn es irgendwie geht, sollte man einen Grund für die Verzögerung liefern. Und bitte niemals „in der nächsten Stunde", denn das ist Radio-Denke. Wir Moderatoren denken in Stundenblöcken, weil unsere Sendung so strukturiert ist, für die Hörer bestehen diese Grenzen aber nicht. Sie betrachten die Nachrichten nicht als Zwischenelement zwischen zwei Stunden. Wenn Du auf etwas teasen mußt, das erst in der nächsten Sendestunde passiert, kannst Du zu einem kleinen Trick greifen: „...gleich nach 11...". Wenn Dir aber ein witziger Grund einfällt (so wie das mit der Narkose), hat das natürlich Vorrang.

Daß der Korrespondent hier nicht selber im OP liegt, ist jedem klar. Die Satire liegt also auf der Hand. Es darf an dieser Stelle ruhig Satire sein. Deine Moderation würde dann mit einem Schmunzler enden, was Dir Sympathien verschafft; vorausgesetzt, Du schmunzelst beim letzten Satz selbst. Es kann auch eine ernste Begründung sein: Dein Gesprächspartner ist gerade im Auto unterwegs und braucht noch ein paar Minuten bis zum nächsten Parkplatz. Ob das stimmt oder nicht, spielt überhaupt keine Rolle, aber es ist zunächst einmal eine nachvollziehbare Begründung und eine Befriedigung für die Hörer. Eine witzige Begründung sollte natürlich nur bei einem nicht so ernsten Thema vorkommen. Wenn das Thema des Beitrags ein Massenunfall auf einer Autobahn ist, dann wirst Du natürlich nicht im Teaser sagen, daß der Korrespondent noch ein paar Minuten braucht, um die Leichen zu zählen.

Eine Moderation besteht aus folgender Struktur:

1. Einstiegssatz
2. Hinleitung zum Thema
3. Höhepunkt
4. Ausstieg

Halte Dir dabei den roten Faden vor Augen. Was willst Du sagen? Wie kommst Du zu dem, was Du sagen willst? Wie kommst Du wieder „zurück" ins Programm? In Deinen ersten Sendungen solltest Du Dir

Deine Moderationen wortwörtlich aufschreiben und ablesen. Stichpunkte würden Dich zu sehr anstrengen, und Du wirst genug mit der Bedienung der Technik beschäftigt sein. Schreibe Deine Moderationen auf. Lies sie laut. Lies sie anderen Kollegen laut vor und überprüfe damit, ob ankommt, was Du sagen willst. Schreibe die Moderation noch einmal mundgerecht um und drucke sie Dir aus. Jede Moderation auf ein separates Blatt Papier mit einer kurzen Überschrift. Diese Überschrift soll Dir im Studio helfen, bei Bedarf die richtige Moderation sofort zu finden. Halte die Überschrift größer als den Rest. Ich selbst nehme immer Arial in 20 Punkt, fett+kursiv. Den Text Deiner Moderation halte in 14 oder 16 Punkt, Zeilenabstand 1½. Das erleichtert das Ablesen. Nichts ist unangenehmer als eine ausgedruckte Moderation in Times 12 Punkt.

Es gibt einen Trick, um aus einer Moderation eine anschauliche Moderation zu machen. Dazu hilft ein Schema, das sog. Moderationsdreieck. Es sieht folgendermaßen aus:

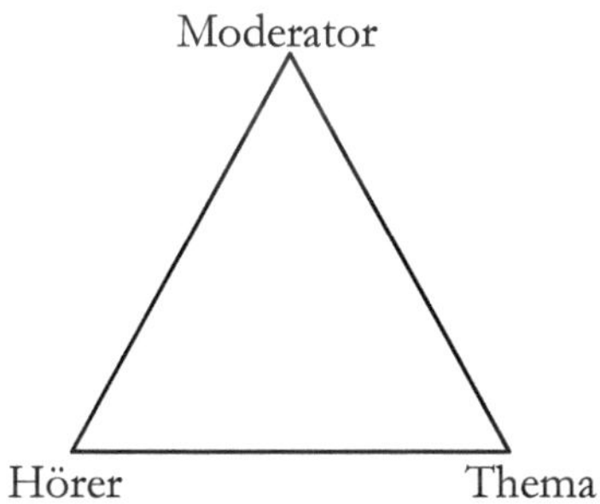

Je weiter Du Dich mit Deiner Moderation in der Mitte dieses Dreiecks bewegst, desto besser. Das geht nicht immer und hängt natürlich auch vom Thema und vom Sender ab. Bewegst Du Dich dagegen nur in einer Ecke, machst Du irgend etwas falsch. Es sei denn, Du moderierst beim Deutschlandfunk und bewegst Dich nur in der Ecke, die mit „Thema" beschriftet ist. In allen anderen Fällen solltest Du versuchen, zumindest eine Seitenlinie zu berühren. Versuche, Dich selbst in bezug zum Thema zu setzen und die Hörer mitzunehmen. Das erfordert etwas Übung und läßt sich deshalb hier auch nur theoretisch beschreiben. Das Moderationsdreieck hilft aber beim Schreiben einer Moderation.

Eins ist noch ganz wichtig: immer nur ein Thema pro Moderationsbreak. Wenn es um die Schönheitsoperationen geht, dann geht es bitte nur um die Schönheitsoperationen. Keine Staumeldungen, keine Kommentare zum Wetter, keine Musikmoderation, kein Plausch über ein anderes Thema. Es gibt Situationen, in denen muß man leider zwei Themen in einen Break packen, sollte dann aber eines von beiden möglichst knapp halten. Natürlich kann man zum Ein- oder Ausstieg den Musiktitel an- bzw. abmoderieren oder die Uhrzeit sagen, das geht schon. Nur sollte man halt nicht von irgendeinem Thema anfangen und dann etwas ganz anderes erzählen. Warum nicht? Weil es scheiße klingt, ganz einfach. Als Moderator hat man es manchmal schwer, anderen (Nicht-Moderatoren) das klarzumachen. Ich habe selber schon unzählige Dispute gerade mit Musikredakteuren geführt, weil die unbedingt wollten, daß ich diesen und jenen Titel abnehme und erzähle, daß unser Sender demnächst das Konzert präsentieren wird und daß man bei uns Freikarten gewinnen kann und wie toll das alles ist. Dummerweise hatte ich aber auf genau demselben Moderationsplatz ein ganz anderes Thema. Der Dialog, der sich dann zwischen mir und dem Musikredakteur abspielte, war in etwa folgender:

„Na und? Dann sag halt erst was zu dem Titel, und dann kannste dein Thema ja immer noch machen.“
„Nein“, habe ich gesagt, „das mache ich nicht. Entweder das eine oder das andere. Aber nicht beides.“
„Warum denn nicht?“
„Weil das scheiße klingt und man als Moderator immer nur ein Topic pro Moderation hat.“
„Ja, aber...“
„Nix ‚aber‘. Ich kann gerne sagen, daß wir das Konzert präsentieren, aber mehr nicht. An der Stelle ist ein Thema vorgesehen, und das kann und werde ich jetzt auch nicht verschieben.“

Gerade bei You FM gab es oft Krach wegen so was. Viele Redakteure sind nicht in der Moderationsdenke drin und glauben wohl oft, daß ein Moderator einfach irgendwann irgendwas erzählt. Zwei Topics in einem Break hören sich aber wirklich nicht gut an. Hinzu kommt, daß das jeweils letzte Thema das erste schlägt, weil es stärker hängenbleibt und somit das erste unter Wert verkauft wird. Mit dem Argument habe ich bisher auch gute Erfahrungen gemacht.

„Ihr wollt doch auch, daß die Nummer mit den Konzertkarten zur Geltung kommt, oder?“
„Ja.“
„Also. Dann werde ich das nicht zwischen Tür und Angel machen, sondern an anderer Stelle, wo es paßt und wo sonst noch nichts vorgesehen ist.“

Das Ende vom Lied war dann oft, daß sich die Musikredaktion mit der Wortredaktion abgesprochen hat, um solche Moderationsplätze zu finden. Leider war der Erfolg nur von kurzer Dauer, und nach wenigen Tagen kehrte der alte Schlendrian wieder ein, und das Spiel ging von vorne los.
Wie dem auch sei: Das zweite Thema schlägt das erste, und um beide Themen auch vernünftig präsentieren zu können, braucht man pro Thema schon ca. 1-1½ Minuten. Bei zwei Themen plus Ein- und Ausstieg kommen wir da auf 3-3½ Minuten Wortanteil am Stück. Daß das eindeutig zuviel ist, wird jeder Redakteur bestätigen können.

3. Weiter geht's!

Neben den Worten „nämlich“ und „regelrecht“ gibt es noch einen Satz, den ein Moderator niemals sagen darf. Es ist der schlimmste Satz für einen Moderator und die Garantie für Hohn und Spott:

Weiter geht's mit Musik.

Niemals! Niemals auch nur ansatzweise einen solchen Satz fallen lassen. Natürlich geht es weiter. Es geht immer weiter, es hört ja nicht plötzlich auf. Es geht unterbrechungsfrei weiter und ist so selbstverständlich wie das Amen in der Kirche. Selbst bei der Übergabe zur nächsten Sendung sollte nie ein solcher Satz kommen: „Und weiter geht's mit meinem Kollegen Hans Meyer und der Sendung Hitmix“. Es gibt Tausende von Möglichkeiten, es anders zu machen:

Jetzt gleich der Hitmix mit Hans Meyer

oder

Nach den Nachrichten Hans Meyer mit dem Hitmix

oder (gewagt, aber schon fast wieder gut)

Auf der anderen Seite der Nachrichten der Hitmix mit Hans Meyer

Alles ist besser als „weiter geht's". In den 60ern und 70ern mag das eine fetzige Einlage gewesen sein, aber heute würde dieser gräßliche Satz nichtmal mehr beim Rentnerfunk ankommen.

4. Schimpfwörter

Am Moderationsbeispiel 2 habe ich sie bereits angesprochen: die Schimpfwörter. Sie bilden eine Gruppe Vokabeln, die in Medien nichts zu suchen haben und sich aus Stilgründen doch hin und wieder einschleichen. Vor 30, 35 Jahren galt ein Moderator, der „Scheiße" im Radio sagte, als mutig und revolutionär. Die Moderatoren damals merkten, daß sie dadurch die Sympathien ihrer Hörer auf sich ziehen konnten, denn sie brachen Tabus. Inzwischen hat sich die Wirkung der Schimpfwörter im Radio abgenutzt. Sie sind nur noch vereinzelt in Unterhaltungs- und Jugendprogrammen zu finden, werden aber auch dort nicht gern gehört – übrigens auch nicht von mir persönlich, obwohl ich selbst ein großer Freund von Schimpfwörtern bin. Ein schimpfender fluchender Moderator, der meint, er müsse durch Kraftausdrücke auffallen, enttarnt sich selbst als „Schaf im Wolfspelz": Also viel Wind um nichts, wenn er sonst nichts drauf hat, außer zu fluchen. Dies ist kein Zeichen von Stärke oder Mut, sondern von Hilflosigkeit.

Es ist nichts dagegen einzuwenden, aus rhetorischen Gründen ab und zu mal ein harmloses Schimpfwort fallenzulassen. Harte oder beleidigende Worte dagegen haften dem Moderator persönlich und dem Sender negativ an. Kein Programmchef wird sich das lange gefallen lassen.

Die Kunst besteht darin, ein Schimpfwort zu benutzen, ohne es auszusprechen. Es zu umschreiben, es durch Synonyme zu ersetzen, es zu symbolisieren, es zur Satire zu machen. Direkt zu schimpfen, ist primitiv, aber es indirekt zu tun, hat Stil. Es zeugt von geistiger Bildung, von Wortgewandtheit und einem Gefühl für Sprache.

5. Fahrtechniken

Ein Moderator „fährt" die Sendung meistens selber. Ausnahmen gibt es nur noch sehr wenige, z. B. bei Schlager-, Klassik- oder Wortprogrammen, bei denen Du als Einsteiger aber nicht ans Moderationsmikro kommst. Und selbst bei dieser Art von Programm wird mehr und mehr auf Selbstfahrerbetrieb umgestellt, und das ist aus meiner Sicht auch sinnvoll. Auf Fahrtechniken will ich an dieser Stelle nur kurz eingehen, weil sie zwar zum Aufgabengebiet eines Moderators gehören, aber selbst ausprobiert werden müssen und sich nur schwer theoretisch vermitteln lassen.
Löse Dich von der Vorstellung, daß ein Element nach dem anderen kommt:

Erst kommt ein Lied.
Wenn das fertig ist, kommt ein Jingle.
Wenn das fertig ist, kommt noch ein Lied.
Wenn das fertig ist, kommt eine Moderation.
Wenn die fertig ist, kommt wieder ein Lied.

Es geht alles ineinander über. Höre Dir Anfang und Ende der Titel an. Höre Dir die Jingles an. Selbst, wenn es laut Beschriftung fünf Sekunden dauert, ist es meist schon nach zwei oder drei Sekunden vorbei, weil hinten noch ein Schwanz dranhängt, eine Art Echo, das in den Anfang des nächsten Titels gefahren werden soll. Bei Musiktiteln unterscheidet man zwischen zwei verschiedenen Enden: dem Cold-End und dem Fade-Out. Das Fade-Out wird am Ende langsam leiser, das Cold-End hört auf einen Schlag auf. Laß einen Titel mit Fade-Out nie komplett auslaufen, sondern setze Deine Moderation oder ein Jingle in den Titel, bevor er leiser wird. Übe im Produktions- oder Ausweichstudio, bevor Du Deine erste Sendung fährst. Probiere alles aus, höre Dir alles an und spiele mit der Musik, den Jingles, den Moderationsbetten und Deiner Stimme. Es gilt das einfache Prinzip „Learning by doing", welches ich in Kapitel 3 beschrieben und begründet habe.

In Deinen ersten Sendungen wird Dir wenig Zeit für Spielereien bleiben. Konzentriere Dich auf die Bedienung der Geräte und auf korrekte Aussteuerung der einzelnen Signalquellen. Du wirst genug damit zu tun haben, Deine aufgeschriebenen Moderationen so vorzutragen, daß sie klingen, als seien sie frei. Je öfter Du moderierst, desto früher wirst Du ein Gefühl für Deine eigene Stimme bekommen. Versuche, damit zu jonglieren. Den Sinn dessen, was Du sagst, kannst Du verstärken, indem Du Dich stimmlich anpaßt. Ändere die Lautstärke Deiner Stimme. Sprich laut und ganz leise, variiere die Nähe zum Mikrofon. Mit einem guten Mikrofon kannst Du tolle Effekte erzielen, aber Du mußt sie beherrschen. Du kannst Atmosphäre schaffen, indem Du Dich vom Mikrofon wegdrehst und daran vorbeisprichst oder Dich umdrehst und nach hinten rufst. Die Wirkung solcher Spielereien hängt von der Qualität und der Charakteristik des Mikrofons ab. Theoretisch darauf einzugehen, macht wenig Sinn. Deshalb auch hier der allgemeingültige Ratschlag: ausprobieren. Eine Sendung wird um einiges anschaulicher und klanglich interessanter, wenn der Moderator die Fähigkeit besitzt, sich stimmlich dem Inhalt anzupassen und akustische Tricks einzusetzen.

Cold-Ends sollte man nach Möglichkeit stehenlassen. Es gibt viele Lieder mit Cold-Ends, deren Schluß sehr markant ist. Mir fallen spontan „Life is live" von Opus und „Beds are burning" von Midnight Oil ein. Wehe dem Moderator, der da auf das Ende draufquatscht und damit das Lied ruiniert! Es klingt mies, und es zeugt von Respektlosigkeit gegenüber der Musik. Und die ist nun mal der Haupt-Einschaltgrund. Übrigens ist auch Cold-End nicht gleich Cold-End. Auch hier gibt es große Unterschiede, und es empfiehlt sich, das Ende wirklich *aller* Lieder vorzuhören.

Noch schlimmer als in ein Cold-End zu quatschen, finde ich als Hörer ein versautes Backtiming. Als Backtiming bezeichnet man die Rück-Rechnung auf die Zeit, die einem bis zum nächsten „gesetzten" Element bleibt. Das kann beispielsweise der Werbeblock vor den Nachrichten um voll sein. Wenn der Werbeblock so eingeplant ist, daß er bis exakt an die Nachrichten geht, dann sieht man auf seiner Sendeablaufsteuerung in der Regel, wieviel Zeit noch bleibt, bis dieses Element gestartet werden muß oder es sich von selbst startet. Als Moderator sehe ich also, wieviel Zeit mir noch bleibt, ich sehe, wieviel Musik ich noch habe und wie lange die geht, ich weiß auch, wie oft ich noch moderieren muß, und wenn ich gut bin, dann messe ich die Länge meiner Moderation mit der Stopuhr vorher ab. Dann kann ich auch das Backtiming berechnen und weiß, wann ich den letzten Titel vor dem Werbeblock starten muß, damit ich ihn komplett ausspiele und eben nicht vorher abwürgen muß. Auf das Backtiming gehe ich im Anhang unter Abschnitt 2 noch näher ein. Ich wollte es hier nur kurz erwähnt haben, weil es Teil des Fahrens ist, das ein Moderator eben auch beherrschen muß.

Zum wirklich guten Moderator wirst Du aber nur durch Talent, Begabung und Praxiserfahrung. Das wichtigste Rezept ist üben, üben, üben.

6. Doppel-Moderation

Was für die Solo-Moderation gilt, gilt für die Doppelmoderation natürlich auch. Hinzu kommen ein paar weitere Dinge, die ich der Übersicht halber kurz auflisten möchte:

- Unterschiede in Typen und Stimmen
- Rollenaufteilung
- Zuwerfen von Bällen
- Verständigung der Moderatoren

Doppelmoderation verleiht einer Sendung ein enormes Maß an „Drive“. Die Sendung wirkt schneller und lebendiger. Viele Sender haben ihre Frühsendung doppelt besetzt. Zumindest solche, die ein eher jüngeres Publikum bedienen und auf Unterhaltung abzielen. Gerade in Frühsendungen kommt es auf Stimmungen an, die sich durch Doppelmoderation vermitteln. Bei anderen Sendern hört man Doppelmoderationen auch in der „Drivetime“, der Nachmittagssendung (nach der wochentäglichen Frühsendung die zweitwichtigste Sendezeit). Wieder andere Moderationspärchen bilden seit Jahren schon einen festen Bestandteil eines Programms. Beim österreichischen Jugendkultursender FM4 (ORF) gab es beispielsweise bis Mitte 2014 jeden Freitag die Sendung „Salon Helga“, die (mit wenigen krankheits- oder urlaubsbedingten Ausnahmen) seit Jahren schon von einem festen Duo moderiert wurde und einen Wiedererkennungswert hatte. Ähnliches galt für „Flashlight“ von Sunshine Live, welches bis zu seiner Einstellung im September 2002 stets von immer denselben beiden Moderatoren präsentiert wurde.

Beide Moderatoren sollten sich stimmlich oder sprachlich deutlich voneinander unterscheiden, denn anders als beim Fernsehen sieht man ja nicht, wer gerade spricht, man muß es hören. Eine Kombination zwischen einem Mann und einer Frau ist also grundsätzlich zu bevorzugen. Zwei Moderatoren vom gleichen Geschlecht sind auch möglich, allerdings nur, wenn ihre Stimmen oder ihre Ausdrucksweise so verschieden sind, daß ein Hörer beide Personen auf Anhieb unterscheiden kann. Stermann/Grissemann (FM4 „Salon Helga“) unterschieden sich in erster Linie durch ihre Sprache: während der eine recht klares Hochdeutsch sprach, hörte man beim anderen einen deutlichen österreichischen Einschlag heraus.

Eine Doppelmoderation hat ein bißchen was von „Theater spielen“. Jedem Part wird eine Rolle zugeschrieben, die er oder sie konsequent verfolgt. Diese Rollen stehen sich im Idealfall genau gegenüber: der Schlaue und der Dumme. Der Macho und der Schleimer. Der Herrscher und der Untertan. Bei Bremen 4 hieß die Frühsendung lange Zeit „Der Dicke und der Dünne“, und dieser Titel war kein Zufall. Die Rollen müssen von beiden perfekt gespielt und eingehalten werden. Abweichungen fallen auf und stellen die Rollenverteilung und damit die Glaubwürdigkeit beider Partner in Frage. Wenn der „Dumme“ plötzlich die Antwort schon verrät, die der Interviewpartner eigentlich sagen sollte, fällt er aus seiner Rolle und macht sich unglaubwürdig. Die Rollen so perfekt zu spielen, daß sich beide Moderatoren voll damit identifizieren können, erfordert viel Übung. Bevor eine Doppelmoderation vergeben wird, muß genau überlegt werden, wer dafür in Frage kommt und welche Rollen beiden zugeschrieben werden kann. Dabei kommt es auch ein bißchen auf die Persönlichkeit der beiden Moderatoren an. Wie auch immer die Verteilung der Rollen aussehen mag: Einer der beiden muß der „Führer“ sein, der andere der „Folger“. Nicht jeder ist von seinen Charaktereigenschaften her als „Führer“ geeignet. Auch die Rolle als „Folger“ kann schön sein, denn sie erlaubt, die oft große Klappe des „Führers“ durch Wortgewandtheit und Schlagfertigkeit zu erlegen. Der Fachausdruck für den Führer ist „Anchorman“. Der Folger wird in der Regel als „Sidekick“ bezeichnet. Selbst, wenn vor der ersten Sendung kein Gedanke an eine Rollenaufteilung verschwendet wurde, wird sich meistens schon nach kurzer Zeit eine Rollenaufteilung ergeben.

In der Frühsendung von SR 1 gibt es ebenfalls Doppelmoderationen, unterteilt in U und I: Unterhaltung und Information. Während der eine die Unterhaltungsthemen vermoderiert (z. B. Wetter, Fußball-Ergebnisse, Musikmoderationen), kümmert sich der andere um die Informationsthemen und führt Interviews mit Korrespondenten, moderiert „harte“ Beiträge an und ab und bewahrt sich dadurch die Kompetenz des Seriösen.
Denkbar ist auch die Konstellation zwei gegen einen. Dabei vereinen sich die Moderatoren und richten sich gegen einen Dritten, meist gegen einen Hörer. „Flashlight“ wäre hierfür das passende Beispiel, das es aber leider nicht mehr zu hören gibt. Eine Variante ist die Anfeindung der beiden Moderatoren untereinander, wobei meist das „Opfer“ Partei für die Hörer ergreift und so die Sympathie der Masse wieder auf sich lenkt. Ein Beispiel hierfür – leider auch aus der Vergangenheit – wäre „0138-6000“ von hr3, eine Sendung, in der sich die beiden Moderatoren (zunächst Lars Cohrs und Peter Lack, später Marcus Rudolph und Peter Lack) auch gegenseitig aufgezogen haben. Die Erläuterung einzelner Strategien führt hier zu weit; über Doppelmoderationen gibt es eigene Bücher und Seminare. Hier soll es nur um die Grundlagen und den Aufbau von Doppelmoderation gehen, denn als Anfänger wirst Du wahrscheinlich nicht mit einer Doppelmoderation zu tun haben. Sie ist eine anspruchsvolle Technik, die einige Übung erfordert.

Nicht jede Moderation muß witzig sein. Was in der Solo-Moderation ein Moderator allein übernimmt, müssen sich in der Doppelmoderation zwei Moderatoren aufteilen, auch ohne Witze dabei zu machen. Bei der Anmoderation eines Beitrags gilt es, sich abzuwechseln und eine Szene vorzuspielen. Bleiben wir bei dem Beispiel mit den Mexikanern und den Operationen. Natürlich kann eine Anmoderation zum Interview so aussehen:

Moderator 1: In Mexiko ist ganz schön was los. Da lassen sich die Leute operieren, weil sie so aussehen wollen, wie Europäer.
Moderator 2: Bei uns am Telefon ist Harald Weiß, Korrespondent in Mexiko. Herr Weiß,...

Das kann auch ein Moderator allein. Sinn und Zweck einer Doppelmoderation ist aber die Unterhaltung, und die vermittelt sich nur durch Rollen. Der Klassiker dabei: die Aufteilung in „Dummi" und „Schlaumeier":

Moderator 1: Sag mal, jetzt wo ich dich so von der Seite sehe... Ist dir schon mal aufgefallen, daß du eine total schiefe Nase hast?
Moderator 2: Was, ich?
1: Ja, natürlich du! Du hast einen riesigen Zinken im Gesicht, und der ist krumm und schief! Laß dich mal operieren.
2: Um Gottes Willen! Ich laß mich doch nicht operieren. Weißt du denn, was das kostet...?
1: Du kannst ja nach Mexiko gehen.
2: Wieso nach Mexiko?
1: Da lassen sich gerade reihenweise die Leute operieren, vor allem die Jüngeren, damit sie so aussehen, wie Europäer.
2: Wieso denn das? Sind die verrückt?
1: Na ja, ein bißchen vielleicht. Fragen wir mal Harald Weiß. Sie sind gerade in Mexiko. Warum lassen sich denn so viele Mexikaner operieren?

Die Verteilung der Rollen ist hier eindeutig: Moderator 1 ist der Schlaue, der über alles Bescheid weiß und Moderator 2 der Unwissende, ohne den Moderator 1 nicht funktionieren kann. Allein ist er aber auch hilflos, denn wie will ein Dummi mir als unwissendem Hörer ein Thema verkaufen, wenn er selbst offensichtlich keine Ahnung davon hat?
Den schlimmsten Fehler, den Moderator 2 hier hätte machen können, wäre, den Korrespondenten anzumoderieren. Dann würde er sich in

letzter Sekunde doch als Wissender zu erkennen geben (denn er weiß ja plötzlich von dem Korrespondenten) und seiner Rolle widersprechen. Es wird hier auch deutlich, daß Moderator 1 der Anchorman ist, während 2 die Rolle des Sidekicks einnimmt.

Wichtig ist auch der Dialog zwischen den Moderatoren. Sie müssen sich gegenseitig Stichworte geben, auf die der andere dann jeweils eingeht. „Bälle zuwerfen" heißt es in der Moderatorensprache. Eine Doppelmoderation muß vor Beginn der Moderation durchgesprochen sein. Es muß klar sein, wer einsteigt, wer was sagt und wer aussteigt. Sich auf all diese Dinge zu konzentrieren, ist nicht immer einfach. Mir ist es oft so gegangen, daß ich mich nach etwa zwei Stunden Sendung nicht mehr konzentrieren konnte und meine Co-Moderatorin dadurch in ziemlich blöde Situationen gebracht habe, weil ich meine Einsätze vergaß oder ihre Dialogteile übernahm. Sie mußte On Air dann meine Fehler ausbaden (Sorry, Laura!). Das kann mal passieren, darf aber nicht. Wenn es passiert, ist es die Aufgabe des anderen, ihn aufzufangen und die Moderation „herumzureißen". Es kann immer mal vorkommen, daß ein Moderator den Faden verliert und nicht mehr zurückkommt. Der andere wird dies entweder sofort merken oder spätestens dann feststellen, wenn der „Verlorene" wild mit den Armen rudert und seinem Kollegen einen fragenden Blick zuwirft. Optische Signale sind für die Verständigung bei einer Doppel-Moderation unglaublich wichtig. Sie funktionieren wie eine Sprache und sollten deshalb von beiden „gesprochen" und verstanden werden. Ganz oft läßt sich beobachten, daß sich Moderatoren während einer Doppelmoderation gegenseitig ansehen und sich tatsächlich unterhalten. Man dreht sich instinktiv zum anderen hin, gestikuliert und sucht den Blickkontakt. Die Hörer sehen das zwar nicht, spüren aber unterschwellig die Natürlichkeit, die sich dadurch vermittelt.

Der wichtigste Faktor, der über die Qualität einer Sendung in Doppelmoderation entscheidet, ist der Wille der Beteiligten. Moderatoren, die sich persönlich sympathisch sind und sich mögen, werden sicherlich viel Spaß miteinander haben. Rein beruflich, versteht sich. Gerade die Einteilung in Doppelmoderation hat zur Folge, daß sich beide sehr schnell sehr gut kennenlernen. Die Beziehung, die dadurch entsteht, wird weitaus intensiver als zu anderen Kollegen. Die Co-Moderatorin, mit der ich über ein Jahr lang die Frühsendung bei mit der ich über ein Jahr lang die Frühsendung bei DASDING moderiert habe, und ich haben uns oft privat getroffen. Wir sind zusammen Einkaufen gegangen und haben zusammen gekocht. Sie hatte mich zu Hause besucht und mir die Achselhaare rot gefärbt. Ich habe ihr mit meinem Shampoo ausgeholfen, weil ihres leer war. Es war eine wirklich lustige Zeit, die wir privat miteinander verbracht haben. Und trotzdem hatte jeder sein eigenes Leben, und gelaufen ist zwischen uns auch nie etwas. Umgekehrt ist es mir auch passiert, mit jemandem zusammen moderieren zu müssen, mit dem ich absolut nicht klarkam. Nun kann man einen hohen Anspruch haben und sagen, als Profi müsse man auch mit solchen Kollegen klarkommen. Jein. Zum einen ist man mit Anfang 20 (also zu Beginn der Karriere) noch kein Profi, und zum anderen hat Sympathie oder Antipathie nichts mit Professionalität zu tun. Profi hin oder her – ich bin trotzdem ein Mensch, der andere ist es auch, und nicht jeder Mensch kommt mit jedem anderen sofort zurecht, nur weil er beruflich ein Profi ist.

Wenn man aber davon ausgeht, daß man mit jemandem zusammen moderiert, den man auch menschlich gut leiden kann, dann kann man schon sagen, daß die Qualität der Sendung steigt je länger man zusammenarbeitet. Diese Entwicklung geht schneller, als wenn jeder für sich allein arbeiten würde. Man lernt schnell, sich auf den anderen einzulassen und lernt, wo dessen Stärken und Schwächen liegen. Private (freundschaftliche) Beziehungen zueinander bauen sich ziemlich schnell auf.

Moderatoren, die sich persönlich nicht leiden können oder aus anderen Gründen keine Lust aufeinander haben, werden dagegen im Studio den blanken Horror erleben.
Wie gesagt: Auch das ist mit passiert. Es ging auch um die Frühsendung, allerdings mit einer anderen Kollegin. Wir hatten beide keine Lust aufeinander und informierten unabhängig voneinander unsere Chefs darüber, daß wir nicht mehr miteinander arbeiten wollten und konnten. Sie sind auf diesen Wunsch aber nicht eingegangen, teilten uns für die nächste Woche wieder zusammen für die Doppelmoderation ein, und so kam, was kommen mußte.
In unserem gegenseitigen Zorn aufeinander dauerte es nicht lange (etwa drei Tage), bis die Situation eskalierte. On Air war davon nichts zu

hören, aber kaum, daß das Mikrofon zu war, brüllten wir uns noch an. Der Höhepunkt war eine Zeitmoderation von ihr, die mich auf die Palme brachte: „7 Uhr 36, 5 nach halb 8.“. In diesem Moment hätte ich platzen können und stand ganz kurz davor, während der laufenden Sendung aufzustehen und zu gehen. Die Sendung ging vorüber und die Woche auch. Es war die letzte, die wir gemeinsam miteinander moderieren mußten. Der Dienstplan für den nächsten Monat war wie Urlaub.

Es ist eine unabdingbare Voraussetzung, daß beide Moderatoren die Sendung aus freien Stücken zusammen moderieren, sich auf die Rollenverteilung und auf die Verteilung von Anchorman- und Sidekick-Position einig werden und auch dabei bleiben. Doppelmoderation kann auch nur dann funktionieren, wenn sich beide Moderatoren bereits einige Zeit kennen und im Off geübt haben, bevor sie zum ersten Mal gemeinsam in die Sendung gehen. Die Koordination dieser Voraussetzungen ist Sache der Programmleitung.

Eine Doppelmoderation ist um einiges anspruchsvoller und schwieriger als Solo-Moderation. Der Umstieg von Solo auf Doppel geht nicht von heute auf morgen. Jeder Einzelne muß lernen, sich selbst zurückzunehmen. Schließlich muß der andere ja auch noch etwas sagen. Es gilt, manchmal auf Gags oder witzige Einlagen zu verzichten, um die Rollenaufteilung nicht zu sprengen. Der Wortanteil jedes Einzelnen wird auf die Hälfte reduziert. Du mußt in einer Doppelmoderation immer für den anderen mitdenken und den gesamten Dialog im Kopf haben. Du mußt Dich mit Deiner Rolle vollständig identifizieren können, sonst entstehen Lücken, die On Air natürlich zu hören sind und aufmerksamen Hörern sofort auffallen.
Gerade weil die Doppelmoderation so schwierig ist, gibt es auch hierüber, wie schon erwähnt, ganze Seminare. Alle Tricks und Kniffe hier darzulegen, ist weder möglich noch nötig. Wenn Du aber Talent beweist und Hartnäckigkeit und Ausdauer investierst, wirst Du vielleicht selbst irgendwann einmal Teil einer Doppelmoderation. Und mit dem richtigen Moderationspartner macht sie unglaublich viel Spaß. Noch mehr als die Solo-Moderation.

7 Strukturen und Hierarchien

Der Januar und damit das letzte Jahr, in dem wir noch mit echtem Geld bezahlen dürfen, hat gerade angefangen. Es ist eiskalt draußen, und die Sommerreifen meines kleinen Autos mußten sich mühevoll durch den oberbayerischen Schnee kämpfen. Der erste Tag ist immer blöd.
Es ist der erste Tag von zwei Monaten, die ich in Ismaning bei Antenne Bayern verbringe. Ich kenne das Programm nicht so gut, habe zu Hause meistens andere Sender gehört. Einmal, weil mich das Programm von Antenne Bayern nicht gerade vom Stuhl gehauen hat, und dann, weil ich Antenne Bayern zu Hause, 15 km nördlich von Frankfurt, auch nicht besonders gut empfangen habe. Ich habe mir aber ein Volontariat in den Kopf gesetzt und keine Lust aufs Studieren. Die öffentlich-rechtlichen Sender wollten aber alle ein abgeschlossenes Studium als Voraussetzung für ein Volontariat. Die Privaten nicht, und da dachte ich mir: Wenn schon Volontariat bei einem Privatsender, dann wenigstens bei einem renommierten.

Die Begrüßung hier im Sender ist nicht gerade umwerfend, aber OK. Mein neuer Chef, sein Stellvertreter und andere Mitarbeiter schenken mir keine besondere Beachtung. Das gibt mir die Gelegenheit, die Atmosphäre zu beobachten. Die alterlichen Unterschiede sind enorm. Ich bin 21, die anderen locker fünfzehn, zwanzig Jahre älter. Sie unterhalten sich über Schwangerschaftsstreifen, Grundschullehrer und Aktien – Themen, zu denen ich überhaupt keinen Bezug habe. Ein paar der Namen kenne ich natürlich. Ganz so neu ist mir Antenne Bayern nicht; ich habe mich die letzten Wochen schon sehr genau informiert, wer hier arbeitet, wer hier was macht, habe deren Homepage komplett zerpflückt und versucht, ein Gefühl für das Programm zu bekommen.
Es ist sehr groß hier, sehr hell, und es ist deutlich zu erkennen, daß es diesem Sender finanziell offenbar sehr gut geht. Dennoch: Es ist Privatfunk, und bislang kenne ich nur öffentlich-rechtliches Radio.

Punkt neun, die Konferenz beginnt. Etwa zwei Stunden lang wird alles genau durchgekaut, jeder ist plötzlich ungeheuer wichtig und muß ir-

gend etwas zum Gespräch beitragen. Der Redaktionsleiter, sein Stellvertreter und der Programmdirektor bilden anscheinend den wichtigsten Kern. Sie analysieren und diskutieren, und ich komme mir ziemlich klein vor. Unruhig rutsche ich auf der Fensterbank hin und her. Ein Praktikant setzt sich natürlich nicht auf einen Stuhl. Zumindest nicht bei Antenne Bayern. Leider fängt mein Hintern so langsam an zu frieren, denn die Fensterbank nimmt die Kälte von draußen an. Konferenzen kenne ich bisher nur als Konferenzen im Stehen, die meistens eine Viertelstunde dauern. Es ist halb elf durch. Seit neun Uhr sitze ich hier und lasse die Diskussion über scheinbar unlösbare Probleme über mich ergehen. Mein Kaffee ist längst kalt geworden, und der Zucker hat sich am Boden der Tasse abgesetzt. Die Flüssigkeit jagt mir einen kalten Schauer über den Rücken. Als ich die Tasse wieder absenke und aufblicke, ist der Raum nur noch zur Hälfte gefüllt. Die wenigen Mitarbeiter, die noch drin sind, knäueln sich vor der Tür und schieben sich nach draußen. Geschafft. Endlich raus hier. Ich springe von der Fensterbank und schleppe mich in die Großraumredaktion. Keiner scheint von mir Notiz zu nehmen.
Ich lasse mich auf einen freien Stuhl fallen. Mein Blick schweift durch den Raum. Schön sieht's hier aus, irgendwie gemütlich. An nahezu jedem Schreibtisch steht ein großer Blumenkübel. Die Blätter der Palmen lassen den Raum wohnlich erscheinen. Aus dem Milchglasfenster in der Decke fällt seichtes gelbliches Licht. Ich bin schon ziemlich beeindruckt von dem ganzen hier. Daß der Schein trügt, ist mir im Moment noch nicht bewußt, an dieser Stelle aber auch unwichtig.

„Ralf?“
Ein kleiner schlanker Mann kommt auf mich zu. Seine Augen sind weit aufgerissen, seine Mundwinkel sollen wohl ein Lächeln darstellen.
„Raphael“, korrigiere ich ihn höflich.
Er fordert mich auf, Veranstaltungstips zu schreiben und drückt mir einen Stapel Flyer von verschiedenen Bars, Konzerthallen und Theatern des ganzen Bundeslandes in die Hand.
Kaum, daß er mich mit Arbeit versorgt hat, pfeift er auch die übrigen Kollegen zu sich und teilt ihnen Aufgaben zu. Einer soll sich um die Pressekonferenz des Bauernverbandes kümmern, der nächste soll im Zuge der BSE-Krise ein Interview mit der Verbraucherzentrale anleiern,

und was die anderen machen sollen, kriege ich nicht mehr mit, weil ich bereits meine Veranstaltungstips schreibe.
Der kleine schlanke Mann hat seinen Platz in der Mitte des Raumes. Er ist diese Woche der ProKo, der Programmkoordinator. Bei DASDING hieß ein ProKo „Layouter". Von anderen Sendern kenne ich die Bezeichnung „CvD", also „Chef vom Dienst".

Als Neuling in ein geschlossenes System einzudringen, ist nicht einfach. Der Vorteil ist aber, daß man sehr schnell merkt, wer hier was zu sagen hat. Halte Dich immer daran. Wenn Du irgendwo neu bist, ist es zunächst einmal komplett egal, wo Du vorher warst und welchen Status Du dort hattest. Es ist erst einmal egal, ob Du Vorkenntnisse hast oder nicht. Bist Du irgendwo neu, stehst Du auf der Leiter der Hierarchie ganz unten. Alle anderen, und seien sie noch so eingebildet, haben mehr zu sagen als Du. Lehne Dich nicht dagegen auf, sonst bist Du schneller weg als Du gekommen bist.
Dies gilt natürlich in erster Linie, wenn Du als Praktikant anfängst. Je mehr Vorerfahrung Du hast, desto schneller steigst Du auf, aber trotzdem stehst Du erstmal unten und mußt Dich in dem Rahmen beweisen, der Dir zugewiesen wird. Ich konnte mich damals nur schwer in dieses Antenne Bayern-System einfinden, weil ich von DASDING ein völlig anderes Arbeiten gewöhnt war. Außerdem trugen sich im Laufe der zwei Monate, die ich dort war, Dinge zu, die im Ergebnis dazu geführt haben, daß die mich nicht wollten und ich die nicht wollte. Es geht mir einfach gegen den Strich, auf Pressekonferenzen zu rennen, wenn es einzig darum geht, daß abends in der Tagesschau das „Antenne Bayern"-Mikro zu sehen ist oder Straßenumfragen so zu frisieren, daß sie inhaltlich in eine ganz bestimmte Richtung gehen. Mit Journalismus hat das meiner Meinung nach jedenfalls nichts zu tun.

Einige Monate später, durch einen Zufall, bin ich wieder bei DASDING. Sandra nervt mich. Sie will, daß ich einen Hörer *so* anrufe und nicht *so*. Eine Diskussion entfacht, ein Streit entsteht daraus. Sie ist Musikredakteurin, ich bin Moderator. Sie ist mir keine Vorgesetzte. Als sie damals zu DASDING kam, war ich bereits zweieinhalb Jahre da und weiß inzwischen sehr genau, was ich tue und warum ich es so tue und nicht anders.

Alle in der Großraumredaktion kriegen den Streit mit. Nicht, daß es mir Spaß machen würde, mich in der Redaktion zu streiten, aber es kam nun mal so. Katja, die Neue, schaut von ihrem Platz auf. Sie ist erst seit ein paar Wochen bei DASDING und war vorher noch nie bei einem Radiosender. Ich kann mich nicht erinnern, daß sie sich bei mir überhaupt vorgestellt hat. Mir selber und anderen Kollegen ist sie durch ihr doch sehr forsches Verhalten bereits aufgefallen, um es milde auszudrücken.

Das Streitgespräch zwischen Sandra und mir ist in vollem Gange. Ich versuche, die Diskussion abzubrechen, weil ich kein Kindermädchen brauche. Und schon gar keins, das Sandra heißt, weil ich aus verschiedenen Gründen von ihr ohnehin nicht besonders viel halte.

Gerade will sie erneut ansetzen, da kommt Katja aus der Ecke hervorgeschossen und mischt sich ein: „Ja, Raphael, dann mach es halt so. Alle anderen schaffen es ja auch, nur Du nicht."

Jetzt bin ich sprachlos. Kennt mich gar nicht, weiß gar nicht, worum es geht und hat von Radio überhaupt keine Ahnung, aber gibt ihren Senf dazu. Ich bin so überwältigt von dieser Unverschämtheit, daß mir wirklich die Worte fehlen.

In dem Moment dreht mir Sandra den Rücken zu und stampft schnaufend an ihren Platz zurück. Noch ehe ich mich Katja zuwenden kann, hat auch sie sich wieder verkrochen. No-Go!

Wir sind in einem Radiosender und nicht auf dem Schulhof. Ich beobachte das bei anderen Kollegen auch. Jeder fühlt sich angegriffen, wenn ein Neuling, der möglicherweise noch nie beim Radio war und keinerlei Erfahrung mitbringt (ergo: auf der Hierarchietreppe ganz unten steht), den Mund am weitesten aufreißt. Das gehört sich einfach nicht. Es gibt bestimmte Strukturen innerhalb eines jeden Betriebs, die es unbedingt einzuhalten gilt. Zugegeben: Je größer der Betrieb, desto schwieriger und undurchschaubarer wird die Hierarchie. Aber es gibt sie. Ob sie immer gerecht sind, ist eine andere Frage. Grundsätzlich gilt (und das gilt überall): Je länger ein Mitarbeiter für dieses Unternehmen arbeitet, desto weiter oben auf der Leiter steht er. Bei den Gorillas nennt man sie „Silberrücken". Ob die Besetzung dieser Position immer so gerechtfertigt ist, ist eine andere Frage. Ein gesunder Respekt vor langjährigen Mitarbeitern („alten Hasen") ist aber schon wichtig – und das gilt nicht nur dann, wenn man Praktikant ist.

Es gibt einen Trick, um im Vorfeld schon herauszufinden, wer was zu sagen hat. Bevor Du Dich irgendwo bewirbst, hörst Du den Sender ja. Es ist vielleicht nicht gerade der Lokalsender bei Dir vor der Haustür, sondern ein Sender mit Sitz in einem ganz anderen Bundesland. Kabelanschluß, Satellit und Internet ermöglichen es Dir aber in den meisten Fällen, den Sender, auf den Du es abgesehen hast, auch zu hören. Je vertrauter Dir der Sender ist, desto einfacher wirst Du es haben, hineinzuwachsen. Du wirst auch schnell feststellen, wer zu den „alten Hasen" zählt. Das ist meistens eine äußerst kleine Zahl an Leuten. Vielleicht sind es nur drei, vielleicht auch nur zwei, vielleicht sogar nur einer. Schau Dir die Internetauftritte „Deiner" Sender an. Schau Dir besonders die Mitarbeiterseite an und lies, was diese Menschen dort schreiben. Dies sagt meistens schon recht viel über deren persönliche Gesinnung oder über die des Senders aus. Auf der Seite von R.SH beispielsweise stand lange Zeit bei jedem Mitarbeiter der Satz „Meine Schleswig-Holstein-Top 3". Dies zeigt, daß R.SH sehr auf Regionalkompetenz setzt und versucht, seine Hörer über das Zugehörigkeitsgefühl zu „seinem" Bundesland zu bekommen. Als Nicht-Schleswig-Holsteiner wirst Du Dich also bemühen müssen, trotzdem akzeptiert zu werden (so ähnlich ging es mir übrigens als Nicht-Bayer bei Antenne Bayern).

Du wirst feststellen, welche Mitarbeiter neu sind und welche schon immer da waren und vermutlich auch bis zur Rente da bleiben. Solchen Kollegen solltest Du unbedingt mit allerhöchstem Respekt begegnen. Es wird eine Weile dauern und unglaublich stark von Dir selber abhängen, ob Dich solche Leute akzeptieren oder nicht. Alte Hasen sind wertvoll. Sie kennen den Sender schon seit Jahren, kennen sich mit den Betriebsabläufen aus, wissen genau, wer mit wem kann und wer nicht, haben schon jede Menge Stories erlebt und unglaublich viel Erfahrung. Von ihnen kann man eine Menge lernen, wenn man sich ihnen gegenüber angemessen verhält. Als Tip kann ich nur wiederholen, was ich ganz zu Anfang schon gesagt habe: Arbeitsbereitschaft zeigen, freundlich sein – nicht schleimen. Wenn Du das Gefühl hast, so jemanden zu nerven, dann laß ihn in Ruhe. Wenn Du Interesse an ihm hast, dann beobachte ihn vorsichtig, und es wird sich irgendwann die Gelegenheit ergeben, in der Du Dich mit ihm unterhalten kannst. Erzähle von Dir und frage ihn alles, was Dich interessiert.

Wenn Du Deine potentiellen Kollegen bereits im Vorfeld kennst, wirst Du es leichter haben, dich zu integrieren. Ich kannte bei Antenne Bayern damals die wenigsten, und selbst die nur vom Namen her.
Bei DASDING dagegen kannte ich 1998 keinen einzigen, dafür aber nahezu alle Moderatoren und Redakteure von SWF3. Damals hingen beide Programme noch recht eng zusammen. Mittlerweile haben sich beide sehr weit voneinander entfernt. Nicht nur organisatorisch und programmlich, auch räumlich. Ich fühlte mich damals schnell wohl, weil mir Viele vertraut vorkamen. Die Namen waren mir geläufig, und es war jedes Mal ein großes Erlebnis, wieder jemanden persönlich kennenzulernen, den ich bisher nur aus dem Radio kannte, weil die Gesichter zu den Stimmen dann meistens doch anders aussehen, als ich sie mir vorgestellt hatte.
Du wirst sehr schnell feststellen, ob Du in diesem Job eine Zukunft hast und ob Du ihn weitermachen möchtest. Du wirst schnell feststellen, ob Du in diesem Job auf- oder eingehst. Gehen wir von ersterem aus. Die anfängliche Begeisterung, endlich beim Radio zu sein, wird so stark sein, daß Du wie von selbst alles wissen und erfahren willst. Beobachte genau, was um Dich herum geschieht und wer was zu sagen hat. Es ist, wie bereits erwähnt, nicht immer einfach, die Hierarchien zu durchschauen. Mit der Zeit wirst Du selbst Gegenstand von ihr, ohne es zu merken. Du bleibst bei dem Sender, arbeitest immer mehr, wirst mit anderen Aufgaben betraut und gewinnst eine gewisse Kompetenz. Irgendwann stehst Du selbst oben, siehst Dich um und erkennst, daß Du hier alles erreicht hast, was Du hier erreichen konntest. Dann ist der Zeitpunkt gekommen, sich nach einem anderen Sender umzuschauen – wenn Dir der Sinn nach Veränderung steht. Du wirst dann zwar auch unten anfangen, hast aber, bedingt durch Deine Vorkenntnisse, einen anderen Status als ein Praktikant, der zwar zur selben Zeit anfängt wie Du, vom Radio aber gar keine Ahnung hat. Es geht um die Anfangszeit, die bekanntlich immer die schwerste und unbequemste ist.

Die Struktur des Personals und die damit verbundene Position jedes Einzelnen innerhalb einer Abteilung hängt auch stark von der Gesellschaftsform des Senders ab. Öffentlich-rechtliche Sender sind komplizierter strukturiert als private. Bei öffentlich-rechtlichen gibt es eine Personalabteilung, an deren Spitze ein Personalchef steht. Es gibt einen Fernsehdirektor, einen Hörfunkdirektor oder beides zusammen, oft

noch mehrere Chefredakteure, Wortchefs, Musikchefs, Ressortleiter und andere Leute, die etwas zu entscheiden haben. Dein Chef ist zwar innerhalb Deiner Abteilung Dein Vorgesetzter und damit derjenige, dessen Anweisungen Du (zumindest im groben) Folge leisten solltest. Ob Dein Chef nun eine Funktion als Redaktionsleiter, Wellenleiter, Programmchef oder Programmdirektor hat, ist dabei völlig egal. Halte Dir bei all seinen Entscheidungen, gleich, ob Du sie befürwortest oder ablehnst, immer vor Augen, daß Dein Chef in der Struktur des gesamten Senders nur eine mittelgroße Rolle spielt. Ich habe es selbst erlebt, daß einem meiner Chefs am Stuhl gesägt wurde. Er wußte das, wir innerhalb der Redaktion wußten es auch, und unser Chef wußte, daß wir es wußten. Das war keine schöne Zeit. Bequem war sie. Unser Chef hatte mit einem Male andere Probleme, als Mitarbeiter in den Redaktionskonferenzen vor versammelter Mannschaft zu schikanieren. Aber die Stimmung war seltsam.
In so einem Moment fühlt man sich selbst gestärkt. Dein Chef ist Dein Chef, aber auch nicht mehr. Auch er hat einen Chef, und dieser wiederum.

Ich weiß heute nicht mehr genau, um was es ging. Es geschah allerdings zu genau dieser Zeit. Ja, ich hatte was ausgefressen. Der bevorstehende Anschiß, der sicherlich kommen würde, käme also nicht überraschend. Ich mußte etwas fotokopieren und hatte noch überlegt, ob ich jetzt gehen oder noch ein bißchen warten soll. Ich ging gleich, und das war ein Fehler.
Der Kopierer steht vor seinem Büro. Es kann also gut sein, daß ich ihn treffe, und ich weiß genau, daß er mich zusammenfalten wird, wenn er mich sieht. Egal, ich gehe jetzt. Schließlich bin ich ja darauf vorbereitet und heute absichtlich im Anzug erschienen. Für den Moderator eines Jugendsenders nicht gerade die typische Arbeitskleidung. Hatte ich aber schon oft gemacht, mein Kleidungsstil ist ohnehin äußerst individuell, deshalb haben sich die Kollegen bis auf die üblichen Blicke und Kommentare („Wie siehst'n du aus?") auch weitestgehend zurückgehalten.
Aus dem Kopierer tritt ein heller Lichtstrahl, der sich rasch nach rechts bewegt. Mach schneller, bevor der kommt.
„Ach, Raphael!"
Zu spät.

Ich schnappe nach Luft. Er lächelt mich freundlich an, als sei ich die Frau, die er immer heiraten wollte.
„Kommst du gleich mal, bitte?"
„Natürlich", entgegne ich in ebenso freundlichem Tonfall. „Fünf Minuten."
„Ja ja", grinst er mir frech entgegen. „Nur keine Eile."
Tyrann.
Ich entreiße dem Kopierer die Vorlage, greife nach den noch warmen Papierbögen und verschwinde damit wieder in der Redaktion. Mein Producer stürzt auf mich zu und drückt mir einen endlosen Satz von Neuigkeiten entgegen. Mit einem Ohr höre ich zu. Er erzählt etwas von einem Rückruf, einem Termin, einem Beitrag, den jetzt doch eine andere Sendung bekommt und einem noch offenen Beitragsplatz.
Ich versuche, ihn zu beruhigen und bitte ihn, das mit dem CvD abzuklären. Er ist enttäuscht, weil er damit gerechnet hatte, daß ich mich um die Sendung kümmern würde. Er mault etwas von wegen er müsse alles allein machen und alles würde an ihm hängen bleiben. „Ich muß mal eben zum Chef", sage ich entschuldigend, lege die Fotokopien in meinen Koffer und verlasse den Raum wieder.
Er und sein Stellvertreter sitzen bereits in seinem Büro und warten auf mich.
„Raphael, jetzt war ich mal ein paar Tage weg, und kaum komme ich wieder, was muß ich denn da hören?"
Klasse. Der andere hat gepetzt. Völlig unnötig. Er hätte auch einfach mal das Maul halten können. Jetzt sitzt er mir schräg gegenüber und tut so, als könne er kein Wässerchen trüben.
Was folgt, ist ein etwa 15minütiger Monolog, vollgepackt mit übertriebenen Vorwürfen, Anschuldigungen und Drohungen. Er kritisiert mein angeblich so „unmögliches Benehmen" und daß ich „selbständig programmverändernde Maßnahmen durchgeführt" hätte. Er droht mir wieder einmal mit Rausschmiß und damit, meinem Chef bei dem anderen Sender, für den ich noch arbeite, Bescheid zu sagen. Es gefällt ihm nicht, daß ich mit Anzughose, Hemd und Krawatte zurückgelehnt und entspannt in seinem Büro sitze und mir nichts aus seiner Schelte mache. Ich bin um einiges geschmackvoller gekleidet als er, habe die besseren Argumente und weiß um seine derzeitige (äußerst brenzlige) Situation, und offen gestanden fällt es mir in diesem Moment wirklich schwer, ihn ernst zu nehmen.

Während seine Beschuldigungen und Drohungen wie seichte Watte auf mich niederprasseln, nicke ich langsam und beständig. Das macht ihn verrückt. Seine etwas schiefe Nase leuchtet hellrot. Wie immer, wenn er wütend ist. Ich weiß genau, daß er selber gerade ziemlichen Ärger hat und jeden Tag mit seiner eigenen Kündigung rechnen muß. Daß der kleine Gensert wieder ein Ding gebracht hat, kommt ihm natürlich wie gerufen, denn es bietet ihm die Gelegenheit, von seinen eigenen Problemen abzulenken und sie auf mich zu projizieren. Irgendwie bedauere ich ihn.

Nichtmal zwei Wochen später war er weg. Der Grund hatte nicht das Geringste mit mir zu tun.

Bis zu dem Tage, an dem seine Kündigung bekanntgegeben wurde, hatte ich vor meinem Chef einen riesigen Respekt. Wohl hatte ich mich ab und zu mit ihm in der Wolle, aber seine eigentlich so geringe Bedeutung für den Sender war mir nie bewußt. Ein Chef ist ein Chef, aber nicht mehr. Er ist nicht Gott. Respektiere ihn, ja, aber laß Dir nichts gefallen. Heute kann ich sagen, daß ich viel zu lange viel zu still war. Ab und zu muß man auch mal etwas riskieren. Wer immer nur in die Fußstapfen anderer tritt, kann nie seinen eigenen Weg gehen.

Letztens bin ich im Zug gefahren und dabei auf einen Spruch gestoßen, der auf einer Werbefläche für Eisenbahnwerbung stand:

Sage nicht immer, was du weißt. Aber wisse immer, was du sagst.

Ein sehr weiser Aphorismus von Matthias Claudius, einem deutschen Dichter des 18. und 19. Jahrhunderts. Ein Chef ist zerbrechlich und letztlich in der Hierarchie des Senders ziemlich weit unten. Mag sein, daß Du selbst in der Hierarchie der Redaktion ganz oben stehst. Auf einer Ebene mit dem Chef wirst Du wahrscheinlich nie sein. Es sei denn, Du bist der geborene Schleimer, der sein eigenes Ich aufgibt, um dem Chef in den Arsch zu kriechen. Es gibt solche Leute, ich kenne solche. Die sind allerdings sehr schnell sehr einsam. Und zu etwas gebracht haben sie es auch nicht.

Hätte sich diese Geschichte bei einem Privatsender zugetragen, wäre er vermutlich schneller verschwunden. Und ich wohl auch. Bei Privatsendern gibt es zwar keinen Hörfunkdirektor und keinen Intendanten, dafür aber einen Geschäftsführer, einen Aufsichtsrat und vielleicht sogar noch Vorstandsvorsitzende. Ein privater Radiosender ist meistens Teil einer großen Gruppe von Medien, die sich zu einem Konzern zusammenschließen. Kaum ein ernstzunehmender privater Radiosender existiert autonom. Trotzdem kann sich ein Programmchef nicht alles erlauben, auch wenn er sich manchmal so aufführt. Das kann in den meisten Fällen nicht einmal der Geschäftsführer.

Je länger und öfter Du für einen Sender arbeitest (gleich, ob es sich um einen öffentlich-rechtlichen oder einen privaten handelt), desto schneller wirst Du die inneren Strukturen verstehen. Grob betrachtet läßt sich in zwei Teile unterscheiden: Den einen Teil bildet die Redaktion mit allen Mitarbeitern, zu denen Du auch gehörst. Den anderen Teil bildet die Chefetage. Allerdings wirst Du nur einen ganz kleinen Ausschnitt dieses Teils kennenlernen: Deine Chefs. Alle anderen, die im Hintergrund agieren, wirst Du in den seltensten Fällen kennenlernen. Aber es gibt sie, und ich halte es für wichtig, von deren Existenz zu wissen. In diesen zweiten Teil, den Chefteil, einzudringen, ist unglaublich schwierig und gefährlich. Chefs sind Menschen und machen Fehler. Nur werden sie sie nicht gern zugeben, denn sie sind ja schließlich die Chefs. Wenn ein „kleiner“ Mitarbeiter aus der Redaktion einen Blick in die Welt der Chefetage wirft, kann es sein, daß er dabei auf Fehler seitens der Chefetage stößt. Jeder Chef will das natürlich verhindern, denn er will sich ja nicht angreifbar machen. Die logische Konsequenz daraus: Er wird den „kleinen“ Mitarbeiter so klein wie möglich halten und dafür sorgen, daß er nie „groß“ wird. Bevor ich mißverstanden werde, sei an dieser Stelle folgende Bemerkung eingeschoben: Das klingt zwar alles sehr pauschal und sehr nach Abrechnung (wer sich angesprochen/angegriffen fühlt, der fasse sich an seine eigene, hellrot leuchtende Nase), entspricht aber der Wahrheit. Mir geht es nur darum, zu verhindern, daß ein Neuankömmling einen Chef als Halbgott betrachtet und ihm wie ein Lemming hinterherrennt ohne selber zu denken – auch, wenn manche Chefs das gerne hätten. Chefs haben ebenfalls Chefs, und diese wiederum. Nur vergessen das manche ganz gerne mal.

Durchschaue die Strukturen. Lerne, sie zu verstehen, aber versuche nie, sie zu ändern. Versuche, Dich in Deinem Bereich so weit wie möglich hochzuarbeiten und Dir Respekt zu verschaffen. Arbeite viel, arbeite verdammt gut und bemühe Dich, zu einem Experten auf einem Gebiet zu werden. Je besser Du in Deinem Job bist, desto stabiler ist er und desto resistenter bist Du gegen Angriffe seitens der Chefetage. Wichtig ist auch, bei einflußreichen Leuten (z. B. den weiter vorne erwähnten „alten Hasen“) einen guten Eindruck zu hinterlassen. Je mehr Leute derselben Hierarchieebene Du auf Deiner Seite hast, je mehr Mitstreiter Du hast, desto besser wird Deine Verhandlungsposition, wenn's mal darauf ankommt.

Ich habe lange überlegt, ob ich noch etwas zum Thema Aircheck schreiben soll. Schließlich besteht der primäre Sinn und Zweck dieses Buches darin, zu erklären, wie man zum Radio kommt und sekundär, das Berufsbild des Moderators oder vielleicht noch des Redakteurs zu schildern. Aber irgendwie gehört der Aircheck mit dazu, und am ehesten in dieses Kapitel und an diese Stelle. Vorweg muß ich dazu sagen: Als Anfänger oder gar Praktikant wirst Du damit nichts zu tun haben und das auch gar nicht mitbekommen. Die Welt hört aber nicht hinter dem Praktikum auf, und deshalb finde ich, solltest Du wissen, daß es Airchecks gibt und was sie sind. Mir hatte das damals niemand erzählt, und so war ich doch sehr überrascht und fühlte mich ein bißchen vorgeführt, als mein damaliger Chef plötzlich sagte: „Raphael, kommst du mal bitte zu mir ins Büro? Wir hören deine Sendung ab.“

Meistens ist es so, daß Du niemandem Deine Moderationen oder Ideen zur Abnahme vorlegen mußt, bevor die Sendung losgeht (wobei ich das auch schon mal erlebt habe). Du mußt aber damit rechnen, daß Deine Sendung – wie man sagt – in den Aircheck kommt. Als Aircheck bezeichnet man die Stellen einer Sendung, in der ein Mikro offen war, also alle Moderationen. Es ist ein Zusammenschnitt einer Sendung ohne Musik und oft auch ohne Beiträge. Man setzt sich, meistens zu zweit, in Ruhe zusammen. Der Airchecker ist dann so was wie ein Coach, ein Mentor oder Moderationstrainer und geht mir Dir zusammen die Sendung durch. Jede einzelne Moderation wird gemeinsam angehört und dann besprochen – wohlgemerkt erst, nachdem die Sendung schon gelaufen ist. So ein Aircheck dauert meistens etwa eine Stunde und geht dabei die Moderationen einer einzigen Sendestunde durch. Wer den Aircheck durchführt, ist unterschiedlich. Manchmal ist es der Programmchef, manchmal ein externer Trainer, der auf Basis eines Freien

Mitarbeiters ab und zu kommt. Grundsätzlich ist so ein Aircheck eine gute Sache, denn man erfährt eine andere Sicht auf die Dinge, lernt dazu und steigert sich in der Regel auch in seinen Fähigkeiten. Außerdem wird man auf Fehler aufmerksam gemacht. Soweit jedenfalls der offizielle Teil.

In 17 Jahren Radio mußte ich schon so manchen Aircheck über mich ergehen lassen. Ich wünschte, ich könnte sagen, daß ich immer etwas dabei gelernt habe und mit jedem Aircheck besser geworden bin. Leider habe ich mit Airchecks und Aircheckern aber keine so guten Erfahrungen gemacht. Ein Aircheck kann auch wunderbar als akzeptiertes Mittel zum Mobbing, zum Rausekeln, zum Kritisieren mißbraucht werden. Wenn ich Airchecker oder Chef bin und ein persönliches Problem mit einem Moderator habe, kann ich denjenigen natürlich oft zum Aircheck schicken und dort die Dinge so hindrehen, daß es aussieht, der Moderator sei fachlich unfähig, und schwupps – schon bin ich ihn los. Zwar kann ich als Moderator versuchen, dagegen anzugehen, aber der Aircheck ist völlig üblich und etwas, was von der Chefebene angeordnet wird. Der Sender opfert Zeit und Geld für einen Aircheck und wird deshalb natürlich auf die Ergebnisse achten. Der Airchecker sitzt also eindeutig am längeren Hebel, und solchen Leuten gewissermaßen eine Art von Inkompetenz vorzuwerfen, ist nicht gerade schlau. Jeder, der schon mal vor der gesamten Klasse einen Lehrer als Vollidioten entlarvt hat, kann sich vorstellen, wie empfindlich der reagiert und daß so ein Angriff auch nicht ohne Folgen bleibt.

Es macht einen Unterschied, ob ein Airchecker im selben Sender arbeitet oder ein Externer ist. Externen wird oft der Vorteil nachgesagt, sie seien neutral und stünden in keinerlei emotionaler Verbindung mit dem Sender. Nun, ein Externer bekommt aber Geld für die Airchecks, die er durchführt. In dem Moment, in dem er nichts beanstandet und eine Sendung für gut befindet, rationalisiert er sich selbst weg. Also wird er immer irgend etwas finden, auf dem er herumreiten kann. Selbst, wenn die Sendung noch so gut war. Weiß ich das als Moderator, weiß ich auch, was ich von so jemandem zu halten habe und daß ich so jemanden auch nur bedingt ernstnehmen kann. Ich habe das erlebt und habe diese Einschätzung so auch mal geäußert. Das war ein Fehler, denn der

andere hat sich natürlich ertappt gefühlt, sich in Ausreden gewunden und hatte mich von da an erst recht auf dem Kieker.
Ist der Airchecker dagegen beim selben Sender angestellt, macht es schon einen Unterschied, ob er selber Moderator ist oder war. Ich kann mich an einen Airchecker erinnern, der meine Sendungen auseinanderpflückte und selbst aber noch nie moderiert hat. Er war mir übergeordnet, und ich wollte etwas von ihm, war also von ihm abhängig, deshalb blieb mir nichts anderes übrig, als gute Miene zum bösen Spiel zu machen und auch ihn nicht wirklich ernst zu nehmen. Ich lasse mir doch auch nicht von einem, der kein Auto fahren kann, das Autofahren beibringen. Warum sollte ich also zu einem Airchecker gehen, der keinerlei Moderationskompetenz besitzt? Dasselbe habe ich erlebt, als ich hauptberuflich Nachrichten gemacht habe und von einem Internen geaircheckt werden sollte, der selbst keine Nachrichtenkompetenz besaß. Der Sender kann mich zwar zwingen, dorthin zu gehen, aber er kann mich nicht zwingen, einen solchen Aircheck ernst zu nehmen – was natürlich Sinn und Zweck eines Airchecks in Frage stellt.

Ich wünschte wirklich, ich könnte hier Werbung für Airchecks machen und sagen: „Hey, freu Dich! Airchecks sind super! Die machen Spaß, und man lernt was dabei." Vielleicht bin ich bisher immer an die Falschen geraten, aber diejenigen, mit denen ich zu tun hatte, waren oft Wichtigtuer, die selber Fehler gemacht haben ohne Ende und den Aircheck als Machtinstrument mißbraucht haben. Bei uns in der Redaktion hing an einer Wand ein Plan, auf dem stand, wer wann bei wem Aircheck hatte. Stand „Gensert" in dieser und jener Spalte, wußte ich schon wieder, was mir blühte. Man findet wirklich überall etwas. Wenn man etwas sucht, dann findet man auch etwas, und mit ein klein wenig rhetorischem Geschick (was Airchecker durchaus haben) ist es überhaupt kein Problem, aus einer Mücke einen Elefanten zu machen und Kleinigkeiten so derart überzudramatisieren, daß man im anschließenden Aircheckprotokoll eine ganze DIN A4-Seite damit füllen kann. Ein solches Protokoll wird vom Airchecker meist nach der Sitzung zusammengestellt und in Kopie an das „Opfer" und die Chefs geschickt. Natürlich, ohne es dem „Opfer" vorher vorgelesen zu haben. Ein linkeres Mobbingwerkzeug kann ich mir kaum vorstellen, denn als Moderator hast Du in dem Moment keinerlei Handhabe mehr. Du stehst mit dem Rücken an der Wand und wirst vorgeführt und vor allen wichtigen

Leuten kritisiert. Was tatsächlich in der Aircheck-Sitzung besprochen wurde, und vor allem wie es besprochen wurde, steht nicht zwangsläufig im Protokoll. Genau das habe ich jahrelang bei zwei Sendern erlebt. Es kam vor, daß Dinge im Protokoll standen, über die wir gar nicht gesprochen hatten. Ich habe mich damals oft ungerecht behandelt gefühlt. Sprach ich das Thema an, stand ich als kritikunfähig oder nichtteamfähig da und war der Buh-Mann. Ebenso wurden meine Gegenmails abgestempelt: Kam ein unfaires Protokoll per Rundmail, schrieb ich, ebenfalls per Rundmail, die Gegendarstellung – und machte es damit nur noch schlimmer.

Vielleicht muß das so sein, vielleicht hatte ich auch einfach nur Pech mit den Aircheckern, vielleicht nehme ich das alles viel zu persönlich. Meine Erfahrungen mit Airchecks sind größtenteils schlecht. Ich halte es für geschickter, einem Programm ein oder zwei Airchecker zur Seite zu stellen, die selbst viel Moderationserfahrung haben und unter ihren Kollegen ein gewisses Ansehen genießen. Im zweiten Schritt sollte es den übrigen Moderatoren freigestellt sein, von der Möglichkeit der Airchecks Gebrauch zu machen oder nicht. Jemanden zum Aircheck zu zwingen und ihn dann geballter Inkompetenz auszusetzen, halte ich dagegen für kontraproduktiv. Das Vertrauen in das Programm sinkt, die Arbeitsmotivation läßt nach, die Angst steigt. Das kann nicht das Ziel eines Programmchefs sein. Die gängige Praxis fördert aber genau das.

So, das war mein kleiner Exkurs zum Thema Aircheck. Mit der Zeit habe ich gelernt, auch damit umzugehen und solche Bestandteile dieses Berufs einzuschätzen und entsprechend zu bewerten. Aber wie ich eingangs schon sagte: Als Radioeinsteiger wirst Du mit Airchecks nichts zu tun haben, aber es kann durchaus sein, daß Du eines Tages mit der Radiomoderation Dein Geld verdienst und auch mit Airchecks rechnen mußt. Wenn Deine Erfahrungen andere sind und Dir Airchecks Spaß machen, freue ich mich sehr über Deine Mail – einzig, um zu wissen, daß es auch anders geht.

Abschließend kann ich Dir noch folgendes raten: Wenn Du zum Radio willst, suche Dir einen großen Sender aus. Je größer, desto geringer ist zwar die Chance, daß sie Dich nehmen, aber desto besser für Deine Karriere. Zu einem kleinen Sender kannst Du immer noch, da ist es aber nur halb so spannend. Arbeite Dich hoch und verschaffe Dir selber Respekt und Ansehen. Bleibe bei Deinem Anfangssender so lange, bis Du der Meinung bist, nichts Neues mehr machen zu können. Wie ich schon sagte: Irgendwo ist Schluß, da geht es nicht weiter. Mit 40 oder 50 wird Dir das reichen, aber nicht, wenn Du anfängst. Dann willst Du alles und immer mehr und immer Neues. Mache bei Deinem Anfangssender so viel wie möglich, um gute Referenzen zu bekommen. Du wirst Teil der Hierarchie und kommst mit der Zeit bis ganz oben hin – wenn Du selber es willst.

Radio ist Politik.

Irgendwann kommt der Tag, an dem Du feststellen wirst, daß es nicht nur um Reglerziehen und Knöpfchendrücken geht. Wenn es soweit ist, brauchst Du dieses Buch nicht mehr.

8 Umgang mit Kollegen und Interviewpartnern

Wie in jeder anderen Branche, hat man es auch beim Radio mit Menschen zu tun. Die sind vielleicht etwas anders, etwas „schräger", „kranker" als in anderen Jobs und oft auch sensibler. Gerade deshalb ist es nicht immer einfach, mit ihnen umzugehen. Daher halte ich es für wichtig, das eigene Auftreten zu überprüfen, denn schließlich hat man das am ehesten in der Hand. Wie ich mich selber verhalte, kann ich steuern und damit indirekt auch Einfluß auf andere ausüben Prinzip: Es kommt alles zurück). In meiner Anfangszeit bin ich oft auf die Schnauze gefallen, weil ich völlig falsch aufgetreten bin. Ich wußte es nicht besser, mir hatte niemand gesagt, was in einem Radiosender für ungeschriebene Gesetze gelten. Mittlerweile kenne ich sie ganz gut und versuche mal, sie zu formulieren, damit Du nicht in dieselben Fettnäpfchen trittst wie ich.

1. Verhalten als Praktikant

Was Dich fachlich und inhaltlich in einem Praktikum erwartet, habe ich bereits geschildert. Du solltest den Anforderungen, die an Dich gestellt werden, gewachsen sein. Das allein genügt aber noch nicht. Allerdings will ich nicht mit Theorien langweilen und mit erhobenem Zeigefinger dastehen, sondern einfach ein paar eigene Erlebnisse schildern, die ich mit Praktikanten hatte, um zu zeigen, wie Praktikanten auf die „normalen" Mitarbeiter wirken oder wirken können – also die Sache umkehren und die Rollen einfach vertauschen.

Montag morgen, kurz nach halb neun. Noch nicht viel los in der Redaktion. Ich habe eine Frühsendung hinter mir und bis zum Beginn der Konferenz noch etwas zu schneiden. Mein linker Daumen hämmert periodisch auf die Leertaste, mein linker Mittelfinger klopft auf F1. Diese Handbewegung ist schon so sehr Gewohnheit, daß sie fast von

alleine kommt. Irgendwie ist mir dieses Schnittprogramm auch schon richtig ans Herz gewachsen. Mit einer Bandmaschine oder einem handelsüblichen Soundbearbeitungsprogramm hätte es vermutlich doppelt so lange gedauert. Seit ich dieses Programm kennen und lieben gelernt habe, will ich mit keiner anderen Taste mehr schneiden als mit F1. Mein Blick ist auf die roten Balken gerichtet, die über den Bildschirm huschen.
„Hallo?"
Eine zaghafte Stimme unterbricht das Geklappere der Tasten.
„Moin!", rufe ich. Nadine wahrscheinlich. Sie moderiert nachher die „Mahlzeit".
Leertaste, F1, Leertaste, F1, Leertaste...
„Ähh..."
Die Stimme ertönt erneut. Ich löse mich vom Bildschirm und drehe den Kopf nach links. Hinter einer der Säulen, die den dunkelgrauen Teppichboden mit der Decke verbinden, blickt mir eine riesige rosafarbene Jacke entgegen. Sie erinnert mich etwas an das Michelin-Männchen. Die Jacke ist etwa so breit wie hoch, also beinahe rund. Den Kragen ziert ein dicker weißer Fellkranz.
„Bin ich hier richtig?"
Zwischen den Fasern des Fellkranzes blicken mir zwei kleine, etwas ängstliche Knopfaugen entgegen.
„Kommt drauf an, wo du hin willst", entgegne ich und nehme den Kopfhörer ab.
„DASDING"
„Joahh", sage ich vorsichtig, „das ist hier". Mehr fällt mir dazu im Moment auch nicht ein, also warte ich ab, was passiert.
Es passiert gar nichts, also schiebe ich die Tastatur zur Seite und stehe auf.
„Wie heißt du denn?"
„Sandra."
„Und was machst du hier?"
„Praktikum."
Ich warte einen Moment, ob noch was kommt, aber es kommt nichts mehr, und so stelle ich die nächste Frage in der Hoffnung, daß dann etwas mehr kommt: „Und wie alt bist du?"
„Sechzehn."

Warten. Immer noch nichts. Also noch eine: „Und wo kommst du her?“
„Stuttgart.“
„Und wie lange bist du hier?“
„Drei Wochen.“
„Ja, wunderbar. Ich bin der Raphael, bin hier Moderator. Ich habe heute morgen die Frühsendung gemacht, die ‚Startzeit‘, kennst Du vielleicht.“
„Mmmh. Kann sein.“
Määääp! Falsche Antwort. Wenn sie unser Programm kennen würde, hätte sie den Titel der Frühsendung schon mal gehört haben sollen, was offensichtlich aber nicht der Fall ist. Ihre Antworten sind ohnehin recht wortkarg für jemanden, der zum Radio will. Ganze Sätze wären schon besser. Von weit weg höre ich eine Leertaste und ein F1 schreien.
„Ja“, sage ich, „dann setz dich am besten erstmal irgendwohin. Bist noch ein bißchen früh. Um neun machen wir immer Konferenz, die machen wir da vorne.“ Mit der rechten Hand deute ich auf einen einzelnen Schreibtisch am anderen Ende des riesigen Raumes. Der Tisch ist vollgepackt mit Papier, auf dem Nebentisch liegen verschiedene zerfledderte Zeitungen. Auf dem Bildschirm sind die vagen Umrisse einer Tabelle zu erkennen, um die Glasfläche herum sind gelbe Zettel geklebt (ja, damals hatten wir noch Röhren-Bildschirme).
„Aber da ist ja noch ein bißchen Zeit. Ich muß jetzt erst noch mal was tun, aber die anderen kommen auch gleich. Kannst dir gerne von da drüben eine Zeitung nehmen.“
Während ich mich wieder in den Stuhl fallen lasse und meine linke Hand mit der gewohnten Bewegung fortfährt, schleicht die rosa Jacke an den Tisch gegenüber und behält ihren Hochofen an, obwohl nach meinem Temperaturempfinden im Augenblick keine Notwendigkeit zum Tragen einer gefütterten Jacke besteht. Aber gut, ist wohl einfach die Verlegenheit oder die Unsicherheit. Ich sehe ihr das nach, obwohl mich ein bißchen mehr Selbstbewußtsein mehr beeindrucken würde.
Sie ist nicht die erste, für diese Woche stehen drei auf dem Plan. Die meisten verschwinden genauso schnell, wie sie gekommen sind und bleiben bei keinem im Gedächtnis haften. Sie kommen und gehen, jede Woche aufs Neue. Manche bleiben für ein paar Wochen, manche wenige auch für mehrere Monate. Die meisten aber kommen für eine Woche und verschwinden danach wieder, ohne daß jemand von ihrem

Erscheinen und Verschwinden Notiz nehmen würde. Schade, denn die meisten realisieren gar nicht, was für eine Chance ihnen durch dieses Praktikum gegeben wird. Aber vielleicht entscheiden sie auch für sich, daß es das beim Radio dann doch nicht ist.

Natürlich kann man von jemandem, der noch nie beim Radio war, nicht erwarten, daß er die gängigen Fachbegriffe kennt oder genau weiß, wie man eine Straßenumfrage macht. Mit der Zeit kann man (als Moderator oder Redakteur) aber schon erkennen, ob sich jemand wenigstens Mühe gibt und sich selbst Gedanken macht oder nach dem ersten Versuch gleich aufgibt und eigentlich gar keinen Bock hat. Die rosabejackte Sandra hatte jedenfalls von Anfang an schlechte Karten. Bei allem Verständnis für Schüchternheit – in ganzen Sätzen sollte man sich schon ausdrücken können und ungefähr wissen, wo man sich bewirbt und wie die Sendungen und die Moderatoren heißen.
Wer bin ich, wo komme ich her, wieso bin ich hier, wo war ich vorher, was mache ich gerne, welche Musik finde ich gut, was gefällt mir an diesem Sender, wie fühle ich mich in diesem Moment, was erwartet mich heute?
Alles Fragen, die man als Praktikant ungefragt beantworten bzw. stellen kann, gerade in den ersten Minuten. Zurückhaltung und Respekt ja, aber bitte keine Rühr-mich-nicht-an-Einstellung. Also nicht so, wie ich mich als Praktikant aufgeführt habe, als ich einer war (nämlich gleich einen auf dicke Hose gemacht), aber auch nicht so extrem ängstlich wie diese Sandra, von der ich gerade erzählt habe.

Selber Sender, anderer Fall.
Es ging um ein Interview. Ich weiß nicht mehr, wen wir haben wollten, irgendeinen Professor. Er sollte uns am Telefon ein kurzes Interview geben, das wir aufzeichnen und dann Teile seiner Antworten in unseren Beitrag einbauen wollten. Ich hatte Frühsendung in der Woche. Die Programmleitung war so freundlich, mir für diese Woche einen Praktikanten zur Seite zu stellen: „Der Stefan unterstützt dich dann ein bißchen."
So war jedenfalls der Plan.
„Stefan?"
„Ja?"

„Es geht um diesen Beitrag, über den wir auf der Konferenz gesprochen haben. Da brauchen wir noch einen Professor. Ich habe übers Internet schon einen gefunden, das ist der Prof. Dr. Gruber von der Uni Göttingen. Ist Leiter der biochemischen Fakultät. Check mit dem bitte mal ab, ob wir mit dem ein Interview machen können, hier ist die Telefonnummer."
Er greift nach dem Stück Papier und dreht sich um. Der Bildschirm seines Arbeitsplatzes verschwindet hinter dem üppigen Riesen. Zum dritten Mal heute durchsuche ich die Meldungen der Nachrichtenagenturen auf der Suche nach einem spannenden Thema. Vielleicht findet sich ja noch etwas, mit dem wir den einzigen Beitragsplatz, der für morgen noch aussteht, füllen können. Aber im Ticker herrscht mal wieder gähnende Leere: Rentenbeiträge, Tankstellenüberfall in einem Kaff in Schleswig-Holstein, Ergebnisse der Regionalliga Süd, Verhandlungen mit dem südkoreanischen Präsidenten, Chaos an der Börse, Gesundheitstips für Asthmatiker... Alles nette Themen, aber nicht für ein Jugendprogramm.
Nach einer knappen Stunde habe ich die sog. „bunten Meldungen" durch, aber nichts weiter gefunden. Ich entschließe mich dazu, erst den Gag über die neuen Polizeiuniformen zu schreiben. Wenn der fertig ist, kann er heute nachmittag als Comedy-Sketch produziert werden, damit er morgen früh in meiner Sendung läuft.
Die „Startzeit" geht von sechs bis neun. Drei Stunden sind okay. Noch mal drei für die Vorbereitung, dann paßt's. Frühsendungen sind bei allen Sendern die wichtigsten Sendungen überhaupt. Die meisten Menschen hören morgens Radio. Deshalb legen die Sender in der Regel sehr viel Wert auf ihre Frühsendung. Sie zu moderieren oder vorzubereiten, ist meistens aufwendiger als bei anderen Sendungen, weil es einfach viel mehr auf Genauigkeit ankommt. Die Programmleitung setzt für die Frühsendung Mitarbeiter ein, die sehr erfahren und routiniert sind und auf die sie sich zu 100% verlassen können – und die kein Problem mit den Arbeitszeiten haben. Bei DASDING sind die Moderatoren gleichzeitig auch die Redakteure für die Sendung. Die Vor- und Nachbereitung kommt sozusagen aus einer Hand.

„Und, wie sieht's aus?"
Langsam dreht sich der zähe Riese zu mir herum.
„Der ist nicht da."

„Ja und? Wo ist er, wann kommt er wieder?"
Er zuckt mit den Achseln. „Weiß nicht."
Ich bin verwirrt.
„Wie – ‚Weiß nicht'? Mit wem hast Du denn gesprochen?"
„Da war so 'ne Frau dran. Die Sekretärin oder so. Und die hat gesagt, daß der nicht da ist."
Super Praktikant. Der scheint's ja echt zu wollen.
In mühevoller zeitraubender Arbeit erkläre ich ihm, was zu tun ist und mache ihm dabei klar, daß er eben gerade etwas leicht hirnlos gehandelt hat. Das ist nicht weiter schlimm, aber zeugt auch nicht gerade von Ehrgeiz.

Etwa zehn Minuten später glaube ich, daß er mich einigermaßen verstanden hat. Er hat keine Lust, noch einmal anzurufen. Und er hat noch viel weniger Lust, die Sekretärin zu der Herausgabe einer Auskunft zu drängen. Die Zeit rennt, es ist halb zwölf. Wenn wir ihn vor zwölf kriegen, haben wir Glück. Danach wird's knapp. Vor allem bin ich dann nicht mehr da. Um zwölf ist mein Arbeitstag eigentlich beendet, denn er hat bereits heute nacht um drei angefangen.
Der Riese hat sich wieder den Telefonhörer gegriffen und murmelt etwas von „Professor Gruber" und „wenn's geht, sofort".

Ich will diesen Gag endlich fertig kriegen. Das Grundgerüst steht schon, mir fehlt noch ein richtiger Rausgeher. In Gedanken lege ich den Kopf in den Nacken. Vor meinen geistigen Augen sehe ich einen Polizisten in der Kleiderkammer. Diese neue kugelsichere Weste paßt nicht so recht. Der Polizist meckert irgend etwas vor sich hin, zieht und zerrt an der Weste und begutachtet seine Figur in einem Spiegel. Da fliegt plötzlich die Tür auf, und der Polizeioberkommissar trampelt herein...
Ich verspüre einen Stoß im Rücken. Verschreckt werfe ich mit einem Stöhnen den Kopf nach vorne und werde mit dem Stuhl gegen die Tischplatte gedrückt. Der Bildschirm wackelt, ein stechender Schmerz bohrt sich mir in die Magengrube.
„Ey!", raunzt mich der Riese von hinten an und reißt mich aus meinen Gedanken.
Ich hole tief Luft und drehe mich herum.
„Wir können den erst am Donnerstag anrufen."

„Wir brauchen den aber jetzt“, entgegne ich und fahre mit dem Stuhl ein Stück zurück um mich von der Tischplatte zu entfernen. Das Pieksen in meinem Magen läßt nach.
„Wir brauchen den jetzt, und zwar heute nachmittag.“
„Ja, aber die hat gesa...“ – „Gib mir mal die Nummer“, unterbreche ich ihn ungeduldig, denn ich habe das Gefühl, daß das hier nichts mehr wird.
Er wühlt auf dem Schreibtisch herum, bis er unter einem Haufen verschiedener Musik- und Jugendzeitschriften den Papierfetzen von vorhin hervorzieht. Entnervt nehme ich ihn entgegen und drehe mich wieder um.
Noch immer spüre ich ein leichtes Ziehen in meinem Bauch, und mir dröhnt der Kopf. An den Schreibtischen gegenüber wird laut gelacht. Irgend jemand muß wieder einen Wahnsinnsbrüller gerissen haben. Ich hasse diese Großraumbüros.

Links neben mir erhebt sich der Riese namens Stefan und schleicht vorsichtig Richtung Ausgang. Mit einer Zigarette im Mundwinkel und einem prüfenden Blick hofft er, meiner Aufmerksamkeit zu entgehen. Es gelingt ihm aber nicht. Entsetzt durchschaue ich sein Vorhaben. Ich bin enttäuscht und wütend, denn ich versuche wirklich, ihm etwas zu zeigen und beizubringen, daß und wie man ein Thema recherchiert, aber wenn er meine Mühen mit Ignoranz straft und versucht, sich unbeobachtet aus dem Staub zu machen, sehe ich darin auch keinen Sinn. Eine flötende Stimme im Hörer unterbricht meinen Zorn.

Als Stefan wieder hereinkommt, steigt mir der Dunst kalten Zigarettenrauchs in die Nase.
„Wo warst du denn auf einmal?“, frage ich, obwohl ich es genau weiß.
„Ich war draußen im Gang, hab’ mal kurz eine geraucht.“
Er merkt, daß ich mich provoziert fühle.
„In 20 Minuten können wir den Professor anrufen.“
„Aha.“
Meinen Wink mit dem Zaunpfahl scheint er nicht verstanden zu haben. Es ist vergebens. Als die Woche vorbei ist, verschwindet Riesenstefan und ist nie mehr zurückgekommen.

Anderes Beispiel, ganz kurz gehalten:
Ein anderer Praktikant, dessen Namen ich Gott sei dank wieder vergessen habe, war für eine Woche da und führte sich am ersten Tag schon auf wie ein Platzhirsch. Am dritten Tag erwischte ich ihn abends im Produktionsstudio, wie er sich an die Sendeablaufsteuerung machte und sich fleißig Musik zog. Daß ein Produktionsstudio und eine Sendeablaufsteuerung recht kompliziert in der Anwendung sind und empfindlich auf Fehlbedienungen reagieren, sei nur nebenbei erwähnt. Auf meine entsetzte Frage, was er denn da mache und ob das abgesprochen sei, fuhr er mich arrogant an, er könne sich nicht vorstellen, daß ich mir noch nie Musik überspielt hätte. Den Unterschied zwischen ihm und mir, einem Praktikanten und einem langjährigen Mitarbeiter, einem Studiolaien und einem Studiokenner, schien er nicht zu begreifen.
Alles zu seiner Zeit. Wer sich was erlauben darf oder es besser bleiben läßt, habe ich im vorigen Kapitel bereits angerissen.

Es ist nicht einfach, und man kann nicht davon ausgehen, daß immer sofort jemand da ist, der einem hilft oder einem alles erklärt. Je nach Größe des Senders kommen jede Woche bis zu zwei Waschkörbe voll mit Bewerbungen an. Die meisten davon sind von vorne herein indiskutabel. Aber eben nicht alle, und vielleicht hat man das Glück, eben doch genommen zu werden und die Chance zu bekommen. Dann bleiben eben nur ein paar Wochen oder ein paar Tage, um dem Programmchef klarzumachen, daß man der Mann oder die Frau für diesen Job ist. Die wichtigsten Tips kurz zusammengefaßt:

- Arbeitsbereitschaft signalisieren
- zu allen freundlich sein (wirklich zu allen, auch, wenn's manchmal schwerfällt)
- CvD solange löchern, bis er eine Aufgabe gibt (denn gelangweiltes Herumsitzen ist öde)
- Klappt etwas nicht, erst andere Lösungsansätze ausprobieren. Erst dann Hilfe holen.
- Interessiert sein, sich auf Konferenzen einbringen, Themenvorschläge und Umsetzungsideen vorstellen
- nicht den dicken Macker raushängen lassen
- nicht nach fünf Stunden schon fragen: „Kann ich gehen?"

Und noch etwas: Es kann passieren, daß Dich Dein Praktikum in eine Dir fremde Gegend verschlägt. Die Bereitschaft, auch längere Strecken auf Dich zu nehmen, solltest Du auf jeden Fall haben. Es ist also gut möglich, daß Du in eine Stadt kommst, in der Du noch nie warst. Wo auch immer es ist: Mach Dich niemals über den Dialekt der Leute lustig! In München sind nun mal viele Bayern, in Wien viele Österreicher, in Köln viele Rheinländer, und in Frankfurt viele Hessen. Wenn Du von außerhalb kommst, respektiere die Leute, ihre Sprache und ihre Heimat. Das hört sich vielleicht kleinkariert an, ist aber eine Frage von Identität und Heimatverbundenheit. Als ich beim hr gearbeitet habe, hatten wir einen Praktikanten von außerhalb, der den frankfurterischen Einschlag einiger Mitarbeiter ins Lächerliche gezogen hat. Indem er sich abwertend über unsere Sprachfärbung äußerte, teilte er uns indirekt mit: „Ihr seid doof, und ich bin was Besseres." Und wer läßt sich das schon gerne sagen? Vor allem vor seiner eigenen Haustür, in seinem eigenen „Revier"? Und der Typ kam übrigens aus Nürnberg. Vielleicht wirklich nur eine Nebensächlichkeit, aber ich wollte sie erwähnt haben. Keine abfälligen Bemerkungen über fremde Dialekte, Städte, Bundesländer, Sitten!

Niemand wird sich einfach so über einen Praktikanten lustig machen oder ihn mit Spott oder Mißachtung strafen, nur weil er Praktikant ist. Im Gegenteil: Ein Praktikant, der sich an den Konferenzen beteiligt, ein Thema vorschlägt oder eine Idee einbringt, hinterläßt erstmal einen guten Eindruck. Und er fällt auf. Die wenigsten tun das, und genau hier kannst Du ansetzen.

Geht das Praktikum dem Ende entgegen, werden Programmleitung, CvD, sowie routinierte Moderatoren und Redakteure über den Praktikanten sprechen und ihre Eindrücke austauschen. Von einem solchen Gespräch kann eine Weiterbeschäftigung des Praktikanten abhängen. Von diesem Gespräch wird der Praktikant selber nichts mitbekommen, aber es findet statt und geht schnell.

Fünf Minuten. Vielleicht sechs.

Über den Typen, der sich am dritten Tag schon Musik aus unserem System zog, haben wir uns auch unterhalten. Zu dritt: mein Chef, ein Kollege und ich. Im Stehen zwischen Tür und Angel. Der Chef fragte uns beide, was wir von ihm hielten und ob wir ihn unserer Meinung nach übernehmen sollten. Überflüssig, zu erwähnen, daß... Na ja, wie gesagt: überflüssig.

2. Der Umgang mit Kollegen

Du wirst auch mit unterschiedlichen Kollegen zu tun haben. Mit Leuten, die auf einer hierarchischen Ebene mit Dir stehen, und mit Leuten, die über Dir stehen. Nicht unbedingt Chefs; es gibt genug andere Mitarbeiter, die formal nicht Deine Chefs sind, auf deren Meinung im Hause aber viel Wert gelegt wird und denen Du Dich deshalb trotzdem unterordnen solltest.

Mit diesen Leuten auszukommen, ist nicht immer einfach, aber auch nicht zwangsläufig schwer. Eine der grundlegenden Erfahrungen, die ich gemacht habe, ist: Wer beim Radio arbeitet, ist verrückt. Beim Radio arbeiten nur Spinner, Verrückte und Selbstverliebte – mit einem Augenzwinkern zu verstehen. Du mußt schon selber ein bißchen von allem sein, um überhaupt den Wunsch zu haben, zum Radio zu wollen. Mit der Zeit habe ich grob vier Gruppen von Mitarbeitern beobachtet:

- die echten Freaks
- die Talente
- die Karrierehengste
- die Pragmatiker

Die echten Freaks haben schon als Kind mit Radios, Kassettenrecordern und Musikanlagen herumgespielt. Sie haben während der Schulzeit diese Leidenschaft nie vernachlässigt, sich irgendwann ihr erstes eigenes Mischpult gekauft und solange damit „Radio gemacht“, bis eines Tages die Praktikumszusage vom Programmdirektor des nächstgelegenen Lokalsenders ins Haus geflattert kam. Sie kennen sich mit Technik aus, verstehen meist sofort und auf Anhieb die genauen Sendeabläufe, haben von der Hardware meist mehr Ahnung als die Programmleitung und werden regelmäßig gerufen, wenn es irgendwo Probleme gibt. Hinter dem Mikrofon präsentieren sie sich sicher und selbstbewußt. Ihre meist grenzenlose Begeisterung kann dafür sorgen, daß die echten

Freaks den Sinn fürs Zwischenmenschliche verlieren und schnell als arrogant oder unnahbar abgetan werden.

Die Talente haben ähnliche Begabungen wie die Freaks. Technische Abläufe sind ihnen allerdings nicht so wichtig, sie konzentrieren sich mehr auf ihre eigene Kreativität. Und genau die blüht geradezu auf, wenn sie den Auftrag bekommen, einen Beitrag, Gag oder gar eine Gagreihe zu schreiben. Ihren Ideenpool setzen sie konsequent um und werden deshalb von den meisten anderen Kollegen sehr geschätzt. Die Talente werden ihre Fähigkeiten und Begabungen solange umsetzen und gewinnbringend ins Programm mit einbringen, bis die Programmleitung diese Personen anerkennt und sie entsprechend beschäftigen wird. Mit angeborenem oder antrainiertem Geschäftssinn kann ein Talent durchaus viel Geld verdienen, es wird ihm in den meisten Fällen aber nicht zufliegen.

Die Karrierehengste kümmern sich strikt um die ihnen gestellten Aufgaben. Sie lassen sich alles bezahlen und kommen nur, wenn es sein muß. Sie wollen reich und berühmt werden, wollen aufsteigen und sich im Geld suhlen. Das Schicksal und die Geschichte anderer interessiert sie dabei nicht. Persönliche Beziehungen zu solcherlei Kollegen aufzubauen, ist nach meiner Beobachtung ausgesprochen schwierig. Die Qualität ihrer Arbeit ist „stets einwandfrei", da gibt es nicht viel zu meckern, denn sie ist der klassische Dienst nach Vorschrift. Außerordentliche Einsatzbereitschaft oder Solidarität darf man von solcherlei Kollegen nicht erwarten, jedenfalls nicht für umsonst. Karrierehengste sind nicht zwangsläufig unfreundliche oder schlechte Menschen. Sie wollen einfach nur aufsteigen, so weit wie eben möglich, wollen ihre eigenen Interessen durchsetzen und neigen zum Hochstapeln. Ein Lebenslauf kann bei Karrierehengsten schon mal sechs oder sieben Seiten umfassen (selber schon gesehen). Manch anderer würde dieselben Tätigkeiten auf einer Seite zusammenfassen.

Bleiben noch die Pragmatiker. Sie kommen morgens, machen ihre Arbeit und verschwinden wieder. In Geldfragen verhalten sie sich ähnlich wie die Karrierehengste: Sie machen nichts, was sie nicht unbedingt machen müssen und stellen für jede Zusatzleistung auch Zusatzforderungen. Für sie ist der Job beim Radio ein Job wie jeder andere. Es ist ihnen egal, daß Jobs beim Radio in Wirklichkeit für viele Traumjobs sind. Sie kümmern sich wenig oder gar nicht um die Marktsituation. Sie erledigen ihre Arbeit nach Vorschrift und machen sich selbständig kaum Gedanken über die Verbesserung des Programms. Läuft etwas nicht exakt so, wie es in der Dienstanweisung steht, sind sie meist die ersten, die sich beschweren. Frühmoderatoren, die über das frühe Aufstehen jammern, sind nach meiner Beobachtung auch oft Karrierehengste oder Pragmatiker: viel Kohle scheffeln: ja. Was dafür tun: nein. Daß die Moderation der Frühsendung das Sahnestück vom Radiokuchen ist, ist diesen Leuten nicht bewußt. Man kann eben nicht von allen Kollegen dasselbe Engagement erwarten, das man selbst vielleicht hat.

Schubladendenken gilt als verpönt, obwohl es jeder mehr oder weniger stark macht. Ich finde das auch gar nicht schlimm, denn irgendwie muß man sich ja einen Überblick verschaffen. Und die Unterteilungen, die ich hier vorgenommen habe, sind nicht in Stein gemeißelt, und über die Charaktereigenschaften sagt das alles auch nichts aus. Man muß auch nicht jeden mögen. Das fällt zwar manchmal schwer und sorgt oftmals auch für Auseinandersetzungen und Reibereien, aber so ist es nun mal, wenn man mit Menschen zu tun hat. Besonders, wenn sie alle so unterschiedlich und so sensibel sind.
Freundschaften mit Kollegen zu führen, ist sehr schön und manchmal auch fruchtbar – sowohl im Hinblick auf die Karriere als auch auf das eigene soziale Leben. Man tauscht sich aus, erzählt vom eigenen und von anderen Sendern, wird Teil der Szene. Einer meiner besten Freunde ist Moderator beim Konkurrenzsender, und wenn wir uns treffen, unterhalten wir uns über alles, nur nicht übers Radio. Nicht, weil wir bei konkurrierenden Sendern arbeiten, sondern weil wir uns privat nicht über die Arbeit unterhalten wollen.

Der Vorteil bei einem großen Sender ist, daß Du recht schnell in die Gemeinschaft Deiner Kollegen integriert wirst und schnell dazugehörst. Kommst Du mit dem einen nicht aus, verstehst Du Dich mit dem anderen um so besser. Du hast bei einem großen Sender die Möglichkeit, Bekanntschaften mit Menschen zu machen, die mit Deiner Abteilung nichts oder nur sehr wenig zu tun haben. Es kann sehr interessant und lehrreich sein, mit solchen Kollegen Erfahrungen auszutauschen und einen kleinen Plausch auf dem Gang zu halten. Das hat einmal die Vor-

teile, daß Du eine völlig andere und unabhängige Meinung hörst, daß Du Dinge aus anderen Abteilungen erfährst und vor allem, daß Du selbst im Gespräch bleibst. Dein Gesicht prägt sich bei anderen Kollegen ein, Deine Stimme, Dein Name. Je mehr Menschen Du von Dir überzeugen kannst, desto reicher bist Du in Krisenzeiten – und auch die gibt es.
Wie ich weiter oben schon schrieb: Grüße jeden auf dem Gang. Es könnte ein Hörer sein.

Ein großer Sender bietet vielen Menschen einen Arbeitsplatz. Daß es dabei ab und zu Streit gibt, bleibt nicht aus; der Nachteil eines großen Senders. Nicht jeder mag Dich, und nicht jeder ist Dir wohlgesonnen. Die meisten werden versuchen, das zu vertuschen. Du wirst Dich selbst auch dabei erwischen, mit einem Kollegen „vornerum" gut auszukommen, obwohl Du ihn eigentlich gar nicht leiden kannst. Das ist beim Radio vermutlich verbreiteter als in anderen Jobs, was sicherlich auch daran liegt, daß die Arbeit des Einzelnen leichter zu kontrollieren ist. Ist der Sender dagegen klein, besteht der Kollegenkreis meist aus einer kleinen Gemeinschaft, die sich gut kennt. Hier ist es schwieriger, als Neuer den Anschluß zu finden. Von außen in eine geschlossene Einheit einzudringen, ist nicht einfach. Deine Kollegen werden Dich anfangs sehr genau beobachten und über Dich sprechen. Das tun sie bei einem großen Sender auch, jedoch geht dort die Leistung des Einzelnen in der Masse unter und fällt weit weniger auf.
Der Ton unter den Kollegen eines kleinen Senders ist meistens sehr locker und intim. Man könnte beinahe den Eindruck gewinnen, daß alle sich unglaublich gut kennen und lieben. Wer dort nicht hineinpaßt, hat es schwer. Jedenfalls ist das meine Erfahrung.
Es gibt leider auch in bezug auf Deine Kollegen kein Patentrezept des Benehmens. Als Faustregeln für den Einstieg ins Radiobusiness sei folgendes genannt:

- sei höflich
- Stelle Dich den Kollegen, mit denen Du zu tun hast, von Dir aus vor
- den anderen auch

- Kleide Dich ordentlich und orientiere Dich dabei am Kleidungsstil Deiner Kollegen
- Wenn Dir etwas nicht paßt oder Du anderer Meinung bist, sage es
- Drücke Dich gewählt aus (zeugt von Bildung)
- Kommen Fragen oder Unklarheiten auf, frage
- Frage solange nach, bis Du es wirklich (!) verstanden hast
- Hast Du das Gefühl, andere durch Deine Fragen zu stören, zeige Verständnis („Sorry, wenn ich Dich noch mal nerve. Der erste O-Ton kommt nach dem ersten Satz, und dann?", „Ich störe Dich. Tut mir leid. Ich denke, in ein paar Tagen kriege ich es auch alleine hin, aber hier brauche ich noch mal eben Deine Unterstützung.")

Wenn Deine neuen Kollegen auch nur ein Funken an Einfühlungsvermögen besitzen, werden sie sich in Deine Situation hineinversetzen können und bereit sein, Dir zu helfen. Das ist aber nicht selbstverständlich. Wer in Dir einen Konkurrenten sieht oder die Befürchtung hat, Du könntest ihm aus irgendeinem Grund gefährlich werden, wird alles daransetzen, Dich auflaufen zu lassen – natürlich hinter Deinem Rükken, damit Du sein Treiben nicht durchschaust.
Kollegen im Radiogeschäft sind vielseitig. Bedingt durch ihre unterschiedliche (Aus-)Bildung sind sie Experten auf unterschiedlichen Gebieten. Lerne, Dich mit Leuten über Themen zu unterhalten, von denen Du gar nichts verstehst.

Christoph und ich stehen draußen auf dem Gang und rauchen eine. Im Hintergrund trällert das Radio mit unserem Programm. Irgendeine Rock-Nummer. Mein Kollege erzählt mir etwas von einer Gibson-Gitarre, die der Gitarrist der Band, die gerade zu hören ist, angeblich besitzen würde.
Mit gleichgültigem Blick schaue ich ihn an.
„Aha." Ich verstehe nichts von Gitarren.
Er spricht von einer Gibson-Gitarre und einem Marshall-Verstärker, den ja eigentlich niemand wirklich einsetzen würde. Angeblich haben die zwei Verstärker: einen von Marshall und einen von einem anderen Hersteller, der ja auch viel besser sei. Aber Marshall sei nun mal die

größere Marke. Also bauen sie den Verstärker von der anderen Firma in das Gehäuse eines Marshall-Verstärkers und stellen ihn so auf die Bühne.

„Der Baß ist da einfach besser. Das Ding ist geil, da kann Marshall nicht mithalten. Ein richtig fetter Röhrenverstärker, der braucht dann auch schon mal ein paar Minuten, bis der richtig warm ist."

Das Leuchten in seinen Augen wird größer.

„Ja, aber Marshall ist doch auch ganz gut", unterbreche ich ihn verständnislos. Ich habe schon einmal einen Marshall-Verstärker in einem Katalog gesehen.

„Marshall?", sagt er entsetzt und reißt die Augenbrauen hoch. „Kein Mensch benutzt Marshall!"

„Was? Marshall?"

Fabian kommt dazu. Die Chemie zwischen ihm und mir stimmt überhaupt nicht. Ich halte ihn für einen Blender, für einen, der mehr vorgibt zu sein, als er ist. Zum Glück haben wir nicht viel miteinander zu tun.

„Marshall! Niemand stellt sich wirklich einen Marshall auf die Bühne", fährt Christoph fort.

„Nehmt ihr Marshall?", fragt er Fabian.

„Nein. Wir haben...", und nennt eine Marke, die ich nicht kenne und mir auch nicht merken kann. Aufgeregt zieht Christoph an der Zigarette. „Ja, genau. Die haben wir auch. Das Gehäuse ist von Marshall, und das Innenleben von...", und dann wieder der Name dieser Marke.

„Unser Bassist spielt auf 'ner Gibson, da kommt richtig dicker Baß raus. Hammer, dieses Ding."

„Oh, Gibson"

Fabian muß auch noch was loswerden.

„Ein Kumpel von mir hat bei eBay eine Gibson ersteigert. Über 30 Jahre alt, aber ein Sound... Mega!"

Christoph geht auf. „Ich habe da so meinen Stammladen, wenn ich mal wieder unten in Freiburg bin. Und da gehe ich immer hin, wenn ich neue Instrumente brauche. Und der hat mir neulich eine gezeigt, da ist mir die Kinnlade runtergefallen...."

Während die beiden über Gibsons und Marshalls fachsimpeln, drücke ich meine Zigarette aus und gehe wieder rein. Ich hatte bisher nicht den Eindruck, daß sich Christoph und Fabian besonders viel zu sagen hätten. Nicht, daß sie sich aus dem Weg gingen, aber ich habe sie eben noch nie zusammen in dieser Stimmung erlebt. Zwar konnte ich bei diesem Gespräch nicht mal ansatzweise mithalten, aber wenigstens hat es ein Gespräch gegeben – und zwar nicht über den Sender oder über Kollegen, sondern eben über E-Gitarren und Verstärker. Und ich habe gelernt, daß nicht überall, wo Marshall draufsteht, auch Marshall drin ist.

Es war Monatskonferenz. Einmal im Monat fand eine Vollversammlung statt, bei der nach Möglichkeit alle Mitarbeiter aus allen Bereichen anwesend sein sollten. Bei Antenne Bayern fand diese Konferenz immer am ersten Montag im Monat statt. Die Geschäftsleitung hatte das Catering engagiert und reichlich Essen aufgefahren. Die ganze Atmosphäre erinnerte ein wenig an einen Gala-Abend, aber das war dort anscheinend ganz normal. Die Konferenz fand in einem großen Empfangsraum im Erdgeschoß statt, die Stühle waren in Reih und Glied aufgestellt, vorne war ein Mikrofon auf einem Ständer, aus dem Hintergrund drangen verschiedene Gerüche aus den Wärmebehältern. Die Teilnahme an dieser Konferenz war Pflicht, das Gratis-Abendessen also Köder oder Aufwandsentschädigung für die Mitarbeiter. Jedenfalls sagte mir das eine Kollegin. Die meisten Mitarbeiter gingen erst gar nicht nach Hause oder erschienen schon eine Stunde früher, um sich vor Beginn der Konferenz richtig sattessen zu können.
Auf die Minute genau fing die Konferenz an und wurde vom Programmdirektor eröffnet. Bevor es richtig losging, stellten sich die Neuen aus allen Abteilungen kurz vor, auch die Praktikanten, also auch ich.
Der Programmdirektor und sein Stellvertreter setzten mit kurzen üblichen Bilanzen aus den vergangenen Wochen fort. Nach etwa zwei Stunden war die Sache beendet, und alle gingen nach Hause. Abgesehen von dem Essen und der übertrieben feierlichen Atmosphäre war das ganze also recht unspektakulär.
Bei DASDING gab es auch eine Monatskonferenz, der Ablauf war allerdings etwas anders. Der Konferenzraum im T-Bau war viel zu klein für alle. Die meisten knäuelten sich auf dem Fußboden und an den Wänden, während die Sitzplätze an diejenigen gingen, die bereits vor dem offiziellen Beginn da waren. Zu essen gab es hier nichts. Die Neuen stellten sich auch nicht vor. „Wir versuchen, schnell durchzukommen“, sagte der Chef jedes Mal und begann mit dem ersten Tagesordnungspunkt.

Es dauerte fast immer länger als geplant. Vor neun kamen wir da nicht raus. Themen dieser Konferenz waren zum einen Diskussionen über vergangene Programmaktionen, Besprechung von geplanten neuen Aktionen, Berichte der Moderatoren, der Redakteure, der Techniker, der Sounddesigner und der Promo-Abteilung. So kam jeder zu Wort, und man bekam auch Dinge aus anderen Bereichen mit.
Nachdem der offizielle Teil nach etwa drei Stunden beendet war, ging es gemeinsam Richtung Kneipe. Wenn es keine triftigen Gründe gibt, die gegen einen solchen gemeinschaftlichen Kneipenbesuch sprechen, sollte man sich anschließen. Sehen und gesehen werden. Man kommt mit vielen Mitarbeitern ins Gespräch und unterhält sich über ganz unterschiedliche Dinge, wird Teil des Teams, gehört dazu. Meist beginnt ein solches Gespräch damit, die Monatskonferenz Revue passieren zu lassen.
Unterhaltungen dieser Art halte ich für wichtig. Sie sorgen für Kommunikation, für Erfahrungsaustausch und für ein gutes Klima. Wie ich weiter oben schon sagte: Man bleibt im Gespräch.

Ich halte es für eine Notwendigkeit, sich mit Kollegen gut zu verstehen. Das ist nicht immer einfach, und das gelingt auch nicht bei jedem, aber das Bemühen sollte zumindest da sein – und von Deiner Seite aus kommen. Das hat nichts mit Schmeichelei zu tun. Von der Sorte gibt es genug andere. Mit diesen Leuten umzugehen, ist ausgesprochen schwierig. Aber es geht, man kann mit ihnen auskommen. Wobei das oft auch eine Frage des Alters ist. Mir sind schon einige über den Weg gelaufen, die Anfang 20 waren und sich aufgeführt haben, als würden sie diesen Job schon seit 30 Jahren machen. Ältere, die tatsächlich mehr Routine und Lebens- und Berufserfahrung haben, sind meistens ruhiger und souveräner und nicht ganz so emotionsgesteuert. Das ist sicherlich auch ein Punkt, der die Arbeit bei Jugendsender ziemlich schwierig macht. Ich nenne das den Ich-will-auch-mal-Effekt. So was gab's früher als Kind: Wenn man mit anderen Kindern spielt, kommt irgendein anderes Kind (eins von den Doofen) und kreischt: „Ich will auch mal!“ und reißt Dir das Spielzeug aus der Hand. Manchmal hatte ich beim Jugendradio genau dieses Gefühl: Irgendein Kind fängt an zu zetern, weil es irgendwas nicht bekommt. Kein Wunder, daß so viele Jugendsender hausintern oft als Kindergarten abgetan werden. Darf man nicht so ernst nehmen, liegt halt in der Natur der Sache. Nur sollte man das im

Vorfeld wissen, damit man weiß, worauf man sich einläßt. Man kann von einem Sender, bei dem Leute um die 20 arbeiten, nicht die Reife und Gelassenheit von 45jährigen erwarten.
Das Radiogeschäft ist voll mit Selbstdarstellern. Wesentlich voller als andere Branchen. Einem Klienten ist es egal, ob sein Rechtsanwalt ein Selbstdarsteller ist. Wichtig ist nur, daß er für seinen Mandanten das Größtmögliche herausholt. Mir ist auch egal, ob der Gas-Wasser-Installateur, der meine Geschirrspülmaschine anschließt, ein Egozentriker ist. Hauptsache, das Ding funktioniert. Beim Radio ist Selbstdarstellung aber Teil des Jobs, deshalb ist es oft so schwierig, mit gewissen Kollegen auszukommen. Und ich behaupte von mir selbst, auch nicht gerade der Einfachste zu sein.

Ich hatte mich einmal unsterblich in eine Kollegin verliebt. Sie merkte es, stellte mich zur Rede und ließ mich abblitzen. Als ich ein paar Monate später über den Schmerz hinweg war, wurde mir plötzlich bewußt, wer sie wirklich war. Das letzte, was ich von ihr gehört habe, ist, daß sie in eine 700 km entfernte Stadt auf eine Schauspielschule gegangen ist. Zur selben Zeit hatte ich bei einem anderen Radiosender einen zweiten zusätzlichen Job bekommen und dabei wieder 30 neue Leute und eine handvoll neuer Freunde kennengelernt – und ein paar äußerst liebenswürdige Kolleginnen.
Es sind nicht alle fies zu Dir. Du wirst mit Menschen zu tun haben, die Du selten siehst. Die kaum da sind, vielleicht alle zwei Monate mal für eine Woche. Menschen unterschiedlicher Altersstufen, die aus allen Ecken des Landes kommen, die unterschiedliche Erziehungen erfahren haben, politisch unterschiedlich eingestellt sind, die unterschiedliche Neigungen und Interessen, Klamottenstile und Musikgeschmäcker haben. Eben dadurch, daß es keine direkte Ausbildung zum Radiomoderator oder Redakteur gibt, sind alle gezwungen, aus unterschiedlichen Berufsgruppen zusammenzukommen: Biologen, Juristen, Studenten, Elektrotechniker, Musiker. Wichtig ist erstmal nur, zu wissen, daß Radio-Kollegen sehr verschieden sind. Dieser Umstand macht es erforderlich, sich mit jedem einzelnen auseinanderzusetzen. Schließlich bilden alle zusammen ein Team, das auch nur als solches funktionieren kann.

Was ich bisher aber in jedem Sender beobachtet habe, ist der interne Funk. Der Flurfunk: „Haste schon gehört...?“ Es wird mehr getratscht als auf einem Schulhof und wahrscheinlich auch mehr als bei einem Kaffeenachmittag im Altersheim, aber mindestens so viel wie in jeder anderen großen Firma. Es wird getratscht, gelästert, gefragt, gesehen, gewußt, vermutet, spekuliert. Wer mit wem und warum und was der Chef damit zu tun hat und was da kommen wird. Und dieser hat gehört, jener hat gehört, und da soll doch, und sollte da nicht, und wieso ist der-und-der eigentlich weg, und was war denn damals da los... Und so weiter, und so weiter. Mir hat mal ein Moderationstrainer dringend abgeraten, mich an solchen Tratschereien zu beteiligen. Es werfe ein schlechtes Licht auf einen, wenn man seinen Kopf zu den anderen steckt, schließlich käme man auch auf anderen Wegen an Informationen. Nun, ich kann mich nicht davon freisprechen. Vielleicht liegt es auch in meiner Natur, aber ich tratsche ausgesprochen gerne (gemeine Schwäche, bitte nicht nachmachen). Es passiert auch so schnell: Sendungsübergabe, eine Frage: „Und, wie war's?", und schon ist der Stein ins Rollen gebracht.

Folgende Informationen halte ich für wichtig für Dich als Anfänger, als Praktikant oder Neuling in einem Sender: Halte Dich zurück! Das meine ich ernst. Ein Neuling, der sich gleich schon neugierig zu den anderen in die Tratschecke stellt und sofort alles wissen und mitreden will, überschreitet seine Kompetenzen. Das kannst Du bringen, wenn Du zum festen Senderinventar gehörst und Dir ein gewisses Ansehen erarbeitet hast. Fakt ist: Es wird über jeden gesprochen. Über jeden einzelnen. Ja, auch über Dich. Auch über mich. Was dann über einen selber gesprochen wird, das hat man ja durch sein Verhalten, sein Auftreten und seine Arbeit in der Hand. Sei Dir darüber im klaren, daß die anderen auch über Dich sprechen und sich austauschen: „Wie findeste denn den?" Selber tratschen nur in Maßen, nur mit den richtigen Leuten (das dauert einige Zeit, herauszufinden, wer die richtigen sind) und erst zu gegebener Zeit. Man muß da nicht mitmachen, aber man sollte wissen, daß es das gibt. Und daß es einen mürbe machen kann. Wenn also jemand aus scheinbar heiterem Himmel oder scheinbar ohne erkennbaren Grund schlecht gelaunt ist, könnte das Gründe haben, die sich auf einer Ebene abspielen, aus der Du Dich als Praktikant oder Neuling heraushalten solltest. Auch das Radio hat so seine Schattenseiten.

In meiner Zeit als Nachrichtenredakteur bei Radio Salü hatte mir eine tratschfreudige Kollegin ein Verhältnis mit meiner Kollegin Sabine angedichtet und war felsenfest davon überzeugt, daß wir zusammen wären. Als sie mich fragte, wie es Sabine ginge und ich über diese Frage erstaunt war, sagte sie ungelogen zu mir: „Ach, Raphael. Daß ihr zusammen seid, das weiß doch hier jeder.“ Und ich sagte: „Na ja, eigentlich geht's ihr ganz gut. Aber im dritten Monat merkt man halt noch nicht so viel.“ Ihr fiel die Kinnlade herunter, denn von Sabines vermeintlicher Schwangerschaft wußte sie, die alte Tratschtante, natürlich noch nichts. Es war ein Genuß, dieses verdutzte Gesicht zu sehen! Trotzdem löste ich das natürlich auf, weil ich Sabine nicht in Schwierigkeiten bringen wollte. Wir hatten nie was miteinander, und daß meine Kollegin meinte, mehr zu wissen als Sabine und ich, amüsierte mich mehr als daß es mich ärgerte. So viel also zu dem Thema, über jeden getratscht wird.

3. Der Umgang mit Chefs

Um dieses Kapitel würde ich mich gern drücken. Kann ich aber nicht, denn Chefs gehören nun mal dazu. Und das ist auch okay so.

Ein Chef ist kein Genie. Er sitzt da, weil er sich (im Idealfall) irgendwann einmal auf diese Stelle beworben hatte oder man sie ihm ganz einfach zugeteilt hat. Die Dinge ergeben sich manchmal einfach irgendwie. Du kannst davon ausgehen, daß ein Chef schon lange beim Radio arbeitet und viel Erfahrung hat. Er hat Ahnung vom und Erfahrung mit dem Umgang mit Mitarbeitern und Konkurrenten, kennt das eigene Programm in- und auswendig und weiß, was er tut. Er hat Entscheidungen zu treffen, die nicht unbedingt mit der Gestaltung des Programms zu tun haben oder seiner persönlichen Überzeugung entsprechen. Sein Job ist es, die Aufgaben, die ihm von seinen Chefs gestellt werden, zu erfüllen. Wie diese Aufgaben aussehen, kann ganz unterschiedlich sein. Dabei spielt es eine große Rolle, ob es um einen öffentlich-rechtlichen oder privaten Sender geht. Ein guter Programmdirektor wird das Programm nicht zwangsläufig so gestalten, daß es gut klingt oder ihm selbst gefällt sondern so, daß es möglichst viele Werbekunden bzw. Hörer einer bestimmten gesellschaftlichen Sparte anlockt.

Das erklärt auch, weshalb es so viele Sender gibt, die auf den „besten Mix“ oder die „Superhits“ oder ähnliche Kuriositäten setzen: Diese Strategie hat in einem ganz bestimmten Marktsegment bisher ganz gut funktioniert, und solange das so ist, werden viele Chefs sie auch weiterverfolgen. Es kann Dir passieren, daß Du beim Radio Dinge tun mußt, die Dir überhaupt nicht gefallen. Möglicherweise sind es sogar Dinge, die noch nicht mal Deinem Chef gefallen, obwohl er sie selbst vorschreibt. Respektiere Deinen Chef immer. Ob Du mit seinen Entscheidungen einverstanden bist oder nicht, ob Du ihn magst oder nicht. Respektiere ihn und begegne ihm in höflicher Ausdruckweise. Hat er den Eindruck, daß Du ihn nicht respektierst, wird es Dir immer zum Nachteil ausgelegt. Das hat nichts damit zu tun, daß er Dein Chef ist. Das hat etwas damit zu tun, daß er, genau wie Du, ein Mensch ist. Bringt man Dir keinen Respekt entgegen, wirst Du Dich auch entsprechend verhalten.

Zugegeben: Sooo viele Chefs hatte ich noch nicht (bislang sind es sieben). Meine Eindrücke von Chefs stützen sich zum einen Teil auf eigene Erfahrung, zum anderen auf Erzählungen und Erlebnisse anderer. Ich kann versuchen, meine Erfahrungen zu schildern und Tips zum Umgang mit Chefs zu geben.

Ich hatte mal einen Chef, dessen Stimmung so häufig wechselte wie andere Leute die Unterwäsche. Bei ihm gab es ein einfaches Prinzip: Nie weiß man, wo und vor allem wann man dran ist.
Bei dem Sender, bei dem ich damals war, mußten die Moderatoren die Gewinne, die Hörer in der Sendung gewonnen hatten, selbst verschicken. Auf meinem Schreibtisch hatte ich die CD und das T-Shirt schon liegen. Was fehlte, war das Anschreiben – natürlich auf unserem Briefpapier mit Logo. Das war ein Stockwerk höher im Sekretariat. Obwohl es erst halb fünf war, war niemand mehr da. Ich beugte mich zu einem Aktenschrank herunter und griff nach einem Briefbogen. In dem Moment flog die Tür vom Büro meines Chefs auf. Er machte einen Schritt auf mich zu, riß aber begeistert die Augen auf und lächelte mich an. Ach was, „lächelte“ – er grinste bis über beide Ohren. Keine Ahnung, warum.

„Raphael, Lust auf ein Bier?"
Es war halb fünf am späten Nachmittag. Ich wußte nicht recht, wie ich seine Frage zu verstehen hatte.
„Wie meinst du das?"
„Trinkste eins mit, gell?"
Er zog seine Brieftasche hervor und gab mir einen Geldschein.
„Hier hast du 20 Mark. Geh doch mal rüber in den Edeka und holst zwei... vier... sechs... Trinkste eins mit?"
Erwartungsvoll sah er mich an.
Ich wußte zwar immer noch nicht ganz, was das sollte, aber ich nahm an. Irgendwas war hier los.
„Na ja", setzte ich an, und weiter kam ich gar nicht mehr.
„Gut, dann sind's acht. Ach was, mach zehn. Holst zehn Bier und 'n Päckchen Kippen. Hier, haste 30 Mark", sagt er und drückt mir einen zweiten Schein in die Hand. Etwas mißtrauisch griff ich danach und verschwand wieder in der Redaktion. Der Gewinnerbrief konnte warten.
Eine Viertelstunde später kehrte ich mit einer Plastiktüte wieder in das Büro meines Chefs.
„Na, schon da? Komm, wir setzen uns drüben hin. Kai! Detlef! Bier ist da!"
Kaum, daß er zu Ende gesprochen hatte, standen der stellvertretende Chef und der Leiter der Marketingabteilung im Raum. Sie grüßten mich kurz, beschäftigten sich aber nicht weiter mit mir. Während ich meinem Chef die Zigaretten und das Wechselgeld gab, stellten die anderen beiden die Bierflaschen auf den Besprechungstisch. Wir stießen an, tranken zusammen und sprachen über neue Aktionen, die kommen sollten. Mein Chef öffnete die Zigarettenschachtel, die ich mitgebracht hatte und legt sie offen in die Mitte. „Bedient euch." Jeder nahm sich eine, auch ich. Den tieferen Sinn dieser plötzlichen Einladung hatte ich zwar immer noch nicht verstanden, aber es war eine angenehme Atmosphäre und hatte mich auch ein bißchen gefreut, daß sie ausgerechnet an mich ging.

Solche Situationen hat es ein paar Mal gegeben. Nicht oft, aber es gab sie, und ich habe sie immer genossen. Es zeigt, daß ein Chef auch ganz normal sein kann und keineswegs ein unantastbares Monster ist, für das er oft gehalten wird. Ich kam mir zwar etwas deplaziert vor, wollte aber nicht unhöflich sein und machte bei solchen Spontanaktionen dann halt auch mal mit.

Aber alles hat zwei Seiten. Einer meiner Chefs war nach Ansicht einiger Kollegen für diesen Job fehl am Platze. Er war nett, er hatte Ahnung, und ich habe von ihm unglaublich viel gelernt. Er hatte sich in meiner Anfangszeit sehr viel Zeit genommen, um mir zu erklären, wie man Beiträge schreibt, wie man formuliert, wie man Nachrichten schreibt, welche Meldungen an welche Stelle kommen und und und. Bei ihm hatte ich immer das Gefühl, er sei so eine Art Schäferhund, den alle mögen und respektieren, aber trotzdem nach seiner Pfeife tanzen. Und das taten sie auch. Ich war so begeistert von all dem, daß ich ständig und nur noch mit vollem Eifer arbeitete.

Er lobte mich und versprach mir, daß mich der Sender eines Tages übernehmen würde.
Er versprach mir, innerhalb kurzer Zeit „ein Schweinegeld" zu verdienen.
Er versprach mir bessere Aufgaben.
Er versprach mir einen festen Vertrag.
Er versprach mir den Aufstieg zu einem anderen Programm im selben Haus.
Kurzum: Er versprach mir das Blaue vom Himmel, und in meiner Naivität glaubte ich das alles. Schließlich war ich ja jetzt beim Radio.
Kumpelhaft wäre wohl die beste Charakterisierung. Der Superkumpel, der alles im Griff hat, sich um alles kümmert, alles macht und dafür sorgt, daß die „Kleinen" es gut haben und so schnell nicht wegrennen.
Daß es irgendwann knallen würde, war mir damals noch nicht klar. Aber damals war ich gerade erst 19 geworden und wußte noch nichts von dem, was da im Hintergrund alles abläuft und daß man die Dinge erst dann glauben soll, wenn sie Wirklichkeit geworden sind.

Anderer Fall. Es ging um eine neue Sendung für den Samstag abend. Mein Chef und sein Stellvertreter baten in einer Monatskonferenz die Mitarbeiter um Vorschläge und Konzepte. Ein Moderatorenkollege und ich erarbeiteten zusammen ein vollständiges Konzept, bestehend aus zehn Seiten, komplett ausgearbeitet. Er war so begeistert davon, daß er uns dafür ein Extra-Honorar versprach.

Wir warten bis heute darauf.
Er lobte uns: „Das ist ja super! Das hätte ich gar nicht von Euch erwartet. Da können wir bestimmt was draus umsetzen. Finde ich super, Jungs."
Ein paar Wochen später trafen wir uns erneut zur endgültigen Besprechung. Und plötzlich war das, was vor einigen Tagen noch „super" und „toll" war, nur noch heiße Luft: „langweilig", „doof", „alt", „abgedroschen", „übertrieben", „zu teuer", „uninteressant".

Eine andere Geschichte, lange vorher, drehte sich ebenfalls um eine neue Sendung. Ich erzählte ihm von einer Talk-Sendung, die ich bei einem Sender in Österreich gehört hatte. „Wie sieht's aus, können wir so was nicht auch bei uns machen?", fragte ich ihn.

„Ich weiß nicht, Raphael. Dafür ist im Moment kein Geld da. Außerdem gibt's so was bei anderen Sendern schon genug."
„Aber nicht so." Ich versuchte noch einmal, ihn von dieser Idee zu überzeugen. Nicht, daß ich sie genauso machen wollte wie die Österreicher, aber vom Grundgerüst her sollte es natürlich eine Talk-Sendung bleiben, und ich hätte sie gerne moderiert.
„Raphael, nein."
Das war's dann. Abgelehnt. Grundlos.
Später erfuhr ich, daß er diesen Vorschlag unseren Mitarbeitern als seinen eigenen verkaufen wollte.
Auf einer Konferenz hatte er die Einführung einer Talk-Sendung nach österreichischem Vorbild vorgeschlagen. Er sagte, er habe sich etwas überlegt und ihm sei diese Idee gekommen. Der Vorschlag stieß dann aber auf Ablehnung, weil sich niemand fand, der die Sendung hätte machen können. Natürlich hätte ich selbst sie gern gemacht, aber das wollte mein Chef nicht. Er meinte, er würde mich für andere Sendungen stärker brauchen, und so hatte sich das dann ganz schnell geklärt. Aber Hauptsache, verkaufte die Idee dann als seine eigene. Beliebte Methode, auch außerhalb vom Radio.

Nach ein paar Jahren lernte ich meinen neuen Chef kennen – bei einem anderen Programm. Für zwei Sender zu arbeiten, ist nicht unüblich. Im Gegenteil. Viele Moderatoren, Redakteure und Nachrichtensprecher tun das. Es bringt neue Erfahrungen, neue Bekanntschaften, nebenbei

auch etwas Geld und zeugt zudem von Qualität. Und ist manchmal auch einfach erforderlich.
Vielen meiner bisherigen Kollegen war es nicht so recht, daß ich, der als Skandalmoderator Verschrieene, plötzlich auch für ein anderes Programm arbeitete. Für mich war das aber super, weil ich plötzlich nicht mehr so abhängig war, mir nicht mehr alles gefallen lassen mußte und gesehen habe, wie es auch gehen kann. Davon abgesehen habe ich auf einen Schlag eine Menge neuer Leute kennengelernt, und natürlich auch meinen neuen Chef.

„Danke, Guten!"
Hastig greife ich nach meiner Mitarbeiterkarte und nehme mein Tablett. Voll ist es heute. Kurz nach halb zwei, da ist es eigentlich immer voll. Erstmal gehen. Irgendwo wird schon was frei sein. Links von mir reihen sich Pflanzenkübel hintereinander. Sie trennen die Tische vom Durchgang ab. Rechts von mir ebenfalls Pflanzenkübel, dahinter Tische und überall dazwischen Pflanzenkübel. Große Grünpflanzen mit schlanken Blättern räkeln sich über die Ränder hinaus. Ein Vierertisch, gerade frei geworden.
Ich stelle mein Tablett ab, ziehe den Stuhl zurück und lasse mich nieder. Während ich zügig, aber ohne Hast, den Teller leere, schweift mein Blick durch den Raum. Riesig groß, aber nicht ungemütlich. Im Gegenteil. Sehr schön eigentlich. Schön hell. Von vier Seiten sind drei vollständig verglast, die Sonne wirft ihre Strahlen direkt in meine Richtung. Auf dem Fußboden dunkelgrauer Teppich. In mir wächst ein Gefühl der Zufriedenheit und des Glücks. Ich bin unglaublich froh, daß ich hier sein kann.
„Raphael!" Eine helle Stimme holt mich zurück.
„Komm doch rüber!"
Es ist die Assistentin des Wortchefs. Neben ihr erkenne ich noch andere Gesichter aus der Redaktion.
Ich stehe auf, nehme mein Tablett und setze mich zu den anderen.
Wir unterhalten uns über Gott und die Welt und lachen.
Mir gegenüber sitzt der Programmchef. Daneben sein Stellvertreter, der Wortchef, mein direkter Vorgesetzter.
Ich bin vorsichtig. Diese Situation ist für mich vollständig neu. Noch nie habe ich erlebt, daß die Chefs am selben Tisch sitzen wie die Mitarbeiter. Und sich dann auch noch mit ihnen unterhalten!

Wir flachsen herum, reißen zotige Witze und sprechen über alles, aber nicht über die Arbeit.
Auch das ist mir neu. Sonst ging es in den Kantinengesprächen immer um die Arbeit.
„Komm, Alter“, meint eine Kollegin zu unserem Chef.
„Gib mal einen aus.“
Er zögert nicht lange, kramt in seiner Brieftasche und legt seinen Mitarbeiterausweis auf den Tisch. „Wer will alles Kaffee?“
Ich will nicht. Das heißt, eigentlich will ich schon, aber ich traue mich nicht.
„Raphael. Wenn der Chef mal ’n Kaffee ausgibt, kannst du das ruhig annehmen.“
Sie schaut mich an, und ich merke, daß es ernst gemeint ist.
„Na gut“, sage ich vorsichtig. „Aber nur, wenn es wirklich keine Umstä...“ –
„Ach was! Milch? Zucker?“ – „Beides.“
Sie nimmt die Karte meines Chefs und verschwindet zwischen den Tischen und Gummibäumen.

OK, auch in diesem Sender war nicht alles so zum Totlachen, und auch dieser Chef hatte seine Macken und Schwächen, aber es hatte mich schon sehr beeindruckt, daß er sich überhaupt zu uns, zu dem „kleinen Volk“ mit an den Tisch setzte und dann auch noch für die ganze Runde einen Kaffee ausgab. Das hätte der andere nie macht (hat er auch nicht).

Ein Chef ist nicht zwangsläufig fies oder ungerecht. Klar haben alle ihre Marotten. Wichtig aber ist, daß sie in erster Linie normale Menschen sind: die einen grüßen, die sich bei Gelegenheit auch mal mit ihren Mitarbeitern unterhalten, die mal eine mitrauchen oder auch mal einen Kaffee ausgeben. Menschen, die Verantwortung haben, es nicht allen recht machen können, mal schlecht gelaunt sind, mal Streß in ihrer Beziehung haben oder auch mal keine Zeit haben.

Sie sind normale Menschen, und ich erwarte von ihnen, daß ich auch normal mit ihnen umgehen kann. Ich will nicht immer erst eine Treppe hinaufschleichen oder zehnmal „Bitte bitte“ sagen müssen. Ich will nicht vor jedem Gespräch mit dem Chef Angst haben müssen, ich will mich für das, was mir zusteht, nicht rechtfertigen müssen, und ich will mich nicht ausbeuten lassen. Einem guten Mitarbeiter steht auch eine gute Bezahlung zu (auch keine Selbstverständlichkeit). Ich will Fairneß und Gerechtigkeit. Übrigens: Der Chef, von dem ich eben erzählt habe, der mit dem Kaffee in der Kantine, hat sich wenig später von seiner wahren Seite gezeigt und angefangen, seine Leute gegeneinander auszuspielen. Ein gesundes Mißtrauen halte ich also für durchaus angebracht.

Die Charaktere der Chefs sind so unterschiedlich und vielseitig wie das Radiogeschäft selbst. Jeder ist anders, hat andere Stärken und Schwächen, andere Hintergründe und Gedanken. Deshalb wäre es fatal, an dieser Stelle fix und fertige Tips zu geben, wie man sich einem Chef gegenüber am besten verhält.
Dennoch versuche ich, zusammenfassend ein paar Regeln, die für alle Chefs (auch aus anderen Branchen) gelten, aufzustellen:

Chefs grundsätzlich immer grüßen (am besten mit Namen)
in seiner Anwesenheit zügig bewegen
wenn Not am Mann ist, erhöhte Einsatzbereitschaft zeigen
unnötige Begegnungen innerhalb des Sendergebäudes vermeiden

Das soll nicht heißen, daß Du Deinem Radiochef grundsätzlich aus dem Weg gehen sollst. Daß er seine Mitarbeiter lieber arbeitend sieht, dürfte einleuchten. Ich denke aber, daß es für einen Chef auch eine Beruhigung ist, wenn er weiß oder mit ansieht, daß sich seine Mitarbeiter untereinander verstehen und vertragen. Natürlich kann man bei Problemen mit Kollegen zum Chef gehen und sich beschweren, aber die meisten Chefs sind ganz froh, wenn sie sich nicht um solche Dinge kümmern müssen.

Ich kenne die Situation aber von mir selber: Ich sitze in der Redaktion an meinem Schreibtisch und bin dabei, die Sendung für morgen vorzubereiten. Eigentlich könnte ich relativ schnell fertig sein. Es wartet noch ein bißchen Tipparbeit auf mich. Außerdem muß ich noch das Interview schneiden, das ich vor einer halben Stunde geführt habe.
Heute ist so ein Tag, an dem absolut nichts los ist, der mich langweilt und der sich wie Kaugummi zieht.
Gähn. Ich habe keine Lust mehr.

Mal gucken, was sich bei eBay so tut.
Und erstmal meine drei Freemail-Accounts abrufen.
Außer den üblichen Newslettern, die ich nur abonniert habe, um Benutzeraccounts und dadurch Zugriff auf bestimmte Internetseiten zu bekommen, ist nichts in meinen Mail-Accounts. Die laufen natürlich alle unter falschem Namen.
Mein Blick fällt auf meine Fischschwanzpalme, eine kleine Grünpflanze mit gespaltenen Blättern. Deshalb heißt sie so. Ich hatte sie im Frühjahr gekauft und mir auf meinen Platz gestellt. Ich finde es einfach angenehmer, wenn etwas Grün in der Redaktion ist. Besonders gemütlich ist es da sonst nicht; überall liegt Papier verteilt. Zerfledderte Zeitungen, Skripte, Ticker-Meldungen, der Dienstplan vom letzten Monat. Schräg links hinter mir sitzt eine Kollegin. Die linke Seite ihres Schreibtisches ist unter Schminkutensilien begraben. Aufgeregt wühlt sie darin herum. Anscheinend sucht sie etwas. Entnervt greift sie nach der Schminktasche und stochert mit den Fingern hinein, bis sie einen goldenen Ring herausholt und damit Richtung Ausgang verschwindet.
Auf der gegenüberliegenden Seite meines Platzes stehen Flaschen. Grob gezählt acht Cola- und fünf Apfelsaftflaschen. Unter dem Tisch liegen zwei Bierflaschen. Weiß der Geier, wer die hierher geschmuggelt hat. Eine Armlänge davon entfernt ein Kronkorken. Von der Schreibfläche baumelt ein Jojo herunter. Ein Werbegeschenk einer Plattenfirma. In dem leeren Glas, das daneben steht, klebt ein Rest vertrockneter Saft. Direkt dahinter steht ein Aschenbecher. Die gläsernen Schnörkel können nicht über seine Häßlichkeit hinwegtäuschen. Er ist vollkommen überfüllt, die Kippen liegen schon nebendran. Der Aschenbecher thront auf einem Stapel Zeitungen. Sie wurden bereits von ihren Lesern in ihre Bestandteile zerlegt und füllen den Rest des Tisches aus. Benutzte Kaffeetassen mit vertrockneten Resten an der Seite zeugen ihrerseits von vernachlässigter Hygiene und Bequemlichkeit.
Die Unordnung in diesem Laden macht mich wahnsinnig. Der einzige Platz, der wirklich aufgeräumt und ordentlich ist, ist meiner. Er gehört mir nicht, und er wurde mir nie fest zugeteilt, aber vor etwa einem Jahr habe ich für mich beschlossen, daß von nun an nur noch ich an diesem Platz sitzen würde. Den Schubladenschrank und den PC habe ich für meine Bedürfnisse eingerichtet, die Papierablagen auf dem Schreibtisch sind so beschriftet, daß sie unmißverständlich „aktuelle“ von „sonstige[n]“ Unterlagen trennen. Es paßt Vielen nicht, daß ich hier mein

eigenes Süppchen koche, aber es läuft mir zuwider, mich dem Chaos und dem Siff der nicht-personenbezogenen Arbeitsplätze unterzuordnen.

Mein Stuhl bebt. Der Fußboden vibriert. Etwas schläfrig drehe ich den Kopf nach links und luge hinter der Trägersäule hervor. Karl, unser Chef, kommt hereingestampft. Zielstrebig rennt er auf die Layouterin am anderen Ende des Raumes zu. Sie sitzt an jenem einzelnen Schreibtisch rechts von mir. Jener, der ein unzerstörbares Dauerchaos hortet. Karl scheint etwas angesäuert zu sein. Vielleicht war der Kaffee zu stark, oder etwas anderes von vergleichbarer Dramatik ist passiert.

Hastig greife ich nach der Tastatur und drehe mir den Bildschirm zurecht. Wo war ich? Ach ja, das Interview. Ich öffne eine der Schubladen und greife nach dem kleinen ekelhaften Kopfhörer. Ich mag ihn nicht, weil er, genau wie alles andere hier, niemandem fest zugeordnet ist, sondern zu jeder Zeit von jedem genutzt werden kann. Kopfhörer sind in der Redaktion ähnlich begehrte Gegenstände wie Kugelschreiber, Zettel und Milch. Mittlerweile hat sich herumgesprochen, daß in meiner unteren Schreibtischschublade immer ein Kopfhörer liegt.

Es ist nicht immer derselbe. Ich merke, wenn jemand anderes ihn „ausgetauscht" hat. Ich kann es ja auch niemandem vorwerfen. Das ist eben einer der Nachteile eines Großraumbüros.

Zwischen den Fasern des Ohrenpolsters hängen Schuppen. Meine sind es nicht.

Nachdem ich sie mit dem Fingernagel herausgekratzt habe, tut sich vor mir die allgegenwärtige Oberfläche des Schnittprogramms auf. Nahezu automatisch beginnt meine linke Hand mit der Standardbewegung. Die rechte navigiert die Maus und steuert die linke und rechte Markierung und den Tonkopf. Der Daumen meiner linken Hand fällt auf die Leertaste. Kurz danach versinkt F1 unter meinem Mittelfinger.

Der Kopfhörer drückt.

Karl kommt zurück. Er ist bedeutend langsamer geworden als noch gerade eben. Beinahe schon gespenstisch langsam scheint er geradezu durch den Raum zu schweben. Seine Mundwinkel reichen fast bis zu den Ohren. Es ist wieder dieses typische Grinsen, als ob die Welt voll von Glück und Freude sei. Es ist dieses Grinsen, das er immer auflegt, wenn er sich pudelwohl fühlt und alle wahren Probleme um sich herum scheinbar völlig vergessen hat.

Natürlich grinst er auch mich an. Ich grinse nicht zurück, ich schaue ihn nicht einmal an. Ich habe zu tun. Er hätte gern, daß ich ihn anschaue.
Es ist mir aber egal, und meine Finger klopfen unermüdlich auf meine beiden Lieblingstasten. Während er an mir vorüberschwebt, wirft er einen Blick nach rechts und versucht sein Glück bei der Producerin der Vormittagssendung. Sie scheint noch nicht einmal zu registrieren, daß er überhaupt da ist.
Fünf Sekunden später höre ich die Tür ins Schloß fallen.

Immer so tun, als sei man beschäftigt. Ihm erst gar keine Angriffsfläche geben. Er darf erst gar nicht auf den Gedanken kommen, Du würdest nicht arbeiten. Bei einem Einzelbüro oder einem kleinen Zwei- oder Drei-Mann-Büro hast Du es da schon um einiges bequemer. Da kommt er nur zu Dir herein, wenn er auch etwas von Dir will. Oder er wird Dich anrufen und Dich zu ihm zitieren. Bei einem kleinen Büro kannst Du aber die Tür hinter Dir zumachen und dadurch signalisieren, daß Du Deine Ruhe haben willst.
Ich halte das für unheimlich wichtig. Ein Chef, der ständig hinter seinen Mitarbeitern her ist und kontrolliert, ob sie auch artig arbeiten, ist kein Chef; jedenfalls keiner, der mit Mitarbeitern umgehen kann.
Und genau von so einem habe ich gerade erzählt; sicherlich ein Extrem.

Bist Du neu in einem Sender und auch nur halbwegs gut (oder hat zumindest Dein Chef diesen Eindruck), rechne damit, daß sie Dich anrufen. Sie werden Dich anrufen und Dich breitschlagen, Dienste zu übernehmen. Dienste, die sie mit „ihren" Leuten (also ihrem bisherigen Stamm) nicht besetzt kriegen. Das kann verschiedene Gründe haben: Urlaub, Krankheit, kurzfristige terminliche Änderungen bei anderen Mitarbeitern. Plötzlich gibt es ein Loch im Dienstplan und alle, die für das Stopfen dieses Lochs theoretisch in Frage kämen, sind nicht da oder können nicht.
Irgendwann werden sie Dich anrufen.
Du kannst Dir monatelang vorher die Beine ausreißen ohne, daß es jemand merkt. Aber jetzt plötzlich rufen sie Dich an. Jedenfalls ging mir das oft so. Natürlich sagst Du dann zu. Falls Du nicht kannst, änderst Du Deine anderen Termine entsprechend ab. Radio ist wichtiger.

Mach aber nicht den Fehler, sofort zuzusagen (ja, jetzt wird's ein bißchen psychologisch, aber auch wir Moderatoren haben so unsere Tricks). Erstmal eins vorweg: Sei schwer zu erreichen. Gehe nicht immer ans Handy. Deine Chefs oder deren Sekretärinnen werden Dich wahrscheinlich zuerst auf dem Handy anrufen und erst dann auf dem Festnetz. Gehe nicht gleich beim ersten Klingeln ran.
Ist es tatsächlich jemand vom Sender, der Dich anbettelt „Kannste mal" (oder besser: „Kannste mal eben", „Kannste mal schnell"), ist taktisches Kalkül gefragt: „Ach, da hast du aber Glück, daß du mich noch erreichst. Ich bin gerade auf dem Sprung, ich muß noch mal kurz weg, ich habe noch einen Termin." Das kann man natürlich nicht immer bringen. Wichtig ist nur, daß Dein Chef oder auch dessen Sekretärin den Eindruck erhält, daß Du viel unterwegs und schwer zu erreichen bist. Denn nur wer das ist, der

- hat viel zu tun
- ist gut in seinem Job, denn sonst hätte er nicht so viel zu tun
- ist deshalb erfolgreich
- hat Geld
- hat letztlich auch Macht

Es ist ein Kreislauf. Bist Du schwer erreichbar, giltst Du für den anderen als vielbeschäftigter Mann oder vielbeschäftigte Frau. Wer viel beschäftigt ist, hat viel zu tun. Wer viel zu tun hat, muß folglich gut in dem Job sein. Und Leute, die gut in ihrem Job sind, sind das Kapital eines jeden Unternehmens. Es gilt das alte Sprichwort: „Willst du was gelten, mach dich selten".

Das alles heißt nicht, daß Du Deinen Chef nicht ernstnehmen sollst. Das heißt auch nicht, daß Du ihn anlügen, über den Tisch ziehen oder ihn lächerlich machen sollst. Dazu stifte ich auch nicht an. Das ist lediglich ein Tip, der Dir helfen soll, Dir bei Deinem Chef Respekt zu verschaffen und dafür zu sorgen, daß Du bei ihm im Gedächtnis haften bleibst – positiv, denn Du zeigst Arbeitsbereitschaft. Nicht, daß der Eindruck entsteht, daß ich grundsätzlich gegen Chefs hetze – mit Sicherheit nicht. Nur weiß ich aus meiner eigenen Erfahrung heraus, daß man sich als Mitarbeiter auch nicht alles gefallen lassen und sich um einen gegenseitigen respektvollen Umgang bemühen sollte.

Es ist unglaublich schwierig, auf den Punkt gebrachte Ratschläge über den Umgang mit Chefs zu erteilen. Ich selbst habe einmal den Fehler gemacht, zu lange gewartet zu haben. Der Zeitpunkt, an dem ich mich hätte beschweren können, war verstrichen. Bleibe Dir selbst von Anfang an treu. Es kann durchaus passieren, daß Du den Eindruck hast, ungerecht behandelt zu werden.

Es ist keine Lösung, den Kopf in den Sand zu stecken und sich querzustellen. Im vorigen Kapitel habe ich es bereits erwähnt: Man muß nicht jeden mögen. Man muß auch den Chef nicht mögen, aber man muß zumindest mit ihm auskommen. Wenn die Chemie stimmt, um so besser. Es kann Dir aber auch passieren, daß Du in Deinem Job verdammt gut bist und Dein Chef froh ist, daß er Dich hat, obwohl er Dich nicht leiden kann. Dann gehe ihm aus dem Weg. Du mußt mit ihm keinen trinken gehen, Du mußt Dich nicht mit ihm auf der Weihnachtsfeier unterhalten, Du mußt auch ihm gegenüber nicht so tun, als sei er Dein dickster Freund.

Tu, was er Dir sagt. Wenn du der Meinung bist, daß er Unsinn erzählt, wiese ihn vorsichtig und diplomatisch darauf hin – aber nur, wenn Du allein mit ihm bist. Kritisiere ihn nie in Anwesenheit anderer, schon gar nicht auf einer Konferenz.

Argumentiere.

Bleibe sachlich.

Bleibe ruhig. Mir ist das lange Zeit nicht gelungen. Ich fühle mich in meinem Job so wohl und nehme ihn so ernst, daß es mir persönlich nahegeht, wenn die Programmdirektion das Programm umkrempelt und dadurch das Gegenteil von ihrem eigentlichen Ziel erreichen würde.

Er ist Dein Chef, weiter nichts. Auch er hat Chefs, und je länger Du in dem Job bist, desto weiter steigst Du auf der Leiter der Hierarchie nach oben und übernimmst irgendwann selber eine Art Chefrolle. Und lernst mit der Zeit auch, daß es neben der Arbeit auch noch andere Dinge im Leben gibt, die oft viel wichtiger sind.

Sorge in der Anfangszeit dafür, daß Dein Chef mit Dir zufrieden ist und Du ihm keine Angriffsfläche bietest. Irgendwann wird der Zeitpunkt kommen, an dem Du selber beginnst, über seine Entscheidungen nachzudenken. Häufen sich die Zweifel, wird es Zeit für einen Wechsel. Für einen Wechsel in ein anderes Programm mit einem anderen Chef.

4. Der Umgang mit Studiogästen und Interviewpartnern

„Raphi!“

Ich erkenne ihn an der Stimme und ahne schon etwas.

„Raphi!“, wiederholt er lautstark.

Er schreit quer durch den Raum, obwohl er auch gleich herkommen könnte. Er wird es sowieso tun, aber es ist bequemer, zu schreien. Obwohl ich mich noch nicht zu ihm umgedreht habe, kann ich förmlich spüren, wie sein suchender Blick durch die dicken runden Gläser seiner Brille hindurch die Redaktion abtastet. Ich weiß nicht genau, ob er kurz- oder weitsichtig ist. Wahrscheinlich keines von beiden, denn wenn er vor einem steht, weiß man manchmal nicht genau, in welches Auge man nun schauen soll. Die starke Wölbung seiner Brillengläser wirken wie eine Lupe, seine Augen sehen dann noch größer aus.

Jörg ist kein Mann der großen Worte und neigt zum Geiz. Leider hat er außerdem die ungünstige Eigenschaft, ausgesprochen stur zu sein. Aber eigentlich ist er ganz nett. Er ist einer von drei Musikredakteuren bei uns und verantwortlich für die Melodien, mit denen unsere Hörer beglückt werden. Jörgs Lieblingsbeschäftigung ist es, mit ausgestrecktem Hals vor seinem Computer zu sitzen, den Kopf dabei leicht in den Nacken zu legen, was seinen Hals sehr lang erscheinen läßt, und dann mit dem Zeigefinger seiner rechten Hand die Pfeiltasten hoch und runter zu drücken. Synchron dazu kann man auf seinem Computerbildschirm einen blauen Balken beobachten, der abwechselnd ein paar Zentimeter hoch oder springt. Einen praktischen Sinn habe ich darin noch nie erkennen können, aber es scheint unglaublich wichtig zu sein.

Ihm gegenüber sitzt seine Kollegin Sandra. Sie hatte bei ihrem Vorstellungsgespräch damals allen anderen gegenüber zwei unübersehbare Vorteile. Sie hat sie heute noch. Sich mit ihr zu streiten, kann zwar schnell passieren, ist aber ziemlich langweilig und oberflächlich. Dafür kann man sich mit ihr prima über Fingernägel, Kosmetik und Männer unterhalten. Hat mir mal jemand erzählt. Mehr gibt es zu Sandra auch nicht zu sagen.

Der dritte im Bunde ist Horst. Er ist der Musikchef dieses Senders und Träger eines Doktortitels, der aber noch nicht mal ihn selber beeindruckt. Auf seinen Schultern lastet zudem noch die Aufgabe des stellvertretenden Programmleiters. Anscheinend wird ihm in dieser Funktion so derart viel abverlangt, daß er die Auswahl der Musik und die Gestaltung der Playlisten für die einzelnen Sendungen Jörg und Sandra überläßt. Eine fatale Nachlässigkeit, wie sich bereits in zahlreichen Fällen herausgestellt hat. Aber es ist eben das einfachste, über bestehende Strukturen erst gar nicht nachzudenken, denn es könnte ja sein, daß Defizite aufgedeckt werden, die man eigentlich beseitigen sollte. Das aber würde der Mentalität dieses Senders widersprechen, und so läuft alles weiter, wie es immer gelaufen ist.

„Raphi!"
Wieder krächzt seine Stimme durch den Raum.
„Was?", rufe ich zurück. Er tappt langsam in meine Richtung und kommt neben meinem Schreibtisch zum Stehen.
„Du machst ja ‚Mahlzeit' diese Woche."
„Mahlzeit" ist die Sendung mittags zwischen 12 und 3. Hauptsächlich besteht sie aus Musikwünschen der Hörer. Die Wortbeiträge beschränken sich auf leichte Kost: Veranstaltungstips, pro Sendung jeweils eine Folge einer Comedyserie und Popnews. Das Team der Mahlzeit besteht, wie bei den meisten anderen Sendungen, aus zwei Personen: einem Moderator und einem Producer. Der Producer kümmert sich in erster Linie um die Entgegennahme der Musikwünsche, um die Veranstaltungstips und die Popnews. Julia ist diese Woche meine Producerin. Mit ihr arbeite ich sehr gern zusammen. Sie ist zwar drei oder vier Jahre jünger als ich (obwohl ich selber erst knapp über 20 bin) und entsprechend aufgedreht, aber genau das ist es, was ich so an ihr mag. Nächstes Jahr macht sie ihr Abi, dann wird sie vermutlich auch öfter hier sein.
„Raphi, du hast Studiogäste", flötet mir Jörg entgegen.
„Oh", entgegne ich neugierig. „Wer kommt denn?", frage ich und freue mich auf echte Größen.
„Die Harleckinz."
Nach einem kurzen Moment der völligen geistigen Leere versuche ich, diese Leere in Worte zu konvertieren: „Wer sind denn die Harleckinz?"
„Hip Hopper aus Berlin."
„Nie gehört." Habe ich wirklich nicht. „Spielen wir die?"
„Nö, aber die kommen halt, und du hast die am Donnerstag bei dir in der Sendung. Die werden gegen elf hier auftauchen und sind dann so bis um halb eins etwa da."

Eineinhalb Stunden. Das ist ja richtig viel. Die meisten bleiben nur solange, wie sie unbedingt müssen. In dieser Region hier ist auch nicht gerade viel los, so daß sich die „Stars" vor oder nach einem Interviewtermin in der Stadt aufhalten könnten. Sie könnten natürlich schon, aber die wenigsten tun es. Da haben die meisten anderen öffentlich-rechtlichen Sender mit Sitz in einer Großstadt mehr zu bieten.
„Und was muß ich da machen? Wer sind die überhaupt?"
Jörg versucht, mich von der Wichtigkeit dieses Termins und den Harleckinz an sich zu überzeugen. Seltsam nur, daß ich bis dahin noch nie etwas von den Harleckinz gehört habe, aber anscheinend sind sie in Berlin bereits ganz groß. Vier Jungs, Mitte zwanzig. Da sie bereits eine Stunde vor Beginn der Sendung da sind, soll ich mit Julia zusammen einige Teile des Interviews vorproduzieren. In der ersten Stunde der Sendung würden die Jungs dann mit im Sendestudio sitzen.
Das bedeutet erst einmal zusätzlicher Streß, aber das schöne daran ist, daß man als Moderator den „großen Stars" gegenüber weisungsbefugt ist. Die meisten haben trotz eines etwaigen Höhenflugs ziemlichen Respekt vor dem Radio und seinen Machern. Das ist schön, so kann man die Rollen mal vertauschen.
Also: Von elf bis zwölf Aufzeichnung im Produktionsstudio, von zwölf bis halb eins Live-Interview in der Sendung. Der Zweifel an der ganzen Sache kommt mir erst Tage später auf. Was ergibt es für einen Sinn, Leute zu Gast im Studio zu haben, die von unseren Hörern kein Mensch kennt, weil wir deren Musik nie gespielt haben (und es hoffentlich auch nie tun werden)?

Sie waren ziemlich pünktlich. Vier (Ich glaube, es waren vier. Vielleicht waren es auch fünf) recht üppige Gestalten reihen sich nebeneinander. Schwarz und weiß, beide Hautfarben sind dabei. Und viele viele Goldkettchen, Sporttrikots, Baseballcaps und knatschende Kaugummis. Hip Hopper eben. Kraß, Alter!
Wir verschwinden im Produktionsstudio, Julia schiebt noch einen Stuhl herein, und wir fangen sofort an. Lange dauert es nicht, um feststellen zu können, daß die Harleckinz außer „derben Stylez" nicht viel drauf haben. Jedenfalls ist das mein erster Eindruck, der sich nach kurzer Zeit eher verstärkt.

Nach einer guten halben Stunde sind wir mit der Aufzeichnung durch. Julia bittet noch um eine Station-ID, also eine „Identification". Das ist ein kurzer Aufsager eines vermeintlichen Promis, der seinen Namen und den des Senders sagt. Es hört sich im Programm einfach schön an, wenn der Musiker kurz den Namen des Senders nennt und sein Lied ankündigt, bevor es läuft.
Der Dickste von allen, ein gewisser Doubleface, reckt sich in Richtung des Mikrofons und legt los und hat dabei nicht vergessen, daß die Sendung, um die es geht, Mahlzeit heißt, was mich etwas überrascht.

„Ey, Mahlzeit... Südraum Deutschland... Doubleface Harleckinz... Vom Ding her bin ich bei DASDING... Peace!"
Er hatte das Wort „Peace" noch nicht ganz ausgesprochen, da quatscht von hinten ein anderer rein: „Vom Ding her bin ich Swinger, haha", und auch Julia kann sich das Lachen nicht verkneifen.
Dieser unfaßbar schlechte Gag aus der *ganz unteren* Schublade hat mir nun auch den letzten Funken Spaß genommen. Vielleicht bin ich zu spießig oder zu konservativ, aber das Niveau ist inzwischen so weit unten angekommen, daß ich mich als Moderator, als „Showmaster" inzwischen äußerst unwohl fühle. Es ist mir peinlich, so was in meiner Sendung zu haben. Julia dagegen scheint mittlerweile in einer Stimmung zu sein, in der man ihr nur einen Drink hätte ausgeben brauchen, und der Abend (wenn es denn einer wäre) wäre für sie gerettet. Sie mag die Harleckinz und kann es überhaupt nicht verstehen, daß ich ihre Meinung nicht ansatzweise teile.
Die Sendung selbst verlief recht gut. Ich hatte alles mit ihnen abgesprochen und habe nur zwei kurze Moderationen mit ihnen gemacht, einen Titel ihrer CD gespielt, und das war's dann. Während die Musik lief, tat ich sehr angestrengt und beschäftigt, um weiteren Smalltalk mit diesen Typen zu vermeiden.

Die Sendung am nächsten Tag wurde natürlich mit den Interview-Schnipseln der Harleckinz vom Vortag vollgestopft. Das so mühsam aufgezeichnete Interview wurde, in kleine Häppchen unterteilt, in die Sendung eingebaut, und wieder hatte ich das Vergnügen, ihre fabelhafte CD zu spielen. Dazu natürlich die völlig albern verlachte Station-ID. Station-IDs mit Lachen drin können zwar auch sehr nett klingen, weil sich dadurch normalerweise eine gute Stimmung vermittelt. In diesem

Fall aber vermittelte sich keine gute Stimmung, sondern (nach meinem Höreindruck) eine fürchterliche Hohlheit. Diese Station-ID war repräsentativ für das ganze Interview, für diese ganze Combo und zeugte nicht gerade von Format, aber so paßte sie wenigstens zu dem Lied, das ich unmittelbar im Anschluß spielen sollte. Was willste machen... Als Moderator bist Du halt auch gewissermaßen das letzte Glied in der Entscheidungskette und manchmal reiner Befehls-Ausführer ohne jegliches Mitspracherecht. Traurig, aber Realität.

Und so erlaube ich mir mit der Station-ID einen kleinen Scherz, sehr zum Protest von Julia.
Mit dem Schnittprogramm habe ich aus „Südraum Deutschland" (was bitte ist „Südraum Deutschland"?) ein stotterndes „Sü-sü-sü-südraum Deutschland" gebastelt. Kein Mensch spricht so; die Satire ist meiner Ansicht nach hörbar.
Julia ist dagegen. Sie fand die Harleckinz doch so süß, da kann ich doch so etwas nicht bringen.
Doch, ich kann. Und ich tue es auch.
In der Sendung verkaufe ich den Protagonisten der Station-ID, besagten Doubleface (der eher Doublebody hätte heißen sollen), als den einzigen Rapper Deutschlands, der mit dem Mund scratchen kann. Um die Wirkung meiner selbstgebastelten Parodie zu verstärken, setze ich die Station-ID ein paar Mal hintereinander und wieder und immer wieder in das Lied hinein. Das Lied wird dadurch natürlich völlig zerstört. Ein verkraftbares Opfer, wie ich finde.
„Ein großer Star, Doubleface von den Harleckinz aus Berlin; der Mann, der gar keinen Plattenspieler braucht, er macht einfach ‚alles mit'm Mund'. Hier, hört mal selber:"
„Ey, Mahlzeit... Sü-sü-sü-südraum Deutschland... Double..." – „Aah klasse, was? Und jetzt... Achtung, jetzt kommt meine Lieblingsstelle..." – „...Ding her bin ich bei DASDING... Vom Ding her bin ich Swinger... Hahahahaha" – „Habt Ihr das gehört? Ein Mordsgag hier! Achtung, noch mal:" – „Vom Ding her bin ich bei DASDING... Vom Ding her bin ich Swinger... Hahahahaha" – „Hahaha, Brüller!"
Ich weiß nicht ganz, ob ich nun auch lachen oder eher weinen soll. Im allgemeinen bin ich um einen gewissen Stil in meinen Sendungen bemüht, aber das hier macht meine ganzen Anstrengungen zunichte.

Kaum habe ich das Mikrofon zugezogen und die Lautstärke der Studioboxen heruntergedreht, um mir die Klänge dieser Kapelle zu ersparen, da bläst mir eine energische Stimme durch die Sprechanlage auf der Fensterbank.
„Was soll denn das? Muß das sein?"
Es ist Julia.
Sie sitzt draußen am Producerplatz vor dem Studio und hat sich über den Tisch gebeugt, um mit ihren kurzen Armen die Sprechanlage zu erreichen.
„Wieso?" Es wird eine Diskussion geben, aber sie ist sinnlos.
„Was soll denn das?", wiederholt sie sichtlich angenervt. „Die waren doch ganz nett, warum verarschst du die dann so?"
„Südraum Deutschland", zitiere ich. „Südraum Deutschland! Kannst du mir bitte mal sagen, was der ‚Südraum Deutschland' ist? Gibt's auch einen Nordraum? Oder einen Ostraum?"
„Die meinten halt ‚Raum Süddeutschland'", klärt Julia mich auf. Ich weiß schon, was sie meinten.
„Deutschraum Süd", spotte ich zurück.
„Und was sollte dieses Gestottere?" Julia gibt nicht auf.
„Ich habe wiedergegeben, was sie selber gesagt haben. Und wenn die sogar mit dem Mund scratchen können, ist doch super! Das kann nicht jeder."
Sie merkt, daß sie nicht weiterkommt. Es ist meine Form des Hohns, des Spotts. Es ist meine Form, mich über jemanden auf dem Sender lustig zu machen, ohne es direkt zu sagen. Ich mache das äußerst selten. Wir haben die CD der Harleckinz übrigens seitdem nicht mehr gespielt. Ich habe auch nie mehr etwas von ihnen gehört und weiß auch gar nicht, ob es sie überhaupt noch gibt. Sie hatten zwischendurch eine Myspace-Seite, waren bei meinem Besuch Anfang der 10er aber schon seit zwei Jahren nicht mehr dort eingeloggt. Und das, was ich hier zitiert habe, hat dieser Typ wirklich gesagt. Er hat wirklich und allen Ernstes gesagt: „Ey, Mahlzeit, Südraum Deutschland." Kein Scherz. Das hat er gesagt.
Ja, Radio tut manchmal weh.

Du lernst in diesem Beruf unglaublich viele Persönlichkeiten kennen. Von manchen hast Du vorher und hinterher nie gehört, wie eben in diesem Fall mit den Harleckinz. Viele kennt man aber. Nicht persönlich,

aber aus den Medien. Meistens ist es so, daß Promis in der Gesellschaft einen gewissen Status genießen.
Du wirst vielleicht mit Promis konfrontiert, die alle mögen, die zu Deutschlands Lieblingen zählen und über die in der Öffentlichkeit niemand jemals etwas Schlechtes sagen würde. Thomas Gottschalk ist beispielsweise so jemand. Ob man ihn mag oder nicht: Er war immer sehr beliebt. Sonst hätten nicht so viele Leute seine Sendung gesehen. Vor einigen Jahren habe ich u. a. ihn, Nena, Dieter Bohlen, Hans-Dietrich Genscher, Edmund Stoiber, Sabrina Setlur, die Beatsteaks, Jasmin Tabatabai, Guildo Horn und Rudolph Mooshammer kennengelernt und dabei meine eigenen Eindrücke von ihnen gewonnen. Was die breite Masse von ihnen hält, muß sich nicht zwangsläufig mit Deinen persönlichen Eindrücken decken. Sei bei prominenten Interviewpartnern auf alles gefaßt. Ich will Dich vor Illusionen, vor Enttäuschungen bewahren. Sie sind nicht alle so lieb und nett oder aber so bösartig, wie sie vor der Kamera scheinen.

Bei Dieter Bohlen muß ich zugeben, daß ich ihn immer gemocht habe. Meiner Meinung nach kann dieser Mann etwas. Er hat es geschafft, aus eigener Kraft heraus das zu werden, was er heute ist: steinreich und erfolgreich. Daß man sich dadurch viele Menschen zum Feind macht, ist normal und im Radiogeschäft ganz genauso. Je besser Du bist, desto erfolgreicher bist Du. Und je erfolgreicher Du bist, desto mehr Neider hast Du.

Eine deutsche Sängerin, die ich hier aus Diskretionsgründen nicht namentlich nennen kann, habe ich nur ganz kurz gesehen. Sie war bei uns im Studio zu einem Interview, weil sie ihre Comeback-CD herausgebracht hatte. Wir waren vor den Kollegen von SWR3 dran. Als wir sie interviewten, sprühte sie zwar nicht gerade vor Begeisterung, aber ihre Laune ließ immerhin ein stimmungsneutrales Gespräch zu.
Nach etwa zehn Minuten verschwand sie mit ihrer Begleiterin von der Plattenfirma in einem Tonstudio zur Voraufzeichnung eines Interviews. Ein SWR3-Moderator empfing sie und schloß die Tür. Eine halbe Stunde war ich auf dem Weg zum Kaffeeautomaten. Man muß an den Tonstudios vorbei, wenn man zum Kaffeeautomaten geht. Ich war gerade auf der Höhe des Studios, in das sie vorhin gegangen war. Mit einem Male flog mir die Studiotür, eine sehr schwere Stahltür, entgegen.

Ich konnte gerade noch zur Seite springen, sonst wäre sie mir genau an die Stirn geschlagen.
„Nie wieder!", hörte ich ihn brüllen. „Reg' dich nicht auf", versuchte eine andere Stimme zu schlichten. „Es war nicht deine Schuld."
„Nie wieder", rief der erste. „Nie wieder mach' ich was mit der!" Es war der Moderator, der gerade mit der Sängerin das Interview geführt hatte. Offensichtlich war sie bereits weg.
Er stampfte auf den Gang. Sein runder Kopf glühte. Schnaufend schimpfte er vor sich hin und bog in einen anderen Gang, sein Kollege hinterher.
Der peinliche Auftritt in der Voraufzeichnung bei SWR3 war natürlich *das* Thema. In der Redaktion hörten wir uns den Mitschnitt des Interviews an. Was wir da zu hören bekamen, konnte keiner von uns fassen. Die Sängerin, die sonst so lustig und cool tat, zeigte sich plötzlich von einer ganz anderen Seite. Sie hatte eine Stinklaune und ließ den Moderator vollkommen auflaufen. Okay, es war eine Aufzeichnung und nicht live, aber trotzdem unmöglich. Ihr Benehmen war absolut unbringbar. Sie begegnete ihm mit einer Form der Respektlosigkeit und der Arroganz, die schwer zu toppen ist. Ich bewunderte, wie ruhig er blieb. Ich an seiner Stelle wäre ausgeflippt. Das unterschied ihn von mir: Er war Profi durch und durch, mit allen Wassern gewaschen. Und er hatte es geschafft, trotz aller Angriffe und Unverschämtheiten, die die Alte losgelassen hatte, ganz ruhig und ganz souverän zu bleiben und die Nummer behutsam zu beenden. Respekt vor dieser Selbstbeherrschung.
Höhepunkt des Interviews war ein spaßiges Quiz mit einem Hörer, welches SWR3-Redakteure vorbereitet hatten. Anstatt sich für ein paar Minuten zusammenzureißen, motzte diese Sängerin nur herum, war unhöflich zu Moderator und Hörer und merkte schnell, daß sie keine einzige Frage richtig beantworten konnte. Es wurde ihr zu blöd. Sie sagte, sie ließe sich „nicht nötigen" und wolle nicht weiter „genervt" werden. Sie stieg aus dem Spiel aus. Anstatt aber zurückzufeuern, zeigte sich der SWR3-Moderator verständnisvoll, bedankte sich für den Besuch und wünschte ihr alles Gute. Damit hatte er das ganze Interview sehr elegant beendet, ohne selbst unhöflich zu werden. Im Rausgehen sagte die Sängerin wörtlich: „Ich will auch nicht, daß Ihr das sendet."
Das ist unverschämt und frustrierend. Aber als Moderator oder Redakteur sitzt Du am längeren Hebel. Egal, wie sie sich benommen hat: Was

über den Sender ging, konnte sie nicht bestimmen. Es war zwar ihr Recht, die Ausstrahlung der Aufzeichnung zu verweigern (Recht an der eigenen Stimme), aber was der Moderator sagt und wie er es sagt, darauf hat sie keinen Einfluß. Du vielleicht auch nicht, aber als Teil der Redaktion hast Du zumindest ein Mitspracherecht – auch als Praktikant. Diese Sängerin war ja nicht nur zu unserem Kollegen so unfreundlich. Sie war es ja auch zu dem Hörer am Telefon und wäre es zu allen anderen Hörern, wenn man das Interview senden würde. Sie haben es natürlich nicht gesendet, im Programm aber kurz erzählt, was los war. Und diese Sängerin und ihre CD spielten bei SWR3 keine Rolle mehr. Den Zusammenschnitt dieses Interviews habe ich übrigens zu Hause in meinem persönlichen Giftschrank ;-)

Was ich sagen will, ist: Es ist egal, mit wem Du zu tun haben wirst. Es ist egal, wie Du denjenigen bisher gekannt und eingeordnet hast. Die Wirklichkeit kann komplett anders sein. Diese Promis sind ein bißchen so wie Chefs oder wie Du selber. Die schlafen nachts, stehen morgens auf, gehen Einkaufen und haben gute und schlechte Tage. Und nur, weil jemand Musik macht, heißt das noch lange nicht, daß er oder sie sich im Geld suhlt. Für einen Top 20-Hit kann man heute einmal gut essen gehen, und das war's. So steinreich, wie viele vorgeben, sind sie in Wirklichkeit gar nicht. Ich habe mit einigen Leuten Interviews geführt, die in einer Mietwohnung wohnten und eigentlich ein ganz normales Leben führten. Solltest Du mit Promis konfrontiert werden, und das wirst Du in diesem Beruf früher oder später, gibt es ganz klare Verhaltensregeln:

- vollständig neutral an das Interview herangehen
- den Interviewpartner respektieren, aber behandeln, wie jeden anderen auch
- versuchen, einen gutgelaunten Eindruck zu machen
- unterschwellig genaue Grenzen ziehen: Das hier ist Dein Arbeitsplatz, Dein Studio, Dein „Wohnzimmer", und Dein Interviewpartner hat Dir und Deinem Sender dankbar zu sein, daß er hier sein darf – nicht umgekehrt

Man vergißt das schnell, wenn jemand Bekanntes plötzlich zu Gast ist. Sein Besuch ist letzten Endes in seinem Interesse. Schließlich verfügen

Medien über eine unglaubliche Macht, die ein Promi für sich nutzen kann, wenn er sich angemessen verhält. Oft habe ich erlebt, daß Promis der Meinung sind, es müsse sich nun alles um sie drehen und sind regelrecht beleidigt, wenn sie nicht die Beachtung bekommen, die sie sich erhofft haben. Klar, daß man einen Gast auch als Gast behandelt und ihm was zu Trinken anbietet, aber man muß ihm nicht in den Arsch kriechen. Finde ich. Es gibt Gäste, die das vergessen.

Anderes Beispiel.
Eine bekannte deutsche Rockgruppe war bei uns (ich kann den Namen hier aus demselben Grund nicht sagen wie eben, aber wer unbedingt wissen will, um wen es geht, der kann mich ja fragen). Ich mag sie nicht, damals wie heute. Mit ihrem Promoter im Schlepptau schlichen sie durch die Redaktion und steuerten auf Jörg und Sandra aus der Musikredaktion zu. Sie verteilten fordernde Blicke an uns und erwarteten anscheinend, daß sich alle zu ihnen umdrehen und mit Fotoapparaten und Edding-Stiften auf sie zurennen würden.
Nichts dergleichen passierte. Die meisten meiner Kollegen schenkten ihnen nicht mal den Funken von Beachtung und schienen ihre Präsenz gar nicht wahrzunehmen. In der Höhe meines Schreibtisches angekommen, sah mich einer von ihnen direkt an. Der Blick schreite mich förmlich an: „Hey du! Spring gefälligst von Deinem Stuhl auf! Wir sind's, die so-und-so, du kennst uns doch. Los, komm und frag uns nach einem Autogramm!“ Ich senkte meinen Blick wieder und arbeitete ganz normal weiter.

Manche sind supernett, machen allen Spaß mit, erzählen gut, sind interessant und hinterlassen bei allen einen guten Eindruck – auch bei den Hörern.
Andere hingegen benehmen sich vollkommen daneben. In den meisten Fällen wird man davon als Hörer nichts mitbekommen, weil Entgleisungen meist im Hintergrund geschehen (so wie im Fall des nie gesendeten SWR3-Interviews mit der Sängerin, von der ich eben erzählt habe). Einige Moderatoren werden durch die Art der Präsentation dieses Interviews das schlechte Benehmen ihres Gastes nach außen transportieren. Der aufmerksame Hörer wird dann heraushören, wie die Stimmung wirklich ist oder zum Zeitpunkt der Aufnahme war.

Bei Gästen wie dieser deutschen Sängerin ist es jedoch gar nicht nötig, sich Gedanken über eine negative Darstellung zu machen. Das schafft der Gast von ganz alleine und macht sich dadurch die nahezu härteste Form der Antiwerbung. Die Plattenfirma jedenfalls, die ja als Vermittler zwischen dem Promi und dem Sender fungiert, wird schlechtes Benehmen eines Promis nicht kommentarlos hinnehmen – obwohl man als Moderator oder Redakteur von solchen Zurechtweisungen meistens nichts erfährt.

Sorge in jedem Fall dafür, daß sich Dein Gast wohlfühlt. Das gilt nicht nur für Promis, sondern auch für ganz normale Leute, die aus irgendeinem Grund zu Gast bei Dir in der Sendung sind.
Begrüße Deine Gäste und nimm Dir Zeit. Nimm Dir immer eine halbe Stunde mehr Zeit als vorgesehen. Zeige ihnen die Redaktion, stelle ihnen einige Deiner Kollegen vor, zeige ihnen die Sende- und Produktionsstudios. Gehe auch mal davon aus, daß Deine Gäste zum ersten Mal bei diesem Sender sind oder vielleicht auch zum ersten Mal überhaupt einen Radiosender von innen sehen. Große Sender haben meistens einen Raum oder eine Sitzecke im Gebäude, in der man der Hektik des Radioalltags etwas entfliehen kann. Eine solche Sitzecke eignet sich ganz gut für einen Smalltalk, welcher der ganzen Situation etwas die Aufregung nimmt. Beginne das Gespräch mit dem Satz und der anschließenden Frage „Schön, daß Ihr da seid. Habt Ihr's gleich gefunden?“ Versuche, über alltägliche Dinge ins Gespräch zu kommen. Du wirst dann sehr schnell feststellen, wie Deine Gäste drauf sind und wie routiniert sie sind. Etablierte Bands werden vermutlich eher gelangweilt sein, weil sie schon hundert Mal Interviews gegeben haben und wissen, wie Radiostudios aussehen. Neue Bands oder Leute, die sonst mit dem Radio nichts zu tun haben, verhalten sich für gewöhnlich zurückhaltend. Frage Deine Gäste, ob sie schon mal hier waren. So erfährst Du etwas über ihren Kenntnisstand, und es wird Dir leichter fallen, den Grad ihrer Nervosität einzuschätzen. Für ihn bist Du nämlich der Promi. Der Promi aus dem Radio, den hier in der Gegend alle kennen und der hier in diesem Gebäude zu Hause ist.
Lockere die Stimmung auf jeden Fall auf, bevor es los geht. Wenn Deine Gäste nur für eine Aufzeichnung da sind, kannst Du sie damit beruhigen: „Wir nehmen das nur auf. Ihr könnt euch ruhig versprechen, wir

schneiden das dann hinterher raus. Ihr kannst auch ruhig ‚Äääh' sagen, das kann man alles rausschneiden." Das wirkt meistens Wunder.
Kommen Deine Gäste zu einer Live-Sendung, berücksichtige, daß sie möglicherweise aufgeregter sind als Du. Erkläre ihnen genau den Ablauf. Gehe im Vorfeld schon das Interview genau durch und nenne ihnen Deine späteren Fragen. Das eröffnet ihnen die Möglichkeit, sich jetzt schon etwas dazu zu überlegen. Sie sollten wissen, was wann passiert und wann sie dran sind. Selbst, wenn es Dich nervt: Erkläre ihnen alles, insbesondere die Reihenfolge der nächsten Moderation. Menschen, die nicht beim Radio oder Fernsehen arbeiten, haben meist kein Gefühl für Zeit. Dieses Gefühl hast Du als Moderator aber. Du bekommst es, je öfter Du moderierst. Nach etwa zwei Minuten der Unterhaltung wirst Du merken, daß Ihr jetzt zum Ende kommen solltet. Sag ihnen vor jeder Moderation, daß sie sich nach Möglichkeit äußerst kurz fassen sollen. Sie werden selbst dann noch zu ausführlich. Wird die Zeit knapp, versuche, durch Deine eigene Taktik, das Gespräch zu herumzureißen, daß Du aus der Moderation aussteigen kannst. Wenn es auf dem eleganten Weg nicht geht, bleibt Dir nur der harte Schnitt: „Vielen Dank, X. Wir wollen noch nicht alles verraten. Jetzt atmen wir erstmal ein paar Minuten durch. Hier ist Taylor Swift..."
Und noch was: Falls Du mehrere Einzelpersonen im Studio hast, also beispielsweise eine Band, sprich die Bandmitglieder mit Namen an, damit klar wird, wer gerade antwortet: „Daniel, wann hast du zum ersten Mal ein Mädchen geküßt?" Jetzt ist klar, daß nun Daniel antwortet. Hättest Du den Namen in der Frage weggelassen, wüßten die Hörer nicht, wer hier gerade angesprochen war und wer nun antwortet. Man kann auch eine Antwort noch mal mit Namen abnehmen und die nächste Frage hinterherschieben: „Michael ißt also am liebsten Pizza mit Schinken und Oliven. Wie sieht's bei dir aus, Stefan?" Je ähnlicher sich die einzelnen Stimmen (inklusive Deiner eigenen) sind, desto wichtiger ist es, daß Du als Moderator klar machst, wer wann spricht. Das ist beim Radio schwieriger als beim Fernsehen, und man vergißt das schnell, wenn man im Studio sitzt und ja selber sieht, wer gerade antwortet. Das „Dolmetschen" für die Hörer ist aber an dieser Stelle wichtig.
Läßt sich Dein Gast nicht abwürgen, unterbrich ihn vorsichtig. Hilft auch das nicht, unterbrich ihn, indem Du seinen Namen nennst. Wiederhole ihn notfalls. Wenn er jetzt immer noch nicht reagiert, schaue

ihm tief in die Augen, nenne laut und deutlich seinen Namen und greife vorsichtig nach seinem Arm. Spätestens jetzt sollte er still sein.
Sobald das Mikro zu ist, gib ihm höflich aber bestimmt zu verstehen, daß er sich beim nächsten Break bitte kurz fassen und an Deine Anweisungen halten möge.

Es ist nicht immer einfach, mit Studiogästen umzugehen. Die Situation ist außergewöhnlich. Für Dich irgendwann nicht mehr, denn nach ein paar Jahren wird das Sendestudio für Dich ein ganz vertrauter Ort wie die Küche oder das Bad. Dein Studiogast ist aber vielleicht zum ersten Mal hier oder auch zum ersten Mal im Radio. Er war möglicherweise noch nie in einem Radiostudio und klammert sich noch an die Vorstellung von Schallplatten und Glasscheiben.

Probleme machen meistens Experten, Beamte und dumme Menschen. Und von denen gibt es mehr, als man denkt. Experten neigen zum endlosen Ausufern. Sie steigern sich in irgend etwas hinein und vergessen dabei die Ausgangsfrage. Hier gilt: zurückholen und die Frage noch einmal stellen. Notfalls unter Nennung des Namens mitten im Satz unterbrechen und um Konkretisierung bitten.
Beamte passen oft genau auf, was sie sagen. Ich hatte ein Telefoninterview mit einem Polizisten. Im Vorgespräch war er super, bediente sich normaler Sprache und erzählte so, daß jeder es verstehen konnte. Kaum hatte ich die Aufnahme laufen, sagte er plötzlich in breitestem Schwäbisch: „Es isch allerhöchschte Vorsicht geboode, der Tääder könnte bewaffnet sein, unn es isch damit ze rechne, daß er von der Schußwaffe Gebrauch macht unn weidere Straftade begeht...“ Hier gilt: um Wiederholung bitten. Er möge doch bitte genau das sagen, was er Dir vorhin am Telefon auch gesagt hatte. Falls er sich unsicher ist, Mitschnittservice anbieten, damit er sicher gehen kann, daß die Sachlage nicht anders dargestellt wird als sie ist. Gestelzte Ausdrücke wie etwa „von der Schußwaffe Gebrauch machen“ haben in einem Interview nichts zu suchen.
Dumme Menschen sind für Interviews generell ungeeignet. Es bringt nichts, sie zu bitten, sich anders auszudrücken, denn diese Bitte werden sie nicht verstehen. Am besten einfach erzählen lassen und hinterher überlegen, ob es das wert ist und wirklich gesendet werden soll. Bei Live-Situationen nach Möglichkeit im Vorfeld ein Vorgespräch führen,

um festzustellen, ob es sich wirklich um eine dumme Person handelt. Ist ein Vorgespräch nicht möglich oder nicht aufschlußreich und Du stellst erst während des Live-Gesprächs fest, daß Dein Interviewpartner nur Unsinn erzählt, so kurz wie möglich halten, schnell beenden, beim Interviewpartner bedanken und ihn sehr schnell sehr weit weg schicken. Das klingt hart, aber nur durch Nächstenliebe allein erreicht man sein Ziel nicht. Es geht ja auch nicht um die Person sondern um das, was sie sagt.

Ich weiß, daß sie kommen werden. Fünfunddreißig. Achte und neunte Klasse Realschule, dazu zwei Lehrer. Schüler-Reporter sind das. Aus einer Schule irgendwo zwischen Biberach und Ulm im tiefsten Schwaben. Unsere Workshopabteilung organisiert an interessierten Schulen Workshops mit Schülerinnen und Schülern, die gerne Radio machen würden. Wir besuchen diese Schulen mit technischen Ausstattungen und versuchen, ihnen erste Grundlagen beizubringen. Dabei heraus kommt eine Serie an Beiträgen zu einem Thema, das sich die Schüler unter mehreren Möglichkeiten ausgesucht haben. Manche dieser Beiträge laufen sogar bei uns im Programm. Ist ein solcher Workshop beendet, kann es durchaus sein, daß die Lehrer einen Klassenausflug zu uns planen, um uns zu besuchen und zu sehen, wie „richtiges" Radio gemacht wird. Eine absolut geile Sache, an der ich als Schüler sicherlich auch meine wahre Freude gehabt hätte. Ich bin in dieser Woche „Mahlzeit"-Moderator und freue mich sehr auf diese Schülergruppe, weil es alles Freiwillige sind, die, zumindest größtenteils, an dieser Sache aus Überzeugung mitgearbeitet haben. Ich kann ihre Begeisterung verstehen, und es freut mich, ihnen als „Beinahe-einer-von-ihnen" was zeigen und meine eigene „Radiogeilheit" weitergeben zu können. Kinder und Jugendliche sind meine liebsten Studiobesucher, weil sie so dankbar sind und es nicht nötig haben, sich aufzuplustern. Im Gegenteil zu vielen Musikern.
Heute mittag gegen ein Uhr werden sie hier sein und dann natürlich auch ins Studio kommen. Seit zwölf sitze ich hier drin. „Mahlzeit" diese Woche ist ein willkommener Ausgleich zur morgendlichen „Startzeit", die um einiges anspruchsvoller und arbeitsaufwendiger ist.
Die Ein-Uhr-Nachrichten sind gerade vorbei, da geht vorne die Tür auf. Eine Masse großer Augen und offener Münder knäuelt sich in den

Raum und verteilt sich auf die immer knapper werdenden Quadratmeter. Mein Producer blickt entgeistert zur Seite und beobachtet, wie sich die Schülerhorde und zwei grinsende Lehrerinnen um seinen Arbeitsplatz herum breitmachen. Für mich ist es irgendwie ein schönes Gefühl, mit anzusehen, daß auch wir es schaffen, mit unserem Programm Nachwuchs zu begeistern, denn es zeigt mir, daß die Zunft der Radioleute nicht so schnell aussterben wird und daß es Menschen gibt, denen wir unser Wissen und unsere Leidenschaft weitergeben können. Andererseits ist bei solchen Massen der Ausschuß leider auch ziemlich groß. Ich kann nicht davon ausgehen, daß alle, die heute hier sind, Radio genau so toll finden wie ich.

Christoph aus der Workshopabteilung spricht zu den Kids und gestikuliert mit den Händen.

Meine Aufmerksamkeit gilt der nächsten Moderation. Ich höre mir den Anfang des nächsten Musiktitels an und messe, ab wann ich den Titel reinziehen muß, um die Ramp zu treffen, den Instrumentalteil zu Beginn eines Liedes bis zum Einsetzen des Gesangs.

Während ich moderiere, starren mich 35 Gesichter an, die zwei dahinter grinsen immer noch.

Kaum habe ich das Mikro wieder zugezogen und den Kopfhörer abgesetzt, öffnet Christoph einen Spalt weit die Studiotür. „Können wir?“, fragt er vorsichtig. Er respektiert mich sehr, ich weiß das. Ich könnte „Nein“ sagen, und ich wäre die Masse los.

„Wie heißt die Schule noch mal?“, frage ich.

„Georg Büchner-Realschule in Dürmentingen.“

Ich schreibe es mir auf die Rückseite meiner Playlist, sonst vergesse ich es wieder.

„Okay“, sage ich, „bring sie rein. Aber teile sie bitte in Gruppen ein.“

Die Tür schließt sich wieder.

Draußen sehe ich einige Arme, die sich über den Köpfen erheben. Christoph zählt ab, und eine Kette aus neun Gestalten drückt sich zu mir ins Studio. Sie sind ziemlich schüchtern und wahnsinnig beeindruckt von der Studio-Atmosphäre. Ich grinse sie an.

„Hi“, sage ich und versuche, einen kumpelhaften Eindruck zu machen.

„Hi“, kommt es vorsichtig zurück.

„Wer seid Ihr?“, will ich wissen. Sie stottern nacheinander ihre Namen ab. Den allerletzten konnte ich mir merken. Tanja heißt sie. Was hier gerade passiert, scheint sie aber nicht ernsthaft zu interessieren. Sie schaut aus dem Fenster.

Die anderen acht sehen mit großen Augen auf die Geräte und Bildschirme, die vor und neben mir stehen und hängen. Geduldig erkläre ich ihnen deren Bedeutung und Funktion. „Wenn Ihr Fragen habt, fragt ruhig." Sie haben keine Fragen. Nach etwa fünf Minuten des Schweigens schickt Christoph die nächste Gruppe herein. Mit dabei ist eine der Lehrerinnen. Sie trägt einen Fotoapparat um den Hals und schießt mir zu Beginn erstmal ihr Blitzlicht ins Gesicht und lacht dabei, als habe sie gerade auf der Tombola einer Kaffeefahrt den Hauptpreis gewonnen. „Des isch für uns're Fotowand im Klasseraum", erklärt sie mir und kichert dabei. Ich versuche zu lächeln.

Die Schülerinnen und Schüler stellen sich vor, und wieder erkläre ich das Studio. Christoph steckt den Kopf durch die Tür.

„Raphael?"

„Ja?"

„Machst Du gleich mal einen kurzen Take?"

Ich soll sie also interviewen. Ob das so geschickt ist... Na gut. Ich blättere in der Playlist und bemühe mich, einen Moderationsplatz zu finden, an dem ich das machen kann.

„Erst in einer Viertelstunde, so um 35." Gemeint ist 13.35 Uhr.

„Ist gut", nickt er mir zu und verschwindet wieder.

Die Lehrerin knipst unentwegt mit ihrem Fotoapparat. Sie fotografiert das Studio mit Blick von vorne, das Studio mit Blick von der Seite, das Mischpult, die Pegelanzeigen, das Hörertelefon, den Musikbildschirm, die CD-Player, die Boxen, das Mikrofon. Soll mir recht sein. Hauptsache, sie hält die Klappe. Das ist nicht böse gemeint, aber ich kann mich unmöglich mit den Schülerinnen und Schülern solidarisieren, wenn ich mich gleichzeitig auf die Seite ihrer Lehrerin schlage. Aber egal, einfach ignorieren.

In der Zwischenzeit beginne ich, mit den Kids ins Gespräch zu kommen. Sie erzählen von dem Workshop und den Problemen, die sich ihnen bei der Recherche und der Erarbeitung der Beiträge ergeben haben. Das Thema „Castortransporte und atomare Energie" ist auch nicht gerade einfach, wenn man in der achten oder neunten Klasse ist und erstmal lernen muß, die eigene Energie richtig umzusetzen. Aber sie hatten sich das Thema ja selbst ausgesucht.

Gerade als unser Gespräch den Höhepunkt erreicht hat, öffnet Christoph die Tür und bittet die nächste Gruppe herein. Grinsend stolpert die Fotoapparat-Lehrerin aus der Tür. Wie die Entenbabies traben die Kids hinter ihr her. Irgendwie tun sie mir leid. Mit dieser Lehrerin...
Wieder frage ich die nächste Gruppe nach ihren Namen. Wieder kann ich mir nur den letzten merken: Jens. Er hat knallrote Haare und ein helles Gesicht. Auf seiner Nase sind Sommersprossen zu sehen. Er trägt einen dunkelblauen Pullover mit roten und weißen Streifen an den Ärmeln und eine dunkelblaue Latzhose mit weißen Nähten. Mit großen Augen blickt er auf das Mischpult und verfolgt meine rechte Hand, mit der ich die nächste Blende fahre, also den Übergang zum nächsten Musiktitel.
Zum dritten Mal leiere ich fast denselben Text runter und erkläre unser Studio. Der Junge mit den roten Haaren staunt.
Er steht mir schräg gegenüber. Die anderen verteilen sich in dem kleinen Raum. Einige stehen hinter mir, einer sitzt sogar auf der Fensterbank.
„Georg Büchner-Realschule in Dürmentingen, richtig?“, frage ich.
Zustimmung.
„Okay“, fange ich an. „Dann sprechen wir mal kurz über das, was Ihr da macht.“ Im Schnelldurchlauf fasse ich zusammen, was ich über diesen Workshop weiß und frage kurz nach, ob das so stimmt. Das geht schneller als der umgekehrte Weg, zu fragen, worum es ging.
„Dann fangen wir mit Dir an.“ Ich habe mir irgendein Mädchen herausgepickt. „Wie heißt Du noch mal?“
„Güley.“
„Okay. Dann stellt Ihr Euch gleich alle der Reihe nach noch mal vor, so wie eben. Und Dich, Güley, Dich frage ich dann, was Ihr da so gemacht habt.“
Sie fängt an zu kichern und dreht sich zu ihrer Nachbarin. Sie flüstern sich irgend etwas ins Ohr.
„Achtung“, rufe ich und greife nach dem Kopfhörer. „Nicht erschrekken, gleich wird’s hier still.“
Tatsächlich.
Die Studioboxen schalten sich ab, sobald das Mikrofon aufgezogen wird, um eine Rückkopplung zu vermeiden. Die plötzliche Stille sorgt für ein ruckartiges Erstummen der Kids.

„DASDING Mahlzeit mit Raphael, es ist kurz nach halb zwei, und bei uns im Studio ist es gerade ziemlich eng, bei uns sind Teile der achten und neunten Klasse der Georg Büchner-Realschule aus Dürmentingen. Kann man Euch mal hören?“
Sie schreien laut „Hallo“ und „Oooouuuuhh“ und freuen sich, daß sie im Radio sind. Die Stimmung ist super.
„Ach du lieber Gott“, sage ich im Scherz. „Doch nicht alle auf einmal. Wer bist du?“ Ich drehe mich zur ersten hin.
„Ich bin die Jule.“ Ich nicke der nächsten zu. „Ich bin die Semra“ – „Martin“ – „Erkan“... bis sie alle durch sind. Die meisten von ihnen haben ausländische Namen und entsprechend aussehende Gesichter. Wie besprochen, frage ich Güley nach dem Workshop. Das war ein Fehler. Außer Gekicher und Gestotter bringt sie nichts heraus. Zudem ist sie kaum zu verstehen. Ihre Sprache entpuppt sich als Mischung aus türkischem Akzent und derbstem Schwäbisch. Für mich als Nicht-Türke und Nicht-Schwabe unglaublich schwer zu verstehen.
Ich beende das Gespräch so schnell wie möglich und bitte die Gruppe, das Studio zu verlassen und die letzte hereinzuholen.
Der Junge mit den roten Haaren sieht mich etwas traurig an. „Kann ich noch bleiben?“, fragt er ängstlich, aber ich spüre, daß es ihm ernst ist.
„Klar, bleib hier!“
Er strahlt. Er findet’s geil.
Mit der vierten Gruppe klappt es etwas besser. Die Lehrerin will auch noch etwas loswerden, und so erfahren unsere Hörer plötzlich Insider-Geschichten aus dem Lehrerzimmer der Georg Büchner-Realschule in Dürmentingen. Ich bin mir sicher, daß unsere Hörer in Koblenz schon immer mal wissen wollten, was im Lehrerzimmer der Georg Büchner-Realschule in Dürmentingen so passiert.
Nach knapp zwei Minuten läuft wieder Musik, und die Sache scheint überstanden zu sein.
Der rothaarige Junge beginnt plötzlich, mir Fragen zu stellen. Intelligente Fragen. Er will wissen, in welcher Samplerate die Musik aus dem Computer kommt, wo der Nachrichtenpiepser herkommt und warum alle Uhren in den Studios exakt gleich gehen.
Die anderen verlassen das Studio wieder. Ich strecke mich zum Fenster und klappe es nach vorne, so daß es einen Spalt weit offen steht, um von draußen frische Luft hereinzulassen. Ganz läßt es sich leider nicht öffnen. Wir sind jetzt alleine im Studio.

„Setz Dich doch.“ Mit meiner anderen Hand deute ich auf einen zweiten Stuhl, der in der andern Ecke des Studios steht.
Der kleine blasse Junge läßt sich auf das Polster sinken und schaut mich erwartungsvoll an. Ausführlich beantworte ich ihm die Fragen. Er will später auch mal zum Radio, erzählt er mir. Er wollte immer schon zum Radio, aber jetzt muß er ja erstmal die Schule machen. Er fragt mich nach meinem Schulabschluß und meiner Ausbildung. „Abi solltest du schon haben. Ohne Studium ist es schon schwierig, aber das geht. Der Beweis sitzt vor Dir. Aber ohne Abi wird's eng. Mach Abi. Auch, wenn's nervt.“ Abi wollte er sowieso machen, sagt er mir. Er könnte nur im Moment nicht wechseln und würde deshalb erst die Realschule fertigmachen und dann aufs Gymnasium gehen.
Er fragt mich, ob er selber mal eine Blende fahren darf. Skeptisch gukke ich ihn an, aber ich finde ihn cool.
„Wie alt bist Du?“, will ich wissen.
„15.“
In mir werden Erinnerungen wach, die ich mit 15 hatte. Es wäre für mich das Allergeilste gewesen, einmal in einem echten Radiosender zu sein und mit einem Moderator zu sprechen. Als 16jähriger hatte ich mal an einer Funkhaus-Führung bei FFH teilgenommen, aber die spulten damals nur das Standard-Programm ab. Smalltalk mit einem echten Radiomoderator? Selber am Mischpult sitzen? Regler anfassen? Eine Blende fahren? Unvorstellbar.
Ich mag diesen Jens. Er hat Interesse. Er ist einer von den ganz wenigen, die wirklich etwas wollen und vermutlich der einzige aus diesem ganzen Workshop, der das wirklich aus Überzeugung gemacht hat.
„Komm her“, sage ich zu ihm und rücke ein Stück zur Seite. „Wir fahren mal eine, OK?“ Ich sehe, wie seine hellblauen Augen zu leuchten beginnen und seine Hände zittern. Ich versuche, ihm die Angst zu nehmen. „Ruhig. Ganz ruhig. Also. Dieser Regler ist das Lied, das gerade läuft, also Eminem. Auf dem hier liegt das nächste Lied: Limp Bizkit. Jetzt setzt du da noch ein Jingle dazwischen, da nehmen wir das hier...“ Wir hören uns eins an, und ich lade es in den Cart-Player. „Das Jingle ist auf dem Regler hier, auf Cartwall 2. Das Jingle startest du, indem du hier draufdrückst, auf die rote Taste mit der 2. Okay?“
Er rückt mit dem Stuhl an die Stelle, an der ich normalerweise sitze, faßt mit beiden Händen ganz konzentriert die Regler an und nickt. Jetzt ist er der Moderator. Ich muß grinsen. Ich find's cool.

„Wann soll ich drücken?“, fragt er.
„Das hörst du. Versuche, es auf den Rhythmus zu fahren. Zähl’ den Rhythmus mit, und auf dem ersten vom neuen Takt haust du das Jingle rein. Dann ziehst du den Eminem langsam raus, und kurz bevor das Jingle zu Ende ist, ziehst du ruckartig Limp Bizkit rein, und zwar den Regler hier bis zur Null.“ Er zittert, ist völlig aufgeregt. Ich schaue ihm zu und erkenne mich selbst wieder. Da sitze *ich*. Ich erfülle ihm gerade einen Traum: einmal in einem Radiostudio sitzen und für ein paar Sekunden Moderator spielen.
Gleich kommt der große Moment. Erwartungsvoll sehe ich ihm auf die Finger. „Jetzt! Drück!“, rufe ich. Er haut auf die Taste für das Jingle und vergißt dabei, das alte Lied runterzuziehen. Ich greife nach seiner linken Hand und ziehe sie zusammen mit seiner herunter. „Und den nächsten Titel, zack!“ Und tatsächlich: wupp, Regler hoch. Limp Bizkit legen los. Cartwall-Regler runterziehen, Player löschen. Er strahlt übers ganze Gesicht, und seine roten Haare leuchten im Licht der Sonne.
„Na“, sage ich erleichtert. „War doch schon ganz gut.“
Vor lauter Begeisterung ist er ganz sprachlos.
„Jens?“
Die Fotoapparat-Lehrerin streckt ihr Honigkuchenpferdgrinsen zur Tür herein. „Mir gehe jetscht. Kommscht dann auch?“
„Mach’s gut“, rufe ich ihm hinterher. Er lächelt mir zu und winkt beim Herausgehen noch einmal mit der Hand. Was für eine unglaubliche Bestätigung!
Jens, falls Du inzwischen selber bei irgendeinem Sender am Pult sitzt: Melde Dich mal!

Du steckst in Studiogästen nicht drin. Zugegeben: in Deinem Chef oder Deinen Kollegen auch nicht unbedingt, aber die kennst Du länger und besser. Du gewinnst mit der Zeit immer mehr an Menschenkenntnis und lernst, Personen einzuordnen und mit ihnen umzugehen. Aber so anstrengend diese Besuchergruppen auch waren: Es hat sich gelohnt. Allein für diesen einen Jungen mit den roten Haaren hat es sich gelohnt. Für ihn war der Ausflug zu uns das Größte, und ich hoffe, daß er diesen Tag nie vergessen wird.
Du weißt nicht, an was für Leute Du gerätst. Sind es Kinder oder Jugendliche, kannst Du Dir die Mühen einer Gesprächsvorbereitung in

den meisten Fällen sparen. Das habe ich auch gemerkt. Das Vorgespräch mit dieser Güley hätte ich mir komplett schenken können. So was funktioniert eben nur mit Leuten, die reif sind und mitdenken. Ich war davon ausgegangen, daß ich es mit einer Gruppe von Schülern zu tun habe, die radiointeressiert ist und ihren Aufenthalt bei uns im Sender genießen würde. Hinterher hatte ich den Eindruck, daß es ihnen mehr darum ging, für einen Tag auf legalem Wege den Unterricht schwänzen zu können. Wenn man, wie gesagt, von dem Rothaarigen mal absieht.

Ähnlich erging es uns mal mit dem Sänger einer deutschen Boygroup. Ich weiß nicht mehr, warum damals nur er kam und alle anderen nicht. Irgend etwas war da, aber mir fällt es heute nicht mehr ein. Ich hatte ihn auch nicht interviewt und mit ihm auch gar nichts zu tun. Aber ich kam gerade in dem Moment rüber, als er noch da war und vor dem Sendestudio stand. Einer meiner Kollegen wollte ihn mit einer Polaroid-Kamera fotografieren und sich das Foto dann signieren lassen, um damit seiner Schwester eine Freude zu machen. Das Foto hat wohl geklappt, aber ob das mit dem Autogramm auch hingehauen hat, weiß ich nicht. Ich bin an ihm vorbei ins Produktionsstudio gegangen und hatte damit den Beweis. Seine roten herunterhängenden Augen und die halb geschlossenen Lider verrieten es eigentlich schon. Der Anblick seiner gammeligen Kleidung und seines Stoppelbartes rundeten meinen ersten Eindruck von ihm ab. Und dann der Geruch, der in meine Nasenlöcher kroch, als ich an ihm vorbei ins Studio ging. Er war bis obenhin zugekifft. Später erfuhr ich dann, daß er im Interview keinen geraden Satz herausgebracht hat und beinahe eingeschlafen wäre.

Auch das kann passieren. Faustregel: zügig durchziehen. Nur drei Fragen stellen, die Du auch auf Deinem Zettel hast. Es wird in solch einem Fall (der übrigens äußerst selten eintritt) nahezu unmöglich sein, auf Inhalte seiner Antworten einzugehen. Beschränke Dich deshalb auf die Fragen, die Du vorbereitet hast und versuche, von ihm wenigstens ein paar halbwegs vernünftige Statements zu bekommen. Beende das Interview dann rasch und verabschiede Dich von ihm. In den meisten Fällen ist ein Promoter der Plattenfirma dabei. Dem kannst Du in einem vom zugekifften Studiogast unbemerkten Moment stecken, daß das das Allerletzte war und er bitte dafür Sorge tragen möge, daß so etwas nicht mehr passiert.

Möglicherweise ist das Interview nicht sendbar. Kann passieren. Nicht alles, was man vorbereitet, ist auch sendbar. Dann weglassen. Weiß ja niemand, was eigentlich hätte kommen sollen. Auf Interview-Techniken und wie man sich in welchen Fällen am besten verhält, kann ich hier gar nicht umfassend beschreiben. Über dieses Thema gibt es eigene Bücher und Workshops, und es kommt auf so viele Feinheiten an, daß ich das alles hier nur kurz anreißen kann. Aber ich denke, mit den Beispielen, die ich hier genannt habe, ist schon eine recht gute Übersicht hergestellt.

Im übrigen wirst Du die meisten oder fast alle Deiner Studiogäste, egal ob prominent oder nicht, nie oder erst Jahre später wiedersehen. Je origineller Du in der Gestaltung des Interviews bist, desto größer ist die Wahrscheinlichkeit, daß Dich ein Promi nach ein paar Jahren (möglicherweise dann auch bei einem anderen Sender) wiedererkennt. Private Beziehungen zu ihnen aufzubauen, ist so gut wie unmöglich, denn Du bist für sie einer von vielen – umgekehrt übrigens auch.
Selbst, wenn Du sie persönlich kennengelernt und sogar ihre private Telefonnummer hast. Nur, weil ich Dieter Bohlen mal persönlich kennengelernt habe, heißt das nicht, daß ich mit ihm einen trinken gehe. Von Götz George und Peter Lustig habe ich auch irgendwo die privaten Telefonnummern, und trotzdem treffe ich mich nicht mit ihnen. Obwohl das in beiden Fällen bestimmt ganz interessant wäre.
Betrachte es einfach als angenehmen Nebeneffekt, in diesem Beruf sehr viele prominente und bekannte Personen persönlich kennenlernen zu können, die der Großteil der Bevölkerung nur aus dem Fernsehen, dem Radio oder der Zeitung kennt. Vergiß dabei niemals: Als Radiomoderator bist Du selber Promi. Und es ist ein schönes Gefühl, das zu wissen.

9 Die schönen und die anderen Seiten

Alles hat Vor- und Nachteile, und auch die Arbeit bei einem Radiosender ist nicht immer spaßig. Es geht mir hier nicht darum, nur die Sonnenseiten aufzuzeigen und in Dir ein Bild entstehen zu lassen, das mit der Wirklichkeit nichts zu tun hat. Das wäre zwar eine nette Werbemöglichkeit, aber es wäre auch unfair. Deshalb möchte ich versuchen, beide Seiten so weit wie es mir gelingt, objektiv zu beschreiben. Natürlich gibt es auch beim Radio Dinge, die einen auf die Palme bringen und desillusionieren können. Ich finde es wichtig, von vorne herein auf beides vorbereitet zu sein, damit es hinterher keine bösen Überraschungen gibt. Ein Radiosender ist kein normaler Arbeitgeber, und die Arbeit als Moderator oder Redakteur ist eine ungewöhnliche und auch ein Stück weit eine exotische. Deshalb sind die Begleitumstände auch entsprechend. Für Menschen, die in „normalen" Jobs arbeiten und keine Vorstellung von der Atmosphäre innerhalb eines Rundfunkgebäudes haben, sind die Wehwehchen, die ein Radiomitarbeiter mitunter erleiden muß, oft nicht nachvollziehbar. Dasselbe gilt auch für die Situation, in der sich Freie Mitarbeiter befinden (und von solchen reden wir hier). Trotzdem ist es doch irgendwie „geil", beim Radio zu sein...

Für Deine Hörer bist Du ein Promi. Im Idealfall wird man sich Deinen Namen einprägen und sich in der Schule, im Büro oder zu Hause über Dich unterhalten. Man kennt Dich nur aus dem Radio, genauso wie man Sänger oder Bands nur aus dem Radio oder dem Fernsehen kennt. Vom Status und vom Grad Deiner Bekanntheit her bist Du natürlich nicht mit bundesweit oder gar weltweit bekannten Menschen zu vergleichen und von daher nur ein kleiner Promi, aber Du bist einer. Stellt sich natürlich die Frage, ob Du das auch sein willst.
Die Menschen, die ich beim Radio bisher kennengelernt habe, sind zwar alle sehr verschieden, doch in einem Punkt gleich sie sich: Sie alle sind ein Stück weit Selbstdarsteller und freuen sich, wenn sie anderen zeigen können, daß es sie gibt. Ich glaube, ein gewisses Geltungsbedürfnis kann man uns Radioleuten schon unterstellen, sonst würden wir diesen Job nicht machen.

Bis Du Dich tatsächlich zum Promi entwickelt hast, wird es eine Weile dauern, und in den meisten Fällen wirst Du selber nichts davon mitkriegen. Niemand Deiner Hörer wird Dich anrufen oder Dir eine eMail schreiben und sagen: „Wir haben uns heute morgen in der Schule über Deine Sendung unterhalten." Daß Du zum Promi – oder vielleicht vielmehr zur „bekannten Persönlichkeit" – wirst, passiert einerseits von alleine, läßt sich andererseits aber auch beschleunigen. Nach etwa zwei Jahren täglicher Sendung kann man davon ausgehen, daß die Hörer begriffen haben, daß es Dich gibt.
Mehr noch nicht.
Erwarte nicht, ein paar Mal im Programm aufzutauchen und sofort auf Akzeptanz bei den Hörern zu stoßen. Das dauert. Je seltener Du zu hören bist, desto länger. Das hängt natürlich auch von der Sendezeit ab. Der Moderator einer Morgensendung wird schneller bei den Hörern haften bleiben als der einer Mittags- oder Abendsendung. Bei der steigenden Zahl der Radiosender und der Moderatoren, die es auf dem Markt gibt, ist es natürlich wichtig, sich in irgendeiner Form hervorzutun. Ein Moderator, der mir ständig erzählt, daß ich den allerbesten Sender mit dem Supermegahitmix höre und mir einen Superhit nach dem anderen ankündigt, wird sich bei mir nicht einprägen. Er ist einer von vielen und nichts besonderes. In vielen Fällen kann man es diesen Leuten nicht vorwerfen, denn wenn die Programmdirektion solcherlei Moderationen vorschreibt, ist man als Moderator daran gebunden. Oder man verläßt den Sender. In Zeiten der steigenden Arbeitslosigkeit ist aber auch ein „Claim-Aufsager", also ein Moderator der eigentlich nur ständig den Claim des Senders runterbetet, froh, überhaupt einen Sender zu haben, der ihn bezahlt.
Du kannst Dich nur von der breiten Masse abheben, indem Du etwas Ungewöhnliches machst. Natürlich muß das in Einklang mit der Programmleitung stehen. Versuche in jedem Fall, über die normalen Anforderungen hinauszukommen. Das machen, was alle machen, ist nett, aber auch nicht mehr. Mache Dich zum Experten auf einem Gebiet. Das hängt viel von Dir selber und Deinem Typ ab. Um herauszufinden, wer Du selber überhaupt bist, woher Du kommst und wohin Du willst, wirst Du vermutlich sehr viel Zeit und Erfahrung brauchen. Erfahrung nicht im Job, sondern im Leben. Je früher Du Dir darüber Gedanken machst und Dir klarmachst, was Du eigentlich willst, desto einfacher wirst Du es haben. Es kommt der Tag, an dem Du es weißt. Und dann

kannst Du anfangen, Dich selbst entsprechend zu entwickeln. Wie willst Du im Radio sein? Wie willst Du auf die Leute wirken? Was liegt Dir selbst am besten? Es ist letztlich egal, in welche Richtung Du gehst. Ob Du der Klassenkasper, der Frauenversteher, der Macho oder der ernsthafte Informationsmoderator bist. Letzten Endes spielt das keine Rolle. Hauptsache, Du entwickelst Dich auf Deinem Gebiet so weit, daß kein anderer Dich übertrumpfen kann. Halte dabei immer die Auflagen des Senders und die Forderungen der Chefs im Auge. Das ist manchmal sehr schwierig und hat auch schon in meiner Vergangenheit für reichlich Turbulenzen gesorgt. Meinem damaligen Chef ist aber trotzdem nie etwas anderes übrig geblieben, als mich doch wieder ins Sendestudio zu lassen. Er wußte zwar, daß meine Sendung völlig anders war als die meiner Kollegen, dennoch mindestens genauso viele Hörer hatte.

Mindestens.

Und ich finde es auch gar nicht schlimm, mit seinem Moderationsstil zu polarisieren.

Jetzt und hier kann ich Dir zu nichts raten. Ich kann Dir nicht sagen: „Mach dies“ oder „Mach jenes“, und dann wirst Du ein großer Radiostar. Zumal die Zeiten der großen Radiostars lange vorbei sind. Die habe ich selbst auch nicht mehr miterlebt. Am ehesten noch als Hörer, aber da war ich Kind. In den 70ern war es relativ einfach, ein großer Radiostar zu werden, aber die 70er sind nun eben schon sehr lange vorbei. Inzwischen muß man sein Fähnchen oft nach dem Wind richten und das machen, was gerade gefordert ist. Und mal Hand aufs Herz: Wieviele wirkliche Individualisten und Idealisten kann man wirklich noch im Radio hören? Mir fällt keiner ein. Vorschriften gibt es überall, Quotendruck auch, Formatvorgaben und computergenerierte Playlisten auch. Ob im Studio nun ein Michael Mayer oder ein Christian Schmidt sitzt oder Du oder ich, macht in fast allen Fällen keinen hörbaren Unterschied.

Aber stellen wir uns vor, Du hast „es“ geschafft, bist dort, wo Du hin wolltest und seit etwa fünf Jahren dabei.

Es wird der Tag kommen, an dem Du morgens in die Redaktion kommst, Deine eMails abrufst und plötzlich eine Mail da ist, dessen Absender Dir überhaupt nichts sagt. Erwartungsvoll öffnest Du die

Mail, überfliegst die Zeilen, und auf einmal macht sich ein warmes wohliges Gefühl in Dir breit – Deine erste Fan-Mail!
Sie wird kommen.
Sie wird kommen, ja.
Aber nur unter einer Voraussetzung: Wenn Du anders bist als die anderen. Wenn Du nicht dasselbe tust wie die alle anderen, auch mal Tabus brichst, Dich etwas traust und im Notfall auch Auseinandersetzungen mit der Chefetage in Kauf nimmst. Ich will Dich nicht zum Rebellieren oder gar zur Revolution anstiften (besonders nicht am Anfang), aber wer immer brav den Mund hält und immer das macht, was man ihm sagt, der wird auch nicht auffallen und früher oder später zum 08/15-Moderator. Und die gibt es fast nur noch.

Leistest Du Besonderes, fällst Du auf. Je öfter und stärker Du so auffällst, desto bekannter bist Du. Dein Beliebtheitsgrad wird explosionsartig nach oben gehen, dein Unbeliebtheitsgrad allerdings auch. Je mehr Du Dich in Deiner Arbeitsweise von Deinen Kollegen oder Mitbewerbern unterscheidest, desto stärker polarisierst Du. Das heißt, daß niemand Dich mehr „ganz okay“ findet, sondern daß sich Deine Hörer (und vielleicht sogar Deine Kollegen) in zwei Gruppen unterteilen: die einen, die Dich lieben, Dich respektieren, Dir zuhören und Dich genau beobachten, und die anderen, die Dich hassen und sich wünschen, daß Du verschwindest.
Mit einem Augenzwinkern rate ich Dir: Genieß es.

Die Zeit wird kommen, da bekommst Du Fan-Mails, digitale Grußkarten, Briefe, Anrufe. Sie werden Dich vielleicht sogar nach Autogrammen fragen. Was immer es ist, gehe auf sie ein. Beantworte jede Mail. Jede. Völlig egal, ob es eine Fan- oder eine Beschwerde-Mail ist. Der Beschwerer hat Deine Sendung offensichtlich auch gehört, sonst könnte er sie nicht kritisieren. Und so egal scheinst Du ihm wohl auch nicht zu sein. Immerhin hat er sich die Mühe gemacht, Deine Mail-Adresse herauszufinden und Dir wirklich eine Mail geschrieben. Wenn er Dich wirklich so schrecklich finden würde, wie er vorgibt, würde er Deine Sendung nicht hören und Dir auch keine Mail schreiben. Beantworte sie trotzdem. Wie Du das machst, hängt von Dir selber ab. Bist Du ein Zyniker oder gar ein Sarkast, dann formuliere Deine Antwort so. Wenn Du ein Romantiker bist, zeige Verständnis. Aber antworte immer und

werde nie pampig. Selbst, wenn Du Grund dazu hättest. Du bist der Promi. Du bist der Held. Du stehst über den Dingen. Du müßtest nicht antworten. Es soll für den Absender einer Mail schon eine große Ehre sein, wenn er überhaupt von Dir eine Antwort bekommt.
Nimm Dir Zeit für Deine Hörer. Nichts ist frustiger, als seinem großen Vorbild die Verehrung einzugestehen und nichts zurückzubekommen. Das enttäuscht und ärgert einen Fan. Das ging mir in den 90ern auch schon mal so, da war ich noch nicht beim Radio und habe einem meiner damaligen Lieblingsmoderatoren (Frank Seidel von hr3) mal eine eMail geschrieben (eine meiner ersten überhaupt). Ich warte bis heute auf die Antwort. Das fand ich nicht nett, und es macht mir heute auch keinen Spaß mehr, ihn zu hören. Völlig unnötig.

Ich mußte in die Stadt, ein paar Kleinigkeiten erledigen. Die Stadt war voll an dem Tag. Ziemlich viel los, also beeilte ich mich, um schnell wieder zu Hause zu sein. Auf einer Bank saßen drei Mädels und kicherten. Sie steckten die Köpfe zusammen, blinzelten in meine Richtung und kicherten und lachten vor sich hin. Plötzlich hörte ich von hinten eine schüchterne Mädchenstimme. Ich blieb stehen, drehte mich um und blickte in zwei hellblaue Augen. Es war eine von der Bank. Die anderen beiden saßen noch, grinsten und schauten distanziert aber erwartungsvoll zu und warteten ab, was passiert. Sie fragte mich, ob ich nicht der Raphael wäre („Du bist doch der aus dem Radio"), lächelte dabei etwas verlegen und fragte mich vorsichtig nach einem Autogramm. Das hat mich wahnsinnig beeindruckt.
Mir ist es bei IKEA schon passiert, daß ich da an der Kasse stand und mit Karte gezahlt habe und der Kassierer (etwa Mitte 20) auf den Namen geguckt und gesagt hat: „Raphael Gensert? Doch nicht etwa der Raphael Gensert?" Oder im Supermarkt an der Kasse. „Ei, sin Sie der Raphael Gensert von Radio Salü? Ei, isch heer'n Sie immer! Hach, wie lustisch! Hat ma do e mol e Gesischt zu derer Stimm. Isch hann Sie mir immer ganz annerst vorgestellt." Ja, das passiert. Nicht jeden Tag, aber es ist ein schönes Gefühl, zu wissen, daß die Leute etwas mit dem eigenen Namen anfangen können. Der Name wird zur Marke. Kümmere Dich um Deine Hörer und sorge dafür, daß sie eine gute Zeit mit Dir haben.

Dieses „Promileben“ führt allerdings auch oft zu Mißverständnissen. Viele Leute betrachten Dich als Prominenten, und Prominenz ist in unserer Gesellschaft gleichzusetzen mit Ruhm, Eleganz und Vermögen. Wer prominent ist, zählt im Bewußtsein der Leute automatisch zu den oberen Zehntausend. Bist du beim Radio, bist Du bekannt, stehst in der Öffentlichkeit und hast von heute auf morgen Geld ohne Ende. So ist jedenfalls die Vorstellung der Leute. Daß das in Wirklichkeit natürlich nicht so ist, mag unwahrscheinlich klingen.

Ein Radiomoderator suhlt sich nicht im Geld. Mit der Zeit wächst und wächst man, wechselt zu größeren Sendern, übernimmt verantwortungsvollere Aufgaben und läßt sich das natürlich auch auszahlen, ganz klar. Wobei man zum einen dazu sagen muß, daß Privatsender inzwischen sehr sehr schlecht bezahlen und Öffentlich-Rechtliche feste Sätze haben und das Honorar keine Verhandlungssache ist, sondern von oben vorgegeben wird. Wenn man überhaupt noch beim Radio Geld machen kann, dann beim Öffentlich-Rechtlichen, und da in der Regel auch erst nach ein paar Jahren. Wenn es einem gelingt, dorthin zu kommen und dort bleiben zu dürfen und man vielleicht nebenbei noch andere Sachen macht, mit denen sich ein bißchen was dazuverdienen läßt, dann kann man von diesem Job schon sehr gut leben. Aber es hängt eben zu einem Großteil vom Gutdünken Anderer ab.

Die richtig dicke Kohle gibt's – wenn überhaupt – nur für die wenigen, die den Sprung zum Fernsehen schaffen oder sich noch auf anderen Gebieten betätigen, z. B. im großen Stil Werbung sprechen (wenn sie das denn dürfen und entsprechende Aufträge bekommen), Musik produzieren, auflegen oder schauspielern (wenn sie denn auch ausgebildete Schauspieler sind, denn nur dann haben sie überhaupt die Chance, von einschlägigen Agenturen gelistet zu werden). Zu den Nebentätigkeiten kann ich gleich auch noch etwas sagen, das ist auch nicht ganz uninteressant. Vom Moderieren alleine reicht es vielleicht für einen Mittelklassewagen und eine Mietwohnung. Vielen von uns Radioleuten geht es nämlich ganz anders, die krebsen am Existenzminimum herum und zittern jedes Mal, wenn der neue Dienstplan erscheint, weil sie nicht wissen, ob die Sendungen, die sie bekommen, ausreichen, um für den nächsten Monat noch die Miete zahlen können. Ich weiß, wovon ich spreche, ich habe das selbst auch erlebt, und zwar über Jahre hinweg.

Grundsätzlich gibt es vier verschiedene Beschäftigungsmodelle, die sich recht stark von einander unterscheiden. Da wäre zunächst einmal die klassische Festanstellung, wie man sie aus anderen Berufen auch kennt. Ein Festangestellter hat einen Arbeitsvertrag (der meist zeitlich befristet ist), geregelte Arbeitszeiten, bekommt (mit etwas Glück noch) Weihnachtsgeld, Nacht-, Sonntags- und Feiertagszuschläge, hat eine festgelegte Menge an bezahltem Urlaub und ein geregeltes Einkommen, das jeden Monat gleich ist. Außerdem gibt es noch die üblichen Bonbons wie Kündigungsschutz, Lohnfortzahlung Krankheitsfall oder die Möglichkeit, in Elternzeit zu gehen. Zudem ist die Abgabe der Sozialversicherungen ganz klar geregelt, denn der Arbeitgeber übernimmt die Hälfte. Ein Festangestellter ist also arbeitsrechtlich erstmal ein ganz normaler Arbeitnehmer wie in „normalen" Berufen auch. Im Radio gibt es Festanstellungen inzwischen nur noch für Führungskräfte, also für Chefs sowie in Bereichen, die nichts mit dem Programm zu tun haben. Außerdem gibt es noch eine Handvoll Mitarbeiter, die schon seit Jahrzehnten dort arbeiten und noch Arbeitsverträge aus den 80ern haben. Damals war es noch üblich, Programmitarbeiter fest anzustellen. Das ist heute nicht mehr so. Als Moderator oder Redakteur eine Festanstellung haben zu wollen, ist geradezu illusorisch.

Die meisten Programmitarbeiter sind Freiberufler. Ein Freiberufler wird nur beschäftigt, wenn es auch Arbeit gibt. Gibt es keine Arbeit, hat er nichts zu tun. Weihnachtsgeld oder andere finanziellen Zuschläge gibt es nicht. Bezahlter Urlaub steht ihm (bei den Öffentlich-Rechtlichen) zwar zu, allerdings richtet sich die Höhe der Bezahlung nach der Dauer der Beschäftigung im Vorjahr. Einen Arbeitsvertrag gibt es nicht, höchstens eine Art Rahmenvereinbarung. Öffentlich-Rechtliche unterscheiden zwischen Frei-Frei und Fest-Frei. Der Frei-Freie arbeitet komplett auf Zuruf und ist oft auf eine bestimmte Anzahl an Einsätzen pro Monat (z. B. maximal sechs Tage) und ein bestimmtes Maximal-Einkommen gebunden. Hier wird zwar über die Lohnsteuerkarte abgerechnet, aber die Beschränkungen sind oft so festgelegt, daß es nicht möglich ist, von solch einem Job zu leben. Und genau das soll man bei diesem Modell auch nicht, damit man sich nicht auf eine Festanstellung einklagen kann.

Der Fest-Freie wird ebenfalls über die Lohnsteuerkarte abgerechnet, hier werden also die Sozialversicherungen genau so abgeführt wie bei einem Festangestellten auch, allerdings schwankt natürlich die Höhe des Einkommens von Monat zu Monat. Im Gegensatz zum Frei-Freien ist der Fest-Freie erstmal nicht auf eine bestimmte Obergrenze beschränkt. Er kann im Grunde genommen so viel arbeiten wie er kann und will. Wer es versteht, sich innerhalb einer Sendeanstalt in verschiedenen Bereichen nützlich zu machen (beispielsweise für zwei verschiedene Programme arbeitet), der kann es durchaus auf ein stattliches Honorar schaffen. Hinzu kommt, daß es bei einigen Öffentlich-Rechtlichen den Grundsatz gibt, daß ein Fest-Freier, der mindestens so-und-so-viele Jahre (meist sechs oder sieben) als Fest-Freier für diesen Sender gearbeitet hat, in eine Art Quasi-Festanstellung übergeht. Er bleibt zwar dann weiterhin Freier, allerdings wird ihm eine Beschäftigung garantiert. Das ist bei allen anderen Freiberufler-Modellen nicht so. Als normaler Frei-Freier oder Fest-Freier sitzt Du permanent auf dem Schleudersitz. Dein Chef kann Dich, wenn er will, von heute auf morgen einfach nicht mehr einteilen, und schon bist Du raus. Es gibt keinen Kündigungsschutz, kein Auffangnetz, keinen doppelten Boden. Wenn Du raus bist, bist Du raus.
Auch schon erlebt.

Als Freier bei einem Öffentlich-Rechtlichen bekommt man kein Gehalt, sondern ein Honorar. Erkundige Dich bei Deiner Bank nach den Kontoführungsgebühren für Girokonten. Manche Banken stellen das Konto auf ein völlig überteuertes Geschäftskonto um, sobald „Honorare“ eingehen, obwohl sie mit kostenlosen Gehaltskonten werben (ich habe mit der Postbank so eine Erfahrung gemacht).

Noch was zu den Frei-Freien und Fest-Freien: Von einer Vollzeitbeschäftigung kann hier natürlich auch keine Rede sein. Es kann sein, daß Du jeden Monat mindestens eine Woche Sendung XY moderierst (und dadurch das entsprechende Honorar bekommst), aber was Du die übrigen drei Wochen treibst, ist Deine Sache. Für einen anderen Sender zu arbeiten, ist grundsätzlich möglich, allerdings immer Verhandlungssache. Zwei öffentlich-rechtliche Sender zu bedienen, ist in der Regel kein Problem, allerdings kann es sein, daß einer von beiden will, daß sich die beiden Sendegebiete nicht überschneiden. Was Dich als Moderator oder Redakteur schnell vor ein logistisches Problem oder Redakteur schnell vor ein logistisches Problem stellen kann, denn Fahrtkosten sind Dein Privatvergnügen. Die Kombination von Öffentlich-Rechtlichem und Privatem schließt sich sowieso aus. Bei zwei Privatsendern parallel zu arbeiten, dürfte am einfachsten sein, ist jedoch auch sehr unlukrativ.

Das vierte Modell ist eben auch das des Freien beim Privatradio. Dort gibt es keine Unterscheidung zwischen Frei-Frei und Fest-Frei. Dort gibt es nur die Festanstellung und die Freie Mitarbeit. Als Freier beim Privatradio wirst Du auch nicht über die Lohnsteuerkarte abgerechnet, sondern Du giltst als selbständiger Unternehmer und schreibst Rechnungen. Darin ist in der Regel auch die Mehrwertsteuer ausgewiesen, die Du erstmal bekommst und am Jahresende gebündelt ans Finanzamt abführen mußt. Hinzu kommt, daß sämtliche Sozialversicherungen an Dir hängenbleiben. Das betrifft in erster Linie die Krankenkasse, die (im Falle einer Gesetzlichen) mit etwa 300 € pro Monat zu Buche schlägt – gerne auch mehr. Der Rechnungsbetrag ist also nicht nur Brutto, sondern sozusagen Brutto-Brutto, denn es ist ja längst nicht nur die Einkommenssteuer, die Du abführen mußt. Ein Gewerbe muß man dazu nicht anmelden. Jedenfalls mußte man das bislang nie, aber im Zweifelsfall sollte man sich vorher beim Finanzamt danach erkundigen. Vereinfacht kann man sagen, daß sich das Modell des Frei-Freien beim Privatsender eigentlich nur lohnt, wenn man neben dem Radiosender so viele verschiedene Auftraggeber hat, daß man jeden Tag mindestens eine fette Rechnung schreiben kann und sich die eigene „Firma“ auch lohnt, wenn also die Belieferung eines Privatsenders nur ein Teil des Ganzen ist. Wer als Freier nur für einen Privatsender arbeitet, legt schnell drauf. Die Sätze bei Privatsendern sind inzwischen so derart niedrig, daß man ackern muß bis zum Umfallen (vorausgesetzt, man wird überhaupt so oft eingeteilt), um überhaupt über die Runden zu kommen. Für einen anderen Auftraggeber bleibt gar keine Zeit mehr, so daß man auch sehr schnell Gefahr läuft, in die Scheinselbständigkeit zu gelangen, was in Deutschland eigentlich (!) verboten ist. Für die Sender ist es aber billiger, ihre Leute nicht fest anzustellen, sondern sie eben als Freie zu beschäftigen, weil sie dann ihre Arbeitgeberanteile der Sozialversicherungen einsparen. Die Pflicht wird also auf den Freien abgewälzt, der mit allem allein dasteht. Ob man das fair findet, steht auf einem anderen Blatt.

Es kann also nur gut sein, sich nebenbei noch etwas anderes zu suchen. Wie ich weiter oben schon erwähnt habe, sprechen einige Werbung, andere spielen in Soaps oder sogar Filmen als Schauspieler mit, manche legen auf, sind als Alleinunterhalter unterwegs, produzieren Musik oder Radio-Comedy, schlagen sich als freie Journalisten durch und bieten Beiträge an oder schreiben Bücher. Das alles klingt erstmal unheimlich kreativ und toll, aber man darf dabei auch nicht vergessen, daß immer zwei dazugehören: einer, der will und einer, der zuläßt.

Der Markt für Werbesprecher liegt komplett am Boden. Er wird von einigen wenigen Berufssprechern dominiert, die diesen Job seit 30 Jahren machen, unvorstellbare Honorare verlangen und sie auch bezahlt bekommen. Weil sie eben die Synchronstimmen von Brad Pitt, Miley Cyrus oder George Clooney sind. Den großen Rest machen alle anderen aus, die „es" auch versuchen und froh sein können, wenn sie einmal im Monat für einen Image-Film gebucht werden, für den sie gerade mal 150 € bekommen (Brutto-Brutto, auf Rechnungsbasis mit eigenständigem Abführen sämtlicher Sozialabgaben). Klingt frustrierend, ich weiß, ist aber die Wahrheit. Was Werbung angeht, ist außerdem noch zu beachten, daß viele Öffentlich-Rechtliche es nicht gerne sehen, wenn ein Moderator ihres Hauses nebenbei noch Werbung spricht. Das sollte man vorher mit dem Chef abklären, aber als Berufseinsteiger wird Dich das erstmal auch nicht betreffen.

Der Nebenjob als Schauspieler kann auch nur dann klappen, wenn man ausgebildeter Schauspieler ist, also eine Schauspielschule besucht hat und sich jahrelang an irgendwelchen Theatern oder Kammerspielen durchgeschlagen hat. Erst dann hat man eine Mindestchance darauf, von Schauspielagenturen aufgenommen zu werden, und eine Garantie für eine Buchung ist das natürlich auch nicht. Selbst wenn: Wenn Du nicht gerade Jan-Josef Liefers oder Andrea Sawatzki heißt, werden sich die Buchungen wohl auch in Grenzen halten. Und schon muß die Gage von vielleicht 10.000 €, die es für eine Rolle gibt, für ein ganzes Jahr reichen, weil außer den fünf Drehtagen nicht weiter passiert. Es muß eben auch immer jemanden geben, der Dein Talent und Deine Fähigkeiten erkennt und Dich einkauft. Egal, ob es ums Radio geht oder ums Fernsehen oder um Musik oder um irgend etwas anderes. Und nur, weil ich neben meinem Hauptjob als Radiomoderator zu Hause in meinem eigenen Studio noch Radio-Comedy produziere oder mich abends oder am Wochenende hinsetze und ein, zwei Bücher schreibe, heißt das noch lange nicht, daß ich beides auch verkauft kriege und mir das noch einen Nebenverdienst sichert. Wenn was dabei rumkommt, ist es schön, aber darauf verlassen kann man sich nicht. Es ist und bleibt eine sehr unstete Branche. Das muß man leider so sagen.

Um es zusammenzufassen: Am besten, Du arbeitest als Fest-Freier bei einem öffentlich-rechtlichen Sender, sicherst Dir damit Deinen Grundstock und überlegst Dir dann in Ruhe, ob und ggf. was Du in der übrigen Zeit noch machst. Ob Du also nur zwei oder drei Wochen im Monat arbeitest und Dir den Rest freinimmst oder ob Du in der Zeit bei einem anderen Öffentlich-Rechtlichen arbeitest oder etwas Eigenes machst.

In den meisten Fällen wirst Du keine Wahl haben. Wenn sie Dich nehmen, dann als Freien. Verhandele ein vernünftiges Honorar aus (sofern das geht) und nimm das Angebot an. Die Höhe des Honorars ist von Sender zu Sender verschieden. Die Palette reicht von etwa 40 bis etwa 400 € am Tag. Brutto, versteht sich. Je mehr Du verdienst, desto teurer bist Du für den Sender. Der Sender wird sich also drei Mal überlegen, wie oft er Dich im nächsten Monat in den Dienstplan eintragen wird. Verdienst Du den Spitzensatz, kann es sein, daß Du nur für eine Woche oder ein paar Tage eingeteilt wirst. Und plötzlich müssen 1.000 € für den ganzen Monat reichen. 1.000 €, die Du innerhalb einer Woche netto herausbekommen hast. Für eine Woche ist das viel Geld, für einen Monat aber äußerst wenig. Das ist dann so ähnlich wie bei den Schauspielern, nur mit kleineren Zahlen.

Du wirst es nur dann schaffen, wenn Du selber es willst, lange und beständig daran arbeitest und Dich von anderen unterscheidest. Dein Sender wird dann irgendwann nicht mehr auf Dich verzichten können, und bevor Deine Chefs zusehen, wie Du bei einem anderen Sender aufgehst und ihm die dicken Hörerzahlen verschaffst, werden sie Dir ein Angebot machen, und Du wirst weiterhin bei Deinem alten Sender bleiben. Das setzt allerdings voraus, daß Du Chefs hast, die fit genug sind, das zu kapieren. Die Wirklichkeit kann ganz anders aussehen. Und nimm Dir Zeit für die Menschen in Deiner Umgebung. Nimm Dir Zeit für Deine Familie, Deine Kollegen und Freunde. Pflege Deine sozialen

Kontakte. Pflege sie, solange Du noch nicht berühmt bist. Nimm Deine alten Freunde mit. Du wirst sie brauchen, und sie werden mitziehen, denn sie werden stolz auf Dich sein. Sie werden stolz auf sich selbst sein, daß sie damals mit einem in der Schule waren, der heute berühmt und überall bekannt ist. Das ist ein wirklich ernstgemeinter Rat. Wenn es bei Dir eines Tages mal tatsächlich so weit sein sollte, wird es genug Leute geben, die Dir an den Karren fahren wollen, weil sie Dir den Erfolg nicht gönnen. Auf meinem Werdegang habe ich solche Leute kennengelernt. Leute, die dann wirklich einsam und allein sind. Plötzlich ist niemand mehr stolz darauf, mit demjenigen in der Schule gewesen zu sein. Weil aus ihm ein arroganter Angeber geworden ist, der den Ruhm um seine Person nicht verkraftet hat.
Geld allein ist nicht alles. Es erleichtert vieles, und es ist schön, es zu haben. Aber es macht nicht glücklich, und es gibt Dinge, die man sich von Geld nicht kaufen kann. Und diese Dinge sind viel wichtiger.

Ich will Dich damit nicht abschrecken. Ich will nur ausdrücken, was und wie es passieren kann. Als Frisör, Jurist oder Kaufmann wirst Du solche Probleme nicht haben. Weder die der unsteten Beschäftigung noch die der falschen Freunde. Reichtum kommt selten und bei den wenigsten, aber er kommt – vielleicht sogar zu Dir. Wenn er zu Dir kommt, ist ein schönes Gefühl, zu beobachten, wie die Früchte der eigenen Arbeit wachsen und gedeihen.

Eine wirklich angenehme Nebensache dieses Jobs ist die Musik. Du bist beim Radio jeden Tag von Musik umgeben. Idealerweise von derselben Musik, die Du selber kennst und zumindest einigermaßen magst. Kaum einer von uns wird sich bei einem Schlager- oder Klassiksender bewerben. Jedenfalls nicht am Anfang.
Du wirst in Sachen Musik vieles mitbekommen, das Du vorher nicht wußtest. Geschichten über Eminem und seine verkorkste Familie, über Britney Spears und ihre angeblichen Silikon-Brüste und ihre Scheinheirat oder Amy Winehouse und ihre Sauferei wirst Du viel häufiger und detaillierter mitbekommen, wenn Du selber damit zu tun hast. Wenn Du über solche Dinge Bescheid weißt, kannst Du auch Witze daraus machen und Dir damit Sympathien verschaffen. Du bleibst auf dem

Laufenden, was Neuerscheinungen angeht und wirst sie wesentlich früher als alle anderen zu hören kriegen. Wenn die Musikredaktion von einer Plattenfirma eine neue CD bekommt, wirst Du diesen Titel hören, obwohl er erst in zwei oder drei Monaten offiziell erscheint. Dann wird er Dir wahrscheinlich schon zu den Ohren heraushängen, aber auch das gehört dazu. Du wirst Covers von alten Musiktiteln hören und in Deiner Sendung spielen müssen. Es gehört zu Deiner Aufgabe, Dich darüber zu informieren, von wem der Titel im Original ist und wann er damals erschienen ist. Das verschafft Dir mit der Zeit ein recht breites Wissen über Musik. Ein Moderator kann und soll natürlich keinen Musikredakteur ersetzen. Der Job hat aber äußerst viel mit Musik zu tun und lebt auch davon. Radiohörer sind Musikfreaks. Sei es auch und zeige es.

Zählst Du bereits zum festen Stamm des Senders, verfügst Du über hinreichende Kenntnisse über die Musikdatenbanken in den Computersystemen und das Musikarchiv. Je größer der Sender, desto größer das Archiv. Privatsender beschränken sich bei der Auswahl ihrer CDs meistens nur auf die paar wenigen, die sie auch spielen. Öffentlich-rechtliche dagegen archivieren nahezu alles, was jemals in irgendeiner Form erschienen ist. Nutze die Ressourcen Deines Senders, aber nutze sie nicht aus. Nutze Deinen Sender nicht aus.

Der Umfang eines Musikarchivs geht natürlich weit über Musik hinaus: Geräusche, Beiträge, O-Töne, Hörspiele, Beitragsreihen, Features – all diese Dinge werden in einem Archiv eines großen Senders aufbewahrt und verwaltet und stehen meistens auch jedem Mitarbeiter zur (dienstlichen) Verfügung.

In der DASDING-Redaktion stand lange ein Karteikasten. Es war ein alter Holzkasten, der direkt auf dem Aktenschrank hinter dem Layout-Schreibtisch stand. In all der Unordnung, die in dieser Ecke vorherrschte, fiel er kaum auf. In ihm schlummerten allerdings Schätze. Schätze, die über Jahre hinweg vergrößert, erweitert und genutzt wurden. In diesem Karteikasten standen die Adressen und Telefonnummern von sämtlichen Promis, mit denen wir in irgendeiner Form einmal zu tun hatten. Die Namen reichten von Ingo Appelt bis Zlatko (kennt den noch jemand?). Dazwischen standen die Namen und Privatnummern von Sky Dumont, Peter Lustig, dem höchsten Hotel der Welt, der Drogenberatungsstelle in Berlin oder der Punktestelle in Flensburg. Nummern, die sich mit der Zeit gesammelt haben und sich immer wieder als nützlich erwiesen. Manche dieser Telefonnummern bekommt man nur ein einziges Mal, und dann nie wieder. Hätten wir sie nicht sofort aufgeschrieben und im Karteikasten ablegen, wären sie für immer verloren. Die Nummern, die man hat, muß man im Bedarfsfall nicht mehr recherchieren.

Wichtig ist, daß man die Kontakte, die man sich aufgebaut hat, auch pflegt und mit äußerster Diskretion behandelt. Meistens laufen Kontakte zu Prominenten über deren Agentur oder ihr Management. Das ist so was wie eine große Sekretärin, die die Geschäfte mehrerer Promis verwaltet. Deshalb wird man als Redakteur in den meisten Fällen auch eine solche „Sekretärin“ ans Telefon bekommen, die dann den Kontakt herstellt. Das kann manchmal sehr nervig sein, führt aber in der Regel zum Erfolg.

Wir hatten bei DASDING einen Praktikanten, der sich fleißig an diesem Karteikasten bedient und alles abgeschrieben hatte, was ihm in die Finger kam. Ein paar Minuten später kam jemand aus der Redaktion, riß ihm den Kasten aus der Hand, und sorgte dafür, daß der Karteikasten solange versteckt wurde, bis dieser Praktikant nicht mehr bei uns war. Er kam auch nicht mehr.

Du wirst mit Kontakten zu prominenten oder wichtigen Personen, Firmen und Einrichtungen in Berührung kommen. Behandele sie äußerst diskret. Es ist schön, die Handynummer von Franziska van Almsick zu haben. Aber rufe sie niemals an und gib sie niemals weiter.

Versuche, Dir selbst Kontakte aufzubauen und Dir einen eigenen Karteikasten anzulegen – den Du natürlich auch unter Verschluß hältst.

„Alter, mir henn’s gepackt! Er isch ferdich jescht.“ Harald kommt auf mich zu.

„Ganz fertig?“, frage ich.

„Jep. Es sind nur noch Kleinigkeite, de Rescht isch ferdich. Fahre mer am Mittwoch abends los und kumme Samschtag dann zerück.“

Monatelang haben unsere Techniker zusammen mit der Hörfunkprojektierung an diesem Übertragungswagen gebastelt. Ein großer Lieferwagen, der zu einem mobilen Sendestudio umgebaut wurde. Innen ist es zwar eng, aber es gibt dort alles, was es in unserem Studio im Ge-

bäude auch gibt. Den Streß um diesen Ü-Wagen habe ich mitbekommen. Die Techniker haben mir gezeigt, was dort alles ein- und umgebaut werden mußte, wie lange die Sache dauerte und was sie zum Schluß gekostet hat. Keine Frage: Unser Ü-Wagen ist eine richtig geile Kiste. Die Übertragung selbst funktioniert per ISDN und ist klanglich kaum von einer normalen Sendung aus dem Studio zu unterscheiden.
Und am Mittwoch abend geht's los. Drei Tage Azubi- und Studientage in Stuttgart. Es wird eine Art Messe, die sich hauptsächlich an Schulabgänger richtet und ihnen berufliche Perspektiven darlegen soll. Viele verschiedene Berufsverbände aus unterschiedlichen Bereichen werden ihren Berufsalltag präsentieren, um den Messebesuchern ihr Berufsangebot schmackhaft zu machen.
Wir werden als Aussteller auch auf dieser Messe sein. Allerdings nicht, um zu zeigen, wie Radio gemacht wird, sondern um die Werbetrommel für unser Programm zu rühren und Hörer zu gewinnen. Die Besucherinnen und Besucher dieser Messe entsprechen exakt unserer Zielgruppe. Wir werden mit dem Ü-Wagen in einer der Messehallen an unserem Stand stehen und von dort die „Mahlzeit" live senden.
Ich habe Mahlzeit diese Woche. Also weiß ich, was mir blüht. Das soll meine Show werden, und ich weiß noch nicht recht, wie ich das finden soll.

„Alter, willscht mal gucke?" Haralds Begeisterung steht ihm ins Gesicht geschrieben. Er hat die Augen weit aufgerissen und strahlt mich an. Es ist kurz nach halb zwölf, eigentlich habe ich nicht so viel Zeit, weil die Sendung um zwölf anfängt und ich mit der Vorbereitung noch nicht ganz fertig bin. Mir drängt die Zeit.
Trotzdem sage ich: „Ja klar, zeig mal."
Während wir durch die Gänge der Gebäude gehen, schildert er mir die Schwierigkeiten, die es mit den Computern gab. Er erzählt von Netzwerkkabeln, Datenbanken, Ausspielern, Verbindungsstücken, von Automechanikern, einer Hydraulikpumpe, einem Geräteschrank, einer Rückwand, die nicht gepaßt hat und wieder zurückgeschickt werden mußte und von der Klimaanlage, die zwar sauteuer war, aber noch nicht funktioniert.
Hinter einer grünen, halbgeöffneten Stahltür schießen mir die Sonnenstrahlen in die Augen. Die Märzsonne ist zwar noch nicht warm, aber wenigstens ist sie da.

Geräuschvoll stößt Harald die Tür auf. Da steht er in der Einfahrt, direkt vor mir: ein riesiger Blechkasten mit Rädern, beklebt mit ockerfarbenen Schriftzügen und dem Logo unseres Senders.
Erwartungsvoll schaut Harald mich an. Ich kenne den Wagen, habe ein paar Mal daraus Testsendungen gefahren, aber anscheinend ist er jetzt wohl „noch geiler“ und „noch toller“ und „noch fetter“. Harald reißt die Türen des Laderaums auf und zeigt mir stolz die Computeranlage, die bis vor kurzem noch Netzwerkprobleme hatte. Graue Blech- und Plastikkästen, bis unters Dach gestapelt. An einigen dieser Kästen leuchten kleine bunte Lämpchen. Das kann was geben am Mittwoch. Wir werden abends mit mehreren Autos und dem Ü-Wagen nach Stuttgart fahren, dann ins Hotel gehen und am nächsten Tag früh morgens auf diese Messe fahren. Meine Aufgabe wird es sein, den ganzen Tag über auf der Bühne zu stehen, ein paar der Besucher zu interviewen, die anderen Besucher von der Bühne aus buchstäblich anzuschreien und ab und zu auch auf deren Musikwünsche einzugehen. Mit der „Mahlzeit“ allein ist es nicht getan. Die Zeit vor und nach der Live-Sendung soll ich also Off Air-Moderation machen. Jetzt muß ich erstmal auf die Musikwünsche der Hörer von heute eingehen; meine Sendung fängt gleich an. Die Ruhe vor dem Sturm.

Ich habe schlecht geschlafen. Große Lust dazu habe ich auch nicht, und ich weiß noch nicht einmal genau, was mich da überhaupt erwartet. Den anderen geht es ähnlich. Besonders Harald ist nervös. Er macht sich Sorgen um das Netzwerk. Immerhin werden wir drei Tage hier stehen und erst Samstag nachmittag zurückfahren. Wenn der Ü-Wagen nicht durchhält oder irgend etwas anderes technisch nicht klappt, wäre das für unseren Auftritt hier ziemlich peinlich, insbesondere während der Live-Sendung. Niemand weiß, was dann passieren würde, einen Plan B gibt es nicht. Ich glaube, man nennt so was Feuertaufe.
Aber alles funktioniert, wie es soll, und wir können pünktlich um neun anfangen. Von neun bis zwölf machen wir eine Art Anheizprogramm, das auch nur hier in der Messehalle zu hören ist. Von zwölf bis drei dann die „Mahlzeit“ mit Wünschen von Messebesuchern (die Sendung wird dann live im Radio übertragen), und ab drei dann wieder Off Air-Programm. Viel ist noch nicht los. Angeblich werden heute und morgen hauptsächlich Haupt- und Realschüler kommen. Ich stehe auf der Bühne und blicke auf die vereinzelten Gestalten hinab, die sich mit

nichtssagenden Blicken an unserem Stand vorbeischleichen. Mir ist kalt. Über und unter meinem Werbe-T-Shirt trage ich nichts. Die Promotionabteilung hat allen Mitarbeitern, die an dieser Aktion beteiligt sind, einheitliche T-Shirts verpaßt, damit man uns sofort erkennt. Sie sind dunkelbraun. In hellgrün steht groß „MUSIK“ drauf und klein darunter „DASDING“. Ich spüre, wie sich an meinen Armen die Haut zusammenzieht und sich die Haare aufstellen. Ich friere und bin ziemlich nervös. Außerdem verspüre ich ein ungewöhnlich starkes Hungergefühl. In meiner Magengegend rumort es. Immer mehr Gestalten versammeln sich ein paar Meter vor der Bühne. Unruhig trete ich von einem Bein auf das andere. Die Metallplatten unter meinen Turnschuhen geben etwas nach und klappern hin und her. Das Geräusch nervt mich. Ich zupfe das T-Shirt zurecht und streiche mir über die kalten Arme. Die Gestalten vor der Bühne stehen immer noch da und sehen mich mit erwartungsvollen Blicken an. Mir wird bewußt, daß ich mich hier ziemlich blamieren kann, wenn ich etwas tue, von dem ich weiß, daß es nicht gut ankommt. Dummerweise bin ich an Weisungen gebunden und kann nicht so, wie ich gerne würde. So richtig weiß ich auch gar nicht, was ich denen erzählen soll und fühle mich ziemlich verloren. Im Studio zu sitzen und zu Leuten zu sprechen, die ich nicht sehe, ist eine Sache. Aber auf der Bühne zu stehen und genau zu sehen, zu wem man da spricht und das direkte Feedback zu sehen, ist eine andere Sache. Meine rechte Hand umklammert das Mikrofon, ich versuche zu lächeln. Ich drehe mich herum und blicke durch das geöffnete Fenster in das Innere des Ü-Wagens. Harald sitzt am Mischpult und wartet, bis ich anfange. Hat der's gut, denke ich noch. Er kann sich in den Schutz des Ü-Wagens zurückziehen. Er steht nicht an der Front. Ihm kann da hinten nichts passieren.
Er zieht die Augenbrauen hoch und macht mit der Hand eine Bewegung, die mir sagt: „Fang endlich an.“
Ich hole tief Luft, halte mir das Mikrofon vor den Mund und rufe hinein:

„Herzlich willkommen auf den Azubi- und Studientagen hier in Stuttgart auf dem Messegelände. Hier ist DASDING, Alles was du willst, euer Radio in Stuttgart auf der 90,8 und wir werden heute dafür sorgen, daß euch hier nicht langweilig wird. Ich bin Raphael, und damit wir alle mal ein bißchen warm werden, erstmal was Gediegenes. Hier sind Nirvana - Smells like teen spirit!“

Mit der linken Hand fuchtele ich hinter mir herum, um Harald zu signalisieren, daß er den Titel abfahren soll. Er tut es. Die sanften Klänge der Gitarren und Trommeln füllen die Umgebung. Die erste Hürde ist geschafft.
Um unseren Stand herum haben sich ein paar Jugendliche versammelt. Sie tragen viel zu große Jacken, viel zu große Hosen und viel zu große Schuhe. Ihre Münder stehen offen, und sie schauen erwartungsvoll auf die Bühne. Ich bleibe noch einen Moment stehen, grinse etwas gezwungen, weiß aber selbst überhaupt nicht, was ich hier eigentlich machen soll und entschließe mich letztlich, zu Harald in den Ü-Wagen zu fliehen. Endlich in Sicherheit!
Harald strahlt übers ganze Gesicht. Er fand es toll. Ich gar nicht und muß mich erst einmal von diesem ersten Auftritt erholen. Hier drin, umgeben von Reglern und Bildschirmen, fühle ich mich sicher, obwohl ich genau weiß, daß mein Job in den nächsten Tagen auf der Bühne stattfindet. Es nützt alles nichts, ich muß wieder da raus, obwohl ich gar nicht weiß, was ich da soll, was ich sagen und machen soll. So der Bühnen-Kasper bin ich auch nicht. Ich habe zwar noch nie auf der Bühne gestanden und solche Art von Moderation gemacht, aber ich entscheide das jetzt. Ich entscheide jetzt für mich, daß ich kein Bühnen-Kasper bin und es albern finde, auf gelochten Blechplatten zu stehen, ein Funk-Mikro in der Hand zu halten und das Publikum direkt anzusprechen, obwohl es ja eigentlich gar nichts zu sagen und für die Leute auch nichts zu sehen gibt. Hoffentlich hat niemand faule Tomaten oder Eier dabei, die er gleich nach mir wirft. Ehrlich gesagt ist mir der Auftritt etwas peinlich, aber es nützt ja nichts, ich muß wieder da raus und weitermachen. Schwermütig greife ich wieder nach meinem Mikrofon, öffne die Tür und trete wieder raus auf die klappernden Metallplatten. Aus den Boxen bläst immer noch „Smells like teen spirit“. Die Stimmung ist nicht besonders gut, und sie wird auch nicht wesentlich besser. Warum auch? Es gibt ja nichts zu machen, weder für die Kids noch für mich. Es gibt kein Schauspiel, keine Sketche, kein Mitmach-Programm. Man kann sich schon fragen, was das da eigentlich soll, was wir da machen. Scheiße, fühle ich mich unwohl! Als ich, noch immer mit einem sehr aufgesetzten Lächeln, meinen Blick durch die Menge schweifen

lasse, erschrecke ich. Direkt neben der Bühne, etwas abseits im Hintergrund, stehen plötzlich Walter und Dieter, meine beiden Chefs. Sie schauen mit ernster Miene zu mir hoch. Soweit ich weiß, war nicht geplant, daß sie heute hierher kommen würden. Es muß einen Grund haben, daß sie sich die Mühe machen, von Baden-Baden hierher zu fahren. Hoffentlich hat es nichts mit mir zu tun. Der Anblick der beiden läßt mir aber keine Ruhe, ich gehe auf die beiden zu und bücke mich zu Walter herunter. Um uns herum ist es laut.

„Was ist?", frage ich ihn etwas genervt.
„Mit dir habe ich noch ein Hühnchen zu rupfen", raunt er mich an.
Keine Ahnung, wovon er spricht.
„Warum?", will ich wissen.
„Später", antwortet er mir.
Oh, nein! So nicht!
„Walter, was ist? Was soll das?"
„Nicht jetzt. Mach du da mal die Sendung."
Sackgasse. Er sagt's ja sowieso nicht. Aber Hauptsache, er zickt erstmal rum, verdirbt mir zusätzlich die Stimmung und sagt nicht, was Sache ist. Typisch Walter. Ich habe mich kaum wieder umgedreht, da ruft er mich zurück.
„Raphael?"
Jetzt nervt er wirklich. „Was ist denn?"
„Ich will, daß du schreist. Ich will, daß du drei Stunden lang ohne Unterbrechung schreist. Ich will, daß du den Leuten hier immer wieder sagst, daß hier DASDING ist, daß das hier der geilste Sender ist, den es gibt; ich will, daß du am Samstag heiser bist. Klar?"
Habe ich das gerade richtig verstanden? Ich bin sprachlos und geschockt.
Wortlos drehe ich mich herum. Er und Dieter bleiben noch ein paar Minuten stehen und verschwinden dann wieder. Ich könnte platzen. Mein Auftritt ist an dieser Stelle gelaufen, die Stimmung im Keller.
„Harald?"
Er schaut mich fragend an.
„Kommst du mit, eine rauchen?" (Damals war das in den Messehallen noch erlaubt, und damals habe ich auch noch geraucht.)
Harald sieht mir an, daß ich sauer bin. Er springt von seinem Stuhl auf und verkriecht sich mit mir hinter den Stand, wo uns niemand sehen

kann. Ich erzähle ihm von der Attacke von gerade eben. Er schüttelt mit dem Kopf und versucht, mir Mut zuzusprechen. „Alter, mach dich net verrückt. Laß den labern. Du machscht des schon ganz gut. Des paßt scho." Er lächelt mich zuversichtlich an. Obwohl ich weiß, daß ich durch das, was ich da angeblich verbockt habe, allein durch muß, tut es gut, zu wissen, daß es „Seelsorger" gibt. Daß es Leute gibt, die auf meiner Seite stehen und mir ein bißchen den Druck nehmen.
Ich danke ihm für diesen Beistand.
Erst viel später habe ich dann über Umwege erfahren, um was es eigentlich ging: Beim Einladen hatte ich einen falschen Karton mitgenommen. Noch etwas später stellte sich aber heraus, daß es gar nicht mein Fehler war, sondern daß jemand aus der Marketingabteilung den falschen Karton rausgestellt hatte, den ich dann für den richtigen gehalten und eingeladen habe. Das hat meinen Chef dann aber gar nicht interessiert und wollte mir zur Strafe statt dessen das Honorar für diesen Tag streichen. Ja, so war er. Der Walter.

Abends, kurz vor dem Abbau, kommen ein paar Besucherinnen und Besucher auf uns zu. Sie wollen den Ü-Wagen sehen, standen noch nie in einem Studio und haben sich noch nie mit Radioleuten unterhalten. Sie fragen nach Autogrammen und bekommen natürlich auch welche. Daß mein Chef mich heute vormittag grundlos angefahren hat, noch dazu mitten in der Sendung und ohne mir überhaupt zu sagen, was los ist und ich deshalb den ganzen Tag über schlechte Laune und überhaupt keine Lust mehr auf diese ganze Aktion hier habe, wissen sie nicht. Für sie waren wir an diesem Tag die Größten, und das zeigen sie uns auch.

Der nächste Tag läuft etwas friedlicher und routinierter ab, der dritte und letzte ist sogar richtig angenehm. Heute sind die Abiturienten hier. Ohne Lehrer, die meisten auch ohne Eltern und absolut freiwillig. Ein angenehmes Publikum macht schon viel aus. Während einer Pause schaue ich mich um, wen es hier sonst noch gibt. Gegenüber von uns haben Krankenschwestern ihren Stand. Gestern und vorgestern waren andere hier, heute sind es neue. Eine von ihnen ist sehr süß. Etwas üppig zwar, aber sehr attraktiv. Sie sprechen die Messebesucher an und nehmen ihnen Blut ab, welches sie dann mit Teststreifen auf ihre Bestandteile überprüfen. Links von uns hat eine Gewerkschaft ihren Stand. Was sie macht, weiß ich nicht, weil unsere beiden Stände von

Was sie macht, weiß ich nicht, weil unsere beiden Stände von einer Wand getrennt werden. Hinter uns stehen seit Donnerstag schon zwei Polizisten, die nur einen ganz kleinen Stand haben und die meiste Zeit davor stehen, Zigaretten rauchen, Kaffee trinken und sich miteinander unterhalten. Besonders groß scheint die Nachfrage dort jedenfalls nicht zu sein.
Ich springe mal von der Bühne und schlendere durch die Messehalle. Als Aussteller bekommt man nicht viel von dem mit, was es außer dem eigenen Stand noch gibt. Als erstes will ich mich um die beiden Polizisten kümmern. Irgendwie tun sie mir leid. Ihr Stand ist so klein, daß sie beide gerade so darauf passen, und sie sehen sehr gelangweilt aus. Mit dem kleineren von beiden komme ich ins Gespräch. Er erzählt mir von der Arbeit als Polizist und den Leuten, die man in diesem Beruf mit der Zeit kennenlernt. Ich entschuldige mich für den Lärm, den wir machen und dafür, daß wir ihnen die Show stehlen. Wenn bei uns die Musik dröhnt und wir Gewinnspiele am Laufen haben, ziehen wir die Leute an. Er sieht das nicht so. Zu ihnen kämen schon einige Interessenten. Vor allem sind es Jungs, aber sie kämen nur, wenn sie auch wirklich Interesse hätten. Das leuchtet mir ein, und ich entschließe mich kurzfristig, ihn mit auf unsere Bühne zu nehmen und mit ihm ein kurzes Interview zu führen. Dadurch mache ich natürlich ordentlich Werbung für die Polizei, aber in dem Moment halte ich das für legitim. Kaum, daß das Interview vorbei und der Polizist wieder zurück bei seinem Kollegen ist, wird es um den Stand der Polizei voll. Vier oder fünf Jungs drängeln sich um die beiden. Ein Erfolgserlebnis.

Zufrieden ziehe ich an ihrem Stand vorbei und schaue mal, was bei den Krankenschwestern so passiert. Sie messen den Blutzucker ihrer „Patienten“. Eine gute Einlage für die Sendung, wie ich finde. Da lasse ich mich doch auch mal gerne „untersuchen“. Aber natürlich nur von meiner Lieblingskrankenschwester. Ich frage sie, ob sie mitmachen würde und frage sie nach ihrem Namen. Sie heißt Claudia. Schulterlange dunkelblonde Haare hat sie, zu einem niedlichen Zopf zusammengebunden. Ihr Gesicht ist groß und rund, ihre Augen dunkelgrün. Sie ist ein bißchen größer als ich, und ich finde sie toll. Etwas verlegen ist sie zwar, aber sie hat nichts gegen eine Showeinlage und bittet mich auf einen Behandlungsstuhl. Mit dem Mikrofon in der Hand setze ich mich darauf und sehe die Messebesucher, die sich neugierig um den Stand der

Krankenschwestern versammeln. Mit einem solchen Auflauf hatten sie wohl nicht gerechnet. Claudia trägt eine grüne OP-Hose, ein grünes OP-Shirt und Gummihandschuhe. Sie beugt sich über mich, und ich kann ihr in den Ausschnitt sehen – was ich natürlich *nicht* tue. Natürlich muß ich jeden ihrer Schritte erklären, damit ein Hörer draußen am Radio eine Vorstellung von dem bekommen kann, was mir hier gerade passiert. „Kino im Kopf". Mit einem Tupfer desinfiziert sie meinen rechten Mittelfinger und sticht mir eine dünne Nadel hinein. Ich schreie. Claudia sollte dabei auch ab und zu etwas sagen, denn nur so wirkt es wirklich authentisch. Bei meiner Schilderung übertreibe ich maßlos, denn ich will mich selbst als Weichei darstellen. Würde ich als Held aus der Geschichte gehen, würden die Krankenschwestern automatisch die Rolle der Verlierer einnehmen, und ich wäre der Arrogante. Das geht natürlich nicht. Außerdem macht es viel mehr Spaß, über sich selbst zu lachen.

Am späten Nachmittag ist die Messe dann vorbei, und die Aussteller beginnen mit dem Abbau. Es gibt viel zu tun. So viel, daß für jeden genug Arbeit übrig bleibt. Unbeobachtet sondere ich mich ab und pirsche mich an Claudia heran. Diesmal bin ich derjenige, der verlegen ist. Sie durchschaut mein Vorhaben, lächelt mich aber an. Vorsichtig frage ich sie, ob sie mit mir was trinken geht.

Wir machen uns auf zum Catering, setzen uns und fangen an, uns zu unterhalten. Sie kommt aus Leipzig, ist aber schon seit ein paar Jahren in Leonberg und macht dort in einem Krankenhaus eine Ausbildung zur Krankenschwester.

Sie gefällt mir.

Sie erzählt von Nachtschichten, Chefärzten, Patienten, Operationen, Putzfrauen, Krankenbesuchen, Oberschwestern. Es ist wohl nicht immer alles so, wie es im Fernsehen in den Arztserien gezeigt wird, sagt sie. Klar geht es auch mal hoch her oder der Chefarzt hat was mit der Narkoseärztin aus dem OP, obwohl er verheiratet ist. Patienten können nerven. Sie drücken wegen jeder Kleinigkeit auf den Notfallknopf und beschweren sich, wenn eine Krankenschwester keine Spritzen gibt oder Infusionen setzt. Sie darf es aber nicht.

Noch nie hatte ich mit einer Krankenschwester zu tun. Was tatsächlich in einer Klinik abgeht, wie die Zustände sind und wie ein Arbeitsalltag aussieht, konnte ich bisher nur erahnen. Ich hatte immer versucht,

Krankenhäuser zu meiden, und das ist mir auch immer gelungen. Jetzt sitzt mir eine echte Krankenschwester gegenüber und erzählt mir gelangweilt, daß bei einer Blinddarmoperation der Darm aus dem Bauch geholt wird und hier und da und dort geschnippelt wird und so was ja eigentlich ganz nett sei, aber nach dem dritten Mal langweilt.
Es interessiert sie viel mehr, was wir beim Radio so treiben. So erzählen wir beide aus unserem Arbeitsalltag und hören dem anderen gespannt zu.

Nach einer Viertelstunde kehren wir zu unseren Ständen zurück und räumen auf. Als es Zeit wird, zu gehen, nehmen wir uns zum Abschied in den Arm und drücken uns. Sie riecht gut. Sie ist mein Typ, und ich würde mich gern wieder mit ihr treffen, aber ich weiß, daß das nicht geht. Und mir fehlt der Mumm, sie nach ihrer Nummer oder ihrer Mail-Adresse zu fragen.
Ich habe sie nie mehr gesehen, aber manchmal denke ich noch sie. Ja, auch noch heute. Claudia, damals in irgendeiner Klinik in Leonberg, falls Du das hier liest, melde Dich mal ;-)

Ich hatte mich an diesem Tag auch mit anderen Ausstellern unterhalten. Diese Messe war zwar stressig, anstrengend und von der grundlosen (und nicht gerade feinfühligen) Attacke meines Chefs überschattet, aber sie hat mir selbst unglaublich viel gebracht: die Erfahrung mit Leuten aus vollständig anderen Berufsgruppen. In meinem Bekannten- oder Verwandtenkreis gibt es keine Polizisten, keine Krankenschwestern, keine Staatsanwälte und auch keine Metzger. Es war unglaublich interessant, sich mit diesen Leuten zu unterhalten. Als normaler Messebesucher hätte ich das sicherlich auch gemacht, aber sie hätten mir natürlich ihr übliches Was-wir-den-Messebesuchern-erzählen-Programm erzählt. So war ich selbst Aussteller, hatte ohnehin, durch den Krach, den wir machten, die Aufmerksamkeit der halben Messehalle auf mir und dadurch einen recht einfachen Einstieg in ein Gespräch mit den anderen Ausstellern. Sie plauderten aus dem Nähkästchen und erzählten skurrile Geschichten, die sie erlebt haben. So anstrengend diese Messe auch war: Sie gab mir die Gelegenheit, mit Menschen in Kontakt zu kommen, die ich zwar nie wieder gesehen habe, die mir aber unglaublich viel beibringen konnten. Sie vermittelten mir Kenntnisse, die ich vielleicht irgendwann zu irgendeiner Gelegenheit mal wieder brauchen kann. Je mehr

Du über andere Lebensbereiche weißt, desto besser für Deinen Job als Moderator oder Redakteur. Die besten Geschichten liefert das Leben. Je realistischer Du sie erzählen kannst, desto begeisterter werden Deine Hörer Dir zuhören, weil sie sich angesprochen und verstanden fühlen. Und Du kannst eine Geschichte nur dann realistisch erzählen, wenn Du auf Details eingehst. Diese Messe hatte es mir ermöglicht, diese Details zu erfahren.
Auch ein Teil der „netten Seite".

Die nette Seite besteht aus Zugang zu Musik, aus Kontakten, aus einem gewissen Bekanntheitsgrad und darin, Dinge zu sehen oder zu erleben, die einem in den meisten anderen Berufen verwehrt bleiben. Was zählt, sind vor allem Deine Referenzen: Was Du wann wo und wie bei welchem Sender gemacht hast. Bist Du erst einmal in der Branche und hast bei einem Sender Fuß gefaßt, hast Du diesen Sender als Referenz. Dabei spielt es überhaupt keine Rolle, ob das ein großer oder kleiner Sender, ob er öffentlich-rechtlich oder privat ist. Wichtig ist erstmal nur, daß Du da warst und dort gearbeitet hast. Jeder Sender nutzt unterschiedliche Technik, teilt sein Personal anders ein und setzt inhaltlich andere Schwerpunkte. Das alles kann Dir nutzen, besonders der technische Aspekt. Nichts ist anstrengender als ein Mitarbeiter, den man erst einmal komplett neu anlernen muß. Wenn Du Deine ersten Schritte bei einem kleinen Sender machst, wirst Du vermutlich nicht mit Radiomax und DigAs zu tun haben, aber mit anderen Programmen. Bei einer Bewerbung kannst Du das als Vorteil verkaufen und von Dir behaupten, Ahnung von diesem und jenem System zu haben. Es kann Dir nur nutzen. Du kannst dabei nur lernen, und je mehr Du kannst und weißt, desto schneller kannst Du Dich in ein neues Programm integrieren, und desto weniger Arbeit werden Deine neuen Chefs mit Dir haben.

Was immer Du tust, wo immer Du bist: Sorge dafür, daß Du so viel wie möglich machen kannst. Je mehr Du Dich anstrengst und Dich bemühst, voranzukommen, desto besser sind Deine Chancen. Und irgendwann kommt der Tag, an dem Du Dich bei einem anderen Sender bewirbst und sagen kannst: „Ich war bei Radio XY, ich habe dort das-und-das gemacht und kenne mich mit diesem und jenem Sendesystem aus." Und sie werden Dich nehmen, und irgendwann bist Du auch damit fertig und hast schon zwei Sender in Deinem Lebenslauf.

Bleibe nie stehen. Nie. Natürlich ist es bequem, sich auszuruhen, ich weiß das. Aber es schlägt Dich zurück. Nie auf der Stelle treten, immer weitermachen. Wie Herbert Grönemeyer mal ganz richtig gesungen hat: „Stillstand ist der Tod“. Wenn Dein Job Dich nervt, weil Du Dir überqualifiziert vorkommst, sprich Deinen Chef darauf an. Sage ihm, daß Du gut bist und es ihm zeigen willst. Du kannst es ihm aber nur zeigen, wenn er Dir die Chance dazu gibt. Wenn er sie Dir gibt, dann zeige es ihm auch. Wenn Du Glück hast, wird er sich über sich selber ärgern und sich fragen, warum er Dich nicht schon längst hat machen lassen. Er wird sehen, wie gut Du bist und was Du alles kannst. Nutze die Gelegenheit, und solltest Du irgendwann fertig sein, nutze diesen Sender als Referenz. Je größer und renommierter er ist, desto besser sind Deine Chancen auf dem Markt. Du selbst lebst von Deinen Referenzen. 80% Deiner Chancen bestehen daraus. Sorge dafür, daß es die richtigen sind.

Gehen wir kurz davon aus, daß Du tatsächlich beim Radio geblieben bist. Nach etwa drei, vier Jahren praktischer Berufserfahrung beobachtest Du vielleicht ein Phänomen, das ich aus meiner eigenen Erfahrung heraus auch kenne: Du kommst morgens ganz normal in den Funk und stellst fest, daß sich alle plötzlich irgendwie komisch verhalten. Gestern standen sie noch mit Dir am Kaffeeautomaten oder haben sich mit Dir unterhalten, und heute verlassen sie den Raum, sobald Du ihn betrittst. Da fragst Du Dich schnell, was hier faul ist.

Sie haben über Dich gesprochen. Das tun sie immer. Egal, wie groß oder klein der Sender ist, egal, was man sonst miteinander zu tun hat, ob man sich mag oder nicht – es wird gesprochen. Jeder spricht mit jedem über jeden. Negative Erlebnisse haben bei der Schilderung natürlich Vorrang, denn mit positiven Nachrichten kann man niemanden für sich gewinnen. Das ist leider so. Im letzten Kapitel hatte ich es schon erwähnt: Ein Moderatorenkollege, der schon 20 Jahre länger in dem Beruf ist als ich, hatte mir mal geraten, mich immer aus solchen Gesprächen herauszuhalten. Praktisch ist das kaum umzusetzen, weil es immer wieder Situationen gibt, in denen man das Gefühl hat, sich Luft machen und anderen erzählen zu müssen, was man gerade erlebt hat. Ich habe es vorhin beschrieben, als es um die Messe ging und mich mein Chef angeschnauzt hat. Da bin ich auch zu Harald und habe ihn davon erzählt. Weil ich es loswerden mußte und eine andere Meinung hören wollte. Ich hatte mit einem Techniker über meinen Chef gesprochen. Ich hatte einfach das Bedürfnis danach. Andere haben dieses Bedürfnis auch, und es ergibt sich manchmal einfach, daß man beieinandersteht oder -sitzt und das Gespräch plötzlich auf einen bestimmten Kollegen gelenkt wird, und schon hängt man mit drin. Ich hatte es an anderer Stelle schon gesagt: Beim Radio arbeiten Selbstdarsteller und Exzentriker. Die haben nun mal ein Geltungsbedürfnis, das dann oft auf dem „Haste-schon-gehört...?"-Niveau ausgetragen wird. Du redest über andere, andere reden über Dich. Sei Dir dessen bewußt. Rechne damit, daß sich Deine Kollegen über Dich unterhalten. Was sie über Dich erzählen, hast Du größtenteils selber in der Hand. Versuche, niemandem eine Angriffsfläche zu liefern, dann hat auch niemand einen Grund, über Dich zu lästern. Erstmal jedenfalls nicht. Wobei auch das etwas naiv ist, denn ich habe festgestellt, daß man gar nicht unbedingt selbst etwas machen muß, um anderen Gesprächsstoff zu liefern. Manchmal reicht es schon, einfach nur „da" zu sein, um zur Zielscheibe von Anfeindungen zu werden. Mit Vorliebe wird so was hintenrum ausgetragen. Wenn man Glück hat, erfährt man es trotzdem. Wenn nicht, kann man das zumindest unterstellen.

Es ist kalt draußen. Dunkel ist es auch noch. Klar, Montag morgen im Winter, kurz nach vier, da ist es dunkel. Die Schreibtischlampe wirft eine helle Ellipse auf die Tischplatte. Seit fast einer Stunde bin ich schon hier, um sechs fängt die Sendung an. Anna wird jeden Augenblick kommen. Wir haben „Startzeit" diese Woche, die Frühsendung. „Startzeit" läuft mit Doppelmoderation, das heißt, Anna und ich moderieren die Sendung gemeinsam. Wir verstehen uns ausgesprochen gut, und ich arbeite gerne mit ihr zusammen.

Da höre ich auch schon die Tür und blicke ihr entgegen.

„Na, Schnecke! Wie war das Wochenende?", frage ich sie. Unser Verhältnis zueinander ist rein freundschaftlich, dafür aber sehr offen.

„Ach, super", sprudelt es aus ihr heraus. Sie erzählt mir von ihrer Nachbarin und von Freitag abend, als sie sich mit ihrem Freund getroffen hat. Ihr Freund arbeitet seit kurzem auch bei unserem Sender. Vor ein paar Wochen hat er hier ein Praktikum gemacht. Da haben sich die beiden kennengelernt und sind seit einiger Zeit zusammen. Kann passieren.

Anna und ich erzählen uns ziemlich viel und vertrauen uns gegenseitig auch intime Dinge an. Probleme habe ich bisher nie damit gehabt, weil sie mein Vertrauen hat.

Ich nehme sie mir zur Seite.
„Anna?", fange ich vorsichtig an.
„Ja?" Sie dreht sich zu mir herum und lächelt.
„Ich muß dir etwas sagen."
„So? Was denn? Haste 'ne neue Freundin?" Sie grinst über beide Ohren und sieht mich erwartungsvoll an.
„Nein, ach Quatsch. Nein, es betrifft meinen Job."
„Aha. Was denn?"
„Ich fange im Sommer bei hr XXL an. Beim Jugendsender von Hessischen Rundfunk."
Stille.
„Ich war letzte Woche da, habe mit dem Programmleiter gesprochen und das klargemacht. Ich werde deswegen nicht gehen, ich bleibe schon noch hier, aber ich will mal was Neues machen. Endlich mal raus hier. Ich bin seit vier Jahren hier, ich muß auch mal was anderes um die Ohren haben."
Anna schaut mich etwas zerknirscht an.
„OK. Und warum sagst Du mir das?"
„Weil ich der Meinung bin, daß Du das wissen solltest. Wir arbeiten fast jeden Tag zusammen und erzählen uns alles mögliche. Und diese Sache da jetzt, die kann ich nicht einfach so wegstecken. Das bedeutet für mich natürlich auch unheimlich viel, das kann ich nicht mal eben so machen. Und eben weil wir so viel zusammen arbeiten, finde ich es fair, wenn ich Dir das sage. Weil wenn ich mal irgendwie komisch bin oder sonst etwas mit mir nicht stimmt, dann weißt Du wenigstens, woran es liegt."
Sie nickt vorsichtig, bedankt sich für das Vertrauen und verspricht mir Stillschweigen.

Die Woche darauf hatte ich mit Melanie zusammen „Startzeit". Beruflich gesehen kommen wir super miteinander aus, aber das Verhältnis ist bei Weitem nicht so intim wie zwischen Anna und mir. Melanie würde mir nie von ihren Regelschmerzen erzählen oder mir sagen, welche Tampons sie am liebsten benutzt. Anna macht das. Im Gegenzug würde ich Melanie auch nicht erzählen, was sich in meinem Privatleben tut. Personelle Engpässe bei uns in der Redaktion führten damals leider dazu, daß Melanie und ich genausooft zusammenarbeiteten wie Anna und ich. Melanie hatte schon Wochen vorher gemerkt, daß mit mir etwas nicht stimmte. In der Hinsicht war sie wirklich sensibel. Ich nahm mir also auch Melanie zur Seite und sagte ihr die Wahrheit – mit derselben Begründung, und ebenfalls mit der Bitte, es für sich zu behalten. Vielleicht war das ein Fehler.

Anna und Melanie waren die einzigen aus der Redaktion, die davon wußten. Das alles war Anfang März 2002. Bis zu meiner ersten Sendung bei XXL dauerte es noch drei Monate. Diese drei Monate waren ausgefüllt mit Schulungen und erneuten Gesprächen mit der Programmleitung bei XXL. Es zog sich etwas. Ich wollte kein Geheimnis daraus machen, daß ich zu XXL gehen würde, aber diese Neuigkeit erst dann erzählen, wenn sie auch wirklich spruchreif war, und vor allem wollte ich, daß die Kollegen sie von mir selber erfahren würden.
Der Tag kam, und ich begann, die Nachricht freudig zu verbreiten. Statt verdutzter überraschter Blicke, die ich erwartet hatte, schaute ich in gelangweilte Gesichter: „Weiß ich doch schon."
Ich fiel aus allen Wolken.
Wer diese Story herumgetragen hatte, wußte niemand. Natürlich war es auch niemand. Aber es wußten alle, und das schon ziemlich lange. Es war absolut nichts Neues, daß „der Raphi bei XXL" ist.
In mir wuchs die Wut, denn in diesem Moment fühlte ich mich betrogen. Fürs Ausplaudern kamen natürlich nur zwei Personen in Frage: Anna und Melanie.

Melanie versicherte mir wirklich glaubhaft, daß sie es nicht gewesen sei und auch nicht wüßte, wem sie es hätte sagen sollen. Ich glaubte ihr.

Ein paar Tage später gab es bei mir zu Hause eine Party. Einen besonderen Anlaß gab es nicht, aber einige meiner liebsten Kollegen und Anna waren natürlich auch dabei. Die Party war nett, die Atmosphäre super, und die Stimmung war gut. Anna blieb bis zuletzt.
Ich sprach sie direkt darauf an. Sie gestand, ihrem Freund davon erzählt zu haben. Ihrem Freund, der ja seit einiger Zeit ebenfalls bei uns arbeitete und bis vor kurzem noch Praktikant war und auf der Leiter der

Hierarchie noch ganz unten stand. Ausgerechnet dem hatte sie davon erzählt. Sie versuchte, sich herauszureden. Maßlose Enttäuschung machte sich in mir breit. Diese Aktion gab unserem Vertrauensverhältnis einen erheblichen Knacks, ich habe ihr das wirklich sehr übelgenommen.

Sobald es in irgendeiner Form Neuigkeiten gibt, werden sie sich verbreiten wie eine Seuche. Jeder wird davon erfahren, und das in einer rasenden Geschwindigkeit. Immerhin will jeder einzelne möglichst schnell möglichst weit auf die Karriereleiter und in der Hierarchie aufsteigen. Die einen gehen den umständlichen Weg über Fleiß und fachliche Qualifikationen, die anderen wählen den etwas bequemeren Weg und kommen nach oben, indem sie andere daran hindern und sich bei den richtigen Leuten einschleimen.
Was nach außen hin so nett aussieht und sich im Radio so lustig und kollegial anhört, kann in Wirklichkeit komplett anders sein. Was ich im Radio sage und was ich wirklich denke, sind zwei Paar Schuhe. Natürlich kann ich meine Abneigung einem Kollegen gegenüber nicht auf dem Sender auslassen. Möglicherweise wird diese Antipathie auch hinter den Kulissen nicht ausgesprochen, sondern schwelt still vor sich hin. Wenn es nur um ein, zwei Kollegen geht, sind die Spannungen auszuhalten. Werden es aber so viele, daß Du nur noch eine handvoll Kollegen auf Deiner Seite und den Rest gegen Dich hast, stellt sich die Frage, wie lange Du noch mit diesen Leuten zusammenarbeiten willst. Generell läßt sich sagen: es ist immer wichtig, Fürsprecher zu haben. Am besten welche, die mehr zu sagen haben als man selber. Je mehr „große“ Leute Du auf Deiner Seite hast, desto schwieriger wird es für andere, Dich anzugreifen.

Es bringt leider nichts, sich davor zu verschließen. Je mehr Du für das Programm arbeitest, desto stärker wirst Du mit den Kollegen zu tun haben und mit ihnen ins Gespräch kommen. Du wirst Geschichten erfahren, die Du noch nicht einmal geahnt hast, weil vornerum alles immer prima und toll aussieht. Wer wen mag und wen nicht, wer wen in die Pfanne haut oder mobbt, bekommst Du erst mit, wenn Du entweder schon lange bei dem Programm arbeitest oder selbst Teil einer

Intrige wirst. In Großraumbüros, in dem 20 oder 30 Leute gleichzeitig arbeiten, bekommt man einiges mit.

Je erfolgreicher Du bist, desto mehr Leute versuchen, Dir an den Karren zu fahren, weil sie in Dir einen Konkurrenten sehen. Die „alten Hasen“ werden keinesfalls immer respektiert. Besonders nicht von jüngeren, die sich einbilden, etwas zu sagen zu haben und in Wirklichkeit aber ahnen, daß Du ihnen gefährlich werden kannst. Am Anfang Deiner Radiokarriere, insbesondere in den ersten Tagen und Wochen eines Praktikums, wirst Du davon nicht viel mitkriegen. Von daher betrifft es Dich erstmal nicht, und Du solltest Dir deswegen auch keine Sorgen machen. Nur halte ich es für fair, Dir auch von dieser Seite zu erzählen.

Ganz anders dagegen sind Schwierigkeiten mit der täglichen Arbeit.
Seit ein paar Monaten haben wir bei DASDING auf unserer Homepage einen eigenen Chat. Ziemlich schnell hat sich darin auch eine Community gebildet, und die Kollegen aus der Internet-Abteilung, die „Onliner“, haben uns Moderatoren gebeten, während unserer Sendungen auch im Chat zu sein um dadurch Hörernähe zu zeigen. Facebook gab es damals noch nicht, ein Chat war etwas sehr Modernes.
Also gehe ich während meiner Sendung auch in den Chat, obwohl ich es nicht gerne mache. Die „Mahlzeit“ als Musikwunschsendung mittags zwischen zwölf und drei bietet sich aber natürlich geradezu an, deshalb komme ich nicht umhin. Ein paar Wochen mache ich das jetzt schon. Viel Zeit, mich mit den Hörern zu „unterhalten“, habe ich nicht, denn ich muß mich um die Sendung kümmern.
Eine Notwendigkeit, die einige Chatter nicht verstehen können.
Einer beschwert sich über die Musik, die gerade läuft.
Er hat Glück, daß ich gerade ein bißchen Luft habe, um mich auf eine Konversation mit ihm einzulassen. Man könne ja die Uhr danach stellen, mault er mich an. Ganz unrecht hat er nicht. Alle drei Stunden wiederholen sich die Musiktitel aus der „Hot Rotation“, also jene Titel, die ständig immer und überall zu hören sind. Mir paßt das auch nicht, aber ich bin für das Musikprogramm nicht verantwortlich und habe keinen Einfluß darauf. Ich muß spielen, was mir vorgegeben wird.
„Spiel mal AC/DC“, kommt es von ihm.

AC/DC spielen wir aber nicht. Paßt überhaupt nicht in unser Musikformat. Wir spielen ja auch keine Volksmusik, die paßt auch nicht ins Format.
„AC/DC ist nicht mehr so ganz zeitgemäß“, antworte ich ihm.
„Ich will jetzt AC/DC hören“, pöbelt er zurück.
„Sorry, kann ich Dir nicht spielen, sonst kriege ich Riesenärger von der Musikredaktion“, versuche ich zu erklären.
„Mir doch egal.“ Er läßt nicht locker.
„Sorry“, versuche ich es noch einmal. „Ich kann Dir kein AC/DC spielen.“
„Arschloch“ kommt als Antwort. Danach loggt er sich aus und ist verschwunden.

Am nächsten Morgen auf der Konferenz berichte ich von dem Vorfall. Die Onliner zucken mit den Achseln. „Da können wir auch nichts gegen tun“, sagen sie. „Dann werde ich daraus meine Konsequenz ziehen und während meiner Sendungen nicht mehr in den Chat gehen.“ Ich sehe nicht ein, mich von Hörern beschimpfen zu lassen.
Hörer erwarten, daß Du zu jeder Zeit alles kannst, alles machst und alles weißt. Du bist der allwissende Radiomoderator, der zu jeder Zeit für seine Hörer dazusein hat. Schließlich hört sich jede Moderation auch an, als sei das alles Spaß pur und nicht etwa ein Geschäft oder eine Arbeit, die Konzentration erfordert. Von dem Streß, der oftmals auf der anderen Seite des Radios stattfindet, bekommen die Hörer normalerweise nichts mit. Das sollen sie auch nicht, aber es führt eben dazu, daß sie Dich ständig ansprechen wollen und immer eine verläßliche Auskunft von Dir erwarten. Für sie bist Du Bahnauskunft, beste Freundin, Zeitansage, Seelsorger, Partyunterhalter, Jukebox.

Es ist noch sehr früh am Morgen. Jedenfalls dafür, daß Sonntag ist und ich eigentlich noch drei Stunden hätte schlafen können. Die Nacht ist für mich aber schon längst vorbei, und seit einer halben Stunde sitze ich im Sendestudio, halte mich mit Kaffee und einem mitgebrachten Wurstbrötchen wach und versuche, mir die Müdigkeit nicht anmerken zu lassen. Halb neun ist es gleich. Dieses Lied noch fertig, danach kommen die Verkehrsmeldungen. Das Jingle dafür habe ich schon geladen, die Meldungen auch schon kurz überflogen. 40 Sekunden noch.

Mein Blick steht starr auf dem Musikbildschirm. Ich folge dem roten Balken, der sich langsam von links nach rechts schiebt und das Ende des gerade laufenden Musiktitels visualisiert. Es erfordert unglaublich große Anstrengung, den Kopf gerade zu halten und nicht mit der Stirn auf die Tischplatte zu fallen. Solche Tage sind äußerst selten, aber heute ist so einer, an dem ich absolut keine Lust habe.
Telefon.
Hörertelefon.
Für ein langes Gespräch bleibt jetzt keine Zeit mehr. Der Zeitpunkt dieses Anrufs kommt mir ungelegen. Ich zögere noch kurz, ob ich ihn jetzt oder erst nach dem Verkehr annehmen soll. Das blinkende Lämpchen auf der Telefonanlage schreit mich aber förmlich an: „Geh ran! Los, geh ran! Nimm mich ab! Mach schon, mach schon!" Ist ja gut. Ich schnaufe kurz und greife hastig nach dem Hörer.
„XXLRaphaelgensertschönengutenmorgen", schieße ich hinein. Mir rennt die Zeit davon.
Stille.
„Hallo?", frage ich.
„Hallo?", kommt es aus dem Hörer.
Bitte nicht. Bitte nicht so einer.
„Ja, hier ist XXL. Wer ist denn da?" Mir drängt die Zeit, ich muß gleich moderieren.
„Hallo? Ist da XXL?"
Ich schnappe nach Luft und merke, daß es ein Fehler war, doch als Telefon zu gehen. Das Lied geht zu Ende. Die letzten zehn Sekunden laufen, der Balken blinkt schon.
„Bleib mal dran eben, ja? Moment mal."
Ich lege den Hörer zur Seite und drücke in der letzten Sekunde das Verkehrsjingle ab. Noch während es läuft, greife ich nach dem Kopfhörer und dem Mikrofon und fange sofort an. Es sind nur zwei Meldungen, aber ich schaffe es trotzdem, mich in jeder Meldung einmal zu versprechen. Die Ausläufer der Unkonzentriertheit, die ich dem Hörer am Telefon zu verdanken habe.
Nachdem ich den nächsten Titel hineingefahren und den Kopfhörer wieder abgesetzt habe, greife ich wieder nach dem Telefonhörer.
„So, jetzt kann ich."
Wieder Stille.
„Hallo?", rufe ich noch einmal hinein.

Es knackt kurz, dann höre ich ein Besetztzeichen. Aufgelegt.
„Scheiße!", schimpfe ich. Jetzt bin ich wirklich sauer. Den Streß eben hätte ich mir sparen können. Einen wahren Grund zur Beschwerde habe ich nicht. Ich hätte ja nicht rangehen müssen. Aber ich will ja schließlich nett sein und die Leute nicht warten lassen. Hätte ich aber besser.
Genervt lege ich auf und versuche, den Vorfall zu vergessen.
Meine Hand hat sich vom Telefonhörer noch nicht gelöst, da blinkt dieselbe Leitung wieder.
Jetzt habe ich zwar etwas mehr Zeit, aber ich kann mir schon denken, was kommt.
„XXL, Hallo?"
„Ist da jetzt XXL?" Der Typ wieder.
„Hier ist die ganze Zeit schon XXL. Was gibt's denn?"
„Ich hab' da mal 'ne Frage."
„Ja, und?"
„Ihr habt da gestern abend so ein Lied gespielt."
Nun reicht's mir wirklich, und ich kann mir den Sarkasmus nicht mehr verkneifen. „Du, das machen wir schon mal. Ab und zu spielen wir auch Lieder."
„Ja, und das habt Ihr gestern abend auch gemacht", antwortet er mir. Keine Chance, er hat mich nicht verstanden.
„Ja, und weiter?", frage ich wirklich genervt.
„Was war'n das? Das war irgendwas in der Clubnight." Clubnight war eine Sendung, in der DJs ihre eigenen Platten auflegen. Wer da wann was aufgelegt und gespielt hat, weiß ich nicht. Die Sendung lief gestern nacht, als ich tief und fest geschlafen habe. Ich weiß nicht, wer aufgelegt hat, habe die Sendung nicht gehört und von der Sendung auch keine Ahnung.
„Da habt Ihr so ein Lied gespielt, so ein Techno-Lied, das war so gegen halb eins. Da hat so eine Frau gesungen, und das Lied ging ungefähr so:", und dann macht er seltsame Geräusche: „ts-ts-ts-ts-bum-tschick-bum-tschik-bum-tschik-bum-tschik und dann wieder ts-ts-ts-ts..." – „Du, keine Ahnung", unterbreche ich seine Beatbox. „Dann guck mal bitte auf unserer Homepage unter ‚Sendungen', da müßte eigentlich die Playlist draufstehen."
„Ja, was war denn das für ein Lied?"
Er kapiert es nicht. Er kapiert es einfach nicht.

„Weiß ich nicht. Ich weiß nicht, wer aufgele...“ – „Bin ich da nicht bei XXL?“, fällt er mir ins Wort.
„Doch schon, aber ich weiß doch nicht, was die da gestern abend um halb eins für Mucke aufgelegt haben. Dann guck bitte auf unserer Homepage, vielleicht steht da was, und wenn nicht, schreib eine Mail an die Clubnight. Ich kann es dir nicht sagen. Ich weiß es nicht.“
Schweigen.
„OK, tschüß.“ Es knackt, dann ist er weg.

Er hat mich in dem Moment genervt, angestrengt, gestreßt, überfordert, abgelenkt und aufgeregt. Vorwerfen kann ich es ihm nur bedingt. Klar hat er bei XXL angerufen und will eine Auskunft. Ich bin ja auch bei XXL und muß das – aus seiner Sicht – doch eigentlich wissen. Er hat kein Bewußtsein für meinen Tätigkeitsbereich. Daß ich gestern abend um zehn ins Bett gegangen bin, weil ich heute morgen um vier wieder aufstehen mußte, hätte er sich mit etwas Anstrengung denken können. Tat er scheinbar aber nicht. Er erwartet von mir die vollständige Kenntnis über alles, was in diesem Programm zu hören ist. Ich weiß zwar viel von dem, was hier passiert, aber nicht alles. Natürlich ist er jetzt sauer, weil er nicht die Auskunft bekommen hat, die er haben wollte. Er ist nicht sauer auf mich persönlich. Er wird sich nicht mal an mich oder meinen Namen erinnern können. Er ist nicht sauer auf den Typen, mit dem er am Sonntag morgen um halb neun telefoniert hat. Er ist sauer auf den Sender. Weil „der Sender“ so doof ist und ihm nicht sagen kann, wie das Lied von gestern abend heißt.

Du bist allwissend. Für die Hörer repräsentierst Du zu jeder Zeit den Sender in seinem vollen Umfang. Du kannst alles, hast alles, weißt alles. Verpflichtungen, Regeln und Aufgaben, die auf Dir lasten, gibt es in den Augen und Ohren der Hörer nicht. Daß Du eine Playlist hast, an die Du Dich strikt zu halten hast, ist den Hörern nicht bewußt. Sie glauben, die Musik, die sie jetzt gerade hören, hast Du Dir selber ausgesucht. Sie glauben, daß Du jetzt gerade irgend etwas sagst, weil Dir gerade danach ist oder Dir gerade ein toller Witz eingefallen ist. Daß dieser Witz vielleicht gar kein Witz sondern etwas ganz anderes ist, merken sie nicht. Daß Du gerade jetzt etwas sagst und nicht erst nach dem nächsten Titel, merken sie auch nicht, weil sie nichts von der Stundenuhr wissen. Die Stundenuhr ist ein Schema, das Moderations-,

Beitrags- und Musikplätze im Verlauf einer Sendestunde verbindlich vorgibt (Einzelheiten zur Stundenuhr und eine schematische Abbildung auf den Seiten 391 und 392). Alle Elemente haben einen festen Sendeplatz. Nahezu jeder Sender strukturiert seine Sendungen mit Stundenuhren. Ein Hörer weiß davon nichts, und kann es überhaupt nicht verstehen, daß Du Dich nicht immer uneingeschränkt um ihn kümmern kannst. Für sie kommt alles spontan und zufällig.

Mit Hörern erlebst Du die wildesten Geschichten. Bei vielen Sendern liegt die Hörer-Hotline direkt im Sendestudio, so daß ein Hörer als erstes beim Moderator selbst landet. Der hat aber eben nicht immer Zeit oder Nerv, diesen Anruf entgegenzunehmen. Es ist den Hörern aber egal. Für sie zählt nur: „Da ist einer vom Radio dran, der weiß das." Ob „der vom Radio" das aber wirklich weiß oder überhaupt Zeit hat, interessiert die Hörer nicht. Sie erwarten Auskunft auf all ihre Fragen zu jeder Zeit. Vielleicht ist es Dir selber schon einmal passiert, daß Du bei „Deinem" Sender angerufen hast und Dich über vermeintlich schnippische Antworten vom Moderator geärgert hast. Das liegt einfach daran, daß Du ihn in einem Moment erwischt hast, in dem er eigentlich keine Zeit für Dich hatte. Um Dir als Hörer aber das Gefühl zu geben, daß Dein Anruf nicht unerhört bleibt, sondern daß jemand da ist, der sich um Dich kümmert, geht er ans Telefon.

Als Moderator damit umzugehen, ist nicht immer leicht. Die Sendung und ihr Ablauf gehen natürlich vor. Den anderen 100.000 Hörern (oder wieviele es auch immer sein mögen), ist es komplett egal, ob sich der Moderator gerade im Off mit einer Nervensäge herumärgert. Sie erwarten einen unterbrechungsfreien Strom an Unterhaltung, denn sie bekommen von der Störung ja nichts mit.
Nervige Hörer müssen meistens einfach abgewimmelt werden. Die Kunst ist allerdings, das so hinzukriegen, daß sie sich nicht abgewimmelt fühlen. Durch das Auftreten des Internets wurde diese Kunst schon um ein Vielfaches vereinfacht. In inhaltlichen Fragen, die man selber nicht oder nicht vollständig beantworten kann, ist es das einfachste, auf den Internetauftritt des Senders zu verweisen oder gegebenenfalls eine eMail an das Programm zu schreiben. So haben die Hörer erst einmal eine Beschäftigung, rufen nicht mehr an, man selber ist sie los,

und die Hörer haben trotzdem das Gefühl, daß ihnen geholfen wurde oder daß es jemanden gibt, der sich schon um sie kümmern wird.
Im Zuge der arbeitsalltäglichen Hektik passiert es auch schnell, daß man den Hörern gegenüber unfreundlich oder gar pampig wird. Das ist natürlich Gift für den Sender, denn die Kritik richtet sich später nicht gegen den Gesprächspartner, sondern gegen den ganzen Sender. Im Zweifelsfall kann das den Verlust eines Hörers bedeuten. Und weil sich schlechte Nachrichten besser verbreiten als gute, wird dieser eine Hörer in den meisten Fällen noch einige andere mitziehen und in seinem Bekanntenkreis Stimmung gegen diesen Sender machen.
Wenn Dich ein Hörer nervt, dann mache es ihm klar. Mache ihm diskret aber bestimmt deutlich, daß er jetzt direkt im Sendestudio gelandet ist (das ist vielen gar nicht bewußt), daß Du der Moderator der laufenden Sendung bist und er leider einen äußerst ungünstigen Zeitpunkt erwischt hat. Bitte ihn, die Homepage zu durchsuchen und nötigenfalls eine eMail zu schreiben. Falls Du die Zeit hast, schreibe Dir seine Telefonnummer oder seine eMail-Adresse auf und setze Dich nach der Sendung mit ihm in Verbindung oder bitte Deinen Producer, sich um das Anliegen des Hörers zu kümmern.
Solltest Du ganz verhindern wollen, durch Anrufe gestört zu werden, kannst Du in der Regel die Telefonleitungen sperren. Die meisten Anlagen bieten diese Funktion. Geht ein Anruf ein, wird der Hörer meist ein Besetztzeichen hören. Für ihn ist dann klar: Der spricht gerade mit jemandem, da ist besetzt, ich rufe später noch einmal an. Vielen ist auch nicht klar, daß es mehrere Leitungen gibt und sie, wenn sie anrufen, auf einer dieser Leitungen landen. Ein normales Telefon hat nur eine Leitung. Wenn da jemand drauf telefoniert und ein anderer ruft an, bekommt er normalerweise ein Besetztzeichen. Bei einem Radiosender wird er dann aber auf die nächste freie Leitung geleitet. Dann gibt es ein Freizeichen. Der Moderator sieht das zwar, kann aber trotzdem nicht ran, weil er gerade auf einer anderen Leitung spricht. Der Hörer weiß das aber nicht und denkt: Da geht keiner dran.

Eine andere böse Falle sind Gewinnspiele. Ein Aufruf, die Leitungen sind voll. Die Anzahl der Leitungen unterscheidet sich von Sender zu Sender, aber bei den meisten gibt es zwischen fünf und zehn. Auf jeder dieser Leitungen landet ein Anrufer und bekommt ein Freizeichen. Die Hörer hängen also in einer der freien Leitungen und warten (das ist das, was ich eben meinte). Wie die Anrufer abgefertigt werden, ist ebenfalls bei jedem Sender anders und hängt auch davon ab, wer sich darum kümmert. Der Moderator selbst wird dazu kaum Zeit haben, deshalb erledigt diese Aufgabe meistens sein Producer. Der stellt alle Hörer zunächst einmal auf „Halten". Die Hörer fliegen dann nicht mehr aus der Leitung und haben das Radioprogramm am Ohr. Sie wissen dann, daß jemand da ist, daß ihr Anruf nicht unbemerkt bleibt und sich jemand um sie kümmert. Stellt der Producer die Hörer nicht auf „Halten" und nimmt die Leitungen der Reihe nach dran, hört jeder Anrufer nur ein Freizeichen und wundert sich, daß niemand rangeht. Die Hörer wissen gar nicht, was sich auf der anderen Seite tut. Es ist keineswegs so, daß niemand ans Telefon geht, obwohl minutenlang ein Freizeichen kommt. Dieses System mit mehreren Leitungen verstehen ebenfalls die wenigsten Hörer. Oft kommt man auch gar nicht innerhalb von zwei oder drei Musiktiteln dazu, alle Hörer anzunehmen und läßt die übrigen Leitungen einfach klingeln.

Geht man dann nach dem Gewinnspiel in die Leitung, erntet man oft Ärger und Unverständnis: „Ja, aber ich war doch die ganze Zeit am Telefon, ich habe die Lösung doch gewußt. Ihr seid nur nicht drangegangen."

Doch, sind wir schon. Aber eben nicht an jede einzelne Leitung. Hörer verstehen nicht, daß es mehrere Leitungen gibt, daß sie nur eines von vielen blinkenden Lämpchen sind und es nur eine Person gibt, die all diese Hörer nacheinander annehmen muß.

Bei Gewinnspielen und vollen Leitungen sollten alle Leitungen der Reihe nach abgeklappert und dann auf „Halten" gestellt werden. Dies kann mit einem kurzen Satz geschehen: „Radio XY, bitte ganz kurz dran bleiben." Sind alle Leitungen gesichert, kann jeder einzelne nacheinander entgegengenommen werden. Natürlich sollte man sich trotzdem kurz fassen, denn es wäre den anderen Hörern gegenüber unfair, sich länger als nötig mit einem Einzelnen aufzuhalten.

Dieser Arbeitsablauf ist den Hörern nicht bewußt. Das soll er auch nicht. Hörer müssen nicht alles wissen. Aber es ist wichtig, sich als Moderator oder Producer in die Situation eines Hörers hineinzuversetzen und sich bewußt zu machen, was der Hörer jetzt gerade erlebt und wie Du, stellvertretend für das Programm, in diesem Moment seines Anrufs auf ihn wirkst.

Drei Wochen war ich jetzt nicht mehr da. Als Freier Mitarbeiter kann man sich frei nehmen, wann man will. Das ist auch ab und zu nötig, um wieder auf neue Ideen zu kommen und Kraft zu sammeln für die kommenden Wochen. Heute ist Samstag und meine erste Sendung seit langem. Sie läuft besser als ich dachte, und ich habe Glück mit der Musik heute. Das meiste ist wirklich gut, und die Boxen im Studio geben alles. Der Baß läßt meinen Magen vibrieren, und meine Stimmbänder werden endlich mal wieder richtig gefordert. Den Text kriege ich gerade noch zusammen.
Eine Telefonleitung blinkt.
Wäre ich jetzt bei mir zu Hause, würde ich sagen, es sind die Nachbarn, die sich über die laute Musik beschweren. Hätte ich heute nicht so extrem gute Laune, würde ich jetzt nicht rangehen. Aber ich will mal nicht so sein, reduziere die Lautstärke und nehme den Anruf entgegen. Es ist jemand, dem der Titel genauso gut gefällt wie mir und wissen will, wie das Stück heißt, das da gerade läuft. Schön zu wissen, daß es Gleichgesinnte gibt. Kaum, daß ich aufgelegt und wieder aufgedreht habe, blinkt die Leitung erneut. Wieder gehe ich dran.
Eine zittrige Stimme fragt mich, ob sie hier richtig wäre.
„Zu wem willst Du denn?“ Egal, wer es ist: Viel Erfolg wird sie nicht haben, denn samstags sind nur wenige Leute hier.
„Ich habe da letztens bei so einem Gewinnspiel von Euch mitgemacht und eine CD von DJ Dag gewonnen. Da warte ich jetzt schon seit ungefähr drei Wochen drauf, aber die ist immer noch nicht gekommen. Da wollte ich jetzt mal fragen, was damit los ist.“
„Wann war das denn?“, will ich wissen. Dieses Gespräch wird nicht einfach, weil ich natürlich gar keine Ahnung habe, worum es eigentlich geht.
„Weiß ich nicht mehr. Vor ein paar Wochen halt.“
„Und bei wem war das? Weißt Du noch, wer die Sendung moderiert hat?“
„Keine Ahnung. War eine Frau, glaube ich.“ Die Stimme zittert immer noch vor sich hin, hält sich mit verläßlichen Infos allerdings sehr zurück. Sie macht es mir nicht gerade einfach.
„Wie hieß denn die Sendung?“ Ich will ja nett bleiben. Immerhin bin ich gut drauf. Noch.
„Keine Ahnung.“ So bringt das nichts.

„OK, also du hast eine CD gewonnen, sie ist noch nicht da, und du weißt aber nicht, wann das war, wie die Sendung hieß oder wer sie moderiert hat. Richtig?"
„Ja, genau."
„Wie soll ich dir dann weiterhelfen?"
„Weiß ich nicht."
„Ich auch nicht. Ich kann dir so nicht helfen. Du mußt mir schon ungefähr sagen können, wann diese Sendung lief oder mit wem du gesprochen hast."
Es bringt alles nichts, sie kann mir nichts sagen, und ich kann ihr nicht helfen. Wir verbleiben so, daß ich ihren Namen und ihre Adresse aufschreibe und nach der Sendung eine Rundmail an alle schreiben werde mit der Bitte an den betreffenden Moderator oder Producer, sich um die Angelegenheit zu kümmern. Ich hoffe, daß sich dadurch irgend jemand angesprochen fühlt und sich um die Sache kümmert.
Die Hörerin am Telefon hätte es natürlich gern gehabt, daß ich ihr jetzt sofort und auf der Stelle sagen kann, wann diese CD ankommt oder was da schief gelaufen ist. Die Tatsache, daß ich das nicht kann, ist für sie schwer zu verstehen.

Du trittst immer als Team auf. Selbst, wenn Du mutterseelenallein im ganzen Gebäude bist, trittst Du als Team auf und repräsentierst den ganzen Sender. Die Vorstellung, daß Deine Kollegen auch irgendwann nach Hause gehen, ein Privatleben haben, verheiratet sind oder sogar Kinder oder Haustiere haben können, daß sie auch mal Urlaub haben oder mal krank sind, ist so absurd, daß sie von Hörern nicht einmal erahnt werden. Das kann sehr anstrengend sein, denn nicht immer hat man die Geduld oder die Zeit, sich mit Anrufern auseinanderzusetzen. Auch das ist Teil der „anderen Seite".
Die andere Seite besteht aus Intrigen, wirtschaftlichen Tiefpunkten, teilweise prekären Arbeitsverhältnissen, anstrengenden Chefs und nervigen Hörern. Es bedarf langer Zeit und viel Erfahrung, um das zu erkennen, zu akzeptieren und zu lernen, sich in solchen Situationen angemessen zu verhalten. Auch dieser Lernprozeß gehört schon zur höheren Schule und wird erst nach Deiner Anfangszeit auf Dich zukommen. Trotzdem solltest Du davon wissen, denn es wäre unfair, Dir diese negativen Aspekte dieses Berufs vorzuenthalten und damit eine Enttäuschung zu provozieren.

10 Studiotechnik und Geräte

Oft ist die Rede von modernen Studios oder sogar von „Europas modernstem Funkhaus“. So pauschal kann man das gar nicht sagen, denn wie modern ein Funkhaus oder ein Sendestudio tatsächlich ist, das ist oft auch Auslegungs- und Geschmackssache. Sie verändern sich auch alle paar Jahre, und nicht immer wird dadurch alles besser. Inzwischen habe ich bei vielen Sendern gearbeitet und in vielen Studios gestanden oder gesessen und mit ganz unterschiedlicher Technik gearbeitet. Einen einheitlichen Standard gibt es nicht. Als ich im Sommer 2002 bei hr XXL angefangen hatte, war das damalige Studio ein Kulturschock für mich. Bis dahin kannte ich nur das Studio von DASDING vom SWR, und dort wurde komplett anders gearbeitet als beim hr. Der Unterschied in der Sendetechnik zweier Sender ist in etwa wie der zwischen einer Schallplatte und einer Kassette: Auf beiden Medien läßt sich Musik speichern, und wenn man sie nur hört, weiß man nicht, woher sie kommt. Aber die Art und Weise, wie beide aussehen und funktionieren, sind völlig verschieden und untereinander nicht kompatibel. Eine Kassette läßt sich nun mal nicht auf dem Plattenspieler abspielen. Wenn man nur Schallplatten kennt und noch nie eine Kassette in der Hand hielt und nicht weiß, wie man die abspielt, steht man recht ratlos davor. So ging es mir, als ich 2002 vom SWR zum hr kam: Hier war alles anders. Alles.

2007 machte ich einen kurzen Abstecher zu einem kleinen Privatsender in Ost-Belgien. Die setzten dort zwar dasselbe Sendesystem ein wie der hr, Mikrofon und Mischpult waren aber Neuland für mich. Ebenfalls 2007 fing ich beim Saarländischen Rundfunk an. Dort wiederum war einiges ähnlich wie beim SWR, aber es gab ein Redaktionssystem, das ich bis dahin nicht kannte und mit dem ich auch nie wirklich warm geworden bin. Trotzdem mußte ich damit arbeiten. Bei Radio Salü war ebenfalls wieder alles auf Anfang. Das wiederholte sich, als 2011 neue Pulte kamen und sich wieder einiges veränderte. 2014 beim NDR in Hamburg waren mir zwar die Pulte vertraut, nicht aber das Sendesystem. Was in dem einem Sender gang und gäbe ist, kann im nächsten Sender völlig unbekannt sein. Das, was Du als Praktikant oder Freier

bei Deinem ersten Sender kennenlernst, ist nur ein kleiner Teil von dem, was geht und was es so gibt. Ein Sendestudio ist komplexer als ein Auto. Beim Auto ist alles gleich; da macht es keinen Unterschied, ob es ein Kleinwagen ist oder etwas Großes. Einiges sieht zwar anders aus, und ein Oberklassewagen hat mehr Spielereien, die ein Kleinwagen nicht hat, aber Lenkrad, Blinker, Scheibenwischer, Gas- und Bremspedal, Scheiben, Türen und Sitze gibt es überall und in der Regel auch immer an der selben Stelle. In einem Radiosender ist das nicht so. Da kann das Lenkrad auch mal am Dach montiert sein, oder der Blinker geht nur, wenn man vorher im Bordcomputer ins Hauptmenü geht und die Funktion „Blinker" auswählt. Nach meiner Erfahrung ist es leider so, daß Studios von Leuten eingerichtet werden, die selber gar nicht darin arbeiten müssen. Die Architektur und der Aufbau eines Studios ist also auch ein Stück weit Glückssache.
Ein Rundfunkstudio ist keine Diskothek. Natürlich gibt es hier auch ein Mischpult, ein Mikrofon und Boxen, die ordentlich Krach machen können. Im wesentlichen besteht ein Rundfunkstudio aus folgendem:

- Mischpult, meist in zwei Hälften unterteilt
- Mikrofone
- Boxen
- CD-Player
- DAT-Recorder (kaum noch)
- MD-Recorder (kaum noch)
- Kassettendeck (kaum noch)
- Schallplattenspieler (noch kaumer noch)
- exakt laufende Uhren
- Telefonanlage
- Pegelanzeigen
- verschiedene Bildschirme

Darüber hinaus sind die meisten Studios noch mit Geräten bestückt, mit denen man als Moderator nichts oder nur sehr selten zu tun hat:

- Kompressoren
- Musik-Taxi (ISDN-Gerät zur Verbindung zweier Studios)
- Effektgerät
- Equalizer

- Kopfhörerverteiler/-verstärker
- Bandmaschine (am kaumsten noch)

Bei fast allen Sendern „fährt" der Moderator die Sendung. Das heißt, er selber bedient alle Geräte und befindet sich mit ihnen in demselben Raum, dem Studio. Ein solches Studio heißt daher auch „Selbstfahrerstudio". Nur noch wenige Sender fahren mit Techniker und Moderator getrennt. Bis vor einigen Jahren haben einige Schlager- und Infowellen von öffentlich-rechtlichen Sendern dieses Prinzip noch eingesetzt, inzwischen hat auch dort das Selbstfahren Einzug gehalten, und das ist auch sinnvoll. Ein Moderator weiß einfach selbst am besten, wann was kommen soll und wie es kommen soll. Der Begriff „fahren" leitet sich von „Regler fahren" ab.

Mittlerweile fährt jeder halbwegs ernstzunehmende Sender mit einer sogenannten Rundfunkautomation oder Sendeablaufsteuerung, also mit einem elektronischen System, aus dem die Musik kommt. Kaum ein Sender fährt seine Titel heute noch von CD. Die Musik ist digitalisiert und liegt in Form von Dateien auf einem Server. Dadurch hat man so ziemlich jedes Lied auf Anhieb abspielbereit, weil man es sofort heraussuchen und in die laufende Sendung einbauen kann, ohne die CD aus dem Archiv holen zu müssen.

Die Daten sind meistens im Musicam-Format oder im MP2-Format gespeichert, vergleichbar mit MP3, aber im Gegensatz dazu nicht für den Hausgebrauch gedacht. Eine solche Datei hat bei einem Titel mit einer durchschnittlichen Spielzeit von vier Minuten eine Größe von etwa 12 MB. In welcher Rate diese Dateien gesampelt werden, ist von Sender zu Sender verschieden. Innerhalb der ARD, also den öffentlich-rechtlichen Sendern, ist das Format MPEG 1 Layer 2 mit 384 kBit, 48 kHz, stereo gängig. Wichtig sind vor allem die 48 kHz, denn mit dieser Frequenz sind die Digitalpulte in den Sendestudios getaktet. Audios mit geringerer Abstastfrequenz werden entweder nicht ausgespielt, oder sie laufen schneller, weil das Pult sie wieder hochsetzt und dadurch beschleunigt. Heraus kommt der „Micky Maus-Effekt". Als „Micky Maus-Effekt" wird die Anhebung der Tonhöhe bezeichnet. Die Stimme klingt höher, fast wie durch Helium gesprochen. Die Sprechgeschwindigkeit wird in diesem Fall ebenfalls angehoben, weil das Audio zu schnell abgespielt wird. Das gilt natürlich nur für digitale Mischpulte. Analogen Pulten ist die Abtastrate egal, aber ich kenne keinen Sender, der noch analoge Pulte einsetzt. Am ehesten gibt es sie noch als Produktionspulte oder in alten Ausweichstudios großer Sender. In der Regel wirst Du Dich um die Abtastraten von Audio-Dateien nicht kümmern müssen, aber ich wollte es erwähnt haben. Es ist schon wichtig, auch ein paar technische Details zu kennen. Klar könnte man wieder die Technik der 80er einsetzen, alle Computer rausschmeißen und wieder old-school von Platten und CDs fahren, aber wer selber mal so fahren mußte, der weiß die Vorzüge einer Sendeautomation zu schätzen. Es hat schon einen Sinn, daß man irgendwann angefangen hat, den Sendebetrieb über Computer zu steuern, aber es ist wie mit allem, was mit Computern zu tun hat: Man muß auch wissen, wie sie bedient werden.

Kümmere Dich möglichst früh um eine intensive Einweisung in die Studiotechnik und mache Dich auch mit anderen Einrichtungen vertraut, die in Deinem Sender eingesetzt werden. Wenn niemand auf Dich zukommt, um Dir das Schnittsystem oder das Produktionsstudio zu erklären, bitte jemanden, das zu tun. Zum Beispiel wird beim Hessischen Rundfunk jeder neue Mitarbeiter von einer Schulung zur nächsten geschickt und bekommt tagelange Einweisungen in alles, was er kennen und können muß. Ob solche Schulungen in jedem Fall auch Sinn machen, sei dahingestellt, denn ich bin der Meinung, daß jeder weiß, wie das Internet funktioniert und „Internet-Einweisungs-Schulungen" deshalb unnötig sind. Grundsätzlich halte ich ausführliche Einweisungen in Redaktions- und Studiotechnik aber für wichtig, weil man durch Unwissenheit auch viel kaputt machen kann.

Wichtig ist als erstes, die Strukturen und den Auf- und Zusammenbau der Netzwerke zu verstehen. Anfangs habe ich mir damit sehr schwergetan. Zu Hause ist es so, daß man seine Audios irgendwo auf der Festplatte hat und sie mit einem Soundbearbeitungsprogramm öffnet, bearbeitet und schließt. Bei einem Radiosender muß jeder Redakteur auf diese Audios zugreifen können. Deshalb liegen sie zentral in einem Netzwerk und werden über eine Datenbank verwaltet. Das hatte mir am Anfang niemand gesagt, und ich brauchte recht lange, um zu kapieren, wie das funktioniert. Bei vielen Sendern wird ein Programm verwendet, das ich vor meiner Zeit als Radiomoderator noch nie gesehen hatte und mit dem ich am Anfang überhaupt nicht zurecht kam: DigAs (sprich: Diegass) oder auch „DigaSystem Database Manager“ (Abbildung Seite 284). Das ist eine Datenbank für Audios, auf die der ganze Sender zugreifen kann, unterteilt in verschiedene Kategorien.

Es gibt hier keine Dateien, die man selbst öffnet schließt. Statt dessen gibt es eine schier endlose Tabelle mit Beschriftungen, hinter denen sich die eigentlichen Sounddateien verbergen, mit denen man aber nie etwas zu tun hat. Als Anwender dieses Systems kommt man mit den eigentlichen Audios nicht in Berührung, und es spielt auch keine Rolle, auf welchem Laufwerk die Dateien liegen oder wie sie heißen. Die komplette Dateienverwaltung findet über diese Datenbank statt. Ich hatte damals lange gebraucht, um zu verstehen, daß dieser „DigAs“ eine reine Datenbank ist und die Beschriftungen der Audios keineswegs die Dateinamen, sondern willkürlich vergebene Namen sind. Zu DigAs gehören eine Reihe von Schnitt- und Produktionsprogrammen und ein paar Ausspielprogramme für das Sendestudio. Die Datenbank selbst ist also nur ein Teil eines kompletten Audiosystems. Viele private Sender verwenden das System Zenon (Abbildung Seite 286). Die Systeme unterscheiden sich zwar in Aufbau und Bedienung, das Funktionsprinzip ist jedoch dasselbe wie bei DigAs. Nach meinem Kenntnisstand setzen u. a. der WDR, SWR, BR, SR, ORF und Antenne Bayern DigAs ein; der hr, Radio Bremen und rbb dagegen DABS, der NDR Dira. Bei Antenne Bayern und einigen anderen Privatsendern wird auch mit DigAs verwaltet.

Ähnlich wie DigAs ist der „Radiomax“. Auf Seite 285 mal ein Screenshot einer Version von 2015.

Es ist ein System, welches sich, ähnlich wie das DigAs-System, aus mehreren einzelnen Programmen zusammensetzt, die alleine aber vollkommen nutzlos sind und nur in Kombination sinnvoll funktionieren. Es ist das standardmäßige Ausspielprogramm (Automation, Sendeablaufsteuerung), das bei den meisten öffentlich-rechtlichen Sendern (u. a. SWR, WDR, BR, SR, ORF) eingesetzt wird. Von hier kommt die Musik. Die Einzelheiten von Sendeablaufsteuerungen zu erklären, ist an dieser Stelle weder möglich noch nötig. Die Details unterscheiden sich von

Sender zu Sender. Als Einsteiger wirst Du mit der Sendeablaufsteuerung auch nichts zu tun haben. Das ist auch ganz gut so, denn es kann sein, daß die einzelnen Ausspieler untereinander so vernetzt sind, daß man, ohne es zu wollen oder zu wissen, im Nebenstudio den Sendebetrieb übernimmt oder im eigentlichen Sendestudio die aktuelle Playlist abschießt. Ist mir auch schon passiert, und das war ziemlich peinlich. Der Moderator, dem ich in der laufenden Sendung seinen Musikplan gekillt habe, hat da jedenfalls keinen Spaß verstanden.

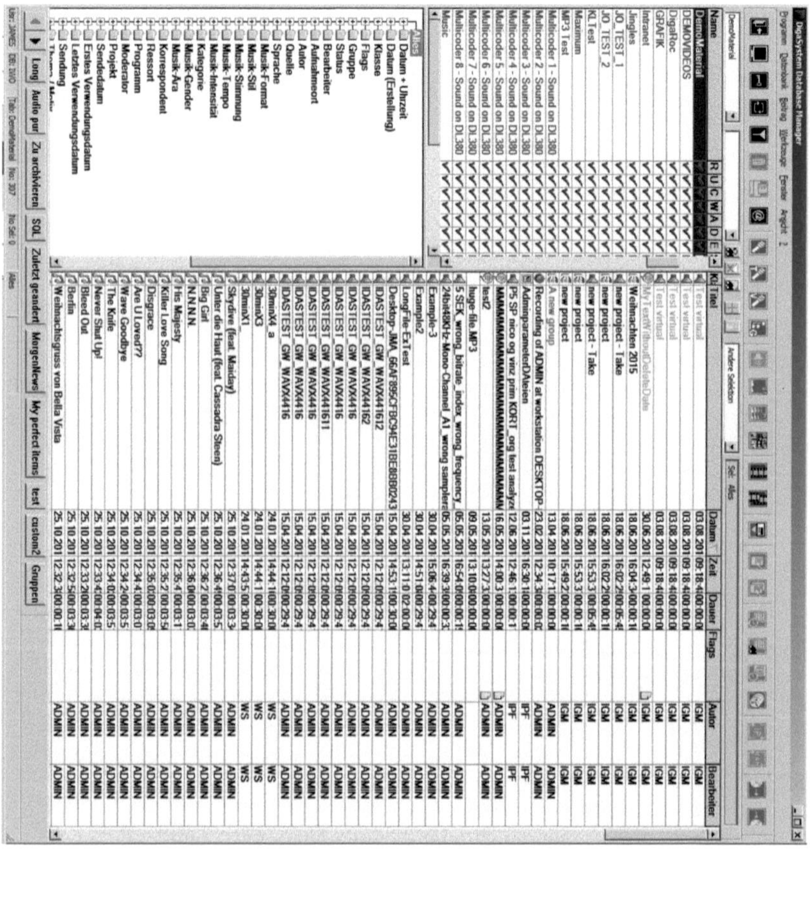

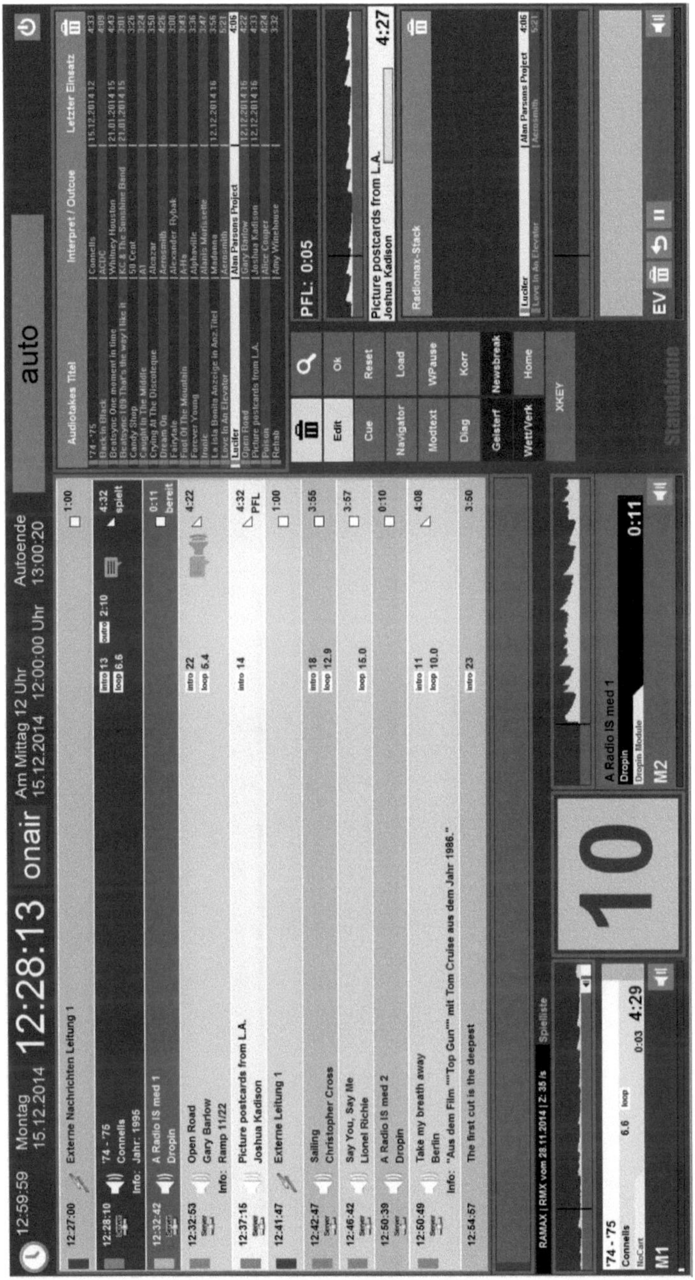
12:59:59
Montag 15.12.2014
12:28:13
onair
Am Mittag 12 Uhr 15.12.2014 12:00:00 Uhr
Autoende 13:00:20
auto
10
PFL: 0:05
Picture postcards from L.A.
Joshua Kadison
4:27
4:29
0:11
M1
M2

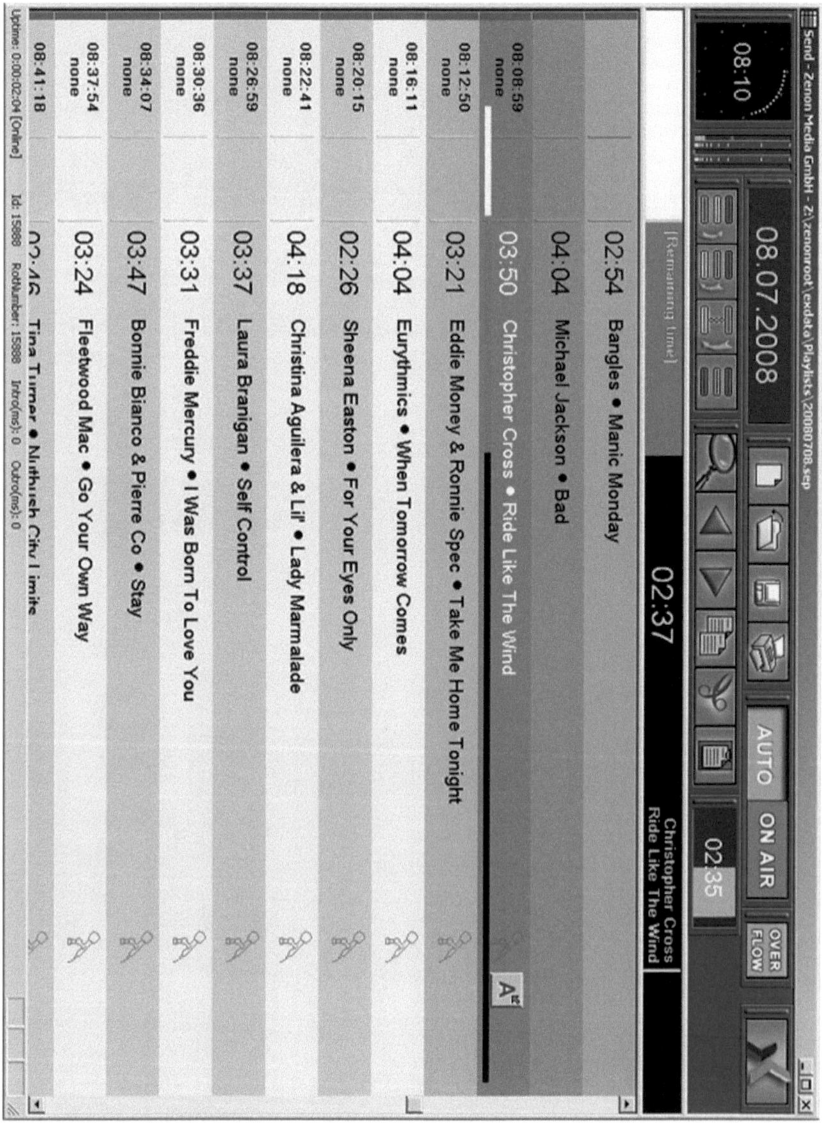
Send - Zenon Media GmbH - Z:\zenonroot\exdata\Playlists\20080708.sep
08:10
08.07.2008
AUTO
ON AIR
OVER FLOW
02:35
[Remaining time]
02:37
Christopher Cross
Ride Like The Wind
02:54 Bangles • Manic Monday
04:04 Michael Jackson • Bad
08:08:59 none 03:50 Christopher Cross • Ride Like The Wind
08:12:50 none 03:21 Eddie Money & Ronnie Spec • Take Me Home Tonight
08:16:11 none 04:04 Eurythmics • When Tomorrow Comes
08:20:15 none 02:26 Sheena Easton • For Your Eyes Only
08:22:41 none 04:18 Christina Aguilera & Lil' • Lady Marmalade
08:26:59 none 03:37 Laura Branigan • Self Control
08:30:36 none 03:31 Freddie Mercury • I Was Born To Love You
08:34:07 none 03:47 Bonnie Bianco & Pierre Co • Stay
08:37:54 none 03:24 Fleetwood Mac • Go Your Own Way
08:41:18
Uptime: 0:00:02:04 [Online] Id: 15888 RotNumber: 15888 Intro(ms): 0 Outro(ms): 0

Deshalb: mit DigAs kann man meistens nicht viel Unheil anrichten, weil man selbst gelöschte Sachen in der Regel noch mal zurückholen kann und man bearbeitete Audios nicht überschreibt sondern neu anlegt. Von einer Sendeablaufsteuerung sollte man dagegen die Finger lassen, wenn man nicht wirklich genau weiß, was man tut.

Deswegen mein ernst gemeinter Appell: Kümmere Dich um Aufbau und Funktionsweise der Computersysteme. Sie sind die wichtigste und zugleich empfindlichste technische Einrichtung überhaupt. Ohne Computer geht heute nichts mehr, nicht mal in kleinen Lokalsendern. Nichts ist unangenehmer, als Verursacher eines Systemabsturzes zu sein oder wegen jeder Kleinigkeit, die über die normale Bedienung dieser Systeme hinausgeht, jemanden zu fragen. Zudem habe ich die Erfahrung gemacht, daß es bei allen einen guten Eindruck hinterläßt, wenn man sich mit Technik auskennt. In Deinen ersten zwei, drei Praktikumswochen solltest Du nie allein ins Produktionsstudio gehen und jemanden aus der Redaktion bitten, Dich zu begleiten und Dich gegebenenfalls fährt, so daß Du also nicht selbst am Mischpult sitzt. Der Anblick einer solchen Anlage ist, wenn man nicht genau weiß, wie so etwas funktioniert und welcher Schalter wofür ist, ziemlich erschrekkend.
Und: Vergiß alles, was Du von CD-Playern, Mischpulten und Musikabspielprogrammen gehört hast. Beim Radio läuft das alles anders.

Gehen wir der Reihe nach und beginnen mit dem Mischpult. So verschieden die eingesetzten Modelle auch sind, eines haben sie fast alle gemeinsam: sie sind in zwei Hälften geteilt. In der Mitte ist Platz für Zettel und Kugelschreiber. Dieser Komfort hat sich bei nahezu allen Sendern mittlerweile durchgesetzt. Nichts ist nerviger, als die Regler unter einem Berg von Papier zu vergraben und zwischen den Tasten und Schaltern Stifte zu verstecken. Man blockiert sich selbst den Zugang zu Reglern und Tasten, auf einem Mischpult kann man auch nicht schreiben, und zuletzt läuft man Gefahr, versehentlich Regler zu verstellen.
Das Pult selbst sieht bei jedem Sender anders aus. Mit einem DJ-Pult aus einer Disco oder einem kleinen „Spielzeug“, das man sich vielleicht zu Hause an den PC hängt, hat es allerdings wenig zu tun. Die meisten

Knöpfchen und Schalter braucht man auch nicht. Man sollte sich also nicht von bunten Lämpchen oder irgendwelchen Anzeigen irritieren lassen. Grundsätzlich gilt: Jedes Gerät, aus dem ein Ton herauskommen kann, liegt auf einem Regler. Gibt es mehr Geräte als Regler, sind manche Regler mehrfach belegt. Als „Gerät" zählen hier nicht nur typische Ausspieler wie CD-Player und Plattenspieler, sondern auch jeder einzelne Ausspielweg eines Computers. Je höher ein Regler gezogen wird, desto lauter wird das Signal, mit dem er belegt ist. Direkt neben dem Regler befindet sich eine Skala, die zwischen -50 und -80 beginnt und mit +5 bis +15 endet. Als Richtwert für eine normale Lautstärke gilt die 0. Diese Werte sind in Dezibel angegeben, abgekürzt mit dB. Sie sind eine willkürliche relative Einheit. Zur Überwachung der Lautstärke gibt es Pegelanzeigen. Analoge Pegelanzeigen reichen meist von -50 bis +5 dB, digitale von -60 bis 0. Analog sollten die Signale so ausgesteuert sein, daß die Amplituden (also die Pegelspitzen) gerade an die 0 dB-Marke anstoßen, allerdings nicht oder nur ganz wenig in den roten Bereich gelangen. Auf einem Digitalpegel entspricht dies -9 dB. Trotz der vielfachen Digitalisierung werden die analogen Pegel immer noch als Maßstab genommen und von 0 dB als Idealaussteuerung ausgegangen.
Ist ein Signal auf 0 dB eingepegelt, sollte der Regler auf dem Pult auf der 0 dB-Marke stehen. Ist er es nicht, ist das eigentliche Signal entweder zu leise oder zu laut. Musik einzupegeln, ist normalerweise recht einfach. Bei Sprache wird es schon schwieriger, weil Sprache einen großen Frequenz- und Dynamikbereich abdeckt. Die ganz korrekte Aussteuerung der Signale kann man in der Regel dem sogenannten Optimod überlassen. Das ist ein Gerät, das in der Signalkette hinter dem Mischpult sitzt. Vereinfacht kann man sagen, daß es zu leise Signale anhebt und zu laute absenkt, damit hinten ein immer gleichlautes Signal herauskommt, bevor es auf den Sendemast geht. Die Feinjustierung übernimmt also dieses Gerät, aber man sollte sich als selbstfahrender Moderator schon bemühen, dem Optimod auch korrektes Material zu liefern und selbst sauber auszusteuern. Deshalb: üben, üben, üben. Mit der Zeit bekommt man ein Gefühl für Lautstärke und Aussteuerung.

Das Mischpult ist naturgemäß Teil der Hauptarbeitsfläche. In einem Radiostudio steht natürlich kein Schreibtisch wie in einem Büro, sondern eben ein Mischpulttisch, ein Tisch, in den das Mischpult eingebaut ist. Mittlerweile hat sich durchgesetzt, daß dieser Tisch in seiner Höhe verstellbar ist. Zum einen kann dadurch jeder entscheiden, ob er während der Sendung lieber steht oder sitzt, zum anderen läßt sich die Tischplatte in der Höhe auch der eigenen Körpergröße anpassen. Das ist insbesondere bei längeren Sendungen sehr angenehm. Und weil der Trend in Richtung lange Sendungen geht (weil es billiger ist), ist das durchaus praktisch. Von reinen Sitz- oder Steh-Studios geht man inzwischen weg. Bis in die 90er hinein waren reine Sitz-Studios verbreitet. In den 90ern kamen Steh-Studios in Mode, weil man der Ansicht war, die Stimme könne besser rauskommen, wenn man steht. Wer immer diesen Unsinn in die Welt gesetzt hat, mußte wohl selbst noch nie vier oder fünf Stunden am Stück stehen und dabei eine Radiosendung fahren. Als Mogel-Kompromiß gab es dann Barhocker oder „Stehhilfen“, auf denen man dann doch wieder gesessen hat, sich aber nicht zur Seite bewegen konnte, ohne sich dabei die Nieren einzuquetschen. Dann doch lieber auf einem Bürostuhl sitzen, mit dem man auch mal wegrollen kann. Kurzum: Höhenverstellbare Mischpulttische sind sinnvoll, und nach meiner Beobachtung moderieren die Meisten wieder im Sitzen.

Mischpulte im Rundfunkbetrieb sind mit Reglerstart ausgestattet. Ein Ausspieler läuft also sofort an, sobald der entsprechende Regler aufgezogen wird. Kaum ein Gerät wird direkt, also am Gerät selbst, gestartet, wie man das zu Hause an der Stereoanlage machen würde. Das ist ausgesprochen praktisch, denn man muß sich nicht zum Gerät herüberbeugen, um es zu starten, sondern macht alles bequem vom Mischpult aus. Verabschiede Dich also von der Vorstellung, zum Starten irgendwo draufzudrücken oder gar zu klicken. Professionelle Studios sind so eingerichtet, daß alle Tonquellen vom Mischpult aus gestartet werden können, und zwar auch die Ausspielkanäle einer Sendeablaufsteuerung. Die hat nichts mit einem MediaPlayer, Winamp oder einer vergleichbaren Kuriosität zu tun. Ebenfalls ungewohnt ist die PFL-Funktion. PFL ist je nach Definition die Abkürzung für „Prefer listening“ oder „Pre-Fader listening“. Auf einigen alten Mischpulten findet man noch die Abkürzung PL. Diese Funktion bezeichnet das Vorhören: eine Tonquelle kann im Studio abgehört werden, aber das Sendesignal bleibt davon unberührt. Der Radiohörer bekommt also nicht mit, wenn der

Moderator im Studio den nächsten Titel vorhört oder sich das Ende des laufenden Titels anhört.
Ein weiterer großer Unterschied zu sog. Consumer-Geräten (also normalen Geräten einer Stereo-Anlage) ist die Monitorstummschaltung. Die Boxen im Studio werden als „Monitore“ bezeichnet. Ähnlich wie ein Computermonitor dienen sie zum Abhören, zum „Anzeigen“ bestimmter Signalquellen. Normalerweise ist dies das Sendesignal, also das, was gerade gesendet wird. Wird eines der Mikrofone aufgezogen (also der entsprechende Regler am Pult aufgezogen und das Mikrofonsignal auf das Pult „gelegt“), verstummen die Monitorboxen sofort, damit es keine Rückkopplung gibt. Gleichzeitig wird irgendwo im Studio rotes Licht („Rotlicht“) angehen, das signalisiert, daß gerade ein Mikrofon offen ist. Die Finessen eines Pultes solltest Du Dir von einem Techniker erklären lassen und selber so lange damit herumspielen, bis Du es in- und auswendig kennst. Jedes Mischpultmodell hat andere Eigenarten, aber vom Grundprinzip her sind sie alle gleich. Weit verbreitet sind Pulte der Hersteller Lawo und DHD. In analogen Anlagen sind oft noch Pulte von Studer, Alice, Pacific oder Eela verbaut.

Mikrofone sind ähnlich verschieden. Die öffentlich-rechtlichen Sender haben über Jahrzehnte hinweg meistens das Modell U87 von Neumann eingesetzt. Das ist zwar ein sehr gutes, aber auch recht teures Mikrofon. In neuen oder umgebauten Studios wird inzwischen auch gerne auf billigere Mikrofone ausgewichen, dann auch von anderen Herstellern. Die Unterschiede sind kaum noch hörbar. Das liegt zum einen daran, daß sich Billig-Hersteller viel Mühe geben, die richtig teuren Mikrofone zu kopieren. Zum anderen liegt das aber auch daran, daß bei kaum einem Sender mehr „trocken“ moderiert wird, also ohne jegliche Hintergrundmusik, so daß die Sprache gar nicht mehr in ihrer Reinheit übertragen wird und es deshalb auch gar nicht so sehr auf Qualität ankommt. Außerdem ist die Raumakustik von vielen modernen Studios so miserabel, daß ein gutes Mikrofon kontraproduktiv wäre. Ein gutes Mikrofon „hört“ alles. Hat man aber das Glück eines guten Mikrofons und einer guten Studioakustik, lassen sich damit schöne Sachen machen. Man kann tolle Effekte erzielen, wenn man mit dem Abstand vom Mund zum Mikrofon und der Lautstärke der Stimme spielt. Auch hier gilt: ausprobieren. Diese Mikros sind etwas ganz anderes als DJ-Mikros aus Discos oder Gesangsmikros und liegen nicht umsonst in der Klasse

ab 2.000 € aufwärts. Das ebenso radiotaugliche TLM-103 von Neumann liegt zwar „nur“ bei etwa 1.000, aber ich denke, es wird klar, daß Rundfunktechnik in einer anderen Liga kickt als das, was man vielleicht zu Hobbyzwecken zu Hause hat.
Bei einigen Sendern hatten sich zwischenzeitlich Headsets (die korrekte Bezeichnung lautet „Hör-/Sprechgarnitur“) durchgesetzt: Kopfhörer mit einem dünnen festen Schlauch am einen Ohr, an dessen Ende ein winziges Mikrofon befestigt ist, das in Mundhöhe hängt. Argumente für den Einsatz solcher Headsets sind die angebliche Bewegungsfreiheit während der Moderation. Zum einen ist die Frage, ob man die wirklich braucht und zum anderen auch, ob man sich dadurch nicht auch Gestaltungsmöglichkeiten nimmt. Bei einem Headset kann ich nicht mit dem Abstand oder der Lautstärke spielen. Bei einem richtigen Mikrofon kann ich Atmosphäre erzeugen, indem ich mich vom Mikrofon wegbeuge und aus dem Hintergrund reinrufe. Das geht bei einem Headset nicht. Von dem miserablen Klang von Headsets ganz zu schweigen. Ich mußte mit den Dingern auch schon moderieren und fand es immer störend, etwas vor dem Mund zu haben. Man kommt schon mal mit den Lippen oder sogar der Zunge dran (was echt eklig ist!), und zudem nervte es mich, permanent dieses schwarze Ding im Augenwinkel zu sehen. Man kann dem ja nicht ausweichen, es ist ja immer da. Bei hr XXL war es den Moderatoren freigestellt, ob sie ein Headset oder lieber ein festes Mikro verwenden. Die meisten zogen das feste Mikro dem Headset vor, und irgendwann wurden die Headsets dort vollständig abgeschafft. Auch bei Bremen 4, wo lange mit Headset moderiert wurde, sind inzwischen feste Mikros, allerdings keine U87er. Im übrigen kommt dazu, daß Headsets nicht fürs Radio vorgesehen sind und dort per Definition schon nichts zu suchen haben.

Zu den Boxen, den „Monitoren“, gibt es nicht viel zu sagen. Es sind, wie zu Hause meistens auch, zwei Boxen. Sie stehen auf Ständern oder hängen an der Wand oder der Decke und bilden im Idealfall zusammen mit dem Moderator ein gleichschenkliges Dreieck. Jedenfalls sollten sie das, denn nur dann kann der Moderator bei geschultem Ohr etwaige Phasenverschiebungen in der Stereophase heraushören – wenn er sie nicht sowieso auf dem Meßinstrument sieht. Auf Phasenverschiebungen will ich an dieser Stelle nicht eingehen, denn das würde zu tech-

nisch werden und Dich als Einsteiger wahrscheinlich überfordern. Außerdem hat man damit nur sehr selten zu tun.
Für Studioboxen gilt dasselbe wie für Mikrofone: Die Billiganbieter etablieren sich mehr und mehr. Klar gibt es noch alte Studios mit richtig guten Monitoren (ein renommierter Hersteller ist Klein + Hummel, abgekürzt K + H, ein anderer sehr verbreiteter ist Genelec), aber inzwischen werden auch vielfach nur sehr kleine Lautsprecher verbaut, weil sie einfach billiger sind. An alten Studios erkennt man schon sehr deutlich, daß Geld früher keine Rolle gespielt hat. Die Zeiten haben sich aber geändert, auch bei öffentlich-rechtlichen Sendern. Auch die knausern inzwischen an der Ausstattung ihrer Studios, so daß gute Monitore und eine anständige Schallisolation keine Selbstverständlichkeit mehr sind. Viele Studios haben inzwischen den Charme eines Operationssaals oder die Größe einer Besenkammer. Und ganz ehrlich: Gemessen an ihrem Output reicht das oftmals leider auch.

Die Auswahl der Wiedergabegeräte ist Geschmacksache und variiert ebenfalls von Sender zu Sender. Für jedes Gerät gibt es bevorzugte Hersteller, und so beschränkt sich die Auswahl der eingesetzten Geräte auf eine überschaubare Größe. Sie sind meist schwieriger zu bedienen als Consumer-Modelle, bieten dafür aber auch wesentlich mehr Funktionen. Die beiden wichtigsten Unterschiede: Sie sind für Dauerbetrieb ausgelegt und gegen schroffe Bedienung resistent. Ein normaler CD-Player in der heimischen Musikanlage hat es nicht so gern, wenn man die Schublade feste zudrückt oder mit etwas zu viel Kraft auf seine Tasten haut. Einem Studio-CD-Player macht das nichts aus. Außerdem läßt er sich direkt an das Mischpult anschließen und fernstarten. Ein normaler CD-Player kann das nicht, muß es aber auch nicht können. In einem normalen CD-Player lassen sich auch nicht verschiedene Startpunkte, die irgendwo auf der CD sein können, abspeichern und aufrufen, und eine nahtlose Wiederholschleife zwischen zwei Punkten gibt es auch nicht. Von einem Studio-CD-Player kann man solchen Komfort erwarten; auch, wenn man ihn nicht mehr oft braucht. Gleiches gilt für alle anderen Wiedergabegeräte wie DAT- und MD-Recorder, Plattenspieler oder Kassettendecks, die immer seltener werden. Viele neue Studios kommen inzwischen ganz ohne aus.

Charakteristisch für viele Radiostudios sind die Uhren. Man kennt sie von Fotos oder aus dem Fernsehen: diese großen schwarzen Digitaluhren, die in der Mitte mit großen roten Zahlen die exakte Uhrzeit anzeigen, um die sich dann im Takt der Sekunden ein rot leuchtender Kranz aus kleinen Lämpchen schließt. Auch die werden immer seltener, weil sie sehr teuer sind. Ich habe schon in Studios gesessen, in denen billige Funkwecker aus dem Kaufhaus herumstanden. Wenn es aber „richtig" gemacht wird, läuft das so: Die Uhren sind Teil eines Systems, eines eigenen Netzwerks. Irgendwo im Sender (am wahrscheinlichsten im Schaltraum oder im Zentralen Geräteraum) hängt eine sogenannte Master-Uhr, die per Funk von einer Atomuhr angesteuert wird. Diese Master-Uhr schickt nun wiederum ihr Signal an alle anderen Uhren (Slave-Uhren), die im Sender verteilt sind. All diese Uhren gehen exakt gleich und stimmen mit der wirklichen Uhrzeit absolut überein. An diesen Uhren sind außerdem die Rundfunkautomationen und ein Zeitzeichen angeschlossen. Als Zeitzeichen werden die Pieptöne vor den Nachrichten bezeichnet, die die letzten Sekunden bis zu Beginn der vollen Stunde herunterzählen. Beim SWR beispielsweise gibt es das noch. Bei anderen Sendern sind diese Pieptöne in den Nachrichten-Opener hineinproduziert, aber ob der wiederum exakt pünktlich ausgespielt wird, hängt auch wieder vom Sender ab.

Bleiben noch die Bildschirme und die Telefonanlage. Was auf den Bildschirmen zu sehen ist, habe ich eingangs schon erwähnt: die Automation für die Musik, ein eigenes Programm für das Ausspielen der Jingles und Beiträge und je nach Ausstattung und Aufwand noch weitere Bildschirme für Verkehrsmeldungen, Internet, DigAs und andere Dinge. Das handhabt jeder Sender anders.
Bei der Telefonanlage wird es kompliziert, denn hier gibt es auch keinen Standard. Viele Sender verwenden hierfür ein Computersystem. Ein gängiger Anbieter ist AVT. Im Sendestudio hängt dann ein Touchscreen, auf dem die Leitungen dargestellt sind. Auf Seite 296 ein Screenshot von einer möglichen Konfiguration mit sechs Leitungen.

Man kann eine Datenbank an die Anlage koppeln und die eingehenden Anrufe mit erfassen. Das kann sinnvoll sein, um Dauergewinner oder bekannte Hörer zu kennzeichnen. Ruft dann jemand an, dessen Nummer in der Datenbank hinterlegt ist, können im Sendestudio der Name und ggf. auch eine Notiz angezeigt werden. So läßt sich schon bei einem eingehenden Anruf sehen, um wen es sich handelt. Berührt man dann die Leitung auf dem Bildschirm, so wird diese Leitung aufs Pult gelegt. Nicht jeder Sender nutzt alle Funktionen eines solchen Systems. Die Einzelheiten würden an dieser Stelle zu weit führen. Telefonanlagen sind nicht ganz einfach in der Bedienung. Es gibt hierfür keine Gesetzmäßigkeit; die Konfiguration ein- und desselben Anlagentyps kann sich von Sender zu Sender unterscheiden. Deshalb solltest Du Dich intensiv um Funktion und Bedienung kümmern. Nichts ist peinlicher, als im Sendebetrieb durch eigene Dummheit oder Unwissenheit die Telefonanlage falsch zu bedienen und versehentlich Hörer wegzudrücken. Auch kann es peinlich sein, bei Gewinnspielen Hörer in der Leitung zu halten und mit einem anderen ein Vorgespräch zu führen, während alle anderen, die noch in der Leitung sind, dieses Vorgespräch mit anhören können. Alles schon passiert. Fragt man dann jeden einzelnen nach der richtigen Lösung, und alle anderen hören mit, war's das natürlich mit dem Gewinnspiel. Von der unwissenden Weitergabe persönlicher Daten („Wie war dein Name noch? Dann brauche ich bitte noch deine Telefonnummer und deine eMail-Adresse!") ganz zu schweigen.

Zum Thema Studiotechnik und Mischpulte läßt sich abschließend sagen: Finger weg von Knöpfchen, deren Funktion Du nicht kennst. Auch Finger weg von Geräten oder Anlagen, die Du nicht kennst. Als Praktikant und Radioneuling solltest Du Dich nur in Begleitung eines Mitarbeiters des Senders ins Produktionsstudio setzen und Dich beispielsweise beim Einsprechen von Beiträgen von jemandem „fahren" lassen und nicht selber fahren. Mischpulte in Radiosendern sind eben ein bißchen wie Autos: sie kochen zwar alle nur mit Wasser und funktionieren ähnlich, unterscheiden sich aber in vielen kleinen Dingen. Wenn man nicht genau weiß, was man tut, kann man schnell einen Unfall bauen und im schlimmsten Fall die laufende Sendung (zer-)stören. Deshalb rate ich Dir dringend, etwa ab der zweiten oder dritten Praktikumswoche einen Techniker zu bitten, Dir eine ausführliche Einweisung in das Mischpult, das Redaktions- und Schnittsystem und in die Studiotechnik zu geben. Wenn es bei Dir noch nicht so weit ist, sollten Dir die Informationen aus diesem Kapitel einen ersten Einblick in die Studiotechnik geben.

Das alles ist nur ein winzig kleiner Exkurs in die Feinheiten eines Radiostudios. Jeder Sender ist anders, jeder Sender setzt unterschiedliche Technik ein. Ich kann Dir keine Tips zur Bedienung geben, weil es sein kann, daß Du mit komplett anderen Geräten und Systemen zu tun haben wirst als ich. Vieles ist auch Geschmackssache der Techniker, die das Studio konzipiert oder gebaut haben. Radiomax und DigAs habe ich, trotz Anlaufschwierigkeiten, als ausgesprochen angenehm in Erinnerung, DABS dagegen ist mir ein rotes Tuch. Ich bevorzuge zum Moderieren das U87 von Neumann und moderiere lieber im Sitzen. Ich mag CD-Player von EMT und Marantz und bestimmte Kopfhörer von AKG. Und trotzdem muß ich auch mit anderen auskommen, wenn es mir der Sender anders vorgibt. Was Du am liebsten magst und mit welcher Konfiguration Du am besten klarkommst, wirst Du mit der Zeit herausbekommen. Wenn es um ein Auto geht, kann ich einigermaßen selbst entscheiden, was für eins ich fahren möchte. Beim Radio geht das nicht. Da muß man mit dem klarkommen, was einem vorgesetzt wird. Der eine fährt lieber ein Auto mit Automatikgetriebe, der andere will lieber selber schalten. Der eine fährt lieber einen Benziner, der andere einen Diesel. Der eine kocht zu Hause lieber auf einem Gasherd, der andere will lieber ein Ceranfeld. Was sich beim einzelnen durchsetzt, hat damit zu tun, was und wie man von Anfang an lernt und was man als „normal" erfährt.

Wichtig ist: was auch immer Du bei Deinem ersten Sender als normal vorfindest, kann bei einem anderen Sender komplett anders aussehen. Verkneife Dir Bemerkungen wie „Bei Radio XY haben wir das aber so-und-so gemacht". So was rutscht einem zwar schnell raus (mir auch), wird aber oft als Besserwisserei verstanden. Was man mal sagen kann und was etwas diplomatischer klingt: „Aah. Das kenne ich anders. Wie macht ihr das hier?" Mein Rat: angucken, Fragen stellen, ausprobieren. Bei allem, was auch nur ansatzweise mit Technik zu tun hat, frage einen Techniker. Jeder Sender beschäftigt sie, und diese Leute sind meiner Erfahrung nach sehr geduldig und nett.

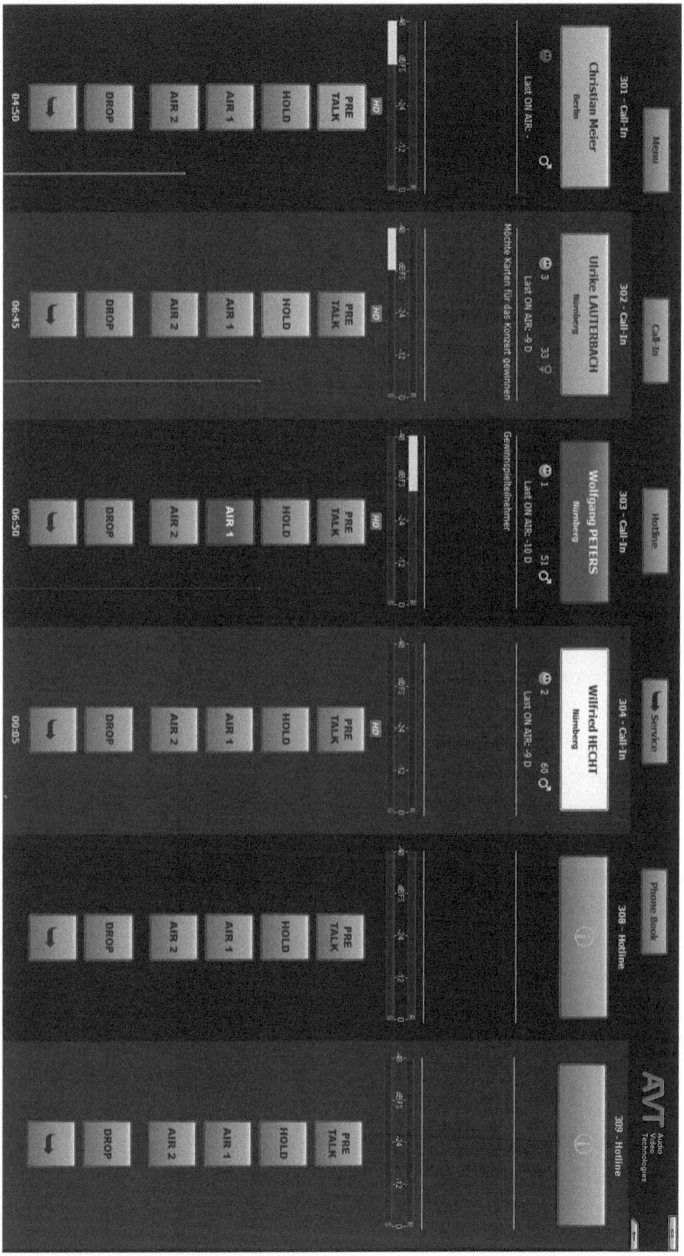
Menu
Call-In
Hotline
Service
Phone Book
AVT Audio Video Technologies
301 - Call-In
Christian Meier
Berlin
Last ON AIR: -
302 - Call-In
Ulrike LAUTERBACH
Nürnberg
3
33
Last ON AIR: -9 D
Möchte Karten für das Konzert gewinnen
303 - Call-In
Wolfgang PETERS
Nürnberg
1
51
Last ON AIR: -10 D
Gewinnspielteilnehmer
304 - Call-In
Wilfried HECHT
Nürnberg
2
60
Last ON AIR: -9 D
308 - Hotline
309 - Hotline
dBFS
PRE TALK
HOLD
AIR 1
AIR 2
DROP
04:50
06:45
06:50
00:05

11 Und die anderen?

Die gibt es auch, und die wollen auch nur Radio machen. Oder eben Geld verdienen, wenn sie Privatsender sind. Und sie schlafen nicht. Konkurrenzanalyse heißt das Stichwort. Im Kapitel „Studiogäste und Interviewpartner“ habe ich den Satz „Höre Deinen und andere Sender“ fallengelassen. Das kann nerven. Kein halbwegs gebildeter Mensch, der aus Überzeugung Radio hört und macht, will ihnen lange zuhören, den Superhitsder80er90erunddembestenvonheutemitdembestensuper-mixunddenstärkstenhitsundsuperabwechslungmitdembestenpowermix-vonheute. Und doch ist es wichtig und notwendig, zu beobachten, was die anderen so treiben. Bei einigen Sendern ist es Bestandteil jeder Redaktionskonferenz, das Frühprogramm ihres Konkurrenzsenders vorzustellen:

- Welche Themen hatten sie heute morgen?
- Wie haben sie sie verpackt? (Beitragsform, Interview, Gespräch...)
- Wie haben sie sie verkauft?
- Waren sie oder wir besser?
- Wer hatte die besseren Themen?

Ich war mal bei einem Sender, da gab es einen Praktikanten, der den ganzen Morgen über nichts anderes getan hat, als die Konkurrenz abzuhören und aufzuschreiben, was wann an welcher Stelle gelaufen ist. Das wurde dann in der Frühkonferenz vorgelesen.
Unabhängig vom Sender sind solche Analysen sehr hilfreich. Man wird feststellen, daß manchmal „wir“ besser waren, manchmal aber auch „die“. Außerdem bleibt man auf dem Laufenden, was die unmittelbare Konkurrenz betrifft und kann sein eigenes Programm stärker darauf ausrichten, wenn man weiß, was die anderen machen. Was nicht heißt, daß man alles genau so oder ganz anders machen sollte wie die anderen, aber auch die anderen sind nicht perfekt und machen Fehler. An dieser Stelle anzusetzen, kann nur Vorteile bringen. Der eigene Sender steht ohnehin unter ständiger Beobachtung durch Dritte. Ob das andere

Sender sind, die Hörer, die Landesmedienanstalt oder der Verband der Kirchen, spielt keine Rolle. War ein Beitrag oder eine Moderation schlecht, gibt das Minuspunkte für den Sender. Nicht der Redakteur oder Moderator wird dafür verantwortlich gemacht, sondern der Sender. Umgekehrt gilt dies natürlich auch für besonders gute Beiträge, aber leider setzen sich bei den Menschen eher die schlechten Dinge fest. Hörerbeschwerden landen auch schon mal beim obersten Chef: beim Intendanten oder dem Programmchef, aber die wenigsten Hörer besitzen die Courage, sich mit ihrer (oftmals dann auch noch unsachlich formulierten) Kritik an die betreffende Person zu wenden. Mir selber ist schon passiert, daß mich mein Chef auf eine Moderation oder eine Formulierung angesprochen hat, die er selber gar nicht gehört hatte, auf die er aber eine Mail von einem Hörer bekommen hat. Typischerweise hatte dieser Hörer die Mail eben nicht an mich geschickt, obwohl er es ohne weiteres hätte tun können. Mein Chef leitete mir die Mail weiter, und ich beantwortete sie dann. Daraufhin kam von dem Hörer nichts zurück, denn mit diesem Schritt hatte er wohl nicht gerechnet (oder er war zu diesem Zeitpunkt schon kein Hörer mehr, das kann natürlich auch sein). Es handelte sich auch um eine Kleinigkeit, die nicht der Rede wert war.

Die Programmanalyse solltest Du für Dich selber aber immer machen. Du wirst wenig Zeit dafür haben, denn die meiste Zeit bist Du damit beschäftigt, für Dein Programm zu arbeiten. Deshalb wird Dir schon wenig Zeit bleiben, überhaupt Dein eigenes Programm zu hören. Morgens beim Aufstehen vielleicht oder nachmittags oder abends, wenn Du zu Hause bist. Vorausgesetzt, Du kannst es dann noch ertragen. Immerhin hast Du die Musik, die Dir jetzt entgegenfönt, heute schon drei oder vier Mal gehört. Was als nächstes gesagt wird, weißt Du auch im Groben, denn Du warst ja auf den Konferenzen und hast mitbekommen, was für heute abend geplant ist. Außerdem will man sich in seiner Freizeit ja auch nicht nur mit der Arbeit beschäftigen. Das kann ich alles sehr gut verstehen. Und doch ist es wichtig, ab und zu den eigenen Sender zu hören – zumal das in der Regel auch der Sender sein sollte, den Du selbst auch am ehesten hören würdest. Du solltest schon wissen, was passiert, mußt Beiträge, Interviews oder Moderationen gehört haben, um mitreden zu können. Nur, wenn Du mitreden kannst, machst Du Dich selbst zu einem Bestandteil des Senders. Wer nur danebensteht, weil er nicht weiß, worum es geht, hat verloren. Das ist hart, aber es ist so. Das alles heißt nicht, daß Du jeden Tag stundenlang gezielt nur Deinen eigenen Sender hörst und auswendig lernst, was wann kam und wie es war. Aber höre Deinen Sender, nach Möglichkeit jeden Tag. Auch, wenn es nur für kurze Zeit ist.

Verliere dabei nie aus den Augen und Ohren, was sich bei den anderen tut. Höre Sender, die Dich interessieren und Sender, die Dich gar nicht interessieren. Es kann auch spannend sein, mal eine Stunde lang einem Schlagerprogramm zuzuhören. Das erfordert natürlich Durchhaltevermögen und starke Nerven. Andererseits wirst Du Dich unweigerlich dieser Musik öffnen und zumindest eine Ahnung in diesem Bereich bekommen. Ob es Dir jemals nutzt, ist fraglich. Aber schaden wird es Dir in keinem Fall. Außerdem haben Schlagerprogramme oft regionalbezogene Beiträge, die journalistisch ausgesprochen gut aufbereitet sind. Letztens habe ich beim Durchzappen bei SR 3, dem Schlagerprogramm des Saarländischen Rundfunks, einen ziemlich langen Beitrag über die Heinz Becker-DVD gehört und mir die DVD daraufhin zugelegt. Bei einem jungen Programm wäre ein solcher Beitrag nie gelaufen. Du wirst Dir bei einem Schlagerprogramm natürlich keine Tricks für Dein eigenes Programm abgucken können. Die Art, wie bei Schlagersendern moderiert und gefahren wird, wäre für jedes Mainstreamprogramm das Aus, aber es erweitert den Horizont ungemein. Und manchmal stößt man auch dort wirklich auf musikalische Perlen. In meinem CD-Regal stehen eine Menge CDs, die ich nur gekauft habe, weil ich sie bei FM4 oder DeutschlandRadio Kultur gehört habe. Wirklich geiles Zeug, das niemals bei einem „normalen" Mainstream-Sender laufen würde.

Es kann genauso spannend sein, in die private oder öffentlich-rechtliche Konkurrenz reinzuhören. Die werden zwar in jedem Fall viel bringen, das Dir persönlich gar nicht gefällt oder das man Dir in Deinem Praktikum anders beigebracht hat oder beibringen würde. Es ist aber auch nicht alles schlecht. Wenn während des Werbeblocks die Ansage kommt „Und jetzt noch 40 Sekunden bis zur Musik", so wird sie bei vielen Radiomenschen Kontroverse hervorrufen, aber sie war bei einer bestimmten Sorte von Sendern eine zeitlang in Mode und hat wohl auch ganz gut funktioniert. Die meisten Sender definieren sich dagegen über Musik und behaupten, neue Musiktitel als erste gespielt zu haben. „Zuerst bei Radio XY, dann in den Charts" oder „Die neue von Timbaland, zuerst gehört bei Radio XY" oder „Immer die neuesten Hits, einfach Radio XY" sollen Musikkompetenz vermitteln. Dem aufmerksamen Radiohörer und -macher wird aber auffallen, daß die neue von Timbaland seit Wochen schon bei anderen Sendern läuft. Einem unaufmerksamen Hörer wird das nicht auffallen, und er wird es schlichtweg glauben: „Toll, bei Radio XY kriege ich immer die neuesten Hits, den Sender höre ich auch weiterhin." Dir als Macher kann das egal sein. Und doch ist es für Dich wichtig zu wissen, was tatsächlich auf dem Markt passiert. Es kann genauso gut sein, daß die Konkurrenz versucht, Deinen Sender anzugreifen. Das einfachste Beispiel dafür ist die Verulkung des Claims. So was gab's vor vielen Jahren mal bei DASDING und bigFM. Beide sind Konkurrenten und teilen sich in etwa dasselbe Sendegebiet, buhlen also um die Gunst derselben Hörer. bigFM hatte damals den Claim „33% mehr Musik" in Anspielung an den hohen Wortanteil bei DASDING. DASDING wiederum hatte den Markt aber schon lange beobachtet und wurde auf diesen Claim aufmerksam. Kurze Zeit nach Einführung des Claims bei bigFM setzte DASDING auf den Claim „33% mehr Hirn". Diese Kampagne zielte natürlich darauf ab, bigFM als anspruchslosen Dudelfunk zu degradieren, während sich DASDING auf seinen öffentlich-rechtlichen Anspruch berief.

Ein anderes Beispiel, ein paar Jahre später bei zwei Sendern, von denen ich nicht mehr weiß, welche es waren: Sender A war öffentlich-rechtlich und hatte vor kurzem eine Höreraktion gestartet. Es ging dabei um Liedertexte, bei denen man immer etwas anderes versteht als das, was gesungen wurde. Die Aktion lief keine Woche, da startete Sender B (privat) exakt dieselbe Aktion, nur mit anderem Namen und insgesamt etwas flotter aufbereitet. Sender B schaffte es, innerhalb weniger Tage die ganze Stadt mit Werbeplakaten für diese Aktion vollzukleben, packte seine Internetseite voll damit und brachte im Programm fast nichts anderes mehr als diese Aktion. Zudem sah man in den lokalen Tageszeitungen und Käseblättchen Werbeanzeigen für Sender B und diese Aktion. Der Effekt: die außenstehenden Hörer nahmen Sender B wahr, assoziierten Sender B mit dieser Aktion und waren der Überzeugung, daß die Idee eine von Sender B ist. Sender A dagegen hatte das Nachsehen, denn aufgrund der öffentlich-rechtlichen Struktur war es hier nicht so einfach, Geld in die Hand zu nehmen, Anzeigen zu schalten und Werbeplakate aufhängen zu lassen. Infolge dessen war es für Sen-

der A auch nicht so einfach, mal eben eine Werbeaktion gegen Sender B zu starten. Sender A war in der ungünstigen Situation, den Hörern klarzumachen, daß die Idee eine von Sender A war. Hätte Sender B nicht die Machenschaften von Sender A beobachtet, hätte es diesen Angriff von Sender B wohl gar nicht gegeben.
Noch ein Beispiel in einem anderen Bundesland, die Ausgangssituation ist die gleiche. Passiert Ende der 90er in Hessen. Planet Radio war privat, der direkte Konkurrent hr XXL dagegen öffentlich-rechtlich. XXL hatte vor langer Zeit schon eine Party angekündigt. Sie fand in einer großen Disco oder Turnhalle statt, Moderatoren des Senders legten auf, viele Fans des Programms erschienen zur Party. Kurz bevor es losging, kam ein Promo-Team von Planet Radio vorgefahren, stellte einen großen Transporter vor das Gebäude und hing daran ein Transparent auf. Es war ein sehr großer Werbebanner für Planet Radio. Darauf war in etwa folgendes zu lesen: „Viel Spaß auf der Party! Und danach wieder Planet Radio – maximum music!“ Die Jungs von Planet Radio hätten nicht vom Vorhaben von XXL erfahren, wenn Planet Radio XXL nicht gehört hätte. Oder umgekehrt: Diese Kampagne konnte nur deshalb stattfinden, weil Planet Radio XXL für sich kontrolliert hatte und wußte, was XXL wann und wo vorhatte, nämlich die Party. Übrigens sind es nicht immer die Öffentlich-Rechtlichen, die den Kürzeren ziehen, wie man am Beispiel von DASDING und bigFM sieht.

Man mag solcherlei Werbe- oder Angriffsaktionen einschätzen wie man will. Der Druck wächst, und jeder muß sich etwas einfallen lassen, um Hörer zu gewinnen. Selbst wenn Planet Radio an diesem Abend keinen einzigen neuen Hörer dazugewonnen hat, so sind sie bei den Besuchern der Party wieder präsent geworden. Der Angriff von DASDING gegen bigFM im ersten Beispiel ist zwar etwas harmloser, hat die Programmchefs von bigFM allerdings auch zum Nachdenken angeregt, die ihren Claim übrigens dann auf ein aussageloses „33% mehr...“ reduziert haben.
Der Markt ist hart umkämpft, und die Zahl der empfangbaren Sender steigt. Die Zeiten, in denen die öffentlich-rechtlichen Sender eine Monopolstellung hatten, sind seit Mitte der 80er Jahre vorbei. Dadurch wird es immer wichtiger, auf dem Laufenden zu bleiben und sich umzuschauen, was andere machen. Man muß aber auch dazu sagen, daß ein guter Programmdirektor in erster Line agiert statt nur auf die Kon-

kurrenz zu reagieren. Trotzdem erweitert es den eigenen Radiohorizont, sich auch mal an fremde Sender heranzutrauen und ungewohnte Programme zu hören. Aus anderen Bundesländern, aus anderen Ländern, aus anderen Kontinenten. Ich finde es ganz spannend, ab und zu mal FM4 zu hören, das Jugendkulturprogramm vom ORF oder Virus, das Pendant vom SRF. Die spielen etwas andere Musik als das, was bei uns meistens läuft, sie haben eine andere Art der Moderation und manchmal echt gute Ideen. Auch gute Moderationsideen, von denen ich mich gerne inspirieren lasse. Auch sehr schön ist Radio 1 von der BBC. Die machen viel mit Doppel-Moderation, was eine simple Radiosendung fast schon zur Show aufstuft. Voraussetzung dafür ist allerdings, daß man als Programmchef den beiden Showmastern dann auch den nötigen Gestaltungsspielraum läßt. Bei irgendeinem anderen Sender, den ich mal in Schottland gehört habe, war es üblich, daß der Service-Break versetzt kam. Nach den Nachrichten ging es sofort in die Musik. Kein Wetterbericht, keine Verkehrsmeldungen, kein Show-Opener, keine Begrüßungsmoderation. Das kam alles erst nach dem ersten Lied. Hier in Deutschland hält man sich immer noch an die uralte Tradition, daß der Service-Break an die Nachrichten anschließt und das erste Lied der Stunde erst danach kommt. Warum das so ist und sich hierzulande niemand traut, dieses Muster zu durchbrechen, weiß ich nicht. Vermutlich, weil man das „immer schon so gemacht“ hat. Ob das, was andere Sender machen, immer zwangsläufig alles besser ist, ist eine andere Frage. Vor ein paar Wochen war ich im Urlaub in Frankreich und habe versucht, französisches Radio zu hören. Es ist mir nie länger als zehn Minuten gelungen. Auch schwedische und finnische Sender haben mich noch nicht vom Stuhl gehauen. Aber interessanter als die heimischen Wald- und Wiesen-Sender zu hören, sind sie allemal. Und wenn man nur die Quintessenz daraus mitnimmt, daß man es so nicht machen will.

Der Radiomarkt ist klein. Jeder kennt jeden, und jeder hört und sieht jeden. Je länger Du beim Radio bist, desto größer wird Dein Bewußtsein für das, was sich links und rechts neben Deinem Schreibtisch so tut. Moderatoren werden hin- und hergeschoben, Programmchefs und Geschäftsführer kommen und gehen, Sendeschemata werden auf den Kopf gestellt und Räder neu erfunden. Zwar gibt es bei nahezu jedem großen Sender Urgesteine, die schon immer da waren. Trotzdem ist es interessant zu beobachten, was aus Kollegen wird. Einige verabschieden sich ins Fernsehen, andere wechseln den Sender und steigen auf oder ab. Wieder andere verschwinden ins Nichts. Je mehr Du über andere Radio-Persönlichkeiten Bescheid weißt, desto besser kannst Du selbst agieren. Auch andere machen Fehler. Selbst, wenn sie schon seit 30 Jahren im Geschäft sind, machen sie Fehler. Lerne aus diesen Fehlern. Lerne aus Deinen eigenen und aus den Fehlern anderer. Lerne auch aus Fehlern, die andere Sender in der Gestaltung ihres Programms machen. Je intensiver Du den Radiomarkt beobachtest, desto mehr werden Dir Stärken und Schwächen auffallen. Mache nie die Fehler, die andere schon gemacht haben und orientiere Dich an dem, was bei anderen gut läuft. Eine Idee, die vor fünf oder sechs Jahren bei Radio A funktioniert hat, kann heute auch bei Radio B funktionieren. Lieber gut kopiert als schlecht selbst gemacht. Wichtig ist nur, daß die Kopie nicht plump eins zu eins ist, sondern daß Variation hineinfließt. Laß Dich nicht davon nervös machen, daß andere Sender Dir zuhören. Wenn Du Moderator bist, hören Dir nicht nur normale Hörer zu, sondern durchaus auch Programmchefs anderer Sender. Es kommt vor, daß man bei anderen auf dem Schirm ist und andere einen kennen, obwohl man die anderen nicht kennt. „Wie war Ihr Name? Gensert? Ja, ja, schon mal gehört. Sie waren doch mal da-und-da und haben doch das-und-das gemacht." – das passiert. Der Gedanke daran kann einen beunruhigen, aber letztlich ist es ganz einfach: Mach Deine Arbeit anständig, dann hat auch niemand einen Grund, Dich schlecht zu finden. Das sagt sich so leicht, ich weiß, aber das beste ist, sich nicht durch andere verunsichern zu lassen.

Vom praktischen Nutzwert des Abhörens der Feindsender ganz abgesehen, kann es auch äußerst entspannend und angenehm sein, auch einmal ein anderes Programm zu hören. Der eigene Sender ist nicht das Maß aller Dinge. Nie. Gerade deshalb ist es interessant, zu erfahren, wie es noch gehen kann, wie man Radio auch machen kann. Andere Musikauswahl, andere Jingles, andere Stimmen, andere „Macken" können sehr abwechslungs- und lehrreich sein. Einige meiner Kollegen haben vor Jahren viel Geld für Satellitenanlagen ausgegeben, mit denen sie 200 Radiosender empfangen können. Niemand wird all diese Sender hören. Aber je mehr Sender Du regelmäßig hörst, desto offener wirst Du selbst für andere Ideen, Drehs, Gags, Musik, Jingles. Den Programmgestaltern aus den eigenen Reihen fehlt oft die Zeit, sich andere

Sender anzuhören, weil sie viel zu sehr mit dem eigenen beschäftigt sind. Um so wichtiger ist es, sich selbst auf diese Weise fortzubilden. Zu wissen, was andere tun und lassen, ist immer eine Fortbildung, eine Erweiterung des eigenen Horizonts und zeugt von Neugierde und Interesse am Medium. Ein netter Nebeneffekt ist, die Kollegen und Vorgesetzten damit zu beeindrucken. Damit ist allerdings noch nicht gesagt, daß diejenigen, die in Deinem Sender etwas zu entscheiden haben, auch immer offen für etwas anderes sind, ganz im Gegenteil. Trotzdem: Zu erfahren, wie und was andere machen, kann den eigenen Horizont nur erweitern.

Der Tag und damit die neue Woche haben gerade erst angefangen. Das Neonlicht strahlt mit konstanter Penetranz den hinteren Teil des Redaktionsraumes aus. Die meisten stehen schon im Halbkreis, lehnen sich an die Wände oder die benachbarten Schreibtische. Auf dem langen Tisch in der Mitte liegen Zeitungen und Zeitschriften. Nicola steht davor und blättert gelangweilt im „Focus". Gegenüber von ihr steht Christoph und hält einen braunen Plastikbecher in der Hand. Zum Kaffeeautomaten zu gehen, ist halt doch bequemer, als den Kaffee jeden Morgen neu aufzusetzen. Die Konferenz sollte eigentlich schon längst angefangen haben, aber wir warten ja gerne. Viertel nach neun ist es inzwischen, und wir gähnen. Es ist eine reine Steh-Konferenz mit strengem Hinsetzverbot. Das Stehen ermüdet schneller, was dazu führen soll, daß niemand diese Besprechung unnötig in die Länge zieht. An sich keine schlechte Idee, haben wir uns von SWF3 abgeguckt (die spätere Programmleitung von SWR3 hat dieses Vorgehen beibehalten).
Aus dem anderen Ende des Raums tönt es „Konferenz", und ein Fußgetrampel setzt ein. Endlich. Björn hat Layout diese Woche. Schnellen Schrittes schreitet er in unsere Mitte, um ihn herum stellen sich der Chef und sein Stellvertreter – stets mit der grün-blau-karierten Kaffeetasse in der Hand. Manchmal frage ich mich, ob diese Tasse mit den grünen und blauen Quadraten eigentlich die einzige Kaffeetasse der Welt ist und ob jemals ein anderer außer meinem Chef daraus getrunken hat. Aber wenn ich es mir so recht überlege, will ich es eigentlich lieber doch nicht wissen.
Die Konferenz verläuft wie immer. Es gibt eine feste Reihenfolge, nach der diese Konferenz abläuft: Zuerst stellen die Nachrichten kurz die Themen des Morgens vor, dann der Reihe nach alle Sendungen, begin-

nend mit der Frühsendung. Danach erzählt die Musikredaktion ihre Neuigkeiten, die Technik, die Promo, die Programmleitung. Einer der letzten Punkte ist die Sammlung der Themenvorschläge. Irgend jemand wedelt mit einem Blatt Papier in der Luft und erzählt von der Meldung einer Nachrichtenagentur. Darin geht es um einen Typen aus Niedersachsen, der seit 40 Jahren Zahnpastatuben sammelt. Seine Sammlung umfaßt inzwischen mehrere tausend Tuben aus aller Welt. Björn nickt zufrieden. Seinem Gesicht kann ich ablesen, daß er sich bereits einen Dreh überlegt, was man aus dem Thema machen kann. Ein schönes Thema für die Frühsendung.
Noch bevor der Zahnpastensammler thematisch weiter vertieft wird, schreitet Achim ein.
„Das ist alt."
Alle schauen ihn an.
„Stimmt", sage ich.
Die Gesichter drehen sich zu mir.
„Das habe ich am Freitag schon bei den Einsern gehört, und am Samstag kam es bei Sender A."
„Ich habe es bei Sender B gehört", sagt Achim.
Kurzes Innehalten in der Runde.
Björn nimmt die Meldung und überfliegt sie kurz. „Ja und?", sagt er dann und blickt wieder auf. Seine Stirn liegt in Falten. „Macht doch nichts. Das ist doch ein zeitloses Thema, das können wir doch heute nachmittag oder morgen früh machen."
„Schönes Thema für die Morgensendung, klar. Aber es ist alt", wiederholt Achim.
Er hat recht.
Eine Diskussion entsteht. Björn und derjenige, der das Thema vorgeschlagen hatte, halten daran fest. Klar, ein „buntes" Thema, gerade für die Frühsendung thematisch ideal, und ein Beitragsplatz mehr gefüllt. Achim und ich bestätigen, dasselbe Thema bereits einige Tage zuvor unabhängig voneinander auf verschiedenen anderen Sendern gehört zu haben. Da kommt es natürlich schlecht, wenn alle das Thema hatten, das Thema also „durch" ist und wir dann drei Tage später nachziehen würden. Unsere Konkurrenz würde sich kaputtlachen. Und ein Teil unserer Hörer, die dasselbe Thema schon bei anderen Sendern gehört haben, wohl auch.

Wir entschließen uns dazu, das Thema nicht zu bringen. Schade, denn es hat durchaus Potential. Sei es für ein Interview oder sogar einen Gag. Es nützt alles nichts, das Thema wird nicht umgesetzt. Hätten wir es früher gesehen, hätten wir es machen können. Offenbar kam es aber mindestens schon letzten Donnerstag über die Agenturen, wenn es am Freitag bei SWR1 lief. Also haben wir es am Donnerstag übersehen.

Natürlich ist es ärgerlich, wenn wegen eines Versäumnisses ein gutes Thema abschmiert, aber das kann passieren. Peinlich wäre es gewesen, wenn wir das Thema umgesetzt hätten, obwohl es bei mindestens drei anderen Sendern schon gelaufen ist. Achim und ich haben den Einwand auch nicht gebracht, um unseren Kollegen dadurch zu ärgern. Umgekehrt ist es mir auch schon passiert, daß ich ein Thema vorgeschlagen habe, das andere schon gebracht haben, ohne, daß ich davon wußte. Es ist also auch dem eigenen Programm dienlich, andere zu beobachten. Wie ich eingangs schon erwähnte, kann das auch Eindruck machen. Übrigens gilt die Problematik von versäumten Themen auch für interessante Dinge, die in der Zeitung stehen. Es gibt Sender, denen das egal ist und die auf Themen aufspringen, die schon in der Zeitung stehen oder standen. Journalistisch sauber ist es natürlich nicht, und die alte SWF3-Schule besagt, daß ein Thema schon durch ist, wenn die Zeitung es hat.

Irgendwann wird die Zeit kommen, sich nach einem anderen Sender umzusehen. Je besser Du bis dahin über die anderen Bescheid weißt, desto leichter wird Dir die Auswahl fallen. Hast Du Dir ein paar Sender ausgeguckt, bei denen Du Dich bewerben willst, solltest Du die entsprechenden Programme vorher gehört haben. Dank DSL ist es heute kein Problem mehr, exotische Programme zu hören. Allein aus Gründen der eigenen Weiterentwicklung solltest Du viele verschiedene Sender hören. Ja, auch Schlagerprogramme. Ja, auch Kulturprogramme. Ja, auch öffentlich-rechtliche und private Pop- und Jugendprogramme. Höre viele Sender, achte auf Gewinnspiele, Höreraktionen, Beiträge, Themen, Moderationen, Musikauswahl. Schreibe gute Ideen auf und sammele sie. Mit den Jahren kommt einiges an Ideen zusammen, die man wunderbar irgendwann bei irgendeinem Sender einbringen kann. Je vielfältiger die Sender, die Du hörst, desto vielfältiger wird Dein

Ideenpool. Man muß ja nicht gleich alles 1:1 kopieren, was andere machen. Man kann auch Ideen von anderen selbst weiterspinnen und etwas Eigenes daraus machen.

Hin und wieder fragen mich Leute, warum eigentlich so viele Sender so ähnlich klingen oder alle dasselbe machen und dieselbe Musik spielen. Auch das hat mit Konkurrenzanalyse zu tun, geht aber in eine etwas andere Richtung. Zur Erklärung ein kurzer Exkurs:
In den 80ern, als sich die Privatsender etablierten, war öffentlich-rechtliches Radio (mit ganz wenigen Ausnahmen) ziemlich uncool und angestaubt. Die Programme hatten noch einen sehr behördlichen Charakter, und es ging weniger um Unterhaltung, sondern mehr um nüchterne Information. Dann fingen die ersten Bundesländer an, ihre Mediengesetze zu lockern und ließen Privatsender zu. Und das nicht etwa, weil die öffentlich-rechtlichen alle so schnarchig waren, sondern weil die Privaten eben ganz normale Wirtschaftsunternehmen waren (und immer noch sind) und demnach Gewerbesteuern versprachen, Arbeitsplätze schufen und die lokale Wirtschaft antrieben. Privatsender schossen dann wie Pilze aus dem Boden: Antenne Bayern, R.SH, ffn, FFH, Regenbogen und wie sie alle hießen. Die hatten es vergleichsweise leicht, sich gegenüber den Öffentlich-Rechtlichen zu behaupten, denn sie hatten ja jahrelang Zeit, zu beobachten, was die so trieben. Sie starteten Umfragen (sog. „Researches“) und stellten fest, was den Radiohörern alles nicht gefiel und fingen an, es anders zu machen. Die Musik wurde getestet, große Hits liefen öfter, die Nachrichten kamen bei einigen plötzlich nicht mehr zur vollen Stunde, sondern fünf Minuten früher, es gab Jingles für die Verkehrsmeldungen und für das Wetter, man startete Gewinnspiele und Höreraktionen, man fing an, die Hörer ins Programm einzubinden, das Fax und kurz später das Internet wurden entdeckt, es gab plötzlich Plakatwerbung für die Sender und jede Menge Hörernähe. Das kam natürlich an, und die öffentlich-rechtlichen Programme verloren schlagartig Tausende von Hörern. Die Monopolstellung war gebrochen. Was also taten die Öffentlich-Rechtlichen? Sie schauten sich an, was ihre neuen Konkurrenten anders machten und dachten sich: „Was bei denen funktioniert, das funktioniert bei uns auch“, und fingen ebenfalls an, ihre Musik zu testen, den Moderatoren die Auswahl der Musik zu entziehen, Gewinnspiele einzuführen, Claims zu kopieren und es den Privaten gleichzutun. Auch das

funktionierte, und man kann sagen, daß dieser Trend bis heute anhält. Der Unterschied ist: Ein Privatsender ist eine Firma wie jede andere und aufs Geldverdienen angewiesen. Deshalb richten Private ihr Programm so aus, daß sie mit möglichst wenig Aufwand möglichst viel Geld verdienen. Und dafür hat sich die Strategie Hits, Hits, Hits ganz gut bewährt. Ein Öffentlich-Rechtlicher dagegen ist nicht in dem Maße aufs Geschäft angewiesen wie ein Privater und kann es sich deshalb erlauben, auch Dinge zu bringen, die ein Privater nicht bringen würde. Den Mut zu diesem Schritt haben aber nur ganz wenige – obwohl sie ihn haben müßten, denn die Öffentlich-Rechtlichen haben einen Programmauftrag, der sich von dem der Privaten ganz grundlegend unterscheidet.
Was uns die Lektion mit dem Auftreten der Privatsender aber gelehrt hat: Man kann nicht einfach nur vor sich hinsenden. Das geht nur so lange gut, wie man keine Konkurrenz zu befürchten hat. In Nordrhein-Westfalen gibt es bis heute ein Paradebeispiel für langweiliges Ignorier-Radio. Wer schon einmal die Popnacht vom WDR gehört und überlebt hat, weiß, wovon ich spreche (sorry, lieber WDR, ist nicht böse gemeint, aber ihr wißt selbst am besten, daß eure Popnacht Luft nach oben hat).

Nein, als visionärer Senderchef ist man gezwungen, Augen und Ohren offenzuhalten und gegebenenfalls zu reagieren. Das heißt nicht, daß man sofort in Panik verfallen soll, wenn die Konkurrenz etwas neues macht und damit Erfolg hat. Und das, was ein anderer Sender macht, muß nicht per se schlecht sein. Wobei man, wie weiter oben schon erwähnt, dazu sagen muß, daß man selber auch nicht immer so kann, wie man möchte und derjenige, der etwas zu entscheiden hat (meist der Programmchef), auch nicht.

12 Der Abschied

Wo ein Anfang ist, ist auch irgendwann einmal ein Ende. Wie sich dieses gestaltet, hängt natürlich zum Großteil von der Vorgeschichte ab. Wenn Du selber für Dich den Entschluß faßt, den Sender zu verlassen, dann wirst Du dafür Gründe haben. Vielleicht ist Dein Praktikum beendet. Vielleicht arbeitest Du aber auch inzwischen bei dem Sender und willst nun zu einem anderen wechseln. Oder Du verläßt das Radio ganz und entscheidest Dich für einen anderen Beruf. Wenn Du beim Radio Karriere machen willst, löse Dich von dem Gedanken, bis ans Ende Deiner Tage an ein und demselben Ort zu sein. Für Viele steht alle paar Jahre ein Wechsel an. Zumindest in den meisten Fällen, und am Anfang sowieso. Nach meiner Beobachtung spürt man, wenn es Zeit ist, zu gehen. Und es ist besser, man macht den Schritt selber als abzuwarten, bis man „gegangen wird".

Vielleicht triffst Du Deine Entscheidung, weil Dir ein anderer Sender ein Angebot gemacht hat. Oder aber es hat Ärger gegeben und Du willst einen Schlußstrich ziehen. Oder innerhalb Deines Senders gibt oder gab es Veränderungen, die Du nicht mitverantworten kannst oder willst. Oder Du kommst in Deinem jetzigen Sender nicht weiter. Was immer der Grund ist: Ziehe es durch. Sobald Dir Zweifel kommen, schaue Dich nach anderen Sendern um. Das bedeutet noch nicht, gleich alles hinzuschmeißen, aber Augen und Ohren offenzuhalten, kann nicht schaden. Wenn Du in Deiner Arbeit bei Deinem Sender keinen Sinn mehr siehst, wenn Du innerlich den Wunsch verspürst, abzuhauen, tu es. Mache nicht den Fehler, den ich mehrmals gemacht habe und friß den Frust in Dich hinein. Ich weiß, wovon ich spreche, und wenn ich heute noch einmal die Wahl hätte, würde ich vieles anders machen. Natürlich muß jeder seine eigenen Erfahrungen machen, aber es gibt solche und solche. Und jene, von denen hier die Rede ist, sind nie durch eine Schnapsidee entstanden. Wenn sich ein Mitarbeiter entscheidet, den Sender zu verlassen, so liegt dem eine langwierige und gründliche Überlegung zugrunde, denn schließlich verläßt man damit ja auch gewissermaßen ein gemachtes Nest. Es gibt Situationen, in denen Du merkst, daß Du das, was hier gemacht wird, nicht weitermachen

willst. Es gibt Situationen, in denen Dir alles auf die Nerven geht und Du keinen Sinn mehr in Deiner Arbeit siehst. Kaum, daß Dir auch nur ansatzweise solche Gedanken kommen, halte nach einer neuen Herausforderung Ausschau. Zumal man mit der Zeit auch mehr und mehr Kontakte knüpft und Leute kennenlernt und die interessantesten Jobs ohnehin „unter der Hand" vergeben werden.
Als Anfänger landet man meistens bei einem Jugendsender, bei dem man naturgemäß nicht ewig bleiben wird. Ich kenne Moderatoren und Redakteure, die mit über 40 noch beim Jugendprogramm waren und Radio für 16jährige gemacht haben. Das ist armselig. Dein erstes Ziel sollte es zwar sein, überhaupt in einen Radiosender zu kommen, Dein zweites Ziel sollte sein, bei dem Sender, bei dem Du ein Praktikum bekommst, übernommen zu werden, aber Dein drittes Ziel sollte ein anderes sein. Welches, das mußt Du für Dich selbst entscheiden, und es kann Jahre dauern, das herauszufinden. Zumindest wirst Du nicht ewig bei Deinem Einstiegssender bleiben, denn Du wirst irgendwann das Bedürfnis der Weiterentwicklung haben, und da liegt es auf der Hand, irgendwann zu gehen.

Schau Dich nach Stellenanzeigen um. Du findest welche im Internet in der „Radioszene" (www.radioszene.de) oder auf anderen Seiten, die sich mit Radio beschäftigen, z. B. „Radionews" (www.radionews.de). Öffentlich-Rechtliche Sender haben Ausschreibungen für Beschäftigungen in fester oder freier Mitarbeit meistens auf ihren Internetseiten. Im Intranet dieser Sender stehen auch oft rein interne Ausschreibungen. Die kommen natürlich nur in Frage, wenn man schon bei dem Sender arbeitet. Aber ein Wechsel innerhalb des Hauses ist nicht das Schlechteste, zumal damit meistens erstmal kein Fernumzug verbunden ist. Wenn Du den Radiomarkt genau beobachtest, wirst Du schnell herausbekommen, bei welchem Sender sich eine Bewerbung lohnt und bei welchem nicht. Wer gerade die Anzahl seiner Mitarbeiter halbiert hat, um Kosten zu sparen, wird kaum jemand Neues einstellen. Höre Dich vorsichtig bei Kollegen um. Manche arbeiten nicht nur bei einem Sender, sondern zusätzlich noch für andere; ein Vorteil einer Freien Mitarbeit. Erkundige Dich, bei welchen Sendern Deine Kollegen arbeiten und wie es da abläuft. Über jemanden in einen neuen Sender hineinzugelangen, ist immer einfacher, als als völliger Neuling. Und wenn alles nichts hilft, lege Dir eine Liste an. Schreib zehn Sender auf, bei denen

Du gerne arbeiten würdest – egal, was das für welche sind. Und dann schicke an jeden dieser Sender eine eigene Bewerbung. Einfach so, ins Blaue hinein. Auf die Art bin ich auch schon an Jobs gekommen, manchmal hat man eben auch selber Glück, nicht nur die anderen.
Bevor Du Dich bei einem Sender bewirbst oder vorstellst, höre den Sender. Diesen Tip hatte ich Dir am Schluß des vorigen Kapitels schon gegeben. Achte auf Inhalte. Wie werden sie verkauft? Wie klingen Jingles und Moderationen? Welche Aktionen (größere Gewinnspiele etc.) laufen gerade? Versuche, Dir die Namen von mindestens drei Moderatoren einzuprägen. Merke Dir den Namen der Frühsendung. Diese Dinge können Dir bei einem Vorstellungsgespräch helfen, wenn Du danach gefragt wirst. Wenn Du zu programminhaltlichen Dingen gefragt wirst, dann zu diesen. Ich wurde in einem Vorstellungsgespräch mal danach gefragt und wußte keine Antworten darauf. Peinlich, peinlich, aber eigentlich wollte ich sowieso nicht dorthin.

Informiere die HoLi („Honorare und Lizenzen", Finanzabteilung in öffentlich-rechtlichen Sendern) bzw. die Personalabteilung, damit Du Deine Papiere möglichst schnell bekommst. Organisiere alles andere lange vor Deinem letzten Tag, damit Du nicht mehr oder nur noch kurz für die Erledigung von Formalitäten zurückkommen mußt. Dazu zählen das Abgeben von Mitarbeiterausweis und Schlüsseln oder anderen Dingen, die Dir der Sender zur Verfügung gestellt hat, und das Abholen von Unterlagen, die Dir zustehen. Informiere die EDV, damit Deine sendereigene eMail-Adresse auf eine andere umgeleitet oder ganz aufgehoben wird.
Innerhalb der Redaktion kennst Du die Arbeitsabläufe und kannst selbst am besten einschätzen, welcher Zeitpunkt der beste ist. Die meisten meiner Kollegen haben am Ende der gemeinsamen Redaktionskonferenz Bescheid gesagt. Sie haben das fast immer an einem Freitag getan und diesen Tag zu ihrem letzten Arbeitstag erklärt. Manchmal wußten die Chefs gar nichts davon und fielen aus allen Wolken. Man muß aber dazu sagen, daß es nicht gerade von gutem Stil zeugt, völlig überraschend zu sagen: „Übrigens: Heute ist mein letzter Tag." Klar, wenn es jahrelang Ärger gab und man sonst keine Möglichkeit hat, es dem Chef heimzuzahlen, kann man das natürlich bringen. Fair ist es nicht, und deshalb sollte man sich gut überlegen, ob man dem Chef reinen Wein eingießt oder ihn ins offene Messer laufen läßt. Vielleicht

will man später noch mal in dem Sender arbeiten. Außerdem ist die Radiobranche klein, und die Wahrscheinlichkeit, sich irgendwann noch einmal über den Weg zu laufen, ziemlich groß.

Was auch immer der Grund war, zu gehen: Verlange ein Abschlußzeugnis. Auch als Freier Mitarbeiter steht Dir eines zu, mindestens aber eine „Bestätigung“. Eine Bestätigung ist kein qualifiziertes Zeugnis, sondern lediglich ein zeugnisähnliches Dokument, aus dem hervorgeht, von wann bis wann Du in welchem Bereich für den Sender gearbeitet hast. Eine fachliche oder persönliche Beurteilung ist dahin meistens nicht enthalten. Ein qualifiziertes Zeugnis steht streng genommen nur Festangestellten zu. Für Zeugnisse gelten Bestimmungen, die überall gleich sind. Sie regeln, wer ein Zeugnis ausstellen und unterschreiben darf und was in ein Zeugnis gehört und was nicht. Und nicht alles, was sich auf den ersten Blick gut liest, ist auch so gemeint. Über die Geheimsprache von Zeugnissen gibt es ganze Bücher. Deshalb kann ich hier nicht auf Zeugnisse und ihre Gestaltung eingehen. Es macht sich aber ganz gut, wenn Deine Bewerbungsunterlagen vollständig sind und Du zu jedem Sender, bei dem Du warst, auch eine Urkunde hast. Oder umgekehrt ausgedrückt: Wenn aus Deinem Lebenslauf hervorgeht, daß Du längere Zeit bei einem Sender warst, es darüber kein Zeugnis gibt, dann frage ich mich als potentieller neuer Chef natürlich schon, warum nicht.

Wenn die Programmleitung von Deiner Entscheidung vor Deinem letzten Arbeitstag wußte, bitte sie, Dir das Zeugnis am letzten Tag auszuhändigen. Über Wortlaut und Inhalt solltest Du Dir vorher mit der Programmleitung einig werden, um Streitigkeiten oder Meinungsverschiedenheiten am letzten Tag zu vermeiden. Natürlich wollen Deine Chefs Gründe für Deine Entscheidung wissen, und es interessiert sie auch, was Du jetzt als nächstes machen wirst. Du mußt ihnen keine Auskunft darüber geben, wenn Du das nicht willst. Bitte sie um die Ausstellung eines Zeugnisses. Wenn sie es heute nicht mehr schaffen, setze ihnen eine realistische Frist (z. B. innerhalb eines Monats) und vereinbare die Abholung. Es soll Dir helfen, in Deinem Werdegang voranzukommen.

Schreibe nach der Konferenz eine Rundmail an alle und mache deutlich, daß heute Dein letzter Tag ist und Du ab sofort nicht mehr für den

Sender arbeitest. Wenn Dich die Arbeit in diesem Sender genervt hat und Du froh bist, endlich da raus zu sein, kannst Du die Mail neutral halten und Dich auf das Wesentliche beschränken:
Liebe Kollegen,

heute ist mein letzter Tag. Ich werde Radio XY verlassen. Ich wünsche Euch allen weiterhin viel Erfolg. Im Foyer steht ein Kuchen, den ich heute morgen mitgebracht habe. Bedient Euch!

Viele Grüße

Vorname Nachname

Eine solche Mail ist kurz und sachlich. Der Mitarbeiter erwähnt mit keinem Wort, daß er die Zeit in guter Erinnerung behält oder sein Ausscheiden bedauert, geschweige denn, wer sein neuer Arbeitgeber sein wird. Persönliche Worte machen sich meistens ganz gut, aber das hängt natürlich auch von der Stimmung ab. Wen alles ankotzt, der wird auf persönliche Bemerkungen verzichten und wohl so etwas wie oben gesehen schreiben. Oder auch gar nichts. Habe ich auch schon erlebt. Dann war jemand halt einfach weg. Von heute auf morgen. Meistens fällt das, wenn überhaupt, erst nach Wochen oder Monaten auf, weil viele „frei" arbeiten und sowieso nicht jeden Tag da sind. Wenn sich jemand heimlich, still und leise aus dem Staub macht und man das als Außenstehender mitbekommt, gerät man selber auch ins Grübeln, denn das mußte ja einen Grund haben. Was also läuft hier falsch, daß jemand ohne ein Wort zu sagen, verschwindet? Die allgemeine Beunruhigung, die sich dann im Sender breitmacht, ist durchaus nachvollziehbar. Deshalb: Wenn es nicht wirklich triftige Gründe für ein wortloses Verschwinden gibt, verabschiede Dich – selbst, wenn es nur so knapp erfolgt wie in der Mail von eben.

Hat Dir die Arbeit dagegen Spaß gemacht und Du gehst im Guten, schreibe es auch so:

Hallo zusammen,

einige von Euch wissen es bereits: Heute ist mein letzter Tag. Vier Jahre habe ich nun bei Radio XY verbracht. Vier Jahre, die ich sicher in guter Erinnerung behalten werde. Es war schön bei Euch und hat immer viel Spaß gemacht. Ich werde mich immer an interessante (lustige,...) Gespräche und Sendungen zurückerinnern. Ab sofort bin ich in XY-Stadt und werde dort bei Sender XY als Moderator (Redakteur, Techniker,...) arbeiten. Vielleicht ergibt sich ja mal die Gelegenheit zu einem Wiedersehen – ich würde mich freuen. Im Foyer steht Kuchen, den ich Euch mitgebracht habe. Bedient Euch großzügig.

Alles Gute und viele Grüße

Vorname Nachname

Was hier steht, ist glaubhaft. Je nach Situation kann man so eine allgemeine Verabschiedung natürlich noch etwas aufpeppen und z. B. einen Insider-Gag mit hineinbringen. Eine Abschiedsmail muß zwar nicht sein, ist aber üblich und informiert auch diejenigen, die an Deinem letzten Arbeitstag gar nicht im Haus sind. Einige laden in ihrer letzten Rundmail zu einer Ausstandsfeier ein. Insbesondere Mitarbeiter, die lange oder in hohen Positionen für den Sender gearbeitet haben, sollten den Kollegen einen Umtrunk spendieren. Der muß nicht riesig ausfallen. Üblich sind ein selbstgebackener Kuchen (einen zu kaufen, gilt als verpönt), Orangensaft und Sekt. Klar kann man für gute Freunde oder liebgewonnene Kollegen noch eine Party im privaten Rahmen geben. Der allgemeine Abschieds-Umtrunk findet meistens in der Redaktionsküche, im Konferenzraum oder wo sonst der „soziale Treffpunkt" ist, statt. Ob und wie man eine solche Ausstandsfeier gibt, hängt natürlich mit den Umständen des Ausscheidens zusammen. Mich hat mal ein Sender rausgeschmissen, da gab's logischerweise keinen Kuchen. Ich bin auch mal gegangen, weil ich mußte, weil der Zeitvertrag auslief, was mir sehr leid tat. Dafür gab's dann selbstgemachten Käsekuchen und Frankfurter Kranz und natürlich eine kleine Abschiedsrede und für ein paar wenige Kollegen auch eine Party bei mir zu Hause. Es hängt halt immer von der Vorgeschichte ab.

Wenn Du eine Ausstandsfeier machen solltest, halte die Einladung neutral und richte sie prinzipiell an alle. Wer Dich nicht leiden kann oder wem Du nichts zu sagen hast, wird sowieso nicht kommen. Eine andere Überlegung ist, nur für diejenigen eine Party zu organisieren, die Dir auch wirklich wichtig sind. Oder gleich ganz auf eine Party zu verzichten. Als ich mit der Uni fertig wurde, wollte ich eine Abschiedsparty geben. Geklappt hatte es nicht. Im Gegenteil: Von den meisten meiner Kommilitonen konnte ich mich noch nicht einmal verabschieden. Im Nachhinein bin ich froh, keine Party gegeben zu haben. Kostet nur Geld, und diejenigen, die einem wirklich wichtig sind, trifft man sowieso immer mal wieder. Auf alle anderen kann man ohnehin verzichten. Klingt hart, aber ist so.

Wenn Du bei Deinem Sender moderiert hast, solltest Du Dich von Deinen Hörern verabschieden. Zumindest bin ich der Meinung, daß man es seinen Hörern schuldig ist. Die Meinungen über die Gestaltung einer letzten Sendung gehen weit auseinander. Während die einen die Sendung so machen wie jede andere auch und am Schluß einfach nur „Das war's" sagen, krempeln die anderen alles um: Sie ändern den kompletten Musikablaufplan, spielen „ihre" Musik, werfen die geplanten Beitragsthemen über den Haufen und reden die ganze Zeit von sich selbst und ihrem Abgang. Welche Art für Dich die schönste und beste ist, mußt Du selbst entscheiden. Die Wahrheit liegt wohl irgendwo dazwischen. Ein Moderator, der in seiner letzten Sendung richtig auf den Putz haut und Dinge tut, die er sonst nie getan hat, macht sich nicht unbedingt sympathisch. Ich persönlich halte es für legitim, die Hörer über das eigene Ausscheiden zu informieren. Die Gründe gehen die Hörer aber nichts an. Mache On Air nie den eigenen Sender schlecht. Warum sollten Deine Hörer einen „Scheißladen" hören? Die Probleme, die es vielleicht gibt oder gab, sind niemals ein Thema On Air. Für die Hörer reicht die Information „Ich bin weg, es war schön mit Euch, das war's". Wohin Du gehst, geht Deine Hörern auch nichts an. Zumal es durchaus üblich ist, mit dem neuen Arbeitgeber Stillschweigen zu vereinbaren. Ich hatte mal eine letzte Sendung an einem Wochenende. Das war praktisch, weil ich mir die gemeinschaftliche Zelebrierung sparen konnte. Darauf hatte ich aus verschiedenen Gründen keine Lust. Außerdem war ich mir sicher, daß mir kaum jemand aus dem Kollegenkreis zuhören würde, denn es wußte ja niemand, daß ich ausgerechnet an diesem Tag meine letzte Sendung haben würde. Es sei denn, der Tratsch, der „Flurfunk“ war mal wieder schneller, was durchaus anzunehmen war. Zu Beginn der Sendung erklärte ich kurz, daß dies meine letzte sein würde. Die Sendung selbst verlief ganz normal wie jede andere auch. Kurz bevor die Sendung zu Ende war, ging ich etwas näher darauf ein. Ich gab meine eMail-Adresse durch und bot den Hörern an, Anfragen direkt an mich zu richten. Die Hörer nahmen dieses Angebot an, denn die Mails häuften sich von Minute zu Minute, so daß ich bis in den Abend damit beschäftigt war, darauf zu antworten. Viele wollten die Gründe für mein Ausscheiden wissen und wollten sich informieren, was ich jetzt machen würde. Mich hatte das alles sehr beeindruckt, denn es zeigt, daß es neben der Welt „hier drin“ auch eine Welt „da draußen“ gab, in der die Dinge völlig anders ankamen, als sie „drin“ zusammengebastelt wurden. Mir war und ist der Kontakt zu den Hörern sehr wichtig, aber mir sind auch Fälle bekannt, in denen Kollegen verschwunden sind, ohne einen Ton zu sagen.

Wie auch immer Du Deine letzte Sendung gestaltest, ob Du Musik änderst, ob Du Beiträge sendest oder wegläßt (ist übrigens beides nicht erlaubt, aber wen kümmert das schon bei einer letzten Sendung), ob Du Dich selbst zum alleinigen Gegenstand der Sendung machst oder Dich zurückhältst und kaum etwas oder gar nichts dazu sagst, bleibt Dir überlassen. Wie für jede andere Sendung gilt: Im Zweifelsfall mußt Du sie verantworten können.

Ich erinnere mich noch gut an Sonntag, den 14. August 2005. Ich hatte meine letzte Sendung bei You FM moderiert, dem Nachfolgeprogramm von XXL. Ich ging nicht wirklich im Guten und hatte keinen Grund, Rücksicht zu nehmen. Das vorletzte und letzte Lied brachte ich von zu Hause mit. Eigentlich darf man ja keine eigene Musik spielen, aber in dieser speziellen Situation machte ich es trotzdem. Als vorletztes Lied lief der „Glastonbury Song“, den ich in meiner letzten Moderation auch abnahm und dabei sogar die völlig dämliche Auflage erfüllte, wonach jede Moderation mit Sendername und Claim beginnen sollte. Es war mittags um exakt 12.45 Uhr, ich war allein im Studio, nervös, meine Hände zitterten, meine Stimme auch, und ich war den Tränen nahe und mußte zwischendurch immer wieder Luft holen:

„Die Waterboys mit dem ‚Glastonbury Song'. Hier ist You FM, young fresh music. Ein Hinweis in eigener, in persönlicher Sache: Das war's. Ich hatte es heute morgen schon mal gesagt, das ist meine letzte Sendung. Drei Jahre war ich jetzt... jeden Samstag und Sonntag hier für euch, ich hoffe, es hat euch gefallen. Ihr ward super, ihr ward echt cool, und ich hab' mich jedes Mal über... nette Anrufe und Mails und Post von euch gefreut, aber... jetzt ist es Zeit, zu gehen. Die Welt sicher noch viel von mir hören, ich bin ja nicht tot. Bleibt You FM treu, es sind wirklich sehr nette Leute hier... Auf mich warten jetzt andere Aufgaben, und wenn ihr Fragen habt oder irgendwas wissen wollt, ich bin heute nachmittag noch hier im Sender, ihr könnt mir gerne eMails schreiben an raphael.gensert@youfm.de. Ich beantworte die auch, versprochen. Ganz zum Schluß spiel' ich euch noch ein Lied, das zwar nicht so ganz You FM-like ist, aber... meine Gefühle, die ich jetzt gerade hab',... recht gut ausdrückt: die Crackers mit ‚Kamikaze'. Crackers sind eine Band aus Wiesbaden, die Anfang der 80er... ziemlich sozialkritischen Pop-Rock gemacht haben... Aber wie gesagt: Das Stück trifft's eigentlich sehr gut. Die Crackers mit ‚Kamikaze', mein Name ist Raphael Gensert, ich danke euch fürs Zuhören und wünsch' euch alles Gute. Macht's gut, ciao, tschüß."

Selbst jetzt, Jahre später, kriege ich wieder einen Kloß in den Hals, wenn ich diese Moderation wieder höre. Es ist halt doch nicht immer alles so einfach, wie es manchmal scheint. Obwohl die letzten Wochen vor meinem letzten Tag eine Qual waren, ist es mir doch schwergefallen, mich von dem Sender zu trennen, und das nicht nur wegen der ausbleibenden Kohle. Mit der Zeit wächst einem so ein Arbeitsplatz halt schon ans Herz. Je länger Du dort warst, um so schwerer fällt diese Trennung. Immerhin baut man auch eine emotionale und persönliche Bindung zu dem Sender und seinen Mitarbeitern auf. Der Wechsel zu einem anderen Sender bedeutet oft auch die Aufgabe des sozialen Umfelds und den Umzug in eine andere Stadt. Kontakte zu ehemaligen Kollegen aufrechtzuerhalten, ist schwieriger als allgemeinhin vermutet wird. Auf kurz oder lang verliert man sich doch aus den Augen. Oft fehlt einem die Zeit oder die Muße, zum Telefonhörer zu greifen oder gar Treffen zu verabreden. Erfahrungsgemäß bleibt es anfangs bei eMails, die dann auch immer weniger werden, bis der Kontakt völlig abreißt. Irgendwann hört man sich durch Zufall wieder gegenseitig im Radio, vielleicht sogar bei einem ganz anderen Sender. Wer im Radiogeschäft bleibt, der geht nicht unter. Versuche aber, wenigstens zu zwei oder drei Deiner bisherigen Kollegen den Kontakt aufrechtzuerhalten.

Einmal verschwindest Du dann nicht ganz aus dem Bewußtsein Deines alten Senders und außerdem hat das eine mit dem anderen ja nichts zu tun. Außer, Du hast es Dir wirklich bei allen verscherzt. Soweit solltest Du es sinnvollerweise aber nicht kommen lassen. Wer in seinem Job gut ist, wird immer wieder gebraucht. Halte Dir das Hintertürchen offen, daß Dein alter Sender irgendwann einmal wieder auf Dich zukommt und Dir einen Auftrag anbietet. Oder daß sich ehemalige Kollegen an Dich wenden.

Ich hatte gehofft, die Sonne würde scheinen, aber es ist grau, und die Straßen glänzen vor Nässe. An den Bäumen hängt kein einziges Blatt mehr. Sie sind zu einer dunkelroten Masse verfault und liegen verstreut an den Rändern des Asphalts. Es wird nicht lange dauern. Zehn Minuten. Ich bin nur noch einmal gekommen, um meine Unterlagen abzuholen und den Schlüssel für mein Fach abzugeben. Mein Mitarbeiterausweis ist schon gesperrt, die Tür hat sich nicht geöffnet. Mir kommt jemand entgegen, der mir von innen die Tür öffnet und mich hereinläßt. Wenige Minuten später habe ich alles erledigt und schleiche mit langsamen schweren Schritten den Gang hinunter. Dunkel ist es hier. Es ist hier immer so dunkel, und vom Teppichboden geht ein seltsamer Geruch aus. Er erinnert mich an eine Mischung aus Putzmittel, Kaffee und Druckerozon. Der Gang erschien mir noch nie so lang und eng wie heute. Die dunkelbraunen Holztüren, die links und rechts abgehen, scheinen kein Ende zu nehmen. Das Fenster ganz weit entfernt am Ende des Ganges wird kaum größer. Links die Treppe hinunter, am Kopierer vorbei. Auf der anderen Seite noch mal eine Treppe. Ein Mann kommt mir entgegen. Ich kenne ihn vom Sehen her, grüße ihn kurz. Er weiß nicht, weshalb ich heute hier war. Er ist an mir vorbeigegangen. Meine Schritte werden schwerer. Mir wird bewußt, daß ich so schnell nicht mehr hierher kommen werde. Langsam und vorsichtig lasse ich meine Füße die Treppenstufen hinuntergleiten. Aus der Ferne vernehme ich das Brummen elektrischer Geräte.
Vor mir liegt eine gläserne Doppeltür. Das trübe Tageslicht, das sich zwischen den Winterwolken hindurchfrißt, fällt herein und wirft ein helles Viereck auf den braunen Teppich. Ich greife nach der Türklinke, drücke sie herunter. Von draußen weht mir ein kalter Wind entgegen. Mit der anderen Hand ziehe ich meinen Mantel zu. Die Kälte beißt an meinen Ohren. Mir liegt das Gebäude im Rücken. Auf dem Weg hinun-

ter zum Parkplatz drehe ich mich noch einmal um. Noch nie kam mir der Bau so klein und häßlich vor wie heute. Meine Hände zittern. Ich weiß nicht, ob nur die Kälte Ursache dafür ist. Sie zittern, und mein Blick tastet die graugewordene Fassade des hinter mir liegenden Gebäudes ab. Eine seltsame Zufriedenheit macht sich in mir breit, und doch spüre ich ein Gefühl der Angst in mir. Während ich noch da stehe, den Kopf in den Nacken gelegt und den Blick auf den Bau gerichtet, schießt es blitzschnell und doch endlos langsam leise, ganz leise aus mir heraus: „Endlich frei!"

Anhang

In diesem Abschnitt sind theoretisch formulierte Tips zusammengefaßt, die ich alphabetisch sortiere. Alles, was hier steht, ist nicht zwangsläufig das Non-Plus-Ultra. Und es richtet sich auch nicht alles an die Mods und Reds, sondern auch an die Chefs und sog. „Berater“. Hier spricht ein Mod zu Euch.

1. Dramaturgie

G - Gegenstände, Geräusche

Versuche, in Moderationen, in denen es sich anbietet, mit Gegenständen zu spielen. Jeder Gegenstand erzeugt irgendein Geräusch, das ihn typisch macht. Das Geräusch einer CD-Hülle kennt jeder von uns. Das Kratzen einer Nadel auf einer Schallplatte kennt ebenfalls jeder, und das Plätschern von Wasser oder das Klingeln eines Telefons kennen wir auch. In Anlehnung an die alte Radioweisheit, „Kino im Kopf“ zu gestalten, gewinnt eine Moderation, die mit entsprechenden Geräuschen unterlegt ist, schnell an Dynamik und Verifizierbarkeit. Generell, auch bei der Gestaltung von Beiträgen oder Reportagen, gilt: Selbst gemacht klingt besser als aus der Konserve. Es gibt kommerzielle Kollektionen von Geräusch-CDs. Gängige Anbieter sind beispielsweise „Digiffects“ oder „The Hollywood Edge“. Diese CDs sind sehr teuer (ca. 50-100 € pro Stück), aber die meisten etwas größeren Sender haben solche CDs in ihren Archiven. Sie bieten sich aber nur dann an, wenn es nicht anders geht. Ein Betonmischer läßt sich natürlich nicht so einfach ins Studio holen; da ist der Griff zur CD sicher gerechtfertigt. Das Husten einer Frau oder das Klappern einer Tastatur dagegen ist schnell selbst gemacht, klingt authentischer und kostet nichts. Andererseits wäre ein Betonmischer im Studio ein schöner Blickfang für die Webcam. Außerdem: Konserven-Sounds klingen logischerweise bei jedem Sender gleich, selbstgemachte Geräusche dagegen sind immer ein Unikat. Im-

mer wieder fallen mir in Filmen oder Fernsehserien bellende Hunde, lachende Frauen oder quietschende Türen auf, die ich vor 15 Jahren schon in Radiobeiträgen gehört habe – eben weil sich die Produzenten nicht die Mühe gemacht haben, selbst etwas zu produzieren, sondern statt dessen lieber zur CD greifen, weil's ja einfacher ist.
Geräusche als Untermalung für Moderationen eignen sich nicht immer. Zuviel kann schnell nerven – hier also bitte vorsichtig dosieren. Wenn alle zehn Minuten jemand kotzt oder sich ein Auto mit Startproblemen durch die heimischen Lautsprecher quält, helfen sich viele Hörer schnell mit einer eigenen Lösung und fliehen. Entweder zum Lautstärkeregler, zum On-/Off-Schalter oder schlimmstenfalls zu einer anderen Nummer der Preset-Tasten. Eingespielte Geräusche in Moderationen eignen sich besonders in Anmoderationen, wenn Du bei den Hörern eine bestimmte Stimmung erzeugen willst, indem Du eine Situation beschreibst und die dazu typischen Geräusche einspielst. Ganz wichtig: Geräusche müssen sich immer von selbst erklären und deshalb eindeutig erkennbar sein. Absolutes No-Go ist etwas wie: „So, jetzt muß ich aber nach Hause fahren" [Geräusch eines davonfahrenden Autos]. 70er Jahre-Stil!

M - Mikro

Mit Mikrofonen lassen sich hervorragende Effekte erzielen. Vorausgesetzt, die Mikros taugen etwas. Abgesehen davon, daß Low-Budget-Mikros bestenfalls in die Teenie-Band gehören, passiert es leider immer wieder, daß solche (ich nenne sie mal großzügig) Mikrofone in Studios von Radiosendern hängen. Über den Klang dieser Mikros schweige ich mich dezent aus und konzentriere mich hierbei auf „richtige" Mikrofone. Hersteller wirklich guter Mikrofone sind beispielsweise AKG, Neumann, Sennheiser, Schoeps oder Brauner. Mit „richtigen" Mikrofonen kann man, gut eingestelltes Soundprocessing vorausgesetzt, hervorragende Effekte erzielen. Übe ein bißchen im Ausweichstudio und höre Dir an, wie es klingt, den Kopf zur Seite zu drehen, nach hinten zu drehen, zu schreien, zu flüstern, zu säuseln. Spiele mit Deiner Stimme, ihrer Lautstärke und ihrem Druck. Spiele mit dem Abstand und der Position zum Mikrofon. Zeige Varianz, denn das schafft Atmosphäre. Du solltest es allerdings vermeiden, aus nächster Nähe ins Mikrofon zu brüllen. Einerseits wird die Begrenzung sofort anspringen, andererseits zerrt es dann auch schnell am anderen Ende der Leitung: an den Lautsprechern Deiner Hörer. Und die Lautsprecher sind sozusagen Dein verlängerter Mund. Obwohl Du sie nicht sehen kannst, sind die Hörer trotzdem da. Und oft sind sie näher an den Lautsprechern, als man meint. Schreie also nur, wenn Du Dich vom Mikrofon wegdrehst. Probiere das aus. Selbst, wenn es Dir im ersten Moment peinlich ist. Es ist ja normalerweise niemand da, der Dir zuhört oder Dich beobachtet. Wenn Du Hemmungen hast, verlege Deine Übungsstunden auf eine Tageszeit, zu der niemand mehr das Studio betritt und hänge die Webcam zu. Jedes Mikro reagiert anders, jedes Soundprocessing ist anders eingestellt. Arbeite mit den Effekten in Deinen Moderationen. Brülle kurz, wenn Du es für richtig hältst, flüstere, wenn Du es für richtig hältst. Und sprich normal, wenn alles andere zuviel des Guten wäre. Ein früher Coach von mir hat mal gesagt: „Das Mikrofon ist das Ohr des Hörers." Es versteht sich von selbst, daß man dort nicht hemmungslos hineinschreit.

O - O-Töne

„Mit Raphael Gensert, schönen guten Tach!" – „Also diesen Scheiß, den kann ich nicht mehr hören!" Erkannt? Der damalige Teamchef der deutschen Fußballnationalmannschaft Rudi Völler in der legendären Nachbesprechung der Niederlage Deutschland gegen Island 2004. Ein Ton, der bei vielen Radiomoderatoren sofort für Aufmerksamkeit sorgte: „Was für ein geiler Ton! Den nehme ich jetzt und setze ihn direkt nach meiner Begrüßung." Leider sind erstaunlich viele Moderatoren auf dieselbe Idee gekommen. Super originell. Mindestens so originell wie Trappatonis „Ich habe fertig" nach einer Verabschiedung: „Das war Radio XY mit Raphael Gensert." – „Ich habe fertig."
Wow. Daumen hoch. Mit O-Tönen zu spielen, kann witzig sein. Kann. Allerdings nur, wenn:

1. der O-Ton unbekannt ist. Je bekannter der Ton, desto abgedroschener ist er.
2. man dieses Stilmittel sehr behutsam einsetzt.

Natürlich kann man jetzt behaupten, die Verwendung dieses Mittels zu seinem Markenzeichen zu machen. Tragischerweise haben sich das schon Generationen von Moderatoren gedacht und dieses Stilmittel von in den 80ern eingesetzt. Man kann das sicherlich mal machen, und ich persönlich bin der Meinung, daß man wegen so was auch kein Faß aufmachen muß. Du bist der Moderator und der Chef der Sendung. Du bist die letzte Instanz, bevor etwas rausgeht und entscheidest über den Stil Deiner Moderation. Kein Redakteur oder CvD oder Programmchef hat Dir in die Gestaltung Deiner Moderation hineinzureden (na ja, der Programmchef hat schon die Macht, Dir etwas zu verbieten, aber ein Minimum an Gestaltungsmöglichkeit braucht man als guter Moderator ja schon). Ich selbst mußte mir oft Gemecker von Redakteuren anhören, die sich über den Einsatz meiner O-Töne beschwert haben, weil ich recht oft damit arbeite. Ändern konnten sie daran nichts. Das letzte Wort hat im Zweifelsfall natürlich der Programmchef. Solange der davon aber nichts weiß oder sich aus solcherlei Diskussion heraushält, hast Du freie Fahrt. Lege Dir eine Datenbank mit O-Tönen an. Beschrifte sie nach Möglichkeit mit Datum, Quelle und Name des Sprechers/der Sprecherin. Gib kostbare O-Töne nicht her. Sende nie O-Töne, die Du bei einem anderen Sender „geliehen" hast. Das gilt insbesondere für sog. Station-IDs (also so was wie: „Hi, I'm David Guetta and this is my new track on Radio XY!"). Sie unterliegen dem Urheberrecht des Senders, der sie eingeholt hat. Andererseits gibt es ein schönes Sprichwort: „Wo kein Kläger, da kein Richter". Aber man muß es ja nicht drauf ankommen lassen. Nimm keine O-Töne, die ein Kollege ebenfalls nimmt. Greife nicht in einen fremden Topf, lege Dir Deinen eigenen an. „Witziges" Material bei einem Kollegen zu klauen, ist schlechter Stil und eine Art geistiger Diebstahl. Ich habe mir mal zwei CDs gebrannt. Eine mit „meinen" Geräuschen und eine mit „meinen" O-Tönen. Die Stücke daraus habe ich dann auch immer von der CD gefahren und sie eben nicht in den DigAs gelegt. So kamen die Stücke gar nicht erst ins Sendearchiv, und damit war ich auch der einzige, der Zugriff auf dieses (mein eigenes) Material hatte. Ein bißchen Egoismus gehört da schon dazu.

T - Trott

In einen ebensolchen verfällt man leicht, wenn man sich an Gewohnheiten klammert. Wer eine Sendestunde immer mit denselben Worten eröffnet, kann schnell nerven. Ja, es gibt Moderatoren, die es für ihr Markenzeichen halten, immer mit denselben abgedroschenen Formulierungen um die Ecke zu kommen. Hier merkt man die deutliche Diskrepanz zwischen der eigenen Wahrnehmung und der Wahrnehmung anderer. Was so mancher Moderator als Markenzeichen führen will, kommt bei vielen Hören oft nicht so an, denn Hörer hören nicht jede Sendung und achten auch nicht peinlich genau auf jede einzelne Moderation. Auch bei Begrüßungs- oder Abschiedsfloskeln darf es durchaus Abwechslung geben. Ja, ich mag Kartoffelbrei, aber wenn ich den jeden Tag vorgesetzt bekomme, dauert es nicht lange, bis ich keinen Kartoffelbrei mehr sehen kann. Vermeide den Trott – bleibe kreativ und auf der Suche nach immer neuen Formulierungen. Verlierst Du die Übersicht, schreibe sie auf. Behalte die Liste für Dich!

2. Generell

B - Backtiming

Lästige Notwendigkeit, die oft unterschätzt wird. In fast jedem Programm setzt zu einem festgelegten Zeitpunkt ein festgelegtes Programmelement ein: Verkehrsmeldungen, Werbung, Nachrichten – was auch immer. Dieses Programmelement kommt nie aus heiterem Himmel. Du weißt, wann es kommt und wann es anzufangen hat. Spätestens 15 Minuten vorher solltest Du mit dem Backtiming beginnen: Wie lange läuft der Titel noch? Wie oft muß ich noch rein? Wie lange kann ich? Wie lange muß ich? Wie lang ist der Werbeblock? Wie lang ist der Trailer? Es gibt nichts Fieseres, als kurz vor knapp festzustellen, daß man 30 Sekunden zu kurz ist. Oder 30 Sekunden zu lang, und der News-Opener knallt mitten in die Strophe. Besonders peinlich, wenn der letzte Titel ein deutscher ist, dessen Text jeder kennt. Ein Opener oder gar das Werbesignet, das volle Kanne in das Lied platzt, ist wie ein herabfallender Felsen, wenn man gerade beim Autofahren ist. Moderne Sendeablaufsteuerungen rechnen das Backtiming automatisch herunter und zeigen Dir an, wieviel Zeit bis zum Start des „gesetzten" Elements noch bleibt. Mache Gebrauch von dieser Möglichkeit. Falls es so etwas bei Euch nicht gibt, rechne selbst. Das solltest Du auch schon mindestens 15 Minuten vor Ende der Sendestunde. Natürlich gibt es Tricks, um Moderationen aufzublasen, um dadurch einen Titel später zu starten, damit er nach hinten raus paßt. Achtung! Nicht jeder Titel, der laut Sendeablaufsteuerung 3.40 geht, geht auch 3.40. Viele Titel haben ein „Fade out", werden zum Ende hin also leiser. Und so kann ein Titel, der 3.40 dauert, vielleicht nach 3.25 wahrgenommen schon zu Ende sein. Selbst, wenn ein Ende als „Cold end“ gekennzeichnet ist, also auf einen Schlag aufhören, hängen oft noch zwei oder drei Sekunden Echo hinten dran, die sich schnell wie ein Sendeloch anhören. Lieber zwei Sekunden später starten und dafür eine Punktlandung hinbekommen. Auf jeden Fall solltest Du immer ins Ende hineinhören. Schreib Dir auf, an welcher Stelle (z. B. bei welcher Restzeit) Du das nächste Element starten müßtest. Bist Du zu kurz und kannst keinen anderen Titel mehr spielen, gibt es einen Trick, um ein Lied künstlich zu verlängern: Du lädst denselben Titel auf einen freien Player und cuest ihn von hinten ein, so daß er noch etwas länger geht als nötig. Dabei suchst Du Dir den Beginn eines Taktes, am besten des Refrains. Höre Dir diese Stelle über immer wieder über PFL an, damit Du den Anfang genau im Ohr hast. Nun wartest Du eine passende Stelle im gerade laufenden Titel an, ziehst im richtigen Moment den eben eingecueten hoch und sofort den alten runter. Wenn Du alles richtig gemacht hast, wird niemand den Schnitt hören, das Lied paßt bis an die Nachrichten, und alle sind glücklich und zufrieden. Das Gefährliche daran: Du hast nur einen Versuch. Bevor Du so etwas On Air umsetzt, solltest Du es im Ausweichstudio bis zur Perfektion geübt haben. Besonders geeignet für solche Tricks ist elektronische Musik. Der Profi checkt seine letzte Moderation um Viertel vor und fährt die letzten beiden Titel so, daß sie inklusive Kombinations-Jingle vollständig auslaufen und auf den letzten Taktschlag den Nachrichten-Opener, die Werbung oder was auch immer dann kommen soll, einläuten. Hier eine kurze Anleitung für das Ausrechnen des Backtimings anhand eines Beispiels:

Der Nachrichten-Opener startet automatisch um xx.59.33 Uhr (tatsächlich so bei SR 1, als ich dort moderiert habe). Angenommen, Dein letzter Titel dauert laut Playlist 3.56, hat allerdings vier Sekunden Blende hinten dran. 56 s - 4 s = 52 s; der Titel ist also faktisch schon nach 3.52 zu Ende. Die Rechnung geht folgendermaßen:

59.33 -2 (die 2 von 3.52)
59.31 -30 (die 30 von 3.50 bis zur vollen Minute, Rest: 20)
59.01 -20 (die 20 von eben)
58.41 -3 min (die 3 von 3.52)
55.41

Der Titel muß also um 55.41 gestartet werden, um um 59.33 fertig zu sein, wobei die letzten vier Sekunden abgeschnitten werden bzw. sich mit dem Nachrichten-Opener überlagern. Die ganz hohe Schule wäre jetzt, als Startzeit die 55.41 anzunehmen und den vorletzten Titel der Stunde auch noch auszurechnen. Wird ein solcher Titel vorne eingecuet, also am Anfang gekürzt, muß diese Zeitspanne natürlich hinten auf die Startzeit wieder dazugerechnet werden. Angenommen, bei unserem Beispieltitel würdest Du die ersten acht Sekunden wegcuen, müßte der Titel um 55.49 gestartet werden. Wie schon erwähnt, zeigen komfortable Sendeablaufsteuerungen wie Radiomax auch an, wieviel Zeit noch bis zum nächsten Fixelement (Nachrichten-Opener oder Werbeblock) bleibt, aber ums eigene Vorhören und Ausrechnen kommt man nicht umhin. Zumindest nicht, wenn man es sauber machen will.
Bei jüngeren Programmformaten gibt es meistens keinen sekundengenauen Beginn der Nachrichten, sondern einen ungefähren Startpunkt. Für den Anfang ist das auch einfacher. Bei älteren Programmformaten wie z. B. SR 1, WDR2 oder Ö3 gibt es dagegen keine Toleranz. Hier ist Backtiming zwingend.

B - Betten
„Bei uns wird nichts trocken gefahren", hat mir mal ein Programmchef gesagt. Das Programm klingt tatsächlich völlig anders, wenn trocken oder mit Bett moderiert wird. Ein Bett ist ein Musikbett, eine Hintergrundmusik unter einer Moderation. Man nennt sie Bett, weil die Moderation auf der Musik liegt, bildlich gesprochen halt wie jemand, der im Bett liegt. Ohne Bett zu moderieren, also nur die reine Sprache zu haben, ist eine trockene Moderation. Bei vielen Sendern sind die Nachrichten trocken, gerade bei etwas älteren öffentlich-rechtlichen Formaten wie beispielsweise NDR1. Wenn Du selbst über den Einsatz von Betten in Moderationen entscheiden kannst, übe im Ausweichstudios oder höre Dir Deine eigenen Airchecks an, um herauszufinden, wann sich Betten eignen und wann nicht. Betten hängen stark vom Inhalt

Deiner Moderation ab. Wenn in den Nachrichten vom Fund einer Kinderleiche die Rede ist, gibt es kein Moderationsbett der Welt, das dazu paßt. Ich persönlich brauche auch kein Bett, wenn mir jemand erzählt, daß auf der A 5 Stau ist oder morgen die Sonne scheint. In den meisten Sendern sind diese Elemente (Wetter und Verkehr) aber immer durch ein Bett unterlegt.

Hier an dieser Stelle geht es nicht darum, ob Betten gut oder schlecht sind oder ob man sie mag oder nicht – wenn sie für Dich Vorschrift sind, dann ist das eben so. Man muß nicht alles gut finden, was die da oben sich ausdenken, aber als Moderator muß man eben danach handeln. Also geht es jetzt nur darum, mit einer solchen Vorschrift möglichst souverän umzugehen.

Es ist bequem, immer dasselbe Moderationsbett zu benutzen oder das, welches gerade im Player liegt oder beim letzten Regleraufziehen dorthin gerutscht ist. Du solltest Dir allerdings schon die Mühe machen und die Betten vorhören. Ihre Stimmung sollte zum Inhalt der Moderation passen. Fahre sie nur so laut, wie es unbedingt sein muß. Faustregel: -14 dB. Wenn Dir jemand erzählt, Du müßtest es auf 0 fahren oder Du müßtest es so-und-so machen, sage ihm, ich hätte es anders gesagt. Radio hat etwas mit Hören zu tun. Geh nach Gehör. Falls möglich, höre im Kopfhörer die Summe nach Optimod ab und geh nach Gehör. Auch die -14 ist nur ein Richtwert. Wenn es damit zu leise ist, ziehe es hoch. Wenn es so laut ist, daß Du innerlich dagegen anbrüllst oder unbewußt mitgroovst, dann ist es zu laut, dann ziehe es runter. Es ist vollkommen egal, an welcher Stelle auf der Skala Dein Betten-Regler steht. Es ist egal, ob er auf der 0, der -14 oder der +10 steht. Kommt natürlich auch darauf an, wie laut das Bett produziert und eingespielt ist. Wichtig ist nur, daß es sich gut anhört. Kein Hörer wird Dich im Studio anrufen und Dich anschnauzen: „Hey, Dein Bett war aber leiser als 0!", aber ein Hörer merkt unterbewußt, wenn irgend etwas nicht stimmt. Ich habe die Erfahrung gemacht, daß Gedudel unter der Sprache nur vom Inhalt ablenkt. Im Zweifel lieber leise als laut – manchmal ist weniger mehr. Und bitte: Bei wirklich harten Themen (11. September, Kindesmißhandlung, Unglück, sonstwas Schlimmes) laß das Bett weg! Und zwar auch, wenn der Programmchef sonst immer welche will. Wenn es um schlimme „harte" Themen geht, ist jedes Bett eins zuviel.

C - Cuen

Spricht sich „kjuen“. Ein leider viel zu oft vernachlässigtes Feature. Jede halbwegs vernünftige Automation, und sogar jeder Disco-CD-Player hat eine Möglichkeit zum Cuen. Fast immer über ein sog. Cue-Wheel, einen großen runden Drehknopf mit einer Fingermulde. Bei manchen Systemen cuet man über Tasten. Das ist zwar meist etwas umständlicher, geht aber auch.
Cuen ist nichts anderes als Vorspulen und einen Titel an einer bestimmten Stelle sozusagen auf Pause zu setzen, damit er dann an dieser Stelle startet und nicht ganz am Anfang. Aus meiner Erfahrung weiß ich, daß man etwa jeden zweiten Titel eincuen kann. Lästiges Instrumentalgeplänkel am Anfang fällt weg, es geht gleich mit Vollgas los. Fährt man dann ein Jingle auf den Takt und zieht den eingecueten Titel im richtigen Moment hoch, gewinnt die Sendung an Drive. Du solltest dabei die Tageszeit nicht vergessen. Sonntags vormittags kann man es auch ruhig angehen lassen, während mittwochs nachmittags ein flotteres Tempo durchaus angebracht ist. Cuen ist Übungssache. Auch hier gilt: ab ins Ausweichstudio. Unsauber eingecuete Titel, bei denen noch eine halbe Sekunde „Müll“ vorne dranhängt, machen die schönste Blende kaputt. Längst nicht jedes System eignet sich, obwohl es das sollte, zum Cuen. DABS hat nach meiner Erfahrung beispielsweise manuell gesetzte Cue-Punkte gern ignoriert und den Cue-Punkt nach Lust und Laune irgendwohin verschoben. Das Ergebnis waren Zufallspunkte, die irgendwo lagen, nur nicht dort, wo ich sie hingesetzt hatte. Bei Dalet konnte man gar nicht cuen, da mußte man umständlich vorne etwas wegschneiden und das Stück dann neu abspeichern. Aber Dalet benutzt glücklicherweise auch kaum noch jemand. Das Cuen mit Radiomax oder mAirList dagegen funktionierte immer und hörte sich auch immer genau so an, wie es sollte.

In Abhängigkeit zum Sounddesign und der Gestaltung von Verpackungsmaterial lassen sich mit geschickt gesetzten Cues sehr rhythmische Blenden und → Ramptalks fahren. Aber: Cuen ist kein Brot. Cuen ist Schokolade: wohldosiert steigert es das Wohlbefinden, aber zuviel des Guten zerstört den Körper der Sendung (die Musik) und reduziert die Spieldauer Deiner Playlist, wobei Du schnell wieder beim → Backtiming bist. Einen ganz neuen Hit solltest Du nicht eincuen, um ihm

Platz zum Leben zu geben. Dasselbe gilt für wirkliche Klassiker wie „Stairway to heaven". Kastration demjenigen, der ein solches Lied kaputtcuet.

D - Denkstruktur

Wir Radioleute haben unsere Stundenuhr und ein bestimmtes Schema im Kopf, wenn wir in der Sendung sitzen. Wir denken in Stundenblökken oder bis zum nächsten Moderationsbreak, wir sprechen eine Fachsprache, die wir untereinander alle verstehen, weil wir uns alle in derselben Denkstruktur befinden. Für uns intern ist das in Ordnung, aber nicht für die Hörer. Die denken ganz anders, denn denen ist egal, an welcher Stelle der Stundenuhr welche Art von Position vorgesehen ist oder was die Stundenuhr gerade vorschreibt. Deshalb gilt grundsätzlich: keinerlei Fachbegriffe On Air! Kein „O-Ton", kein „Bett", kein „Break", kein „Element". Niemand da draußen weiß, was ein O-Ton ist (inzwischen dürften Einige es vermuten, aber es ist sicherlich kein Begriff des täglichen Sprachgebrauchs). Unter einem Bett verstehen die meisten das Ding, in das man sich zum Schlafen legt, aber kein Mensch weiß, daß damit eine Hintergrundmusik gemeint ist. Wenn Du einen Fachbegriff On Air thematisieren mußt, umschreibe ihn. Es gibt für jede Formulierung mindestens eine Alternative. Ein O-Ton ist eine Aufzeichnung oder eben derjenige, den wir gerade gehört haben oder gleich hören werden. Ein Bett ist eine Hintergrundmusik (die man zur Veranschaulichung auch mal kurz hochziehen kann).
Bitte auch sämtliche unnatürliche Zeitbegriffe vermeiden: „Das-und-das hören Sie nach der nächsten Musik" oder gar „in zwei Hits" geht gar nicht! Alternativvorschlag: „Das-und-das gibt's gleich, vorher noch ein bißchen schöne Musik von Jamiroquai...". Klingt runder.
Ebenfalls bitte niemals bringen: „In dieser Stunde" oder „in der nächsten Stunde". Was für eine Stunde? Klar, wir Radioleute denken in Stundenblöcken, wir haben unsere Themen so eingeteilt und wissen, was wann dran ist und daß das nächste Thema erst wieder in der nächsten (halben) Stunde auftreten wird. Hörer denken aber nicht in Stundenblöcken. Hörer leben in einer anderen, der realen Welt und strukturieren sie nach ihren Bedürfnissen. Ihnen ist es egal, ob zum Zeitpunkt einer Tätigkeit gerade eine neue Stunde angefangen hat. Ich vergleiche das gerne mit Silvester. Silvester selbst ist für mich eigentlich nur ein Datum im Kalender, denn die Zeit geht weiter. Mein ganz persönliches

Silvester ist mein Geburtstag. Das ist der Tag, an dem ein altes Jahr endet und ein neues beginnt. So ist es auch bei den Hörern: Eine alte Tätigkeit ist abgeschlossen, und eine neue beginnt. Das mag mitten in der laufenden Zeitstunde sein, während die sechzigste Minute einer Stunde voll in einen Tätigkeitsablauf eines Hörers geraten kann. Auch hier gilt: zu Alternativen greifen. Anstatt „in dieser Stunde" beispielsweise „jetzt" oder „heute nachmittag" oder auch einfach gar nichts bezüglich der Zeit sagen. Hörer nehmen Zeit völlig anders wahr als wir Moderatoren in der Sendung. „In der nächsten Stunde" läßt sich ersetzen durch „nach 16 Uhr" oder „nach den Nachrichten", „nachher", „später" oder „in ein paar Minuten". Vermeide jegliche Radiodenke in der Formulierung Deiner Moderationen. Ich weise deshalb so nachdrücklich darauf hin, weil mir immer wieder Moderationen auffallen, die von Leuten kommen, die es eigentlich besser wissen müßten, und obwohl sie schon seit Jahrzehnten moderieren, Anfängerfehler machen. Solche Moderatoren sind keine guten Vorbilder.

F - Fahren

Es mag abstrakt sein, es sich vorzustellen, aber nahezu alle Musiktitel, die im Unterhaltungsprogramm (L-Musik) laufen, sind im $^4/_4$-Takt verfaßt. Der geht ungefähr so:

1 2 3 4 **1** 2 3 4 **1**
2 3 4 **1** 2 3 4 ***1***...

Auf jede Ziffer kommt ein Schlag (Baß, Snare, Tom). Jede 1 ist der Beginn eines neuen Taktes, vier solcher Takte ergeben einen Vier-Vierteltakt. Die erste 1 vom neuen Takt (hier kursiv) wird oft durch einen Beckenschlag realisiert. Als Moderator und Selbstfahrer solltest Du Dich zumindest in der Praxis mit Musik auskennen. Niemand verlangt die Kenntnis über den Unterschied zwischen einer kleinen und großen Terz oder einer Kadenz und einem Akkord. Ein gewisses Taktgefühl und Gespür für die Musik, die Du abfährst, ist dagegen eine wichtige Voraussetzung. Viele Moderatoren fahren schlecht, weil sie sich die Musik, die sie spielen und fahren, nicht anhören. Weil sie nicht mitgehen. Weil sie nicht im Takt mitwippen. Mir hilft es oft, wenn es auf eine Blende zugeht, die Musik im Studio lauter zu drehen, mit dem Kopf im Takt zu nicken und mit meiner freien Hand auf den Tisch

oder in die Luft zu tippen und die Trommelschläge des Schlagzeugers simuliere. Das sieht zwar albern aus, hilft mir aber, mich in den Rhythmus der Musik einzugrooven und die richtige Stelle zu finden, an die ich das Jingle oder den Auftakt vom nächsten Lied setze. „Auf den Takt fahren“ heißt nichts anderes, als mit dem neuen Element die Eins vom neuen Takt zu treffen. Im obigen Schema wäre das die kursive 1 zu treffen. Höre Dir immer das Ende des Titels und den Beginn des nächsten bzw. des Jingles an. Viele Jingles oder Transitions beginnen ebenfalls mit einer 1. Beide direkt aufeinandergefahren hören sich, etwas Geschick und Übung vorausgesetzt, an, als wären beide Elemente ineinander verschmolzen. Je weniger man die Blende hört, desto besser ist sie gelungen. Paßt der Anfang des neuen Liedes nicht auf das Ende des alten oder auf das des Jingles, → cue das neue Lied so ein, daß es auf eine 1 eines neuen Taktes beginnt.
Wichtig beim Fahren aus Jingles hinaus in ein neues Lied hinein: Oft sind Jingles akustisch kürzer, als im Ausspieler angezeigt wird. Viele Elemente haben einen Schwanz hintendran, ein „Wuuuuschhhh“, das mitunter mehrere Sekunden gehen kann. Nicht jedes Jingle, das angeblich acht Sekunden geht, ist auch wirklich acht Sekunden lang zu hören. Vielleicht sind es nur vier. Vorhören!
Über die Verwendung von Drops gehen die Meinungen auseinander. Einige Trainer sagen, man solle Drops immer zeitgleich mit einem Titel starten. Ich halte das für eine von mehreren Möglichkeiten. Ein Drop kann auch der Abschluß eines zu kurzen → Ramptalks sein. Ist die Ramp länger als mein Text, und ich habe noch drei Sekunden und einen passenden Drop griffbereit, dann setze ich eher den Drop, als mit luftleeren Worthülsen wie „Hitradio Antenne Supermix mit der Powersendung am Mittwoch nachmittag um gleich 20 nach 4, schönen Nachmittag mit den stärksten Hits von heute“ daherzukommen. Ein Drop kann auch ohne Moderation auf einer Ramp stehen und wie ein Ramptalk funktionieren. Wenn die Ramp nicht zu lang allein steht, spricht nichts gegen einen Drop, der auf die letzten paar Sekunden der Ramp gesetzt wird. Vorsicht: auch Drops sind gerne kürzer als sie sind. Anständiges Fahren ist Planung und Übung. Theorie hilft Dir an dieser Stelle nicht viel weiter. Daher gilt dasselbe wie für alles, was mit Hören zu tun hat: ausprobieren und üben. Das Nachbarstudio ist hervorra-

gend dafür geeignet und steht an einem Wochenende oder einem späten Abend sicherlich leer.

G - Grinsen

Bitte nicht. Man ist nicht unhöflich, wenn man nicht grinst. Es genügt völlig, ganz normal zu sein. Natürlich ist es erlaubt, zu lachen. Aber bitte nur, wenn es auch etwas zu lachen gibt. Honigkuchenpferdmoderatoren, die permanent grinsen und ihre Mundwinkel deutlich hörbar am Anschlag haben (und auch da halten!), machen sich unglaubwürdig. Es gibt absolut überhaupt gar keinen Grund, beim Verlesen von Verkehrsmeldungen oder dem Wetterbericht oder bei der Anmoderation eines Beitrags zu grinsen. Wenn mir jemand gegenübersteht und sich mit mir unterhält und mich dabei ununterbrochen angrinst, spüre ich, daß das nicht ehrlich gemeint ist. Oder andererseits: Lies diesen Absatz laut vor Dich hin und grinse dabei. Und dann versuche mal, darauf zu achten, wie das klingt und wirkt. Deshalb bitte nur dann grinsen, wenn es auch wirklich etwas zu grinsen gibt. In neun von zehn Moderationen dürfte das nicht der Fall sein. Wenn Du permanent grinst und einen auf superfreundlich machst und dann in eine Moderationssituation kommst, in der Du tatsächlich freundlich wirken willst oder mußt, bist Du mittellos. Wer ununterbrochen mit Vollgas fährt, kann nicht mehr beschleunigen, wenn es drauf ankommt.

Ich weiß allerdings aus eigener Erfahrung, daß viele Programmchefs ihren Moderatoren ein Dauergrinsen vorschreiben (sie nennen es Lächeln) und behaupten, man würde dadurch freundlicher klingen. Meine Erfahrung sowohl als Moderator als auch als Hörer hat gezeigt, daß die Wirkung des Grinsens bzw. des Lächelns nur dann zur Geltung kommt, wenn man es vorsichtig dosiert. Dauerlächeln nutzt sich ab, klingt unnatürlich. Wenn ich mich normal mit jemandem unterhalte, grinse ich auch nicht die ganze Zeit und bin deswegen trotzdem nicht gleich unhöflich. Warum sollte ich es im Radio also anders machen? Sprich die Sprache Deiner Hörer.

H - Hörgewohnheiten

Dieser Punkt richtet sich eher an die Programmgestalter als an deren Umsetzer. Zur Einleitung ein kleiner Exkurs zum Fernsehen. Hast Du Dir schon einmal die Frage gestellt, weshalb das Abendprogramm im deutschen Fernsehen auf allen großen Sendern immer um 20.15 Uhr beginnt und nicht, wie man es vermuten könnte, um 20.00 Uhr? Weil um 20.15 Uhr die Tagesschau vorbei ist. Und erst, wenn die Tagesschau vorbei ist, ist der gemeine deutsche Fernsehzuschauer bereit, umzuschalten. Lieber verpaßt er den Anfang eines Films als die Tagesschau. Warum? Weil die Tagesschau eine Instanz ist, die es seit Jahrzehnten gibt und sicherlich auch noch viele Jahrzehnte geben wird. Alle bisherigen Versuche von Fernsehsendern, diese Zuschauergewohnheit außer Kraft zu setzen und das eigene Programm trotz der Tagesschau um 20.00 Uhr zu starten, sind gescheitert. „Volle Stunde, volles Programm" hieß Mitte der 90er der Claim von SAT.1, um die Zuschauer zu Spielshows und Billigfilmen zu locken und die Vormacht der Tagesschau umgehen sollte. Doch gegen den Koloß Tagesschau hat kein Sender eine Chance. Nachdem die Quoten für SAT.1 damals dramatisch nach unten gingen, kehrten sie zum 20.15 Uhr-Schema zurück (nachzulesen übrigens auch auf der Wikipedia-Seite von SAT.1).

Ähnlich verhält es sich mit dem Radio. Gewohnheiten, die sich über Jahre hinweg eingeprägt haben, sollte man beibehalten. Leider hört man heute kaum noch einen ARI-Pieps oder ein echtes Zeitzeichen vor den Nachrichten. Viele Menschen haben diese Dinge ihr Leben lang im Radio gehört und assoziieren damit (Mehr-)werte und Tugenden: Pünktlichkeit und Seriosität (Zeitzeichen), Service am Hörer (ARI-Piepser), störungsfreie Musik (back to back). Nehmt den Menschen nicht den Glauben an diese Werte, indem Ihr Euch über diese Gewohnheiten hinwegsetzt! Natürlich ist der ARI-Pieps oder Hinztriller, wie er auch genannt wird, rein technisch betrachtet seit RDS nicht mehr nötig. Dennoch sind selbst diejenigen Hörer, die heute 12 oder 13 Jahre alt sind, so sehr auf diesen Ton sensibilisiert, daß sogar Kids in diesem Alter wissen, daß jetzt Verkehrsmeldungen kommen. Es braucht keinen mordsmäßigen Bumper, ein aufgeblasenes Verkehrsbett oder Formulierungen wie „der aktuellste Verkehrsservice", „das Aktuellste aus dem Radio XY-Verkehrszentrum" oder andere aktuellste und superschnellste Verballhornungen der Hörer. Der einfache ARI-Pieps, selbst bei -15 dB gefahren, reicht vollkommen aus, um die Aufmerksamkeit der Auto- und LKW-Fahrer zu gewinnen. Ähnliches gilt für Nachrichten. Ich mag altmodisch sein, für mich haftet einer gedrehten Stundenuhr auch immer etwas Unseriöses an. Nachrichten, die zur vollen Stunde beginnen, nehme ich als ernsthaftere Nachrichten wahr als welche, die um 5 vor, um 15 nach oder sonstwann anfangen. Zumal es gerade solche Nachrichten sind, die diese Bezeichnung eigentlich auch nicht mehr verdienen. Es gibt Traditionen, die sich über Dekaden hinweg durchgesetzt haben. Hält man sie ein, gewinnt man an Glaubwürdigkeit. Ja, so einfach kann man das Vertrauen seiner Hörer gewinnen. Back to the roots, und wir kommen dem „echten" Radio wieder einen Schritt weiter.

Sind die News vorbei, kommt bitte zuerst das Wetter und dann der Verkehr. Mittlerweile ist es in Mode gekommen, es umgekehrt zu machen. Aus zwei Gründen rate ich davon ab. Erstens: Hörgewohnheiten respektieren, es den Hörern so einfach wie möglich machen. Zweitens: Viele Menschen interessieren sich für das Wetter. Spannt sie nicht auf die Folter, indem Ihr sie mit Euren Verkehrsmeldungen langweilt und sie warten laßt, bis sie das Wetter bekommen. Wetter ist Teil der Nachrichten und kommt an deren Ende.
Viele Sender spielen auch mit Hook-Teasings direkt vor oder nach den Nachrichten und spielen kurz an, was gleich schon wieder für ausgelutschte Superhits kommen, bevor sie mit Wetter und Verkehr weitermachen. Der Schuß kann gewaltig nach hinten gehen: Wenn mir ein Moderator etwas von Xavier Naidoo oder Nickelback anhookt und mir erzählt, daß das gleich auf mich zukommt, bin ich schneller auf der nächsten Stationstaste als die Hook überhaupt hooken kann. Wenn ich weiß, daß gleich Schrott kommt, warum sollte dann weiter zuhören? Wüßte ich das vorher nicht, würde ich zumindest so lange weiter zuhören, bis der Schrott kommt. Aber dank Hook-Teasing werde ich auch noch drauf aufmerksam gemacht. Kontraproduktiv. Weglassen. Davon ab: Im Falle eines recht sinnfreien → Teasings, dessen Inhalt sich nur darauf beschränkt, mir mitzuteilen, was „gleich" alles Tolles passieren wird, frage ich mich als Hörer doch, weshalb mir der Moderator das Tolle nicht gleich kredenzt. Der wahre Grund ist natürlich der Versuch, mich als Hörer möglichst lange am Radio zu halten und dadurch die sog. Verweildauer zu erhöhen. Die Annahme, dies würde allein dadurch funktionieren, daß mittels Hook-Teasing über die ach-so-langweiligen Nachrichten hinweggetröstet wird, halte ich für naiv und zeigt, in welch engstirniger Radiodenke sich manche Programmdirektoren bewegen.

Die Anweisung, keine Titel back-to-back (also direkt nacheinander ohne Jingle dazwischen) zu spielen, verärgert mehr Hörer als sie zieht. Der Gedanke dahinter, den Hörern zu sagen, welchen Sender sie gerade hören, ist sicherlich legitim. Doch setzt Euch bitte nicht über die Interessen der Hörer hinweg. Die wissen sehr wohl, welches Programm sie hören. Entweder, weil sie es nebenbei hören und zu bequem sind, zum Radio zu gehen und daran herumzudrehen, oder, weil sie die entsprechende Stationstaste am Autoradio oder der Stereoanlage gedrückt haben und im Zeitalter von RDS ohnehin den Namen des Senders ablesen können. Wenn ich mich mit jemandem unterhalte, sage ich auch nicht in jedem zweiten Satz: „Übrigens: ich heiße Raphael Gensert." Spätestens nach dem dritten Mal würde jeder (!) diese Konversation abbrechen. Zu recht. Zu häufige Jinglelei nervt tierisch und verscheucht Hörer. Jingles sind wie Gewürze in einem guten Essen: ohne sie ist alles fad und langweilig, aber eine Überdosierung macht das Essen ungenießbar. Während meiner Sendungen hat noch nie ein Hörer angerufen und sich über zu wenige Jingles beschwert.

<u>M - Minderheiten</u>

Wer sich ausgegrenzt fühlt, fühlt sich schlecht. Kein Hörer soll sich schlecht fühlen. Grenze deshalb keine Hörer aus. Halte Dir vor Augen, für wen Du Radio machst. Hörer sind nicht nur breite Masse. Hörer sind auch Nischenfüller. Mich hat einmal ein Mann in der Sendung angerufen und sich über den Verkehrsservice beschwert. Da sei immer von Autofahrern die Rede. Er sei hauptberuflicher Fernfahrer, würde den ganzen Tag im LKW sitzen, für ihn sei der Verkehrsservice sehr wichtig. Er sagte, er käme sich nicht ernstgenommen vor, wenn im Verkehrsservice nur die Autofahrer erwähnt würden. Nach diesem Anruf wurde mir erst bewußt, was ich tagein, tagaus gesagt habe. Formulierungen wie „Achtung, Autofahrer" oder „Falls Ihr mit dem Auto unterwegs seid" vermeide ich seitdem oder weite sie aus. Natürlich kann ich schlecht sagen: „Achtung, Autofahrer, Lastwagenfahrer, Busfahrer, Transporterfahrer, Motorradfahrer und Wohnwagenfahrer". Aber ich kann die Floskel einfach weglassen. Oder ich weite sie global aus: „Falls Ihr heute morgen mit dem Auto oder dem Brummi unterwegs seid...". Es muß ja nicht immer der „Lastwagen", Laster oder LKW sein. Ein behutsam eingesetztes Fast-Modewort tut's auch.

Ferner solltest Du mit Begriffen wie Arbeit, Feierabend oder Urlaub sparsam und überlegt umgehen. In einer Zeit, in der es Millionen von Arbeitslosen gibt, ist die Wahrscheinlichkeit, daß Dir gerade ein Arbeitsloser zuhört, ziemlich groß. Und der findet es wohl nicht so spaßig, wenn Du ihm erzählst, wie Du zur Arbeit gehst oder Feierabend oder Urlaub hast. Auch kann nicht jeder, der zuhört, nach Hause oder zu seiner Freundin ins Bett. Wer im Knast sitzt oder im Krankenhaus liegt und so etwas hört, fühlt sich ausgegrenzt. Vielleicht nicht bewußt, aber unterbewußt. Das heißt nicht, daß Du solche Begriffe oder Situationen in Deinen Moderationen vollkommen vermeiden sollst. Das heißt nur, daß Du unbedingt eine passende Formulierung parat haben solltest, bei der sich niemand auf den Schlips getreten fühlt. Natürlich sprechen wir hier über Minderheiten. Die meisten Fahrzeuge auf der Autobahn oder der Bundesstraße sind nun mal Autos. Und die meisten Menschen sind berufstätig, haben normale Arbeitszeiten und freuen sich auf ihren Feierabend. Durch einen geschickten Nebensatz kannst Du aber auch diejenigen erreichen, die im Laster oder daheim auf dem Sofa oder im Knast sitzen, ohne die breite Masse zu verschrecken. Je mehr Menschen und Lebenslagen Du ansprichst, desto kleiner ist die Zahl derer, die sich ausgegrenzt fühlen. Auch ein Denkanstoß: Irgend jemand hat immer Geburtstag. Für irgend jemanden ist „heute" immer ein ganz besonderer, wichtiger Tag. In meiner Zeit als Frühmoderator bei DASDING habe ich mal einen ganzen Monat lang jeden Morgen im Show-Opener um 6 Uhr ein Geburtstagsständchen gespielt und damit allen gratuliert, die an diesem Tag Geburtstag hatten. Es gab sogar Feedback von Hörern – von Geburtstagskindern, die fanden es geil. Mich hat's gefreut, weil mir das gezeigt hat, daß ich meine Hörer anspreche und sie sich auch angesprochen fühlen. Nur so als Anregung ;-) Ebenso ist immer für irgend jemanden „heute" ein anderer bedeutsamer Tag: Irgend jemand hat „heute" einen Gerichtstermin, eine große Operation, schreibt eine ganz wichtige Prüfung, wird sich mit jemandem zum ersten Mal treffen, hat heute ein Vorstellungsgespräch, muß jemanden zu Grabe tragen oder jemandem eine unangenehme Nachricht übermitteln. Gründe für einen besonderen Tag (gleich, welcher Art) gibt es reichlich. Das Bewußtsein darüber kann man ruhig mal in Moderationen abfangen.

M - Musik

Schwieriges Thema, weil es ein akustisches und ohne Klangbeispiele wohl etwas trocken ist. Mein ehemaliger Fahrtrainer hat immer gesagt: „Respect the music“. Menschen hören Radio hauptsächlich wegen der Musik. Sie freuen sich, wenn im Radio ein Lied läuft, das sie kennen und ihnen gefällt. Sie singen mit; auch, wenn man es nicht hören oder sehen kann. Spiel die Musik aus. Natürlich sind → Ramptalks erlaubt, aber sie müssen passen und sind ein Stilmittel. Zuviel des Guten hat die gegenteilige Wirkung. Cold ends sollte man stehen lassen. Jedenfalls habe ich das von vielen Trainern gehört und bin der Meinung, daß man auch ein Cold end benutzen kann, um ihm eine zusätzliche Dramaturgie zu verleiten. Die Meinungen hierüber gehen auseinander. Einen Xavier Naidoo muß man nun wirklich nicht bis zur letzten Sekunde jammern lassen, man kann ihn auch schon (wesentlich) früher in die Wüste schicken. Der Xavier Naidoo-Fanclub und sein Mitglied werden Dich (und mich!) dafür hassen, alle anderen werden Dich lieben. Es kann einem nicht alles gefallen, und ich persönlich bin der Meinung, daß man als Moderator durchaus auch mal in Maßen über einen Titel herziehen kann. Die Berater schreien auf: „Das kannst du nicht machen! Warum spielst du's dann? Du kannst nicht die Musik, die du spielst, schlechtmachen.“ Meine Meinung: Ich bin zwar Moderator, aber ich bin auch ein Mensch mit musikalischen Vorlieben und Abneigungen. Wenn mir ein Lied gefällt, kann ich zur Bekräftigung meiner Position eine Lobeshymne aussprechen. Wenn mir ein Lied überhaupt nicht gefällt, kann ich ebenfalls zur Bekräftigung meiner Position auch ein paar Spitzen fallen lassen. Nur bitte: niemals, wenn es aus zeitlichen (backtimingtechnischen) Gründen nicht zwingend sein muß, Titel editieren und Strophen oder Refrains herausschneiden. Es gibt Sender, die das machen. Die kürzen Musiktitel teilweise radikal, damit die Lieder kürzer werden, sie mehr Lieder in eine Sendestunde hineinquetschen können und dann behaupten, ihr Sender würde mehr Musik spielen als andere. Wer das Radio aber aufdreht, mitsingt und sich über eines seiner Lieblingslieder freut, wird explodieren, wenn er feststellt, daß das Lied in der Bridge abgewürgt oder um eine oder zwei Strophen betrogen wird. Respect the music. Spiel die Musik auch aus. Wenn Du sie kürzen mußt, sorge dafür, daß jedes Lied mindestens zwei Minuten lang läuft. Deutschsprachige Musik solltest Du nie signifikant früher beenden, weil die Hörer die Texte eher auswendig können und sie für sich im Stillen mitsingen als die von englischsprachigen Titeln.

R - Ramptalk

Als Ramp bezeichnet man das Instrumentalstück am Anfang eines Musiktitels bis zu der Stelle, an der der Gesang einsetzt. Je nach Aufbau der Musik findet man auch mehrere Ramps nacheinander. So kann auch ein voller $^4/_4$-Takt (→ Fahren) mit einem anschließend einsetzenden Schlagzeug oder einer zusätzlichen Begleitmelodie eine volle Ramp sein, obwohl an dieser Stelle noch nicht gesungen wird. Ein Beispiel hierfür ist Beagle Music Ltd. - Like ice in the sunshine. Die erste Ramp geht bis 6 Sekunden, die zweite bis 18, und der Gesang setzt erst bei 29 ein. Wir haben hier also eine lange Ramp von 29 Sekunden Dauer, eine mittellange von 18 und eine kurze von 6 Sekunden Dauer. Mußt Du vor diesem Titel moderieren, stoppe die Länge Deiner Moderation. Das setzt natürlich voraus, daß Du den genauen Wortlaut Deiner Moderation kennst. Falls es Dir schwer fällt, frei zu sprechen und dabei die Zeit im Auge zu behalten, schreibe Deine Moderation wortwörtlich auf (auch mit scheinbar zufälligen Pausen oder Äähs) und lies sie ab. Stoppe die Zeit, die Du für die Moderation brauchst mit einer Stoppuhr oder starte im selben Moment irgendein PFL. Wenn Dich die Musik dabei stört, drehe sie runter. Ist Deine Moderation zu Ende, liest Du die Zeit ab. Meistens liest man einen Text im Off schneller als wenn das Mikro wirklich auf wäre. Im Zweifelsfall addierst Du ein oder zwei Sekunden Karenzzeit hinzu. Du kennst die Länge Deiner Moderation und die der Ramp. Verlasse Dich nicht auf die Zeit, die im System angegeben ist. Diese Zeiten stimmen oft nicht. Jedenfalls ist das meine Erfahrung.

Nun ist die Wahrscheinlichkeit sehr gering, daß die Länge Deiner Moderation exakt der Länge der Ramp entspricht. Entweder ist sie zu lang oder Du bist es. Bist Du zu lang, suche Dir eine Stelle in Deinem Text, an dem Du die Ramp reinfährst. An dieser Stelle setzt Du Dir ein Zeichen. Lies die Moderation. Sobald Du Dein Zeichen erreicht hast, drückst Du die PFL-Taste des Titels und führst die Moderation zu Ende (Abb. 1). Verschiebe das Zeichen solange, bis Du die richtige

Stelle gefunden hast. Wichtig: sobald es On Air geht, konzentriere Dich auf alles. Liest Du zu schnell oder zu langsam oder versprichst Dich, stimmt das Timing nicht mehr, und der Ramptalk ist versaut.

Ist die Ramp länger als Deine Moderation, kannst Du die Ramp entweder auf die richtige Länge kürzen, indem Du den Track → eincuest. Sitzt der Cuepunkt ungünstig, kann sich der Anfang der Musik schlecht anhören (Abb. 2). Besonders dann, wenn es ein Lied ist, das wirklich jeder kennt. Du kannst auch die Musik für ein paar Sekunden stehen lassen, ein bißchen herunterziehen, Deine Moderation machen und sie danach wieder auf 0 dB anheben. Verfahre dabei wie eben beschrieben mit dem Unterschied, daß Du Dir eine Markierung auf Deinem Skript machst oder Dir die Zeit notierst, an der Du mit Deinem Text einsetzen mußt (Abb. 3):

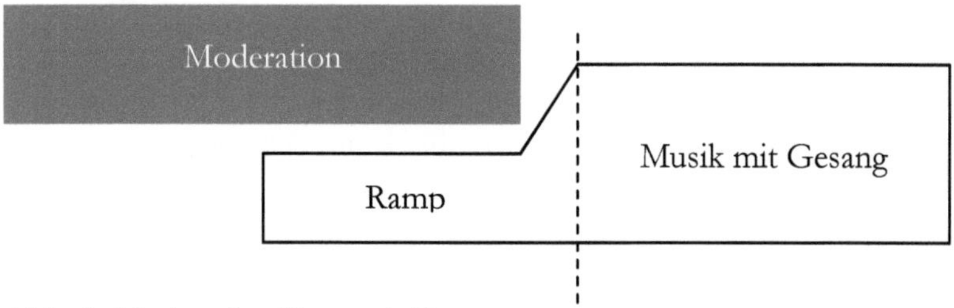

Abb. 1: Moderation länger als Ramp

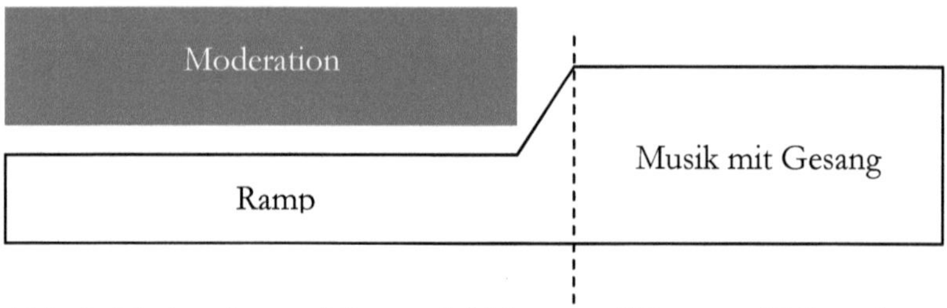

Abb. 2: Moderation und Ramp gleichlang, weil Ramp auf Länge der Moderation eingecuet

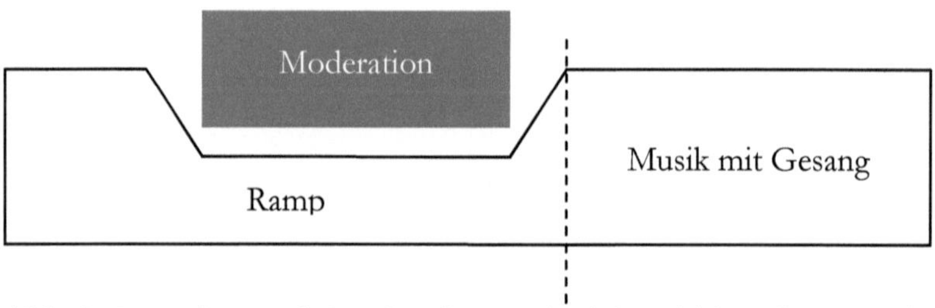

Abb. 3: Ramp länger als Moderation; nach einigen Takten herunterziehen

T - Teasen Teil 1

Ein Teaser ist eine Art Programmhinweis, ein Appetitmacher, dessen Gebrauch leider häufig übertrieben wird. Picke Dir etwas aus dem Beitrag, den Du anteasen sollst, heraus und locke damit die Hörer. Häufiges Problem: Es handelt sich nicht um einen Einmal-Beitrag, sondern um etwas, das so oder so ähnlich immer wiederkehrt. Bei Rubriken, die immer wieder im Programm auftreten, tease den Inhalt der Rubrik an und nicht die Rubrik als solche. Hast Du in jeder Sendung ein Interview mit einem Gärtner, so wird er sicher in jeder Sendung etwas anderes erzählen. Höre Dir den Take vor Deiner Sendung an oder, falls er live ins Studio kommt, rufe ihn vor der Sendung an und besprich mit ihm den Inhalt seines Takes. Hat er von Nußbäumen zu erzählen, lenke Deinen Teaser dorthin. Geht es um Komposthaufen, baust Du dieses Thema in Deinen Teaser ein. Vermeide einen Teaser nach dem Schema: „Gleich kommt wieder unser Doktor mit dem grünen Daumen". Das hört sich albern an, und niemand hat etwas davon. Warum soll ich dranbleiben? Weil es gleich um Nußbäume (Komposthaufen, Laub, Rasenmäher, Balkonblumen...) geht und mich der Moderator neugierig macht. Das gilt im übrigen auch für Comedyserien, die Du anteasen sollst (obwohl es meiner Meinung nach kontraproduktiv ist: Witz lebt vom Überraschungsmoment).

T - Teasen Teil 2

Ein Moderationstrainer hat einmal zu mir gesagt: „Jedes Thema ist es wert, angeteased zu werden." Interessanterweise war es derselbe Moderationstrainer, der mir gesagt hat: „Man sagt nur dann etwas, wenn man etwas zu sagen hat." Es war, wenn ich mich recht erinnere, auch derselbe, der einmal sagte: „Wenn du etwas zu sagen hast, sage es jetzt und nicht später." Daß diese Aussagen im Widerspruch zueinander stehen, leuchtet ein. Ich finde jede dieser Aussagen für sich allein grundsätzlich korrekt, jedoch unter bestimmten Voraussetzungen. Ist wirklich jedes Thema es wert, angeteased zu werden? Nein. Service wie Nachrichten, Wetter, Verkehr oder Nerv-Elemente wie Werbung brauchen nicht angeteased zu werden. Letztere erst recht nicht, und das ist nicht witzig. Alles schon dagewesen („Jetzt erstmal Musik, aber dann gibt's die neuesten Verbraucherinfos für Sie" – geht's noch?). Wie bereits in „Teasen Teil 1" beschrieben, sollten bei wiederkehrenden Rubriken deren Inhalt und nicht die Rubrik als solche angeteased werden. Picke Dir einen

Aspekt aus dem Beitrag oder Interview heraus und serviere es den Hörern als Appetithäppchen. Das kann auch ein O-Ton sein, der beim Schneiden abgefallen ist, den der Redakteur nicht eingebaut hat (wenn möglich, ihn vorher um einen Teaser-Ton bitten). Ich persönlich bin der Ansicht, daß es für die Hörer einen erkennbaren Grund für den Teaser geben muß. Wenn ich einfach sage: „Das-und-das gibt's gleich“ (oder so ähnlich), greift der dritte eingangs erwähnte Satz: „Wenn Du etwas zu sagen hast, sage es jetzt und nicht später.“ Wenn ich mich mit meinen Freunden unterhalte, sage ich auch nicht: „Ich muß euch unbedingt etwas erzählen, aber ich sag's erst gleich“. Die verwirrten Blicke kann ich mir gut vorstellen (ganz davon abgesehen muß dann natürlich auch ein wirklicher Knaller kommen). Liefere ich aber einen Grund, ergibt mein Teaser einen Sinn. Der Grund muß natürlich nicht stimmen, aber es sollte wenigstens einer da sein, sei er auch noch so absurd. Denke Dir etwas aus, aber sage niemals die Wahrheit („Wir müssen jetzt erstmal Musik spielen, weil die Stundenuhr das so vorsieht, um die durchschnittliche Hördauer künstlich zu verlängern und damit der Wort-Break an dieser Stelle nicht länger wird als 1.30“)! Der Grund des Teasers hängt natürlich vom Thema ab. Geht es beispielsweise um die Megastaus auf den Autobahnen, weil heute die Sommerferien angefangen haben und es dauert noch, zwei, drei Lieder, bis der ADAC-Experte im Programm erscheint, tease ihn an und begründe den Teaser. Erkläre sinngemäß, daß er so fasziniert von dem Riesenstau ist, daß er den, in dem er selber gerade steht, noch einen Moment genießen will. Oder daß er sein neues Navigationssystem ausprobieren muß, um den Stau vor der Tür des Sendergebäudes zu umfahren oder erst noch alle Autobahnen abfahren muß, um zu sehen, wo wirklich Stau ist. Irgend etwas. Gib mir irgend etwas. Irgendeine pfiffige Erklärung, aber sage nicht einfach: „Gleich sprechen wir mit Herrn Meyer vom ADAC.“
Bleibt noch der zweite Satz: „Man sagt nur etwas, wenn man etwas zu sagen hat.“ Das gilt auch für einen Teaser. Bevor ich mir einen abbreche und wertvolle Vorbereitungszeit auf den Gedanken verschwende, wie ich nun einen originellen Teaser schreibe, mir einen O-Ton dazuhole und den Teaser auch noch begründe und auf keinen grünen Zweig komme, lasse ich es lieber weg. Man muß nicht immer alles anteasen. Bevor nur Unsinn rüberkommt, lieber die Uhr brechen, den Hahn zulassen und das nächste Lied spielen. Und notfalls den Kopf dafür hin-

halten. Peter Stockinger, früherer Programmchef von SWF3, hat mal in einer Konferenz gesagt: „Lassen Sie die Hörer auch mal in Ruhe."

T - Thema

Es gibt Moderationen, die sind eigentlich nicht besonders spannend. In manchen Fällen lassen sich solche Moderationen aufmotzen, indem Du Musik einspielst, die zum Thema paßt. Ein an sich langweiliger Wetterbericht, der den Leuten diese Woche schon zum x-ten Mal erzählt, daß es weiterhin schneien wird, gewinnt an Wirkung, wenn Du z. B. den „Schneewalzer" von Heino einspielst. Ziehe Dir den Track in den Sendeplan oder lege die CD ein (vor der Sendung aus dem Archiv besorgen oder den Praktikanten hinschicken) und → cue an eine Stelle, die textlich gut paßt (Refrain). Am besten eignen sich hierfür deutschsprachige Lieder, die jeder kennt und die möglichst überhaupt nicht ins Format passen. Laß sie nur so lange stehen, wie sie für das Verständnis des Gags wichtig sind. Über Schlager und Volksmusik wird man in einem jungen Programm stolpern.
Auch bei scheinbar harmlosen Moderationen kannst Du diesen Trick einsetzen. Ein Beispiel: Ich hatte in meiner Sendung die neue von Air. Ich glaube, es war „Cherry Blossom Girl". Spielt auch keine Rolle. Jedenfalls war es etwas von Air, und die kommen ja aus Frankreich. Natürlich kann man da den Standard bringen: „Cherry Blossom Girl von Air, und die kommen ja aus Frankreich." Man kann aber auch die Karnevalsnummer „Frankreich Frankreich" (spricht sich eher wie Fronkreisch Fronkreisch) von den Bläck Föös raussuchen, eincuen und in der Moderation sagen: „Air. Musik aus" – und dann das Stück abfahren: „Fronkreisch Fronkreisch" und an der Stelle hart abbrechen und die Moderation fortsetzen. Probiere es aus, das kann super klingen.
Wie jeder Trick, etwas Ungewöhnliches oder Unvorhergesehenes zu starten und damit die Aufmerksamkeit Deiner Hörer auf Dich zu lenken und ihnen ein Lächeln zu entlocken, solltest Du auch diesen Trick nicht übertreiben. Zu oft eingesetzt, verliert er an Wirkung und kippt ins Gegenteil.
Noch was: Bitte pro Moderation immer nur ein Thema! Entweder eine Musikmod oder der Aufruf zum Gewinnspiel. Wenn Dir die Musikredaktion oder sonst jemand etwas anderes vorschreiben will, mache Deine Position klar. Du bist der Verkäufer des Senders. Du bist die

letzte Kontrollinstanz, bevor etwas raus geht. Ein Metzger wird sich auch nicht von einem Elektriker vorschreiben lassen, wie er ein Schwein zu zerlegen hat. Er weiß, wie das geht, denn er ist Metzger und hat sein Handwerk gelernt. Du bist Moderator und hast Dein Handwerk gelernt oder bist dabei. Wenn die Musikredaktion auf die Musikmod besteht, müssen sie den Titel an eine andere Stelle setzen. Es kann niemand von Dir verlangen, Deinen Job absichtlich schlecht zu machen. Wenn es hart auf hart kommt, mußt Du im Aircheck Deinen Kopf dafür hinhalten. Ein „Dafür kann ich nix" zieht dabei meistens nicht. Ich spreche da aus Erfahrung, ich hatte genau diese Diskussion mit einer (äußerst hartnäckigen) Musikredakteurin bei You FM. Ich habe mich durchgesetzt, und weil ich an genau dieser Stelle aus verschiedenen Gründen das Gewinnspiel anfangen mußte, gab es keine Musikmoderation. Hätte sie das Lied in die nächste Stunde geschoben, wäre es kein Problem gewesen. Wollte sie nicht, also blieb es so. Klang doof, aber immer noch besser, als zwei verschiedene Themen in eine Moderation zu packen. Ein Topic pro Break!

Ü - Überlegen

Es mag banal erscheinen, aus eigener Erfahrung heraus weiß ich aber, daß man sich während der Sendung leicht ablenken läßt. Kollegen im Studio, die eBay-Auktion, die kurz vor dem Ende steht, die scharfe Praktikantin, die gerade draußen über den Gang schlendert oder ein Hörer am Telefon, der sich über was-auch-immer beschwert. Egal, was gerade im Hintergrund passiert: Das wichtigste sind Deine Moderationen. Jedenfalls wirst Du im Aircheck daran gemessen. Die Erklärung, etwas oder jemand habe Dich abgelenkt, wird wahrscheinlich nicht ziehen. Nimm Dir Zeit, um Deine Moderationen rechtzeitig durchzugehen, sie laut vor Dir selber abzulesen oder vorzutragen und überlege Dir Ein- und Ausstieg. Wenn es wirklich gar nicht geht, Dein Titel schon blinkt, weil er in fünf Sekunden zu Ende ist und Du den Überblick verlierst, brich die Uhr. Zieh den nächsten Track hoch und nutze die Zeit, Dich von allen Störfaktoren zu befreien. Bitte den Kollegen oder die Kollegin, Dich für einen Moment allein zu lassen. Gib Dein letztes Gebot ab und laß eBay ruhen. Winke der Praktikantin auf dem Gang zu und gehe nach Deiner Sendung mit ihr einen Kaffee trinken. Erkläre dem Hörer am Telefon, daß Du sein Anliegen zur Kenntnis genommen hast. Einen Titel mehr als vorgesehen kannst Du spielen.

Mehr nicht. Wenn Du wirklich noch Zeit brauchst, nimm sie Dir. Kein Hörer weiß, daß die Stundenuhr vorschreibt, daß um 20 nach eine Moderation kommen sollte und wird deshalb auch nicht stutzig, wenn die erst um 24 kommt. Schlimmstenfalls hört Dein Chef zu, oder er merkt es im Aircheck. Wenn Du in die Situation kommst, Dich für eine solche Entscheidung rechtfertigen zu müssen, hilft nur die Flucht nach vorne. Nimm den Fehler auf Deine Kappe und mache Deinem Chef/Airchecker klar, daß Du Dich bewußt dazu entschieden hast, die Stundenuhr zu brechen, anstatt On Air irgend etwas daherzustammeln. Das ist das geringere Übel, und jeder wird es verstehen können. Oft ist es auch so, daß auf die Einhaltung der Stundenuhr nur kurz nach Einführung derselben geachtet wird. Nach ein paar Monaten oder gar ein, zwei Jahren juckt es erstaunlicherweise keinen mehr, wenn man ein Element schiebt und dadurch die Stundenuhr bricht.

V - Versprecher

Passieren. Wir sind Menschen, und Menschen versprechen sind. Sie vertippen sich auch, und wenn alle Tippfehler, die man so macht, im Text stehen bleiben würden, könnte man ihn wahrscheinlich kaum noch verstehen. Einfache Verhaspler überhört man. Natürlich solltest Du Dich um eine möglichst störungsfreie und deutliche Aussprache bemühen, aber niemand wird Dir kleinere Versprecher übelnehmen. Heikel wird es erst bei inhaltlichen Versprechern. Dazu ein Beispiel: Als im Herbst 2005 die Sondierungsgespräche zwischen SPD und CDU stattfanden, um nach der Neuwahl im September eine neue Regierung zu bilden, hörte ich in einem Nachrichtensender (reines Wortprogramm), Müntefering habe nach den Verhandlungen gesagt, die Gespräche mit der CDU seinen furchtbar gewesen. Ein paar Minuten später folgte eine Zusammenfassung aus Wirtschafts- und Finanznachrichten, bis eine Moderatorin etwas von einem Buchstabendreher sagte. Der Bericht des Kollegen sei fehlerhaft gewesen; Müntefering habe gesagt, die Gespräche seien nicht furchtbar sondern fruchtbar gewesen. Ein brisanter Versprecher, der natürlich korrigiert werden mußte.
Anders ist es bei kleinen Versprechern, die einem beim freien Reden rausrutschen und die keinen Bedeutungsunterschied mit sich bringen. Solche Arten von Versprechern bitte nie kommentieren. Schon gar nicht mit „Entschuldigung“, denn damit lenkst Du die Aufmerksamkeit der Hörer noch mehr auf Dich und Deine Versprecher. Ohne diese

Floskel würden sie die Versprecher kaum wahrnehmen, denn im normalen Sprechalltag versprechen wir uns laufend. Unser Gehirn ist aber so aufgebaut, daß es solche Fehler sofort herausfiltert und uns diese Versprecher meistens gar nicht auffallen. Im Radioalltag konzentriert man sich viel mehr auf sich, als andere es tun, da fällt einem ein eigener Versprecher viel stärker auf. Bei einem Lokalsender habe ich einmal eine Nachrichtensprecherin gehört, die wohl so aufgeregt war, daß sie keinen geraden Satz hervorgebracht hat. Jedes dritte Wort war „Entschuldigung". Das hört sich wirklich sletsam, Entschuldigung, seltsam an.

W - Wir

Person, in der Du von dem Sender sprichst: Wir spielen Musik, wir haben uns mit X unterhalten, bei uns am Telefon, ruft uns an... Wenn es die Programmdirektion nicht verbindlich anders vorgibt, sprich On Air immer von „uns". Zwar sitzt meistens nur eine Person im Studio, die zu den Hörern spricht, vertritt in diesem Moment jedoch immer den Sender als Ganzes, der durchaus aus mehreren Personen besteht. Nicht der Einzelne steht im Vordergrund (auch bei Personalities), sondern der komplette Sender. Nicht Moderator X spielt meinen Musikwunsch, sondern Radio XY. Das CD-Paket habe ich nicht bei Moderator X gewonnen, sondern bei Radio XY. Für den Hörer entsteht der Eindruck, das Team des Senders zieht an einem Strang; das Programm klingt runder.

3. Interviews

Über Interviews, ihre Vorbereitung, Aufarbeitung, Einleitung und Durchführung gibt es ganze Bücher und Seminare. Die Tips, die ich hier gebe, sind also nur einige wenige und in knapper komprimierte Form beschrieben.

A - Abmod

In der Abmoderation eines Interviews faßt Du die Kernaussage Deines Gesprächspartners zusammen. Bitte keine Einleitungen wie: „Das war Professor XY", sondern einfach: „Professor XY von der Universität

Dortmund." Gleich hinterher kommen maximal zwei Sätze der Zusammenfassung und die Überleitung ins Programm: „Er hält Windenergie für eine Alternative zum Atomstrom, wenn man landschaftliche Beeinträchtigungen dafür in Kauf nimmt." Je nach Ausrichtung des Senders und wirklichem Inhalt des Interviews kann diese Abmoderation auf einer → Ramp stattfinden, mit einem → Stinger abgebunden werden oder mit einem Gag enden. Der darf allerdings weder das Thema noch Deinen Gesprächspartner diffamieren. Die Zusammenfassung des Gesprächsinhalts ist aus drei Gründen wichtig:

Als Hörer habe ich nicht alles mitbekommen und bin vielleicht nur durch eine Äußerung des Interviewpartners auf das Gespräch aufmerksam geworden und ärgere mich nun, daß ich nicht alles gehört habe. Für ein knappes Ergebnisprotokoll bin ich sehr dankbar.
Ich habe nicht alles verstanden, weil der Experte Begriffe verwendet hat, die ich nicht kenne und ich einen Moment gebraucht habe, um ihre Bedeutung zu verstehen.
Das Gespräch ist etwas ausgeufert, ich kann mich nicht mehr an den Anfang erinnern, oder der Interviewpartner hat sich so unklar ausgedrückt, daß mir seine eigentliche Position gar nicht klar ist und ich Hilfe brauche, um zu verstehen, was er gemeint hat.

Ist das Interview vorproduziert (der Regelfall), kannst Du es vor der Sendung hören und die Abmoderation vorschreiben. Ist das Interview live, weißt Du in den meisten Fällen zumindest die Kernaussage und kannst Deine Moderation vorbereiten. Falls Du den Inhalt des Gesprächs und den Standpunkt Deines Gesprächspartners überhaupt nicht kennst, frage ihn im Zuge der Vorbesprechung im Off. Während des Interviews eine Abmoderation zu schreiben, geht meistens schief. Die Abmod sollte also schon stehen, bevor das Interview losgeht.

E - Einstiegsfrage

Die muß knallen, sonst wird's schnell zäh. Und wenn's zäh wird, sind die Hörer weg. Bitte nicht mit Begrüßungsfloskeln daherkommen, die rauben nur Zeit und nehmen den Schwung aus der Sendung. Überlege Dir eine möglichst originelle Einstiegsfrage. Sie darf provokant oder überraschend sein; das ist sogar dienlich. Ein „Wie ist die Stimmung [auf dem XY-Festival]?" ist weder provokant noch überraschend. „Wie geht's Deinen Ohrenschmerzen?" ist dagegen schon eine Steigerung. Profis fällt auf solche Fragen selbst dann etwas ein, wenn sie überraschend kommen. Dennoch solltest Du insbesondere Einstiegsfragen mit Deinen Interviewpartnern abklären, damit sie sich nicht gleich im ersten Satz einen zurechtstammeln. Vermeide dabei geschlossene Fragen, die sich streng genommen nur mit ja oder nein beantworten lassen.

G - Generell

Generell gilt: Verzichte nach Möglichkeit auf Telefon-Interviews. Die klingen schlecht und sind immer ein Abschaltfaktor. Es gibt Fälle, da geht es partout nicht anders. Gut, dann muß das eben so sein. Ansonsten ist es grundsätzlich besser, mit Aufnahmegerät und Mikrofon loszuziehen und Dir den Gesprächspartner selbst ans Mikro zu holen. Ob das machbar ist, ist eine Frage der Organisation und letztlich des CvDs oder des Programmchefs. Und natürlich auch eine der personellen Ausstattung. Hast Du das Glück, bei einem Sender zu sein, in dessen „Heimatstadt" viele Behörden, Verbände und ähnliche potentielle Interviewpartner ihren Sitz haben (z. B. Frankfurt, Hamburg, München, Berlin, Dortmund, Wien, Linz, Graz...), dürfte der Weg zum Interviewpartner nicht allzu groß sein. Anrufen, persönliches Treffen vereinbaren, hingehen, aufzeichnen, zurückkommen, schneiden, fertig. Dauert länger, ist aufwendiger, klingt aber um Längen besser als dieses grauenhafte Telefon.

Noch besser und bequemer: Interview per Leitung. Das geht fast nur bei Öffentlich-Rechtlichen. Dort macht sich dann allerdings die technische Überlegenheit gegenüber den Privatsendern bemerkbar. Die ARD-Sender arbeiten zusammen. Jedes ARD-Funkhaus ist verpflichtet, anderen ARD-Funkhäusern zu helfen und sie technisch zu unterstützen. Das bedeutet in Kurzform: Wenn Du beispielsweise in Berlin bei einem ARD-Sender sitzt (rbb oder Hauptstadtstudio) und Dein Interviewpartner in Hannover, so kannst Du über den Hörfunk-Schaltraum eine Leitung in ein NDR-Studio in Hannover buchen. Deinen Interviewpartner setzt Du dann zur festgelegten Zeit in das NDR-Studio, Du selbst bleibst in Berlin. Der Schaltraum verbindet beide Studios miteinander, und so ist eine Art Telefongespräch zwischen beiden Studios in Leitungsqualität möglich. Das hört sich an, als würde er neben Dir sitzen. Die Einzelheiten dazu erklärt Dir sicherlich jemand aus dem Schaltraum (auch „Hörfunk-Dispo"); das würde hier zu weit

Schaltraum (auch „Hörfunk-Dispo"); das würde hier zu weit führen. Wichtig ist mir nur, zu erwähnen, daß es Alternativen zum Telefon gibt.

V - Vorstellung
Leite einen Interviewpartner mit seinem Namen (ggf. dem vorangestellten Titel) und seiner Funktion sein. Manchmal bietet es sich auch an, gleich seine Position zum Thema vorwegzunehmen. Besonders dann, wenn der Interviewpartner etwas kommentieren soll, das vorab schon bekannt wurde. Ein Beispiel: Es war vor ein paar Jahren, als irgend jemand aus dem Bundestag (ich weiß nicht mehr, wer; spielt auch keine Rolle) die Erhöhung der Tabaksteuer forderte. Diese Meldung kursierte schon seit ein paar Tagen durch die Agenturen, und wir hatten in der Frühsendung den Vorsitzenden des Verbandes der Zigarettenindustrie. Nun kann man sich denken, daß dieser der Befürwortung der Tabaksteuererhöhung feindlich gegenüberstand, und trotzdem hatten wir seinen Standpunkt in die Anmoderation gepackt und ihn in etwa folgendermaßen vorgestellt:

Klaus Meyer (oder wie auch immer er hieß), Sie sind der Vorsitzende des Deutschen Verbandes der Zigarettenindustrie und gegen den Vorschlag von Frau X, die Tabaksteuer zu erhören. Mit anderen Worten: „Raucht mehr", oder wie soll man Sie verstehen?

Den genauen Wortlaut weiß ich heute nicht mehr, aber es ging in diese Richtung (er verstand Humor, fühlte sich dadurch also nicht beleidigt). Wichtig ist mir nur, an diesem Beispiel zu zeigen, wie man jemanden vorstellen kann, ohne das fürchterlich abgedroschene „Am Telefon ist X. Guten Tag, X". Beginne den letzten Satz Deiner Anmoderation mit dem Namen des Interviewpartners:

[Doktor] Klaus Meyer

Sprich ihn dann direkt an oder stellt ihn vor:

...ist Vorsitzender des Kaninchenzuchtvereins/...Sie sind Vorsitzender des Kaninchenzuchtvereins.

Direkt im Anschluß daran stellst Du Deine → Einstiegsfrage:

Wie schmecken Ihnen Kaninchen am besten, mit Birnen und Preiselbeeren?

Und bitte niemals die Floskel „Am Telefon ist jetzt...“, denn daß jemand am Telefon ist, hört man. Die Floskel ist also überflüssig, und was überflüssig ist, das laß weg.

4. Musikmoderation

B - Bezug

Sprich nicht nur über Musik. Spiel sie an. Geht es um Fatboy Slim und die Info, daß er früher mal Bassist bei den Housemartins war, spiele etwas von den Housemartins an. „Happy hour“ zum Beispiel, das erkennt jeder, wenn er es hört. Ziehe Dir den Titel in die Playlist und → cue ihn ein, oder schneide vor der Sendung ein Stück aus dem Titel heraus. Wann immer es in einer Musikmoderation geht um Musik geht, die in Deiner Moderation nur eine untergeordnete Rolle spielt, spiele sie an. Dann können auch diejenigen etwas mit der Info anfangen, denen der Name eines Titels oder Interpreten allein nichts sagt. Ist der Titel nicht im Sendesystem, besorge ihn Dir vor der Sendung aus dem Archiv. Ja, das erfordert Vorbereitung ;-)

G - Generell

Neue Titel moderiert man ab, alte an. Die vielen Infos über einen neuen Titel oder Interpreten zu verbraten, bevor man das Lied spielt, ist höherer Musikjournalismus und gehört in Musikmagazine, die sich die Freaks gezielt anhören und mit Trompetenohren am Radio kleben. Das „normale“ Radio ist aber ein Nebenbeimedium und dudelt im Hintergrund vor sich hin. Sprachpassagen fallen dabei kaum auf. Durch einen interessanten Musiktitel, der mir aus irgendwelchen Gründen auffällt, werde ich dagegen neugierig. Vielleicht kenne ich die Stimme des Sängers oder der Sängerin irgendwoher, oder der Sound klingt ein bißchen so wie etwas, das ich schon kenne. Nun bin ich interessiert und möchte wissen, was das war. Dann ist die Information wertvoll für mich. Hat sie vorher stattgefunden, ist sie in der Programmfläche verpufft und war vollkommen wertlos. Natürlich kann man vor einem neuen Lied eine kurze Moderation setzen und in etwa sagen: „Es gibt etwas Neues von DJ Sonnenschein, das ist ein Typ aus Bad Sülzburg, und er hat jetzt seinen ersten Track rausbracht. Das Stück heißt ‚Heute ist ein schöner Tag', und wir spielen's Euch". Für die Einleitung reicht das. Dann habe ich nebenbei vielleicht „DJ Sonnenschein" schonmal aufgeschnappt, bin bei der Abmoderation aber um so hellhöriger, weil ich dann erst an dem Lied hängengeblieben bin und wissen will, wer oder was dahintersteckt. Das gilt auch für neue Titel von Interpreten, die jeder kennt. Läßt die Stundenuhr diese Abfolge (Moderation – Musik – Moderation) nicht zu, sprich mit der Musikredaktion oder notfalls mit Deinem Chef und hole Dir das OK ein, die Uhr an dieser Stelle zu brechen. Wenn das nicht geht, hilft der Gensert'sche Leichtsinn: einfach machen. Manchmal muß man die Programmleitung zu ihrem Glück zwingen.

Alte Titel, besonders richtige Sahnestücke, sollten anmoderiert werden. Wenn mir der Moderator sagt, daß gleich „Smells like teen spirit" von Nirvana läuft oder „Sultans of Swing" von den Dire Straits, freue ich mich darauf und drehe die Kiste lauter. So ich denn unter Berücksichtigung der Umgebung und der Situation, in der ich mich befinde, kann. Ein kleines Kind kann zu einem fröhlichen kleinen Kind werden, wenn die Oma ihm verspricht, heute mit ihm in den Zoo zu gehen und hinterher ein Eis zu essen. Würde die Oma einfach so in Zoo gehen, ohne es vorher anzukündigen und zu versprechen, würde sich das Kind zwar auch freuen, jedoch wäre das Maß an Freude höher, hätte die Oma vorher ihr Vorhaben angekündigt. Hinterher zu sagen: „Übrigens, wir waren heute im Zoo und haben danach ein Eis gegessen" hat auf das Kind denselben Weiß-ich-doch-Effekt, als nach den vier Minuten 35 von Nirvana zu sagen: „Nirvana und ‚Smells like teen spirit'". Ergo: Sage es vorher, kündige den Track an. Das kann gerne auch etwas ausgeschmückter sein als bei anderen Musikmoderationen, funktioniert aber nur bei echten Bonbons („Stairway to heaven", „Music", „Another brick in the wall" u. ä.). Wenn es statt Zoo und Eis nur einen langweiligen Spaziergang durch den Wald gibt, ist die Enttäuschung größer als die Freude. Versprochene Highlights müssen also auch eingehalten werden. Deshalb solche Musik-Ankündigungen nur bei Titeln, die auch wirkliche Perlen sind. Fließband-Mucke aus der Sparte Nickelback oder Snow Patrol gehören da sicherlich nicht dazu.

K - Keine Idee

Keine Idee, einen Titel anzumoderieren, aber ein vorgeschriebener Platz für eine Musikmod? Das kommt vor, und zumindest bei älteren Titeln gibt es einen Trick: Drehe die Moderation über das Erscheinungsjahr. Dazu ein Beispiel, das ich auf den Seiten 112 und 113 beschrieben habe: Bei SR 1 hatte ich mal einen Moderationsplatz vor dem Titel „Street Life“ von den Crusaders. Weil ich an der Stelle moderieren mußte und absolut nichts hatte, habe ich diesen Titel genommen und bin über das Erscheinungsjahr (laut Musikredaktion 1978) gegangen. Schnell bei Wikipedia nachgeschaut und „1978“ eingegeben: Was war in diesem Jahr? Es gab eine Fußball-WM (Wie hat Deutschland abgeschnitten? Wer hat die WM gewonnen? Welche Kuriositäten gab es?), und nachdem ich einiges zu dieser WM erzählt hatte, ging ich auf die damalige Musik ein. Ebenfalls bei Wikipedia gelesen: die Liste der Nr. 1-Hits. Boney M. hatte einen Hit mit „Rivers of Babylon“, also schnell in den Player gezogen, zum Refrain gecuet und angehookt. Dasselbe mit dem Soundtrack zu „Grease“. Fazit: Es gab ziemlich funkige und soulige Musik, so auch „Street Life“ von den Crusaders. Dann habe ich auf die Ramp gesagt: „The Crusaders mit ‚Street Life‘ aus dem Jahr 1978 als Deutschland in der zweiten Runde der damaligen Weltmeisterschaft ausgeschieden war.“

Dieses Prinzip läßt sich immer wieder anwenden und funktioniert am besten bei Titeln, die älter sind als etwa 15 Jahre. Auch eine solche Moderation sollte man einigermaßen vorbereiten, denn bei Wikipedia steht in den Artikeln zur jeweiligen Jahreszahl viel Müll, den man nicht braucht. Interessant sind nur Großereignisse, an die sich jeder erinnern kann (sofern er damals schon geboren war; ich war es 1978 nicht). Dann auf jeden Fall den Bogen zur Musik hinkriegen: Unten auf der Seite gibt es immer einen Link zu den Nummer 1-Hits in Deutschland (alternative Formulierung wäre so was wie: „Das-und-das kam damals neu raus“, „Das-und-das war damals super erfolgreich“). Titel reinziehen, kurz anspielen und dann auf das eigentliche Lied gehen.

P - Popnews

Erzähle etwas Menschliches über Stars. Den Beipackzettelkäse aus den Promo-CDs will niemand hören, zumal der oft auch nicht stimmt. Und Begriffe wie „Kultbrett“, „DJ-Superstar“ oder „Tröööööööööt!!!!!“ (Originalzitat!) zeugen von allem, aber nicht von fachlicher

Kompetenz. Und bitte auch keine ausschweifenden Band-Bios, Anekdoten von Garagen und Plattenfirmen, Produzenten oder ominösen Trendlisten, in den sich dieser und jener Titel angeblich schon unter den Top Ten oder sonstwo plaziert hat. Gib mir Gossip! Das heißt nicht, in den Müllcontainern der Promis herumzuwühlen (es sei denn, sie haben es verdient). Geschichten, die man aus einschlägigen Jugendmagazinen kennt, lassen sich aber, die richtigen Quellen vorausgesetzt, prima weiterdrehen. Wer hat sich wann auf wessen Party danebenbenommen? Wer rennt wem hinterher? Was ist bei den letzten Produktionen schiefgegangen? Dabei geht es nicht nur um Musiker oder solche, die im weitesten Sinne als Musiker bezeichnet werden. Es geht auch um Schauspieler und Möchtegern-Promis. Vergleichbare Fernsehmagazine wie „Brisant" oder „Exclusiv" leben davon, den Zuschauern menschliche Geschichten über Stars zu erzählen. In den Popnews geht das auch, wenn auch nur im Kleinen. Übrigens: Es ist OK, hin und wieder eine Spitze fallen zu lassen. Jedem ist klar, daß der Wahrheitsgehalt solcher Meldungen gering ist, und Leute wie Paris Hilton, Miley Cyrus oder Lady Gaga haben ihren Stempel sowieso schon drauf. Da ist nichts mehr zu retten.

W - Wiederholung

Es passiert, daß gleiche Themen oft wiederkehren: Standards, Promos, „CD der Woche", Gewinnspiele mit demselben Modus und ähnliche Elemente. Gerade was Promos anbelangt, kann es manchmal schwierig sein, es nach dem dritten oder vierten Mal noch genau so euphorisch zu vermoderieren wie beim ersten Mal. Oft nehmen Hörer Dinge erst nach mehrmaligem Hören auf, so daß es durchaus Sinn macht, große Aktionen (MA-Aktionen zum Beispiel) über mehrere Wochen zu strekken. Auch eine „CD der Woche" kann am dritten oder vierten Tag nerven (wer schon mal eine „CD der Woche" von den Söhnen Mannheims in der Sendung hatte, weiß, wovon ich spreche). Überlege Dir für jede Moderation einen neuen Aspekt des Themas. Jede Moderation dreht sich um ein Thema. Wenn Du einen O-Ton hast, dreht sich das Thema um das des Tons. Dein Moderationsthema darf dann auch gerne mal eine Band-Bio sein, genau wie aktueller Gossip über die Band (sofern vorhanden), Du kannst auch frühere Titel (z. B. den ersten großen Hit) kurz anhooken.

5. Pannen

In diesem Unterkapitel gibt es keine alphabetische Sortierung der Themen, weil sie hier keinen Sinn macht, sondern die Themen generell gelten. Es ist schwierig, mit Patentrezepten zu dienen, weil die Möglichkeit deren Umsetzung stark von der Art der Störung abhängt. Manche Pannen sind selbstgemacht (Nachrichten verpennt, falsche Regler bedient, Kaffee verschüttet, PFL gedrückt anstatt „Start“). Alle hier aufgeführten Beispiele hat es tatsächlich gegeben und sind nicht ausgedacht.

Auch in diesem Kapitel kann das große Thema Pannen nur sehr grob abgehandelt werden. Zum Vergleich: Ich biete ein Seminar an, das sich zwei Tage lang nur mit Pannen und ihrem Umgang beschäftigt. Demnach kann dieses Unterkapitel auch nur einen sehr kleinen Exkurs in das weite Feld der Radiopannen sein. Ich werde aber gerne versuchen, das Thema noch einmal bei der Privatfunkakademie in Frankfurt und bei der Landesmedienanstalt des Saarlands (Kontakt auf Seite 400) anzubieten.

Nichts anteasen

Der Moderator eines älteren Programmformats saß nicht in einem Selbstfahrerstudio sondern hinter einer Glasscheibe und war auf die Techniker auf der anderen Seite angewiesen. Anstatt der angekündigten Musik kam nur gähnende Leere, und um die zu vermeiden, mußte er logischerweise weitersprechen. Er redete sich um Kopf und Kragen und versuchte, diese ihm peinliche Situation zu überspielen. Niemand wußte, was los war. Der Moderator machte dann den größten Fehler, den er überhaupt machen konnte: Er teaste Inhalte an, die für die Sendung geplant waren. Dadurch aber, daß außer seinem Mikrofon tatsächlich nichts mehr ging und keiner wußte, wo die Ursache für den Fehler zu suchen war, konnte auch keiner absehen, wie lange die Störung noch anhalten würde und ob die Sendung überhaupt wie geplant hätte weitergehen können. Es hat dann doch geklappt, aber mit etwa 15 (!) Minuten Verspätung. Daß andere vorgesehene (und angeteaste!) Inhalte dann doch nicht mehr stattfinden konnten, dürfte einleuchten.

Tease niemals Inhalte an, wenn Du nicht wirklich sicher bist, daß sie auch kommen. Das gilt übrigens auch für → Interviews.

Andere Tonträger probieren

Die Comedy ist zu Ende, und nach etwa zwei Schrecksekunden ertönte die Moderatorin mit den Worten: „Das mit der Musik ist wohl nichts." Es war Wochenende, noch sehr früh am Morgen, weit und breit war kein Techniker zu sehen. Etwas nervös kündigte sie Atomic Kitten an, doch der abgestürzte Computer gab keinen Mucks mehr von sich. Als ihr die Situation so richtig bewußt wurde, wurde sie hörbar unruhig und gestand verzweifelt, sie habe noch nicht einmal ein Buch dabei, aus dem sie hätte vorlesen können. Nachdem sie sich wieder einigermaßen gefaßt hatte, versuchte sie sich am CD-Player, als nach einigem Hin und Her dann tatsächlich Musik kam. Wenn auch nicht Atomic Kitten.

Ruhe bewahren. Computer stürzen ab, CD-Player nicht. Jedenfalls weitaus seltener als Sendeablaufsteuerungen. Probiere andere Tonträger aus: CD-Player, Plattenspieler oder Bandmaschine (sofern noch vorhanden), Cartwall, Kassettendeck, Telefonanlage. Wichtig: Solange Du selbst die einzige Tonquelle bist: rede, rede, rede. Denn sobald Du den Mund hältst, ist Stille auf dem Sender. Erzähle offensichtliche Ausreden vom Orchester, dessen Dirigent anscheinend mal dringend auf Toilette mußte oder vom CD-Player, der noch sein Mittagsschläfchen hält. In solchen Momenten ist es übrigens nicht nur legitim, sondern durchaus förderlich, Hintergrundgeräusche hörbar zu machen. Drücke auf Knöpfe und Tasten, klicke mit der Maus, ziehe Regler. Und zwar so lange, bis wieder irgendwas geht oder irgend jemand reinkommt und Dich rettet.

Später thematisieren

Ein Versprecher, ein Opener falsch gefahren, und nach höchstens 30 Sekunden läuft alles weiter wie bisher. Eine Panne dieser Größenordnung ist nicht der Rede wert und sollte später nicht mehr erwähnt werden. Niemals über Fehler sprechen. Ausnahme: Die Panne ist so groß und dauert so lange, daß sie wirklich jeder mitbekommt. Je nach Programmformat solltest Du, wenn wieder alles läuft, einen mehr oder weniger witzigen Spruch parat haben, mit dem Du die Sache abschließen kannst. Bitte nicht das altmodische „Wir hatten soeben eine technische Panne. Wir bitten, die Störung zu entschuldigen" – das ist Rentnerradio. Handelt es sich wirklich nur um eine kleine Panne, werden die meisten Hörer sie gar nicht bemerken. In dem Moment, in dem Du sie aber später noch einmal aufgreifst, machst Du alle darauf aufmerksam. Deshalb: Nur wirklich unüberhörbare (und seltene) Störungen später thematisieren. Kleinigkeiten „versenden" sich.

Nachrichtenpannen

Bei einem Sender, bei dem ich mal gearbeitet habe, gab es im DigAs einen Take, der folgendermaßen beschriftet war:
„Nie rennen vor den News"
Der Grund für die Beschriftung erklärte sich beim Anhören. Dahinter verbarg sich die Nachrichtensendung eines Kollegen vom Kulturprogramm. Es waren die 7-Uhr-Nachtichten, also die absolute Prime-Time. Der Sprecher kam ganz offensichtlich auf den allerletzten Drücker ins Nachrichtenstudio getorkelt und war so dermaßen außer Atem, daß sich sein Zwerchfell holte, was es brauchte und dabei keine Rücksicht auf die Situation nahm. Er mußte mehrfach einen Satz unterbrechen und geräuschvoll ein- und ausatmen, weil ihm die Luft ausging. Zu allem Überfluß überschlug sich seine Stimme einige Male, und er hatte anscheinend auch noch vergessen, seine Einspieler neu zu ordnen. Anstelle einer Korrespondentin ertönte eine männliche Stimme, und es dauerte eine Weile, bis alles wieder lief, wie es sollte.
Es kann passieren, daß der Drucker spinnt oder aus anderen Gründen die Zeit knapp wird. Lies die Nachrichten notfalls direkt vom Bildschirm ab oder verzichte auf O-Töne, die nicht rechtzeitig fertig werden. Nimm nur die erste Seite Skript mit ins Studio und bitte einen Kollegen, Dir während des Verlesens der ersten Seite die restlichen ins Studio zu bringen – auch, wenn draußen an der Tür das rote Licht leuchtet. Mach alles, was möglich ist, aber sei pünktlich im Nachrichtenstudio, und zwar so, daß Du die News in Ruhe vortragen kannst. Nachrichten haftet immer etwas Seriöses an, und das muß sich auch durch Sprache und Stimme vermitteln. Ein Nachrichtensprecher, der zu spät oder gar nicht kommt, der außer Puste ist oder einen im Tee hat, fällt sofort negativ auf.

6. Telefon

A - Anmod

Die alte Moderatorenschule sagt: „Was Du nicht brauchst, laß weg". Und sie hatte recht. Floskeln wie „Am Telefon ist..." oder „Bei uns am Telefon" (oder schlimmer: „Bei mir am Telefon") sind überflüssig. Den Telefon-Sound erkennt jeder, also reicht es, den Gesprächspartner anzumoderieren.

B - Begrüßung

Wie auch eine → Anmod im Stil von „Am Telefon ist jetzt..." ist auch eine Begrüßung verzichtbar. Ein Dialog wie

Mod: Bei uns am Telefon ist Herr Affe. Hallo, Herr Affe.
Herr Affe: Hallo.
Mod: Herr Affe, warum ist die Banane krumm?

raubt Zeit und nimmt Drive aus Deiner Sendung. Steige mit Deiner Anmoderation ein und stelle dann die erste Frage bzw. gehe gleich ins Gespräch über und verzichte auf langatmige Begrüßungen. Selbst, wenn sie nicht wirklich langatmig sind, wirken sie oft so, denn sie dienen der phatischen Kommunikation, um dem anderen zu signalisieren, daß man zur Kommunikation bereit ist. Dieses Signal ist in dieser Situation aber überflüssig, denn es sind sich bereits beide Gesprächspartner darüber einig, daß sie miteinander sprechen wollen und werden. Dasselbe gilt für Fragen nach dem Befinden. Begrüßungen und damit zusammenhängende Floskeln sind nur dann erlaubt, wenn Du während Deiner Moderation live in die Telefonleitung zappst und es auf ein längeres Gespräch absiehst. Das dürfte aber selten der Fall sein. Es gilt der alte Grundsatz: Was überflüssig ist, laß weg.

H - Handy

Wann immer es möglich ist, verzichte auf Handys On Air. Durch die hohe Datenkompression ist die Sprachqualität wesentlich schlechter als bei Festnetzanschlüssen. Hinzu kommt, daß Handys eher ausfallen: Der Empfang bricht ab, der Akku ist leer, im Hintergrund treten plötzlich Störgeräusche auf, das Shake-Hands-Signal ist hörbar. All diese

Probleme hast Du mit Festnetztelefonen nicht. Wenn schon Telefon, dann schnurgebundene Festnetztelefone. Siehe auch ➝ Vermeiden.

L - Leitung

Ist die Leitung schlecht? Klingt das Gespräch schlechter, als es sollte? Auflegen, noch mal probieren. Ist die Leitung immer noch schlecht? Wenn möglich, eine andere Telefonnummer ausprobieren.
Es passiert auch, daß Du einen Live-Interviewpartner (Hörer?) nicht erreichst. Spiele noch einen Titel, versuche es noch einmal. Falls Du mehrere Telefonnummern von ihm hast, probiere andere. Gespräche, die von vorne herein auf der Kippe stehen, solltest Du nicht ➝ teasen, so daß es im Zweifelsfall nicht auffällt, wenn sie nicht klappen. Grundsätzlich gilt: Was im Off nicht klappt, hat im On nie stattgefunden! Bitte niemals On Air einen Spruch wie „Eigentlich wollten wir jetzt mit Karl Fack sprechen, aber wir erreichen ihn nicht" bringen. Dann lieber gar nichts sagen, noch einen Titel spielen und Deinen Producer/Redakteur bitten, es weiter zu versuchen. Gerade Gespräche ins außerzivilisierte Ausland sind oft Glückssache, und auch ein Satellitentelefon kann nicht immer eine Verbindung herstellen.

V - Vermeiden

Wie schon in Kapitel 4 und auf Seite 348 unter „Generell" erwähnt: Ein Telefon On Air ist immer ein Abschaltfaktor. Wähle die bestmögliche Verbindung und nur, wenn es gar nicht anders geht, ein ➝ Handy. Zwar läßt sich das Post-Processing so einstellen, daß auch ein Telefon auch bei aktivem Turbolader noch verständlich klingt, aber wenn schon schlechter Klang, dann bitte guten schlechten Klang und keinen schlechten schlechten Klang. Wenn es sich irgendwie einrichten läßt, setze Leitungen oder ISDN-Verbindungen (MusicTaxi, CDQ o. ä.) ein. Arbeitest Du für ein öffentlich-rechtliches Programm, dürfte es kein Problem sein, Deinen Gesprächspartner in ein ARD-Studio seiner Nähe zu setzen und über die Hörfunk-Disposition eine Leitung zu bestellen. Du kannst Dich dann mit ihm in astreiner Qualität unterhalten, und es klingt, als säße er direkt neben Dir. ARD-Studios gibt es in jeder größeren Stadt (meines Wissens nach gibt es in Österreich Regionalstudios für die Ö2-Programme, die ebenfalls per Leitung miteinander verschaltet werden können). Das ist die Ideallösung, wenn auch etwas

Überzeugungsarbeit beim Interviewpartner nötig ist, weil er sich ggf. ins Auto setzen und irgendwohin fahren muß. Eine andere Möglichkeit, insbesondere dann, wenn es ins Ausland geht, ist ein Übertragungsgerät wie das MusicTaxi von Dialog 4 bzw. dessen Nachfolger Orban. Dieses Gerät ist vom Grundprinzip her nichts anderes als ein Telefon, das aber einen Klang liefert, der einer mittelmäßigen MP3-Datei gleichkommt. Voraussetzung ist, daß beide Gesprächspartner ein solches oder damit kompatibles Gerät einsetzen können und es an beiden Standorten funktionierende ISDN-Leitungen gibt. Aus eigener Erfahrung heraus weiß ich, daß auf Verbindungen nach Mittel- oder Südamerika, Osteuropa, Rußland, Afrika und den Nahen Osten kein Verlaß ist. Auf einen Versuch kommt es aber an, denn das normale Telefon bleibt Dir als Backup-Lösung immer noch. Wo Du es vermeiden kannst, setze andere Mittel ein.

7. Umfragen

T - Tunen

Ja, man kann Umfragen tunen. Man kann sie aufmotzen wie ein Auto: tieferlegen, Heckspoiler montieren, einen dicken Auspuff einbauen und eine laute Anlage reinpacken. Allerdings geht das nicht immer sondern ist stark vom Thema abhängig. Ein Beispiel:

Heute abend ist ein neuer Film in den Kinos angelaufen. Ein Film, von dem schon lange die Rede ist. Meinetwegen ein neuer James Bond oder ein Indiana Jones. Die Umfrage, die für die Frühsendung am nächsten Morgen wichtig ist, geht vor allem der Frage nach: Wie war der Film? Natürlich kannst Du die Töne der Leute einfach hintereinanderschneiden und hast unter'm Strich vielleicht eine knappe Minute zusammen. Du kannst Dir aber zusätzlich die Titelmusik zu dem Film aus dem Archiv oder von der Promo-CD holen (CvD löchern!) und sie unter die Umfrage legen. Um die Spannung zu steigern, kannst Du zwischen einzelnen Tönen Lücken lassen, in denen Du die Musik für ein, zwei Takte hochziehst. Optional lassen sich an diesen Stellen auch Filmzitate einbauen („Mein Name ist Bond. James Bond.“). Vorsicht: Film-Töne und Töne von Zuschauern sollten nicht zu dicht aneinander stehen, damit erkennbar ist, wer Zuschauer und wer Schauspieler ist. Je markanter die Filmzitate, desto geringer ist die Verwechslungsgefahr.

Dieser Trick setzt ein wenig tontechnisches Geschick und ein bedienbares Schnittprogramm voraus, aber wenn Du die Umfrage nicht gerade nachts um drei machst, kann Dir sicherlich auch ein Techniker helfen. Wie schon erwähnt, eignet sich dieses Verfahren nicht für alle Themen, aber bei einigen läßt sich so aus einer durchschnittlichen eine gute Umfrage machen, die noch dazu ganz nebenbei auf eine adäquate Beitragslänge von 1.30 kommen kann.

V - Versatz

Bei allen Umfragen solltest Du generell die O-Töne versetzt hintereinanderschneiden: männliche und weibliche Stimmen im Wechsel. Das ist manchmal nicht ganz einfach, weil man manchmal mehr Männer als Frauen hat oder umgekehrt. Achte also schon beim Einholen der Töne auf Ausgewogenheit. Im Zweifel noch eine halbe Stunde länger unterwegs sein. Auch solltest Du versuchen, inhaltlich unterschiedliche Töne hintereinanderzusetzen. Vorsicht bei Meinungsumfragen: Sind wirklich die Mehrheit Deiner Befragten der einen statt der anderen Meinung, darf das in der Umfrage auch vorkommen. Wenn Du die Leute fragst, ob sie die Erhöhung der Spritpreise gut finden, wirst Du sicherlich kaum jemanden treffen, der Dir vor Freude eine Lobeshymne an die Verantwortlichen ausspricht. Wichtiger ist wirklich ein Wechsel zwischen männlichen und weiblichen, ggf. auch alten und jungen Stimmen.

8. Verkehrsmeldungen

G - Geschwindigkeit

Reduzieren. Bitte. Das Programm kann so rasant sein, wie es will. Verkehrsmeldungen sind Service am Hörer, und der kann nur dann etwas mit den Meldungen anfangen, wenn Du sie langsam vorliest. Natürlich nicht so, daß man beim Zuhören einschläft, aber das Moderationstempo sollte deutlich geringer sein. Mir passiert es oft beim Autofahren, daß ich die Meldungen höre und erstmal einen Moment brauche, um die Struktur der Meldungen des Senders, den ich gerade höre, zu entschlüsseln. Ein Beispiel: beim hr sagen sie: „A 5 Frankfurt Kassel“ (früher: „A 5 Frankfurt Richtung Kassel“). Bei FFH dagegen (selbes Sendegebiet) drehen sie es um und sagen: „Frankfurt Kassel A 5“ (Stand 2015). Da muß ich mir als Autofahrer erst einmal überlegen, wo ich eigentlich gerade unterwegs bin und wie dieser Streckenabschnitt dann genannt werden würde. Auf welche Formulierung muß ich jetzt, wo ich Sender XY eingeschaltet habe, hören? Kommt dann tatsächlich eine Meldung, die mich betrifft, muß ich möglicherweise auch überlegen, ob die genannten Orte noch kommen oder schon waren oder überhaupt auf meiner Strecke liegen. Betrifft mich „A 5 Frankfurt Kassel. Zwischen dem Gambacher Kreuz und Homberg/Ohm 8 km Stau“? Das weiß ich nur, wenn ich weiß, wo das Gambacher Kreuz und Homberg/Ohm sind. Bin ich Richtung Kassel unterwegs und kann mich nicht erinnern, an einem Gambacher Kreuz vorbeigekommen zu sein, fahre ich wohl direkt in den Stau. Wird die Meldung dann ohne Punkt und Komma innerhalb von drei Sekunden runtergerattert, habe ich nichts davon. Bis ich merke, daß es gerade um „meine“ Autobahn geht, ist die Meldung schon vorbei und somit wertlos. Möglicherweise bin ich fremd in dieser Gegend und kenne die Ortsnamen nicht. Deshalb immer: In den Verkehrsmeldungen Zone 30 und runter vom Sprechgas.

O - Ortsnamen

Die Kenntnis des Sendegebiets ist wichtige Voraussetzung für den Job als Moderator. Man kann nicht angemessen vom Oktoberfest erzählen, wenn man nie da war. Ähnlich verhält es sich mit Ortsnamen. Wer sie falsch ausspricht, ist sofort als Fremder entlarvt und damit meilenweit vom Programm, seinem Sendegebiet und den Hörern entfernt. Ein Moderator muß aber „einer von uns“ sein, um auf Akzeptanz beim Publikum zu stoßen. Hängt Euch einen Zettel mit der Aussprache schwieriger Ortsnamen ins Studio. Ich ärgere mich jedes Mal, wenn im Verkehrsservice in der ARD-Popnacht von „Frankfurt Bonaaaames“ die Rede ist. Oder von „Hööööbach“. Jeder Hesse weiß, daß sich der Stadtteil „Bonnamees“ spricht und Hösbach mit kurzem ö und scharfem s (der Knaller war übrigens mal „Bonemaas“ statt „Bonames“ – und das bei einem Privatsender, der in Frankfurt sitzt und dort sein primäres Sendegebiet hat). Nun lebe ich seit vielen Jahren im Saarland und hörte, ebenfalls in der ARD-Popnacht, eine Meldung, in dem

von einem „Saarbrückener Kreuz“ die Rede war. Es muß heißen: „Saarbrücker Kreuz“. Vielleicht eine Kleinigkeit, aber ich war hängengeblieben und merkte, daß der Moderator keine Ahnung hatte, wovon er sprach. Diejenigen, die in der betreffenden Gegend leben und das im Radio hören, gewinnen schnell den Eindruck, der Moderator würde sich nicht die Bohne für diesen Ort interessieren und ihn für einen unwichtigen schwarzen Fleck im Sendegebiet halten. Eine Liste mit Aussprachen von schwierigen Ortsnamen gehört in jedes Sendestudio. Als ich neu im Saarland war, hatte ich On Air mal „Merzig-Schwemmlingen“ gesagt, obwohl der Ortsteil „Schwemlingen“ mit langem e heißt. Prompt gab es eine Mecker-Mail von einer Hörerin. Die Leute nehmen es einem extrem übel, wenn ihre „Heimat“ falsch ausgesprochen wird. Das gilt nicht nur für das Saarland. Jeder Rheinländer weiß, daß Troisdorf „Troosdorf“ gesprochen wird und nicht „Treusdorf“.
Wird Deine Sendung nachts auf andere ARD-Programme aufgeschaltet, gilt dies für alle kritischen Orte des nächtlichen Sendegebiets. Gibt es eine solche Liste nicht, nerve die Verkehrsredaktion oder bemühe die Aussprachedatenbank der ARD (CvD fragen). Ein Tip noch: Bevor Du die Meldungen On Air vorliest, lies sie vorher laut für Dich selbst, um Stolpersteine zu finden. Nicht immer ist das, was dort auf dem Bildschirm steht, auch fürs Sprechen formuliert.

Die Regel, Ortsnamen korrekt auszusprechen, beschränkt sich nicht nur auf den Verkehrsservice und auf unwissentliche Fehlbetonung. Auch eine Verunglimpfung und dialektöse Aussprache sind unförderlich: „Aschebersch“ statt „Aschaffenburg“ ist nicht nur sprachlich falsch und albern sondern auch schlichtweg peinlich. Davon abgesehen birgt so etwas eine Verwechslungsgefahr: Nichtkenner des Sendegebiets suchen vielleicht nach „Aschenberg“ auf den Schildern.

<u>Z - Zahlen</u>

Man hört es immer wieder, und es ist mir ein Rätsel, weshalb. Bei der Aussprache einer einstelligen Zahl gibt es im Deutschen keine großen Schwierigkeiten. Für zweistellige Zahlen gelten Konventionen, nach denen sie ausgesprochen werden, z. B. „vierunddreißig“ für 34. Auch für drei- und mehrstellige Zahlen gelten Konventionen, nur ist davon bei einigen Sendern nicht viel zu hören. Da werden dreistellige Auto-

bahnnummern als einzelne Ziffern ausgesprochen oder zu einer Zweiergruppe zusammengefaßt und die übrige Ziffer kommt einfach vorne oder hinten dran. Oder so ähnlich. Die Autobahn mit der Nummer 661 wird aber nach derselben Konvention ausgesprochen wie die mit der Nummer 34. „Sechshunderteinundsechzig". Und nicht „sechs sechs eins" oder „sechs einundsechzig" oder „sechsundsechzig eins". Zahlen werden so ausgesprochen, wie sie im Deutschen gesprochen werden, und es gibt absolut keinen Grund, daran etwas zu ändern und sich über geltende sprachliche Konventionen hinwegzusetzen.
Die Ziffernfolge „sechs sechs eins" würde demnach drei allein stehende Ziffern bezeichnen, was bei A 661 aber nicht der Fall ist. Die Bezeichnung „sechs einundsechzig" ist nicht nur falsch, sondern kann auch zu Verwechslungen führen. Es gibt (zumindest in Deutschland, möglicherweise auch in anderen Ländern) Autobahnabschnitte, die Doppelbezeichnungen haben und auf den Schildern auch so (durch einen Schrägstrich) gekennzeichnet sind. Woher weiß ich als ortsfremder Autofahrer, daß „A sechs einundsechzig" in Wirklichkeit ganz einfach „A 661" sein soll und nicht „A 6/61"?
Für die oft vierstelligen Land- und Kreisstraßen mag eine Gruppierung zu je zwei Ziffern sinnvoll sein, weil diese nur sehr selten vorkommen und sich somit leichter lesen und sprechen lassen. Bei Autobahnen ist dies nicht der Fall, und deshalb werden ihre Nummern so gesprochen, wie man im Deutschen eben Zahlen ausspricht.

9. Wetter

In diesem Unterkapitel gibt es keine alphabetische Sortierung, weil sie hier keinen Sinn macht.

<u>Service am Hörer</u>

Wie auch die → Verkehrsmeldungen ist der Wetterbericht ein Service am Hörer. Es handelt sich um eine Dienstleistung, die keine Fläche für platte Witze oder „witzige" Einlagen ist. Es spricht nichts dagegen, das Wetter → mal anders zu präsentieren, allerdings gelten hierfür (ungeschriebene) Regeln. Im Wetterbericht sollten immer die folgenden Informationen enthalten sein:

- Wie ist/wird es heute?
- Wie wird's heute nacht? (Frost, Hitze, Gewitter?)
- Wichtig: Wie wird es morgen? (heiß, kalt, Regen, Wolken, Sonne...?)
- Wie geht's weiter?
- Was bedeutet das für mich als Hörer?

<u>Bezug zu den Hörern</u>

Beim letzten Punkt der Liste oben sind wir schon gleich beim Hörerbezug. Schön sind sinngemäße Äußerungen wie „Morgen regnet's, also den Schirm nicht vergessen". Bitte nicht genau so, das ist ein bißchen sehr einfallslos. Bei XXL war im Wetterbericht mal die Rede von starkem Wind, was der Moderator in etwa so verpackte: „Morgen früh bitte das starke Haargel benutzen, es wird ganz schön windig". Zugegeben: das erfordert etwas Anstrengung, und es fällt einem auch nicht immer ein Bezug ein, aber wenn, klingt's nett.
Berücksichtige auch die Situation, in der sich ein Hörer gerade befinden könnte. Ist es früh am Morgen, will ich vielleicht wissen, was ich heute anziehen soll („Lange Unterhose anziehen, draußen wird's schweinekalt").
Oder es ist Vormittag am Wochenende („Wenn Ihr gleich zum Brötchenholen rausgeht, zieht die Regenjacke an", „Ihr könnt schon mal den Gartentisch decken – es ist zwar erst halb zehn, aber richtig warm, also draußen frühstücken ist auf jeden Fall drin").
Oder es ist spät am Abend („Heute nacht wird's klar und bis -8° kalt, morgen früh ist also Kratzen angesagt").
Kleine Nebensätze, die erkennen lassen, daß auch Du nur ein Mensch bist und Dich in die Situation der Hörer hineinversetzen kannst. Die Hörer mögen das, denn sie fühlen sich verstanden. Der nüchterne Wetterbericht aus der Tagesschau hat im modernen Pop-Radio nichts verloren.

<u>Wetter mal anders</u>

Du kannst den Wetterbericht komplett umkrempeln oder ihn so gestalten, daß er praktisch nicht stattfindet. Das kannst Du machen, wenn:

- Du die Sendung schon lange (mehrere Jahre) moderierst
- Du der einzige bist, der sie moderiert

- Du eine Personality bist
- Deine Sendung sehr lang dauert
- Du eine Superidee hast
- Dich keiner beim Chef anschmiert

Die Wahrscheinlichkeit, daß all diese Punkte zutreffen, dürfte sehr gering sein. Hast Du aber schon fünf oder noch mehr Stunden Sendung hinter Dir und sitzt immer noch im Studio und hat sich das Wetter seit Tagen nicht geändert, kann man sich meiner Ansicht nach schon mal einen kleinen Ausreißer erlauben. Bei prallem Sonnenschein und Südseetemperaturen reicht es völlig aus, nach dem Wetter-Bumper „Sun is shining“ von Bob Marley vs. Funkstar Deluxe anzuhooken. Oder „Sunshine Reggae“ von Laid Back. Oder „Like ice in the sunshine“ von Beagle Music Inc.. Diese Titel kennt jeder, und jeder erkennt sofort die Kernaussage: Superwetter! Dasselbe gilt für Regenwetter (Eurythmics – Here comes the rain again). Wichtig ist, daß man davon ausgehen kann, daß die Hörer das Lied kennen und es im Idealfall auch ins Musikprogramm passen würde. Die Eurythmics würden bei Jugendprogrammen vermutlich nicht gespielt, „Like ice in the sunshine“ wohl auch nicht.
Manchmal genügt es auch, statt des Wetter-Betts passende ➔ SFXe („Sound Effects“, Geräusche) zu legen, z. B. das Zirpen von Grillen oder das Plätschern von Regen. Achtung! SFXe müssen so eindeutig sein, daß sie sich selbst erklären. Regen kann auch klingen wie Trokkenerbsen, die auf ein Blatt Papier fallen.
Viele Schlager- und Volksmusiksänger haben das Wetter in ihren Titeln thematisiert. Sie bilden einen offensichtlichen Kontrast zum normalen Musikprogramm und können ebenfalls eingesetzt werden. Das Musikarchiv Deines Senders sollte eine dankbare Fundgrube für allerlei Schundmusik sein. Im Juni 2005 hatte ich bei You FM mal folgende Wettermoderation gebracht:

Sonne satt, ein super Grillwetter draußen, bis zu 29° heute. [Dann drei Ortstemperaturen, das war so Vorschrift]. Und das freut uns, und mit dieser Freude sind wir auch nicht alleine. Auch hier drüben im Mutanten-Stadl, da geht's auch bei Sonnenschein richtig ab, wollt Ihr mal hören? [Hook mit dem Text „Es o en en e – Sonne über Deutschland! Hey, was'n prima Klima, noch heißer als in Lima. Bei uns ist alles heiter, das geht jetzt auch so weiter...“ Jo jo! Ist gut... Ist gut... Andreas Zaron (Interpret des Titels), hör bitte auf, ist gut, Schnauze! [SFX Maschinengewehr, Mann schreit, Toilettenspülung, dann den Show-Opener rangefahren und die Hook runtergezogen].

Das liest sich etwas abstrakt, hörte sich aber ganz passabel an. Das lag vor allem daran, daß es wirklich ein fieser Billig-Schlager mit ganz ganz schlechtem Text war. Hätte ich statt dessen einen erträglichen Musiktitel gewählt, wäre die Wirkung nicht halb so gut gewesen. Grundsätzlich sind Deiner Phantasie keine Grenzen gesetzt, aber Du solltest solche Experimente auf jeden Fall vor der Sendung im Produktionsstudio ausprobieren und Dir Argumente für Dein Handeln zurechtlegen für den Fall, daß es hinterher Gemecker gibt.

Glossar

Die folgende Liste soll kurz Aufschluß über einige gängige Radiobegriffe geben. Anders als im Fahrzeugbau oder der Medizin sind Begriffe aus der Radiofachsprache keine feststehenden Termini. Es kann also sein, daß manche der hier aufgeführten Begriff bei einigen Sendern gar nicht oder anders eingesetzt werden.

Abbinder
→ Stinger

abfahren, abfeuern
Sofortiges Starten eines Musik- oder Soundelements. „Mit ‚Laden' wird das Jingle in den Player gelegt und mit ‚Start' kann man es abfahren/abfeuern."

abnehmen
Meist in Zusammenhang mit einer Musikmoderation. Ein Lied abzunehmen bedeutet, nach dem Lied zu sagen, um was für eines es sich gehandelt hat. Macht man in der Regel nach einem neuen Lied oder nach einem, das aus anderen Gründen erklärt werden muß.

Abmod
Abkürzung für „Abmoderation". → Moderation, die nach Beitrag oder Interview gesetzt wird, um wieder die Überleitung zur Musik herzustellen. Man sagt auch „einen Beitrag → abnehmen", wobei der Begriff des Abnehmens hauptsächlich Musikmoderationen beschreibt, welche das vorangegangene Lied erklären.

Agentur
1. Kurzform für Nachrichtenagentur, z. B. dpa, AFP, Reuters, AP
2. Meldung einer Nachrichtenagentur, die über ein Computersystem in eine Redaktion geleitet wird. Auch bekannt als Meldung. „In der Agentur steht, daß...", „Ich habe die Agenturen durchsucht."

Aircheck
1. Aufzeichnung aller Programmpassagen, in denen ein Mikro auf war. Aneinanderreihung aller → Moderationen. Nicht zu verwechseln mit dem „Mitschnitt", der in der Regel das komplette Programmaterial dokumentiert.
2. Abhörsitzung mit Moderator und Chef bzw. Moderationstrainer/Airchecker. Eine bereits gelaufene Sendung wird anhand von Aufzeichnungen gemeinsam besprochen. Dient dem Moderator als Feedback und soll ihn auf Stärken und Schwächen aufmerksam machen.

Aktion
Programmaktion. Große Veranstaltungen vom Sender, z. B. Parties oder große Gewinnspiele. Aktionen sind meist lange geplant, die Vorbereitungen und der Ablauf werden mit allen beteiligten mehrfach durchgesprochen. Ziel einer Aktion ist in fast allen Fällen Eigenwerbung. Auch bekannt als Promo-Aktion oder → M. A.-Aktion. Seit einigen Jahren hat sich auch der Begriff → „Major Promo" durchgesetzt.

ANG
Abkürzung für Anschaltgerät. Veraltete Bezeichnung für Telefonhybrid. Gerät, das eine Telefonleitung auf ein Mischpult umleitet und die Aufzeichnung eines Telefongesprächs ermöglicht.

anhauen
Jemanden ansprechen, mit dem Ziel, eine Leistung zu bekommen. „Da mußt du den Michael mal anhauen, der hat die Meldung vorhin aus der Agentur rausgesucht."

Anmod
Abkürzung für „Anmoderation". → Moderation, die thematisch einen Beitrag, einen → Korri-Talk, ein Interview o. ä. einleitet.

ARI
Autofahrer-Rundfunk-Infosystem. Veraltetes Verfahren, um Autoradios auf Verkehrsdurchsagen zu sensibilisieren. Zu erkennen an dem Piepston, der bei einigen Sendern jeweils vor und nach den Verkehrsmeldungen zu hören ist.

Vereinfacht gesagt, drückt der Moderator auf die ARI-Taste und löst dadurch den markanten Piepston aus. Der Sender empfängt diesen Piepston und schaltet daraufhin eine zusätzliche unhörbare Frequenz (Oberwelle) ein. Ist die Verkehrsfunktion im Autoradio aktiviert, so ist das Radio auf diese Oberwelle sensibilisiert. Empfängt es nun diese Welle, schaltet es die Kassette oder CD ab und der Verkehrsfunk ist zu hören. Die Autoradios reagieren also nicht, wie oft behauptet wird, auf den Piepston. Wenn ein Autoradio gerade im Sendersuchlauf ist und einen Sender findet, der gerade Verkehrsmeldungen ausstrahlt, wird die Verkehrsfunktion trotzdem aktiviert, obwohl es den Eröffnungspiepston gar nicht empfangen hat.
Der Piepston ist nur ein willkürlich festgelegtes Steuersignal für den Sender und hat für die Radiohörer eigentlich gar keine Bedeutung.
Das ARI-System gibt es seit Mitte der 70er Jahre, wird aber von vielen Sendern erst seit den frühen 80ern verwendet. Inzwischen nutzen fast alle Sender RDS. Dieses System unterstützt neben ARI noch zahlreiche andere Funktionen. Reine ARI-Sender (ohne RDS) gibt es in Deutschland kaum noch. In Österreich wurde das ARI-System dagegen nicht abgeschaltet; bei Ö3 ist der ARI-Pieps noch deutlich zu hören. Hier funktioniert die Verkehrsfunkschaltung noch analog über ARI. Bei RDS funktioniert die Schaltung digital über TP/TA und erfordert keinen Piepser mehr. Tatsächlich aber wird der Piepston noch immer mit Verkehrsdurchsagen assoziiert. Er wird auch als Hinz-Triller bezeichnet, dessen Name auf den Erfinder Werner Hinz zurückgeht.

Atmo
Abkürzung für „Atmosphäre". Hintergrundgeräusche, die unter Beiträgen, Interviews oder anderen produzierten Elementen liegen können. Zuviel Atmo kann beispielsweise in einer Straßenumfrage auch hinderlich sein, wenn dadurch das Verständnis der Sprache erschwert wird. Je nach eingesetztem Mikrofontyp wird bei einer solchen Straßenumfrage viel oder wenig Atmo mit aufgezeichnet.

Aufhänger
Anlaß für ein Thema oder eine beitragsähnliche Umsetzung im Programm. Im Unterhaltungsradio hat man sich mittlerweile vom klassischen → BmO gelöst und versucht seit einigen Jahren andere Wege der

Berichterstattung. Das kann z. B. eine Reportage sein oder eine Comedy. Um das Thema jedoch nicht grundlos ins Programm zu nehmen, bedarf es eines Aufhängers, eines Anlasses. Der Aufhänger funktioniert bildlich betrachtet wie eine Art Kleiderhaken, an dem ein Beitrag o. ä. „aufgehängt" ist und selber nicht zwangsläufig etwas mit dem Ausgangsthema zu tun haben muß. Der Begriff stammt ursprünglich aus der Sprache der Zeitungsredaktionen.

<u>aufmachen</u>
Eine Sendung eröffnen. Ein „Aufmacher" kann ein Thema sein, das als erstes in einer Sendung stattfindet. Ein „Aufmacher" kann auch die → Meldung in den Nachrichten sein oder der erste Musiktitel einer Sendung. Mit etwas „aufzumachen" hat also unterschiedliche Bedeutungen, bezeichnet dabei aber immer den Anfang von etwas. Man kann beispielsweise auch eine Straßenumfrage mit einem knackigen O-Ton „aufmachen". Nicht zu verwechseln mit → Opener.

<u>Aufruf</u>
Aufforderung an die Hörer, sich am Programm zu beteiligen. Das kann in Form von Anrufen, Zuschriften o. ä. funktionieren. Einem Aufruf folgt meistens eine ungewöhnlich große Welle an Anrufen von Hörern. „Eure Musikwünsche jetzt bei uns, ruft uns an:... oder schreibt uns eine eMail...", „In der Konferenz hatten wir einen → Call-in geplant. Wir hatten etwa vier Aufrufe, und dann gab's an die 200 eMails...".

<u>Aufsager</u>
→ O-Ton eines Redakteurs, der einen Teil einer Nachrichtenmeldung aufzeichnet und dem Nachrichtensprecher zur Verfügung stellt. Der Nachrichtensprecher liest dann nur noch den Anfang seiner Meldung vor und spielt dann den Aufsager ein. Bei manchen Sendern wird der Aufsager auch als R-Ton (Redaktionston) bezeichnet. Ein Aufsager kann auch ein kurzer Monolog in einer Live-Sendung sein, in der ein Redakteur etwas erzählt. Moderne Form des klassischen Beitrags.

<u>Backseller</u>
Beitragsähnliches Element, welches zum Nacherzählen z. B. eines Ereignisses eingesetzt wird. Beispiel: Ein Sender präsentiert ein begehrtes

Konzert. Seit vielen Wochen wird dieses Konzert im Programm beworben, das Sendegebiet hängt voll mit Werbeplakaten, und On Air laufen zahlreiche → Aktionen. Unmittelbar vor oder nach der Veranstaltung schreiben Redakteure einen Beitrag über das Konzert, den Backseller. Dieser läuft dann meist am Tag danach, um allen anderen, die nicht dabei waren, einen Eindruck von der Veranstaltung zu geben. Wichtiges Programmelement, um eine von langer Hand geplante Aktion zu vervollständigen und abzurunden. Auch, um wichtige Sendungen zu bewerben.

Backtiming
Lästige Notwendigkeit um die Restzeit bis zum Ende der Sendestunde zu berechnen. Viele Radiostudios verfügen über eine Anzeige, die die Zeit bis zu den Nachrichten (oder der Beginn der Werbung) herunterzählt. Dadurch läßt sich ausrechnen, wie lange ein Musiktitel noch laufen darf, wann der Musiktitel gestartet werden muß oder wie lange der Moderator noch sprechen darf, um den letzten Musiktitel stehenlassen zu können. Mit dem Backtiming sollte man schon um 20 Minuten vor Anfang der Nachrichten beginnen, um den Rest der Stunde einplanen zu können. On-Air-Telefongespräche mit Hörern oder unvorhergesehene Moderationen sorgen für Streß beim Backtiming. Ein schlechtes Backtiming ist oft der Grund für verfrühtes Ausblenden eines Musiktitels vor den Nachrichten oder einem Werbeblock. Siehe hierzu auch die Seiten 324 bis 326.

Bett
Musikbett, Hintergrundmusik. Musikstück ohne Gesang, dessen Melodie meistens die Sendermelodie beinhaltet. Ein Musikbett wird verwendet, um darauf eine → Moderation oder einen Beitrag zu sprechen. Auch bekannt als Unterlege oder Layer. Viele wiederkehrende Beitragsformen haben gleiche Musikbetten. Ein Beitrag mit Bett hat am Anfang meistens einen → Bumper und am Ende einen → Stinger oder Abbinder. Wird ein Beitrag oder eine Moderation ohne Bett gesprochen, ist der Beitrag bzw. die Moderation „trocken“. Siehe hierzu auch Seiten 326 und 327.

BmO

Abkürzung für „Beitrag mit O-Ton". Es handelt sich dabei um einen „gebauten Beitrag". Der Redakteur spricht den Text des Beitrags, zwischendurch kommen (O-)Töne von jemand anderem. Meistens ist es der derjenige, von dem im Beitrag gerade die Rede ist. Das kann beispielsweise ein Polizeisprecher sein, das kann aber auch eine Aneinanderreihung von O-Tönen von Passanten sein mit denen der Redakteur zuvor eine Umfrage gemacht hat. Anstelle von BmO wird innerhalb der ARD auch häufig die Abkürzung BmE („Beitrag mit Einblendung") verwendet. Ähnliche Begriffe und ähnliche Bedeutungen sind MmE („Minute mit Einspielung"), MoE („Minute ohne Einspielung", in der Regel ein kurzes Erklärstück) oder BoE („Beitrag ohne Einspielung", also ein reiner trockener Wortbeitrag). Auf diese Abkürzungen trifft man am ehesten noch im zentralen Audiospeicher der ARD, dem sog. „Sternpunkt". Der BmO gilt als sehr klassische und deshalb veraltete Beitragsform und spielt in modernen AC-Formaten kaum noch eine Rolle.

Bobby

Kreisrunder Wickelkern aus Blech, auf den ein Tonband („Senkel") gespult ist. Bobbies entsprechen DIN 45 515 und sind in vielen größeren oder älteren Studios aus oft unerklärlichen Gründen in meist unüberschaubaren Stückzahlen vorhanden, obwohl sie kaum noch verwendet werden. Dies führt zu einer zunehmenden Zweckentfremdung als Aschenbecher, Flaschenöffner, Türstopper oder als Anhänger für selbstgebastelte Mobilés. Charakteristisch für Bobbies ist der scheppernde blecherne Klang, wenn sie hinfallen oder aneinandergeraten.

Bridge

Instrumentalteil eines Musiktitels in der Mitte. Viele Musiktitel der L-Musik haben zwischen der zweiten und der dritten Strophe, bzw. zwischen der letzten und der vorletzten Strophe eine Bridge. Die Bridge eignet sich in manchen Fällen zum Verlängern des Titels, z. B. wenn das → Backtiming nicht stimmt. Dabei wird der gerade laufende Titel in einen anderen Zuspieler geladen und zu einer Stelle gespult (oder „gecuet", → cuen), an der der gerade laufende Titel „runtergezogen" und der „eingecuete" Titel abgefeuert wird. Schwierige Kunst, die nur dann gut klingt, wenn man sie beherrscht. Eine Bridge eignet sich für diese Technik relativ gut.

Bumper
Ein Bumper ist eine akustische Einleitung für einen Beitrag oder ein Programmelement („Radio XY. Kino-News“ [Musikbett]). Auch ein Intro für eine Sendung (also ein Show-Opener oder Indikativ) kann aus einem Bumper und einem → Stinger bestehen.

Call-in
Meist eine auf eine → Aktion bezogene Welle von Anrufen. Die Anrufer werden vom Producer, Co-Producer oder Magaziner entgegengenommen und ausgewählt. Manchmal macht das auch der → Moderator. Weil der aber anderes zu tun hat, sich z. B. um ein vernünftiges → Backtiming zu kümmern, nimmt er nur diejenigen On Air, die der Producer, Co-Producer oder Magaziner vorher ausgewählt hat. „Wir haben dazu ein Call-in geplant“.

Claim
Wird auch Slogan genannt. Aufgabe des Claims ist in erster Linie, die musikalischen Inhalte des Programms zu beschreiben („Meine Musik. Radio XY.“).

Closer
→ Stinger

Co-Moderator
Bei einer Doppel-Mod gibt es einen → Moderator und einen Co-Moderator. Der Wortanteil des Co-Moderators ist dabei etwas geringer als der des Moderators. Der Co-Moderator spielt in der Sendung die zweite Geige, er unterhält sich On Air ab und zu mit dem Moderator. Zwar nennt der Co-Moderator zu Beginn der Sendung auch seinen Namen, wichtige Programmelemente übernimmt aber meistens der Moderator. Je nach Rollenverteilung auch Sidekick genannt und steht im Kontrast zum Anchorman, dem Hauptmoderator.

Co-Producer
Bei einer aufwendigen Sendung gibt es einen → Moderator, einen → Producer und in seltenen Fällen auch noch einen Co-Producer. Er arbeitet dem Producer zu und unterstützt ihn bei der Arbeit, die im Hintergrund der Sendung anfällt. Dazu zählen z. B. das Entgegennehmen und Auswerten von Anrufen oder eMails sowie das Auswerten von sozialen Netzwerken. Je nach Sendung wird der Co-Producer auch damit beauftragt, sendewichtiges Material zu besorgen, z. B. eine CD oder einen Beitrag. Co-Producer werden nur selten eingesetzt. Meistens reicht ein Producer oder Magaziner. In vielen Fällen übernimmt der Moderator die ganze Arbeit und ist nicht auf die Unterstützung eines Producers, geschweige denn, eines Co-Producers angewiesen. Häufig werden solche Positionen auch aus Kostengründen nicht besetzt.

Collage
Ähnlich dem → BmO. Eine Collage ist ein Beitrag, der vom Redakteur gesprochen und mit → O-Tönen versehen wurde. Außerdem sind an relevanten Stellen → Atmos im Hintergrund, so daß der Beitrag beinahe ein kleines Hörspiel wird. Collagen sind aufwendig produziert, sie erfordern viel Geschick, viel Können und viel Gefühl für die richtige Atmo. Collagen dürfen in der Regel etwas länger sein als gewöhnlich. Bei vielen Sendern ist eine Beitragslänge von 1 Minute 30 Sekunden oder 2 Minuten üblich. Collagen können dann auch 2.30 lang sein, wenn das Thema → trägt.

Cuen
Den Startpunkt eines Musiktitels an eine andere Stelle verschieben. Dadurch wird lästiges Instrumentalgeplänkel am Anfang eines Titels umgangen. Ein Titel kann so eingecuet werden, daß er z. B. sofort mit dem Gesang oder dem ersten großen Taktschlag beginnt. Siehe hierzu auch Seiten 328, 329 und 340.

CvD
Abkürzung für „Chef vom Dienst". Bei vielen Sendern ein wöchentlich wechselnder Dienst. Der CvD ist für das komplette Programm verantwortlich. Er entscheidet über die Auswahl der Themen, über die Art der Präsentation eines Beitrags, über die Formulierung eines Beitrags

und über dessen Plazierung im Programm. Die Redakteure schreiben einen Beitrag und lassen ihn vom CvD gegenlesen. Der akzeptiert den Beitrag entweder oder nimmt Änderungen vor. Erst, wenn der CvD mit der Textfassung zufrieden ist, kann der Redakteur den Text sprechen und aufzeichnen. Bevor der Beitrag On Air geht, wird er noch einmal von CvD abgenommen. → Moderationen sind von dieser Regel meistens ausgenommen. Der CvD leitet meistens die tägliche Konferenz und hört sich an, welche Themen die Producer in ihren Sendungen haben.

Donut
Soundelement, welches → Bumper, → Bett und → Stinger in sich vereint. Dadurch ist die → Moderation, die innerhalb eines Donuts erfolgen kann, zeitlich eingeschränkt. Bei einer offenen Variante fährt der → Moderator den Stinger selbst und bestimmt die Dauer der Moderation selbst.

Doppel-Mod
Abkürzung für „Doppel-Moderation". Sendung, die von zwei → Moderatoren präsentiert wird. Wichtig ist hierbei, daß das Zusammenspiel von → Moderator und → Co-Moderator klappt und sich beide den „Ball zuspielen". Eine Doppel-Mod klingt gut, wenn Moderator und Co-Moderator gegenseitig aufeinander eingehen können und sich inhaltlich ergänzen. Nicht ganz einfach, bedarf eines eingespielten Teams.

Drone
Hintergrundmusik, ähnlich einem → Bett. Im Unterschied zu einem Bett besteht die Drone aus einer reinen instrumentalen Fläche ohne Rhythmus und Schlaginstrumente. Allein Tonhöhe und Häufigkeit der Tonhöhenschwankungen erzeugt die Stimmung einer Drone. Wird selten genutzt, kann aber hilfreich sein, um Spannung zu erzeugen (Gewinnspiel) oder „harte" Themen zu präsentieren, bei denen ein rhythmisch untermaltes Bett zu pietätlos anmuten würde.

Drop, Drop-in
Kurzes → Jingle mit der Senderkennung. Ein Drop ist ein Soundelement, das im Gegensatz zum Jingle oder Bumper keine Hintergrund-

musik und meistens auch keine → SFXe beinhaltet. Die → Station Voice spricht lediglich den Namen des Senders oder der Sendung „trokken“. Ein Drop wird eingesetzt, um z. B. einen → Ramp-Talk abzuschließen oder um eine → Positionierung nach einer → Moderation oder einem On Air-Telefongespräch zu setzen. Ein Drop sollte nicht als → Jingle eingesetzt werden, sondern immer ein anderes Element im Hintergrund haben.

Einspielung

Ein → Korri sitzt in einem Regionalstudio und spricht seinen Beitrag. Er zeichnet ihn auf und überspielt ihn in die Redaktion des Senders. Dieser Vorgang wird als „Einspielung“ Bezeichnet. Alles, was der Sender von externer Quelle an Wortmaterial überspielt bekommt, wird ebenfalls als „Einspielung“ bezeichnet. Bei vielen (gerade öffentlich-rechtlichen) Sendern gibt es für die „Einspielung“ ein eigenes Computersystem, welches automatisch die Aufnahme aktiviert, sobald sich ein Korri auf die Leitung schaltet. Viele Überspielungen werden per ISDN vorgenommen. Eine „Einspielung“ kann auch die Bezeichnung für einen → O-Ton oder eine → Atmo in einem Beitrag sein.

Faderstart

Automatisches Starten eines → Zuspielers, sobald der entsprechende Regler am Mischpult hochgezogen wird. Professionelle Rundfunkstudiogeräte können über ein Interface an ein Mischpult angeschlossen werden, welches das Gerät fernsteuert. Ist der Kanal aktiv und der Regler (engl. Fader) wird hochgezogen, wird eine Schaltung geschlossen, die im Zuspielergerät die Wiedergabe auslöst. Wird der Regler wieder runtergezogen, hält der Zuspieler die Wiedergabe an. Vorteil ist, daß die Geräte nicht manuell bedient werden müssen sondern bequem über das Pult gestartet werden können und es zu keiner Verzögerung kommt. Dieses Verfahren wird als „absoluter Faderstart“ bezeichnet. Ähnlich ist der „relative Faderstart“, der sogenannte Hot-Start, bei dem erst ein Regler hochgezogen und das entsprechende Element dann per Tastendruck abgefahren wird. Computergestützte Sendeablaufsteuerungen lassen sich meist nur per Faderstart bzw. Start über ein Mischpult starten und stoppen.

Fake
Vorgetäuschtes Programmelement. Gebräuchlich ist der Ausdruck „etwas ist gefaked". Ein Programmelement ist in Wirklichkeit anders, als es präsentiert wurde. „Wir haben dazu ein Call-in, aber ich glaube nicht, daß jemand anruft." – „Dann müssen wir faken." Das heißt, wenn keiner anruft, wird so getan als ob doch jemand angerufen hätte. Hier sind dem Einfallsreichtum des Moderators und ggf. seines Producers keine Grenzen gesetzt. Ein Fake sollte nur im absoluten Notfall angewandt und so verkauft werden, daß niemand merkt, daß es sich um ein Fake handelt. Die Einstellung einer Programmleitung zu Fakes ist unterschiedlich. Während manche Fakes für legitim halten, lehnen sie andere kategorisch ab.

gehyped
(sprich: „geheipt") Eine Person oder Sache, um die einen übermäßig positiven Wirbel gemacht wird. → Hype.

Gelbband
Relikt aus Zeiten, als Beiträge noch auf Band produziert wurden. Gelbband ist gelbes Tonband ohne Tonspur, welches für das Abrennen mehrerer → Takes innerhalb einer Bandspule und als Schlußband verwendet wird. Im Gegensatz dazu steht das → Vorlaufband.

gesetzt
Ein Sendeelement, welches zu einer festgelegten Zeit läuft und nicht verschoben werden kann, ist „gesetzt". Oft sind das Folgen einer Comedy-Reihe, die immer zu einer bestimmten Zeit laufen soll oder gesponserte Beiträge, „verkaufte Positionen". Ein Beispiel hierfür können Börsenbereichte oder Pop-News sein. Natürlich sind auch Nachrichten gesetzt.

Hook
Kurzer Ausschnitt eines Musiktitels, anhand dessen der entsprechende Musiktitel als Ganzes erkennbar wird. Meist enthält eine Hook den Refrain oder eine markante Passage der Melodie. Hooks werden verwendet, um auf Musiktitel zu → teasen, die später im Programm ge-

spielt werden oder um bei den Hörern einen Musiktitel in Erinnerung zu rufen, über die in einer → Moderation gerade gesprochen wird.

Hot-Start
Ähnlich dem → Faderstart. Einziger Unterschied: Das Gerät startet nicht, sobald der Regler hochgezogen ist, sondern sobald der Kanal aktiviert wird. Beim Hot-Start wird erst der Regler hochgezogen und dann auf eine Taste gedrückt, die den Kanal einschaltet. In dem Moment startet auch das angeschlossene Gerät. Hot-Start wird auch als „relativer Faderstart" bezeichnet, der Faderstart als „absoluter Faderstart". Welche Methode ein Sender einsetzt, hängt vom verwendeten Mischpult ab. Bei den meisten modernen Pulten sind beide Varianten möglich. Es hat sich im Laufe der Zeit keines der Systeme durchgesetzt. Manche Moderatoren bevorzugen Hot-Start, andere den reinen Faderstart, das ist Geschmacksache.

Hype
Ein Hype (sprich: „heip") ist ein ungewöhnlich großes Interesse einer großen Gruppe von Menschen an einer Person, einem Gegenstand, einem Musiktitel oder einer → Aktion. Ein gutes Beispiel für ein Hype sind Tamagotchis oder Katzenvideos. Inzwischen ist der „Hype (lange) vorbei", es interessiert sich niemand mehr dafür. Wobei… von Katzenvideos kann man das leider nicht ganz behaupten…

Hybrid
Abkürzung für Telefonhybrid. Zwischengerät, mit dessen Hilfe eine Telefonleitung an ein Mischpult angeschlossen wird. Mittels dieses Gerätes sind TIs bzw. → Phoner möglich. → ANG.

ID
Abkürzung für „Identifikation". Dieser Begriff ist nicht genau definiert und kann daher verschiedene Bedeutungen haben. Gängig sind die Positionierung oder allgemein die Senderkennung. Als ID wird deshalb alles bezeichnet, was den Namen des Senders nennt, also auch → Drop oder → Jingle.
Auch bekannt als Station-ID. Beliebt sind auch Promi-IDs, in denen z. B. bekannter Musiker den Sendernamen nennen und ihren eigenen

Titel ankündigen: „Hi, this is Madonna and you are listening to Radio XY, the best shit in town!“

Indikativ

Soundelement, welches eine Sendung eröffnet. Beinhaltet den Namen des Senders und der Sendung. Auch bekannt als → (Show-)Opener. Beim klassischen Indikativ nennt der → Moderator nach dem Indikativ seinen Namen, begrüßt die Hörer und spielt danach den ersten Musiktitel. Bei einigen Sendern ist die Indikativ in zwei Teile unterteilt: einen → Bumper und einen → Stinger. Der Moderator spielt erst den Bumper, macht auf ein → Bett seine → Anmod, nennt also seinen Namen, begrüßt die Hörer und mach meist noch einen kleinen → Teaser auf die Sendung, und spielt dann den Stinger. Jetzt erst kommt der Musiktitel. Das klingt sehr dynamisch, ist aber abhängig vom Format des Senders.

Intro

Anfangsphase eines Musiktitels. Manche Titel haben ein langes Intro, welches sich dann je nach Länge für einen → Ramp-Talk eignet. Siehe hierzu die Seiten 338 bis 340.

IvD

Abkürzung für „Ingenieur vom Dienst“. Große Sender (insbesondere öffentlich-rechtliche) stellen einen IvD, der in Notfällen (gerade am Wochenende und nachts) die Technik betreut. Die zunehmende Automatisierung und Technisierung der Sendestudios ist damit auch anfälliger für Bedienungs- oder Hard-/Softwarefehler. Aufgabe des IvDs ist es, ein möglicherweise auftretendes Problem möglichst schnell zu beheben oder sich um jemanden zu kümmern, der es beheben kann.

Jingle

Soundelement, das den Namen des Senders und meist noch einen Spruch oder den Slogan bzw. → Claim beinhaltet. Ein Jingle ist ein aufwendig produziertes Stück von unterschiedlicher Länge. Es kann als Verbindung zwischen zwei Musiktiteln oder als → Positionierung verwendet werden. Jingles sollten nicht auf einem → Bett oder einer → Ramp liegen, da sie selbst eine Musik im Hintergrund haben. Jingles bestehen nicht nur aus einer kurzen Melodie und der Senderkennung, sondern sind meistens durch → SFXe und Effekte aufgepeppt.

<u>knicken</u>

Nicht-ins-Programm-nehmen eines Themas. „Die → Agentur ist von vorgestern, das kannst du knicken." Das bedeutet, daß die Meldung alt ist und deshalb nicht thematisiert wird. „Ich kriege für den Beitrag diesen Polizeisprecher nicht." – „Dann knicken wir's. Ohne den bringt uns der Beitrag nichts." Gängig ist auch der Ausdruck „gestorben" (ein Thema ist gestorben).

<u>Korri</u>

Abkürzung für „Korrespondent". Außendienstmitarbeiter eines Senders oder einer Redaktion. Aufgabe eines Korrespondenten ist in der Regel Berichterstattung über Ereignisse, die sich in seinem Berichterstattungsbereich ereignen. Wenn es einen wichtigen Vorfall gibt, der sich lohnt, ins Programm genommen zu werden, sollte möglichst jemand vor Ort sein, um berichten zu können. Meist liegt ein solcher Ort zwar innerhalb des Sendegebiets, aber weit weg vom Sitz des Senders. Dafür gibt es einen Korrespondenten, der sich um solche Dinge kümmert. Markantes Beispiel sind Auslandskorrespondenten öffentlich-rechtlicher Sender.

<u>Korri-Talk</u>

Live-Gespräch (manchmal auch gefaketes Live-Gespräch) zwischen dem → Moderator und einem → Korri. Bietet sich an, wenn der Korrespondent direkt vor Ort ist und von den Geschehnissen berichten kann. Meist über Telefon oder ISDN. Ein solcher Korri-Talk vermittelt Seriosität und Aktualität.

<u>M. A.</u>

Abkürzung für Media Analyse. Eine Art Quotenerhebung, die in Deutschland zweimal im Jahr stattfindet und meist telefonisch erhoben wird. Dabei werden stichprobenartig Leute nach ihrem Hörverhalten gefragt. Dadurch errechnet sich grob, wieviele Hörer ein bestimmtes Radioprogramm einschalten. Je besser die M. A. für einen Sender ausfällt, desto teurer kann er die Werbesekunde verkaufen. Deshalb wollen alle Sender möglichst gute M. A.-Ergebnisse, also möglichst viele Leute, die bei der Befragung angeben, daß sie diesen Sender hören. In Österreich heißt diese Analyse Radiotest.

Major-Promo
Große Programmaktion, die ein Sender für eine längere Zeit (meist 2-3 Monate) in regelmäßigen Abständen im Programm stattfinden läßt. Major-Promos sind vor allem bei Privatsendern beliebt und häufig mit einem Gewinnspielmodus verbunden. Bekannte Major-Promos sind z. B. Gewinnspiele, bei denen man einen Aufkleber des Senders auf sein Auto kleben und dann damit herumfahren soll. Ein Reporter des Senders schwärmt aus und fischt einen Gewinnspielteilnehmer heraus und überreicht ihm dann die Gewinnsumme. Ein anderes Beispiel ist „Das geheimnisvolle Geräusch“, bei dem Hörer erraten sollen, wozu das Geräusch paßt, das ihnen im Programm vorgespielt wird. Sinn und Zweck solcher → Aktionen sind unterschiedlich: Oft sind es reine Werbeaktionen, die den Sendern Geld bringen (bei Sponsornennungen im Programm), oder sie sollen die Hördauer verlängern und natürlich dafür sorgen, daß bei der nächsten → M. A.-Befragung möglichst viele Leute angeben, genau diesen Sender gehört zu haben.

Meldung
Pressemitteilung, die über eine → Agentur die Redaktion erreicht. „In der Meldung hier steht, daß...“

Mod
Kurzform für Moderation oder Moderator.

Moderation
Gesprochenes Wort vom → Moderator oder → Co-Moderator. Als Moderation wird alles bezeichnet, was der Moderator während der Sendung On Air von sich gibt. Die Qualität einer Moderation ist von der Sendung und zu einem Großteil von Moderator abhängig. Je nach Format des Senders sind Moderationen zeitlich eingeschränkt (Richtwerte). Inhaltlich vorgegebene Moderationen findet man z. B. vor oder nach einem Beitrag. Diese Moderationen bezeichnet man dann als → Anmod bzw. → Abmod.

Moderator

Person, die eine Sendung „fährt" und moderiert (→ Moderation). Nahezu alle Sender haben inzwischen sogenannte Selbstfahrerstudios. Das bedeutet, daß der Moderator selbst am Mischpult steht oder sitzt und die Regler und Geräte bedient. Er ist derjenige, den wir als Sprecher hören. Er kündigt einen Beitrag an oder ab (→ Anmod bzw. Abmod), verliest Verkehrsmeldungen, macht mehr oder weniger witzige Späße, verliest → Meldungen und macht → Aufrufe. Mit dem Moderator steht oder fällt die Sendung. Der Moderator ist derjenige, der den Sender im Moment der Sendung nach außen vertritt. Er muß wissen, was er sagt und wie er es sagt. Meistens ist ein Moderator für mehrere verschiedene Sendungen zuständig, die auch zu verschiedenen Tageszeiten stattfinden. Von einem Moderator wird ein Höchstmaß an Flexibilität und Kreativität erwartet. Bei vielen Sendern gibt es „den" Moderator, der als Aushängeschild des Senders gilt.

Morning-Show

Bezeichnung für die Frühsendung. Bei nahezu jedem Sender ist die Morning-Show die mit den meisten Hörern (das 20.15 Uhr, die Prime-Time des Radios). Deshalb wird dieser Sendung oft auch am meisten Aufmerksamkeit geschenkt. Bei vielen moderneren Programmformaten hat sich zudem eine Besetzung mit → Moderator und → Co-Moderator etabliert, so daß Morning-Shows meistens von zwei Personen moderiert werden. Um den Umstand, daß morgens mehr Menschen Radio hören als zu anderen Tageszeiten, zu nutzen, finden große → Aktionen, wie etwa → Major-Promos, verstärkt in Morning-Shows statt. Bei so manchem Privatsender sorgt dies dafür, daß außer der Major-Promo keine anderen Inhalte mehr stattfinden.

O-Ton

Abkürzung für „Original-Ton". Bezeichnung für die Aussage eines Zeugen, Betroffenen, Politikers, Sportlers usw. O-Ton ist alles, was der Nachrichtensprecher oder Redakteur nicht selbst sagt, sondern jemand anderen sprechen läßt.

Off Air

1. Alles, was nicht On Air ist.

2. Aufgezeichnetes Telefongespräch mit einem Hörer, welches dann als Live-Gespräch präsentiert wird (→ Fake).

On Air
Alles, was „raus" geht. Alles, was gerade gesendet wird, ist On Air. Zieht der → Moderator den Regler seines Mikrofons hoch, ist er On Air. Ein vorproduziertes Stück, wie etwa ein Beitrag oder ein Comic, muß vom → CvD abgenommen werden, bevor es On Air gehen darf.

Opener
Ähnlich wie → „Take" ist auch Opener ein Universalbegriff. Er bezeichnet das Intro-Jingle einer Sendung, den sog. Show-Opener (→ Indikativ). Der Begriff steht auch für den ersten Musiktitel einer Sendung, welcher die Sendung eröffnet, daher Opener von engl. to open = öffnen. Ein Opener kann auch die Begrüßungsmoderation oder ein darin eingeplanter → O-Ton sein.

Optimod
Gerät, welches die Mischpultsumme klanglich aufbessern soll. Der Klang des Programmaterials wird dadurch „runder", „breiter", „fetter" und dynamischer. Leise Tonpassagen werden angehoben, zu laute Passagen in der Lautstärke abgesenkt. Dadurch ergibt sich eine einheitliche Lautstärke. Die Hörer hören eine zarte weibliche Stimme dann genau so deutlich wie eine kräftige Männerstimme, Bässe klingen genau so satt wie Höhen und Mitten. Viele Sender schwören auf „ihre" Optimod-Einstellung und hüten sie wie einen wertvollen Schatz.

Outtro
1. Schlußphase eines Musiktitels. Man unterscheidet zwischen „cold ends" (hören hart auf, z. B. auf einen Taktschlag) und „fade outs" (werden gegen Ende hin immer leiser).
2. etwas irreführende Bezeichnung für → Stinger

Overvoicen
Das Übereinanderlegen von fremdsprachigem → O-Ton und Übersetzung. Gerade bei Interviews mit Musikern häufig eingesetztes Mittel zur Übersetzung. Interviewpartner, die die deutsche Sprache nicht be-

herrschen, sprechen meist Englisch. Solche Interviews werden meist aufgezeichnet und zu einem späteren Zeitpunkt ausgestrahlt. Damit gewährleistet ist, daß jeder Hörer den Inhalt des Interviews versteht, wird das Interview „overvoiced“: Über den fremdsprachigen O-Ton wird eine zweite Sprachspur gelegt, auf welcher ein Sprecher die deutsche Übersetzung vertont hat. Der deutsche Text muß dabei kürzer sein als der fremdsprachige O-Ton, damit am Anfang und am Ende jeweils ein Stück des O-Tons stehen bleiben.

PFL

Abkürzung für „Pre fader listening“, also „Vor dem Regler anhören, vorhören“. Technische Einrichtung in Mischpulten, die es ermöglicht, einen → Zuspieler abzuhören, ohne daß dieser dabei gesendet wird. Wenn beispielsweise von Zuspieler 1 ein Titel läuft und der → Moderator in Zuspieler 2 reinhören muß, um den Anfang des nächsten Titels oder Beitrags im Ohr zu haben, betätigt er die PFL-Taste am Mischpult. Die Boxen im Studio („Monitore“) schalten dann auf das Gerät, das gerade vorgehört werden soll. Dennoch läuft → On Air das Lied von Zuspieler 1 weiter. Die Hörer bekommen von diesem Vorgang nichts mit. Wichtig ist aber, daß der Moderator den Regler des „nächsten“ Gerätes nicht hochzieht. Sonst geht das Mischpult automatisch vom PFL herunter und das Signal geht On Air. Das ist bei nahezu allen Mischpulten so.
PFL ist wichtig, um den Anfang des nächsten Titels oder Beitrags vorzuhören oder Vorgespräche mit einem Gesprächspartner am Telefon zu führen. Der Moderator kann dann entscheiden, ob er zwischen die beiden Musikstücke beispielsweise ein Jingle setzt oder eine Transition oder eine Moderation. Auf alten Pulten findet man manchmal noch die Abkürzungen PL oder CUE, gebräuchlicher ist aber PFL.

Phoner

Telefoninterview. Bezeichnet die Aufzeichnung eines Interviews oder Gespräches, welches über eine Telefonleitung geführt wird. Der Redakteur oder → Moderator schaltet mit dem → Hybrid die Telefonleitung auf das Mischpult und kann so die eingehenden Sprachsignale aufzeichnen. Phoner werden in den meisten Fällen vor Beginn der Sendung aufgezeichnet und nachbearbeitet. Dadurch kann sichergestellt werden, daß das Interview nicht zu lang wird und nicht ausschweift. Nur in seltenen Fällen werden Phoner wirklich live in der Sendung geführt.

Playlist
Liste der Musik, die der → Moderator in seiner Sendung spielen muß. Inzwischen sind Playlists fast überall von der Musikredaktion vorgegeben. Der Moderator hat also nur noch wenig oder gar keinen Einfluß mehr auf die Musik. Die Zeiten, als sich der Moderator vor Beginn seiner Sendung die Platten selbst rausgesucht hat, sind längst vorbei. Die strenge Vorgabe der Musik zielt in erster Linie auf eine formatgerechte Zusammenstellung der Musikauswahl ab. Zudem wird bei vielen Sendern die GEMA-Gebühr sekundenweise abgerechnet. Ändert der Moderator die Playlist, ändert er damit auch die Bezahlung der GEMA. Auf Dauer gibt das Ärger mit der Musikredaktion.

Poppschutz
Auch Windschutz genannt. Aufsatz aus Schaumstoff für die Sprechkapsel an Mikrofonen. Wird bevorzugt im Freien aufgesetzt, um Windgeräusche zu unterdrücken. Daher auch die alternative Bezeichnung „Windschutz". „Poppschutz" kann auch die Bezeichnung für einen Metallring sein, der in etwa 5 cm Abstand zur Sprechkapsel am Mikrofon befestigt wird. Im Innern des Rings ist ein Stoff gespannt, der etwas an Damenstrumpfhosen erinnert. Beim Sprechen tritt Luft aus dem Mund auf die Mikrofonmembran. Bei plötzlich auftretenden Plosiv-Lauten (p, t, k) kann es zu einer plötzlichen Übersteuerung kommen, die irreparable Schäden auf der Aufnahme hinterläßt (Zerren). Um dies zu verhindern, werden Poppschutze aufgehängt, die diese überstarken Luftzüge abfangen und reduzieren sollen. Bei einer durch diese Art der Übersteuerung zerstörten Aufnahme spricht man auch von „poppen": „Es hat gepoppt" – und meint damit gar nichts Unanständiges.

Positionierung
Sounder, der nach einer → Moderation oder einem On Air-Telefongespräch mit einem Hörer gesetzt wird. Klingt gut, um Hörernähe oder Informationskompetenz zu vermitteln. Eine Positionierung

kann ein → Drop, ein → Jingle, eine → Transition oder irgendeine andere → ID sein.

Producer
Person, die dem → Moderator zuarbeitet. Die Arbeit, die im Hintergrund einer Sendung anfällt, wird vom Producer erledigt. Nicht alle Sendungen haben einen Producer. Sie werden dann eingesetzt, wenn der durch die Sendung entstehende Aufwand dem Moderator nicht zuzumuten ist, z. B. bei einer Musikwunschsendung. Wenn während der Sendung Hörer anrufen und Musikwünsche abgeben, muß dies meist mit der Musikredaktion abgeklärt werden, damit es keine Unstimmigkeiten in der → Playlist gibt. In diesem Falle nimmt der Producer die Anrufe entgegen, wertet sie aus, spricht die Musikwünsche ab und reicht dem Moderator bei Bedarf die neue → Playlist. Der Producer teilt dem Moderator auch mit, welche Hörer er On Air nehmen kann. Allgemein formuliert ist der Producer der Mann im Hintergrund, der die Sendung koordiniert und teilweise auch vorbereitet. Manche Sender verwenden die Begriffe Magaziner oder RvD („Redakteur vom Dienst").

Promi-ID
Prominenter (meist Musiker), der den Namen des Senders nennt (→ ID). Besonders geeignet für Musikmoderationen und → Ramps.

Promo
→ Trailer

R-Ton
Abkürzung für „Redakteurs-Ton". Ähnlich dem O-Ton. Ein Redakteur spricht einen → Aufsager z. B. für Nachrichten. Der Nachrichtensprecher liest dann nur die ersten ein, zwei Sätze einer Meldung (umformuliert). Dann spielt er den R-Ton ein. Der Begriff R-Ton ist sehr ungebräuchlich und wird meist durch O-Ton oder, im Falle von Nachrichten, durch Aufsager ersetzt.

Ramp

Instrumentalstück am Anfang (→ Intro) oder Ende (→ Outtro) eines Musiktitels. Der → Moderator kann hier draufsprechen. Generell gilt die Regel, daß niemals über Gesang moderiert wird, weil es sich unschön anhört. Spätestens bei Einsetzen des Gesangs ist die Ramp zu Beginn eines Titels beendet. Die Moderation auf einer Ramp wird als → Ramp-Talk bezeichnet. Siehe auch Seiten 338 bis 340.

Ramp-Talk

Moderieren auf eine → Ramp. Klingt gut, wenn man solange spricht, bis Gesang oder Beat einsetzen. Klingt schlecht, wenn man über den Gesang spricht oder den Titel nach dem Sprechen zu langsam „hochzieht". In den späten 70ern war es „in", die Lautstärke der Musik beim Sprechen abzusenken und in den Sprechpausen anzuheben. Heute ist das bei nahezu allen Sendern verpönt. Die Meinungen hierüber gehen auseinander. Diese Fahrtechnik wird als Pumpen bezeichnet.

rausgehen

1. Aus einem Titel rausgehen: Den Titel früher ausblenden, ihn früher beenden. Oft eingesetztes Mittel, um ein gutes → Backtiming zu schaffen.

2. Aus einem Beitrag aussteigen. „Hier würde ich mit einem → O-Ton rausgehen." → Rausgeher

3. Auf die Straße gehen und eine Umfrage machen. „Wo ist der Stefan?" – „Der ist rausgegangen."

Rausgeher

Schlußszene eines Beitrags. Als Rausgeher wird in der Regel der letzte Gedanke oder Satz eines Beitrags oder einer → Moderation bezeichnet, welche den → Take abrundet und zu einem Ende führt. Ein guter Rausgeher bezieht sich wieder auf den Anfang eines Beitrags, um das Ende „rund" zu gestalten. Ein Rausgeher kann so gestaltet sein, daß er dem → Moderator bei der → Abmod eine Vorlage für z. B. einen → Teaser oder einen Gag bietet.

raushauen

Anderer Ausdruck für verlosen. „Haben wir noch was zum Raushauen?“, „...und dann haben die zwanzig handsignierte CDs rausgehauen.“ Sollte, wie alle Fachbegriffe, nicht On Air verwendet werden, zählt zur Umgangssprache der Radioleute.

RDS

Abkürzung für „Radio Data System“. Funktionssystem, das eine Vielzahl von Serviceangeboten in erster Linie für Autoradios darstellt. Durch RDS ist es u. a. möglich, den Namen des Senders auf einem Display anzeigen zu lassen. RDS bietet außerdem noch die Funktionen TA (Verkehrsfunk), PTY (Programmtyp), News, EON und noch eine Reihe anderer. Die meisten Sender in Deutschland benutzen gar nicht alle Funktionen, die RDS bietet. Es sind auch nicht alle Funktionen für alle Sender sinnvoll. EON („Enhanced other network“) macht nur bei öffentlich-rechtlichen Sendern Sinn, die PTY-Funktion nur in Ballungsräumen, wenn man sich nicht auskennt. Die Beschreibung der einzelnen Möglichkeiten würde an dieser Stelle zu weit führen, daher nur eine kurze technische Erklärung. RDS funktioniert, genau wie → ARI, über Oberwellen. Der UKW-Sender strahlt auf seiner Trägerfrequenz noch zahlreiche andere unhörbare Frequenzen aus, die die entsprechende Funktion aktivieren.

Relaunch

Umstrukturierung des Programms. Man unterscheidet zwischen kleinen und großen Relaunches. Während bei kleinen Relaunches das eigentliche Prorgammgerüst erhalten bleibt und nur Kleinigkeiten verändert werden (beispielsweise einzelne → Jingles oder → Opener), ändern sich bei einem großen Relaunch meist das komplette Progammschema. Grund für einen Relaunch kann beispielsweise sein, daß sich durch Marktforschung herausgestellt hat, daß man mit einem anders gestalteten Programm mehr Hörer erreichen kann.

Rotation

Häufigkeit, in der Titel im Programm wiederkehren und Vorrat aller Titel, die überhaupt laufen. Eine Rotation ist meist in unterschiedliche Häufigkeiten eingeteilt. Während Titel der A-Rotation sehr oft laufen (man spricht auch von „Hot Rotation“), beispielsweise alle drei Stunden, laufen Titel der C-Rotation seltener, z. B. nur alle sechs Stunden. Demgegenüber stehen Titel aus dem sog. Backpool. Diese Titel sind zwar auch Bestandteil der Rotation, haben aber einen sehr geringen Einsatz, beispielsweise nur einmal pro Woche.

RvD
Redakteur vom Dienst, → Producer

SFX
Abkürzung für „Sound Effects“. Ein Soundelement, das aus einem einzelnen Geräusch besteht. Es ist kein → Jingle, kein → Drop oder eine andere Form eines Sounders. Ein SFX ist das Geräusch z. B. eines schnarchenden Mannes, eines klingelnden Weckers, eines bellenden Hundes oder einer fauchenden Katze. SFXe werden für die Produktion von Collagen oder Soundern verwendet. Der → Moderator kann SFXe gelegentlich verwenden, um → Moderationen dadurch zu veranschaulichen und sie mit → Atmos unterlegen.

Senkel
Umgangssprachliche Bezeichnung für ein Tonband (6,3 mm breit), welches vor dem Computerzeitalter als analoges Speichermedium für Beiträge, Werbung u. ä. herhalten mußte. Tonbänder werden auch heute noch vor allem von Kulturprogrammen eingesetzt, weil die oft sehr langen Wortbeiträge oder -sendungen im Computersystem zuviel Platz wegnehmen würden und dort auch zu unsicher sind. Zudem setzen einige Redaktionen noch heute auf den analogen Klang des Tonbandes (meist LGR 50 von BASF bzw. dessen Nachfolger EMTEC). Tonbänder werden auf → Bobbys aufgewickelt. Besonders lange Bänder und entsprechend dicke Spulen nannte man in großen Sendern auch gerne „Kuchen“.

Singalong
Gesungene → ID. Die Melodie des Gesangs entspricht in der Regel der „Titelmelodie“ des Senders. Ein in Mode gekommenes Soundelement, das von vielen Radioprofis verabscheut wird, weil es nervt, andererseits

aber den (gewünschten) Effekt hat, daß sich jeder Hörer den Sendernamen besser einprägt.

Slogan
→ Claim

Sounder
Als Sounder wird alles bezeichnet, was kein gesprochenes Wort und keine Musik ist. → Jingles, → Bumper, → Stinger, → Intros, → Indikativ, → Show-Opener, → Transitions, → Drops, → SFXe – all das sind Sounder. Soundelemente, die die Identität des Senders nennen.

Sperrfrist
Begriff aus den Nachrichten- und Tagesredaktionen. Manche → Agenturen versehen Meldungen mit Sperrfristen, die eine zeitliche Grenze vorsehen, vor der die Meldung nicht gesendet werden darf. Liegt die Sperrfrist also bei 13 Uhr, sind sämtliche Redaktionen, die die Meldung bekommen und senden wollen, verpflichtet, bis 13 Uhr zu warten; selbst wenn sie Meldung schon um 9 Uhr bekommen haben. Zwar läßt sich im Einzelfall nicht kontrollieren, ob sich auch wirklich jeder daran hält, jedoch sollten im Interesse der Redaktionen Sperrfristen eingehalten werden. Agenturen vergeben Sperrfristen meist bei brisanten oder nicht vollständig verifizierten Themen sowie hin und wieder bei Aussagen von Politikern, die sie selbst vorab schon bekommen haben (beispielsweise in Form eines Rede-Skripts), obwohl die Aussage selbst erst später im Rahmen einer Pressekonferenz offiziell abgegeben wird.

Station Voice
Stimme desjenigen, der die → Sounder vertont. Jeder Sender hat einen Sprecher, der alle → Jingles usw. spricht. Die Stimme dieses Sprechers wird als Station Voice bezeichnet. Der Sprecher muß nicht zwingend Mitarbeiter des Senders sein. Seine Stimme sollte sonst nicht im Programm auftreten, um Verwechslungen zu vermeiden. Im Regelfall ist ein → Moderator nicht Station Voice des Senders, bei dem er als Moderator zu hören ist. Sonst würde er in seiner Sendung seine eigene Stimme in Jingles spielen.

Stinger
Soundelement, das am Schluß eines Programmelements sitzt. Auch als Outtro oder Abbinder bekannt. Ein Stinger wird verwendet, um das akustische Ende eines Beitrags o. ä. zu kennzeichnen. Gängige Begriffe sind Abbinder oder Stinger. Gegenstück zum → Bumper.

Stoppset
Programmelement, das nach Einschätzung des Programmchefs von Hörern als störend empfunden wird. Meist sind damit Nachrichten und Werbung gemeint. Während Werbung tatsächlich von Hörern (und → Moderatoren) als störend empfunden werden, sind gut gemachte Nachrichten dagegen nicht zwangsläufig ein Abschaltfaktor. Um zu verhindern, daß Hörer bei Aufkommen eines Stoppsets um- oder ausschalten und um sie bei der Stange zu halten, wird gerne vor Beginn eines Stoppsets auf etwas geteast (→ Teaser).

Stundenuhr
Schematische Aufteilung einer Zeitstunde für eine Sendung. Bei vielen Sendern sind zu bestimmten Uhrzeiten bestimmte Inhalte vorgesehen, wie etwa ein Beitrag, Verkehrsmeldungen, eine → Moderation oder Nachrichten. „Bei Radio XY ist die Stundenuhr gedreht“ bedeutet, daß die z. B. Nachrichten nicht um voll, sondern zu einer anderen Zeit laufen.

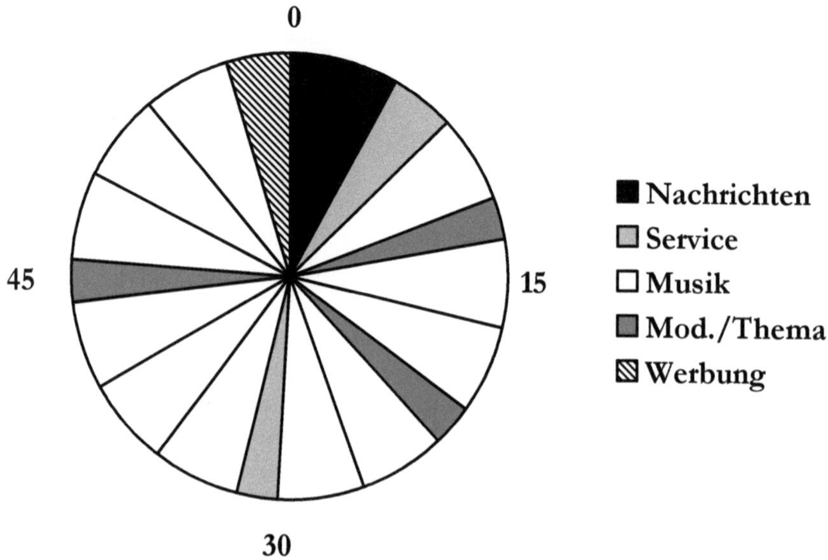

Abb.: Schematische Darstellung einer Zeitstunde, sog. Stundenuhr

Teaser

Vorankündigung von Inhalt, der zu einem späteren Zeitpunkt ausgestrahlt wird. „Das war's mit dem Morgenwecker, gleich die Nachrichten und danach ‚Radioclub' mit Gabi Klein." Das ist ein (zugegeben, recht einfallsloser) Teaser auf die Nachrichten und auf die nachfolgende Sendung. Teaser werden eingesetzt, um die Spannung der Hörer herzustellen, um einen interessanten Beitrag vorankündigen zu können oder über → Stoppsets hinwegzutrösten. Geteast werden auch → Call-ins und → Aktionen.

Take

Universalbegriff für Sprachsequenzen. Ein Take kann eine → Moderation sein, ein Ausschnitt aus einem → O-Ton, ein kompletter O-Ton, eine → Einspielung, eine Sounddatei oder ein anderes Tonmaterial. Der Begriff Take wird sehr häufig verwendet; seine Bedeutung hängt jedoch vom Zusammenhang ab.

Tape
Englische Bezeichnung für Tonband oder vereinfachte Form von Audio-Kassette. „Tapes“ werden kaum noch verwendet, am ehesten noch synonym für „Demo-Tape“, was dann allerdings auch nicht wörtlich zu verstehen ist.

Three-EB
Auch „3 EB“. Abkürzung für „Three element break“. Kurze → Moderation, in der nur drei der folgenden Elemente enthalten sind: abgelaufener Musiktitel, Name des Senders, Name der Sendung, → Claim, Uhrzeit, kommender Musiktitel. Eine solche Moderation dient meist nur dem Zweck, bei den Hörern den Eindruck der anhaltenden Unterhaltung aufrechtzuerhalten, ohne sie mit einem zu hohen Wortanteil zu verschrecken. Wird besonders in → Morning-Shows häufig eingesetzt.

TI
Traditionelle Abkürzung für Telefoninterview. Heute ist die Bezeichnung → Phoner gebräuchlicher.

Ton
1. Hörbares Signal
2. Kurzform für → O-Ton

Töne
Kurzform für → O-Töne

Tonne, für die
Bezeichnung für die Nutzlosigkeit eines Beitrags, → Sounders oder Musiktitels. „Die → O-Töne sind total verzerrt. Die kann man so nicht gebrauchen. Die sind für die Tonne.“, „Der Beitrag ist grottenschlecht, den kannst du in die Tonne kloppen.“ Was vielleicht witzig klingt, kann für den betreffenden Redakteur sehr ärgerlich sein. Alles, was „für die Tonne“ ist, ist Müll. Denn mit Tonne ist die Mülltonne gemeint. Für einen Redakteur ist es frustig, wenn er den ganzen Nachmittag lang auf der Straße war und eine Umfrage gemacht hat, und die → O-Töne kaputt sind. In diesem Fall gibt es meist nur eine Lösung: Noch mal machen.

tragen

Bezeichnung für die Nützlichkeit eines Themas. „Das Thema trägt nicht." Das Thema ist nicht spannend genug, es ist langweilig, es „gibt nicht genug her". „Wenn der Beitrag trägt, dann darf er auch länger als zwei Minuten sein."

Trailer

Werbespot für ein Programmelement des eigenen Senders. Hat der Sender eine große → Aktion geplant, laufen bereits einige Wochen vorher Trailer im Programm, die diese Aktion teasen (→ Teaser). Trailer sind in der Regel von der → Station Voice gesprochen und sehr aufwendig produzierte Sounder. Die Länge eines Trailers ist unterschiedlich, variiert aber meist zwischen 30 Sekunden und einer Minute. In einem Trailer sind meistens verschiedene → SFXe oder auch → O-Töne von begeisterten Hörern eingebaut. Im Fernsehen werden Trailer eingesetzt, um auf Sendungen aufmerksam zu machen, die der Sender bald ausstrahlen wird. Im Volksmund werden Trailer im Fernsehen als „Vorschau" bezeichnet, im Radio dagegen ist der Begriff Trailer gebräuchlich (weil ja hier nicht vorge-„schaut" wird). In einem Trailer werden neben der Bezeichnung der entsprechenden Aktion auch der Zeitpunkt und der Ort genannt. Manchmal wird auch auf das Hörertelefon oder die Homepage verwiesen. In manchen Sendern wird statt dessen der Begriff Promo (für Promotion) verwendet. Üblich ist aber „Trailer".

Transition

→ Sounder, der zwischen zwei Musiktitel gesetzt wird, die von ihrer Anmutung her überhaupt nicht zusammen passen. Kommt z. B. auf einen Rock-Titel ein Elektro-Titel, so bietet sich eine Transition an. Eine Transition ist eine Art → Jingle, dessen Anfang auf das Ende des ersten Titels paßt, und dessen Ende auf den Anfang des zweiten Titels paßt. Das ist nicht zwingend auf die Musikart beschränkt, das gilt auch für die Verbindung eines langsamen und eines schnellen Titels. Transitions sind aufwendig produzierte und auf die Musik abgestimmte Jingles. Sie beinhalten neben der Senderkennung meist noch einen situationsbezogenen Spruch oder den → Claim.

Trenner
Akustisches Signal, welches zwei Meldungen auseinanderhält. Trenner bestehen im Gegensatz zu gewöhnlichen ➜ Drops fast immer aus ➜ SFX-Elementen ohne Sprache. Sie werden häufig in Nachrichten eingesetzt, um zwei Meldungen von einander zu trennen. Sie werden auch in kurzen Sportbeiträgen eingesetzt, und überall dort, wo ein Programmelement aus mehreren Meldungen besteht.

Voicetracking
Vor Beginn der Sendung werden ➜ die Moderationen aufgezeichnet und dann ins Sendesystem gestellt, so daß sie automatisch abgefahren werden. Für den Hörer entsteht der Eindruck, von einer Live-Sendung unterhalten zu werden, während sich tatsächlich aber niemand im Sendestudio aufhält und die komplette Sendung automatisch vom Computer ausgespielt wird. Wer bei dieser Beschreibung an ➜ Fake denkt, der bekommt von mir imaginär ein Fleiß-Sternchen in sein Mitteilungsheft.

Vorlaufband
Ähnlich wie das Vorlaufband einer klassischen Kassette hat auch ein Tonband ein Vorlaufband und Schlußband (ggf. auch Zwischenband, ➜ Gelbband). Das Vorlaufband eines Tonbandtakes hat jedoch Farbcodes und bezeichnet die Anzahl der Spuren und die Bandlaufgeschwindigkeit. Dadurch soll sichergestellt werden, daß bei der Wiedergabe der Techniker die Bandmaschine sofort auf die korrekte Abspielgeschwindigkeit einstellen kann, ohne das Band vorhören zu müssen. Wenn es besonders schnell gehen muß, bleibt die Zeit zum Vorhören nämlich nicht. Innerhalb der ARD gilt für die Vorlaufbänder folgende Norm:

rot: 38 cm/s, mono
rot/weiß: 38 cm/s, stereo
blau: 19 cm/s, mono
blau/weiß: 19 cm/s, stereo

Gelbes Band wird grundsätzlich zum Trennen mehrerer ➜ Takes und als Schlußband verwendet. Sinn und Zweck von unterschiedlichen Bandlaufgeschwindigkeiten ist die Entscheidung zwischen guter Aufnahmequalität und langer Aufnahmezeit. Hohe Geschwindigkeit: gute Tonqualität, aber hoher Bandverbrauch und dadurch kürzere Aufnahmezeit. Langsame Geschwindigkeit: niedrigere Tonqualität, sparsamerer Bandverbrauch und dadurch längere Aufnahmezeit. Grünes Band kennzeichnet eine noch langsamere Geschwindigkeit als 19 cm/s und wurde meines Wissens allerhöchstens zu Dokumentations- oder Mitschnittzwecken eingesetzt. Inzwischen spielen Tonbänder und ihre Vorlauf-Farbcodes selbst innerhalb der ARD keine Rolle mehr. In manchen alten Studios sieht man aber über oder neben Bandmaschinen noch Spender, aus denen verschiedenfarbige Vorlaufbandschnipsel herausragen.

Zeitzeichen
Piepston von den Nachrichten. Dieses Signal ist klassischerweise an einem Uhrensystem angeschlossen und wird automatisch mit auf die Sendesumme gegeben. Wie sich das Zeitzeichen anhört, ist von Sender zu Sender verschieden. Viele Sender verzichten inzwischen auf das Zeitzeichen oder ersetzen es durch ein → SFX, das so klingen soll wie ein Zeitzeichen, um dadurch den Beginn von Nachrichten zu kennzeichnen. Ein echtes Zeitzeichen zählt dabei tatsächlich die letzten Sekunden bis zur vollen Stunde herunter.

Zuspieler
Gerät oder System, von dem Musik oder ein → Sounder abgespielt werden kann. Zuspieler kann ein CD-Player sein, ein Plattenspieler, ein MD-Player oder der digitale Ausgang eines Ausspielprogramms im Computer. Viele Sendestudios spielen ihre Musik aus einem Computersystem (z. B. „Radiomax“). Je nach Ausstattung hat dieses Computersystem eine unterschiedliche Zahl von Zuspielern, meistens vier.

Kultfilme,
die man gesehen haben sollte

Piratensender Powerplay
Mike Krüger und Thomas Gottschalk betreiben einen mobilen Piratensender und wettern damit gegen den seinerzeit angestaubten öffentlich-rechtlichen Rundfunk. Nicht mehr ganz aktuell (1981), aber absoluter Kultfilm. Vorsicht: Es gibt VHS- und DVD-Versionen, die nachvertont sind und nicht die originalen Musiktitel beinhalten.

Private Parts, Dirty Radio
Autobiografischer Film um den amerikanischen Radiomoderator Howard Stern, der sich in den frühen 80er Jahren einen Namen als Skandalmoderator gemacht hat. Die gezeigten Zustände lassen sich mit heute nicht mehr vergleichen, aber das erwähnte „Double U äääään B C" ist zum Kultspruch geworden.

Talkradio
Drama um einen amerikanischen Talk-Moderator, den seine eigene Sendung eines Nachts einholt. Beruht auf einer wahren Begebenheit. Der Film ist nach heutigen Gesichtspunkten etwas wirklichkeitsfremd, aber eine interessante Ideenschleuder und regt ein wenig zum Nachdenken an.

Late Show
Deutscher Film mit Harald Schmidt, Thomas Gottschalk, Veronica Ferres, Jasmin Tabatabai, Olli Dittrich und einigen anderen mehr oder weniger bekannten deutschen Schauspielern. Hauptsächlich geht es um einen Fernsehsender, dessen Chef sich einen Radiomoderator mit ins Boot holt, um seinen Sender vor dem Bankrott zu retten. Sehr zynischer Film über die Medien, der allerdings auch etwas Wissen über dieselben voraussetzt. Aber auch ohne ist er allemal amüsant.

Pogo 1104
War in den frühen 80ern eine kurze Serie über ein paar junge Typen, die nach englischem Vorbild auf einem Schiff einen Piratensender auf-

bauen. Etwas langatmig und mit einer dünnen Story, transportiert aber das Radio-Feeling ganz gut. Gibt es inzwischen auf DVD.

Kein Pardon
Mediensatire von 1993. Hape Kerkeling landet durch Zufall beim Fernsehen und wird Zeuge, wie es dort hinter den Kulissen abgeht. Davon angewidert schimpft er mitten in der Live-Sendung drauflos, will alles hinschmeißen und katapultiert sich dadurch selbst zum Superstar, womit er sich nicht nur Freunde macht.

Rock Radio Revolution
Britische Komödie von 2008, welche an der Geschichte von Radio Caroline angelehnt ist. Dabei handelte es sich um einen Piratensender, der in den 60ern auf einem Schiff stationiert war, das vor der britischen Küste lag. Der Film ist recht überzogen und nicht allzu ernst zu nehmen, aber eine nette Komödie allemal.

Online

Im folgenden sind Adressen von einigen Internetseiten aufgeführt, die für Aus- und Fortbildung geeignet sind oder Dir helfen können, Dich in den Medien zurechtzufinden und Dir den Einstieg in die Medien erleichtern können. Alle Angaben sind ohne Gewähr, ohne Garantie und können sich, wie das bei Internetadressen so ist, inzwischen auch wieder geändert haben. Evtl. mal selbst recherchieren.

<u>Internetadressen von Schulen und Akademien und Universitäten, die journalistische Ausbildungen anbieten</u>
Deutsche Journalistenschule, München
www.djs-online.de

Berliner Journalistenschule
www.bjs.ipn.de

Henri-Nannen-Schule, Hamburg
www.journalistenschule.de

Georg von Holtzbrinck-Schule für Wirtschaftsjournalisten, Düsseldorf
www.holtzbrinck-schule.de

Kölner Journalistenschule für Politik und Wirtschaft e. V.
www.koelnerjournalistenschule.de

Akademie für Neue Medien, Kulmbach
www.bayerische-medienakademien.de

Journalistenschule Ruhr, Essen
www.journalistenschule-ruhr.de

Journalistenschule Axel Springer, Hamburg und Berlin
www.axel-springer-akademie.de

Internetadressen von Schulen und Akademien, die radiobezogene Kurse anbieten
Medienhaus Frankfurt gGmbH (PAK)
www.ev-medienhaus.de

Akademie für Neue Medien, Kulmbach
www.bayerische-medienakademien.de

Saarländische Landesmedienanstalt
www.lmsaar.de

Akademie der Bayerischen Presse
www.a-b-p.de

Deutsche Jugendpresse
www.deutsche-jugendpresse.de

Universitäten und Fachhochschulen, die „irgendwas mit Medien" machen, bzw. medienbezogene Studiengänge anbieten
Hochschule für Musik und Theater Hannover, Institut für Journalistik und Kommunikationsforschung
www.ijk.hmtm-hannover.de/de/start

Universität Bamberg, Lehrstuhl für Kommunikationswissenschaft
www.uni-bamberg.de/kowi

Universität Köln, Institut für Medienkultur und Theater
www.mekuwi.phil-fak.uni-koeln.de/5297.html

Sporthochschule Köln, Institut für Kommunikations- und Medienforschung
www.dshs-koeln.de/ikm

Universität Siegen, Medienwissenschaft
www.uni-siegen.de/phil/medienwissenschaft/

Universität München, Journalismus sowie Kommunikationswissenschaft
www.uni-muenchen.de/einrichtungen/fakultaeten/v15_sozial/index.html

Universität Dortmund, Institut für Journalistik
www.journalistik-dortmund.de/start.html

Universität Halle, Medien- und Kommunikationswissenschaften
www.medienkomm.uni-halle.de

Universität Hohenheim, Fachgebiet Kommunikationswissenschaft und Journalistik
https://media.uni-hohenheim.de

Universität Münster, Kommunikationswissenschaft
www.uni-muenster.de

Universität Leipzig, Journalistik
www.zv.uni-leipzig.de

Universität Mainz, Aufbaustudiengang Journalistik
www.journalistik.uni-mainz.de

Universität Bonn, Medienwissenschaft
www.uni-bonn-medienwissenschaft.de

Sigmund Freud Privat-Universität Berlin, Medien und Digitaljournalismus
sfu-berlin.de/index.php/studium-medien-und-digitaljournalismus

Universität Wien, Medieninformatik
www.univie.ac.at

Universität Klagenfurt, Medien- und Kommunikationswissenschaften
www.uni-klu.ac.at/mk/inhalt/1.htm

Danube Private University Krems-Stein, Medizinjournalismus (Privatschule)
www.dp-uni.ac.at

FH Joanneum Graz, Journalismus und PR
www.fh-joanneum.at/aw/~a/home/?lan=de

FH Wien, Journalismus und Medienmanagement
www.fh-wien.ac.at/home

Universität Salzburg, Kommunikationswissenschaft
www.uni-salzburg.at

Literaturtips

Amon, Ingrid
Die Macht der Stimme
inkl. CD mit Hörbeispielen
Redline Wirtschaftsverlag
5. Auflage, 2011
224 Seiten
ISBN: 978-3-86881-295-4

Backwinkel, Holger et. al.
Telefonieren. Professionelle Gesprächstechniken
Haufe-Verlag
4. Auflage, 2015
128 Seiten
ISBN : 978-3-64806-764-2

Bleher, Christian et. al.
Reportage und Feature
Verlag UVK Medien
1. Auflage, 2015
250 Seiten
ISBN: 978-3-86764-476-1

Britten, Uwe
Interviews planen, durchführen, verschriftlichen
Mit Übungen
Palette-Verlag
2. Auflage, 2008
72 Seiten
ISBN: 978-3-92806-216-9

Dachselt, Rainer et. al.
Radio-Comedy
Verlag UVK Medien
2003
328 Seiten
ISBN: 3-89-669388-3

Linke, Norbert
Moderne Radio-Nachrichten
Verlag Reinhard Fischer
2007
196 Seiten
ISBN: 3-889-27408-0

Linke, Norbert
Radio-Lexikon
List
1997
166 Seiten
ISBN: 3-471-78063-7

Lynen, Patrick
Das wundervolle Radiobuch
Nomos Verlag
4. Auflage, 2015
189 Seiten
ISBN: 978-3-84871-888-7

Schulze, Werner et. al.
Sprachdummheiten
de Gruyter
14. Auflage, 1966
391 Seiten, geb.
ISBN: 3-110-00333-3
(vergriffen, aber lohnt sich auch als gebrauchtes Exemplar)

Stümpert, Herman
Ist das Radio noch zu retten?
Uni-Edition
2005
196 Seiten
ISBN: 3-937-15130-3

Wachtel, Stefan
Schreiben fürs Hören
Verlag UVK Medien
5. Auflage, 2013
192 Seiten
ISBN: 978-3-86764-435-8

Wachtel, Stefan
Sprechen und Moderieren
in Hörfunk und Fernsehen
inkl. CD mit Hörbeispielen
Verlag UVK Medien
6. Auflage, 2009
190 Seiten
ISBN: 978-3-86764-179-1

Auf die Empfehlung der Bücher von Axel Buchholz und Walter von La Roche möchte ich ausdrücklich verzichten.

Man dankt...

- Neumann aus Kleinburgwedel

  ...für die vielfältige Unterstützung und dafür, daß Du ein FfL bist. Und das meine ich wirklich so.

- Jens aus Elmshorn

  ...für viele Schaltungen, Geräte und Ideen zum Studiobau, für schöne Bettwäsche und für stundenlange Gespräche.

- Jürgen aus Frankfurt

  ...für erfrischende Konversationen und die Gewißheit, mit der Idealismus-„Krankheit“ nicht alleine zu sein.

- Holger und Sebo aus Saarbrücken

  ...für die vielen Sushis im „Japsen-Puff“, für Vernissagen und Gespräche über alles, das nichts mit Radio zu tun hat.

- Christian aus Berlin

  ...für den Tagebuchersatz.

- und allen Frauen dieser Welt.

  Ohne Euch wäre das Leben nur halb so spannend.

Raum für...

...Notizen oder selbstgemalte Bildchen